에듀윌과 함께 시작하면,
당신도 합격할 수 있습니다!

에듀윌 IT자격증은 학문을 연구하지 않습니다.
가장 효율적이고 빠른 합격의 길을 연구합니다.

IT자격증은 '사회에 내딛을 첫발'을 준비하는 사회 초년생을 포함하여
새로운 준비를 하는 모든 분들의
'시작'을 위한 도구일 것입니다.

에듀윌은
IT자격증이 여러분의 최종 목표를 앞당기는 도구가 될 수 있도록
빠른 합격을 지원하겠습니다.

누구나 합격할 수 있습니다.
시작하겠다는 '다짐', 이루겠다는 '목표'면 충분합니다.

마지막 페이지를 덮으면,

에듀윌과 함께
IT자격증 합격이 시작됩니다.

매달 선물이 팡팡!
독자참여 이벤트

교재 후기 이벤트

나만 알고 있기 아까운!
에듀윌 교재의 장단점, 더 필요한 서비스 등을 자유롭게 제안해주세요.

이벤트 참여

오타 제보 이벤트

더 나은 콘텐츠 제작을 돕는 일등 공신!
사소한 오타, 오류도 제보만 하면 매월 사은품이 팡팡 터집니다.

이벤트 참여

IT자격증 A~Z 이벤트

모르고 지나치기엔 아쉬운!
에듀윌 IT자격증에서 제공 중인 무료 이벤트를 확인해보세요.

이벤트 참여

참여 방법 | 각 이벤트의 QR 코드 스캔
당첨자 발표 | 매월 5일, EXIT 합격 서비스(exit.eduwill.net) 공지사항
사은품 | 매월 상이하며, 당첨자 발표 후 순차 발송

※ 이벤트는 공지 없이 변경되거나 종료될 수 있습니다.

에듀윌 EXIT
컴퓨터활용능력
2급 실기

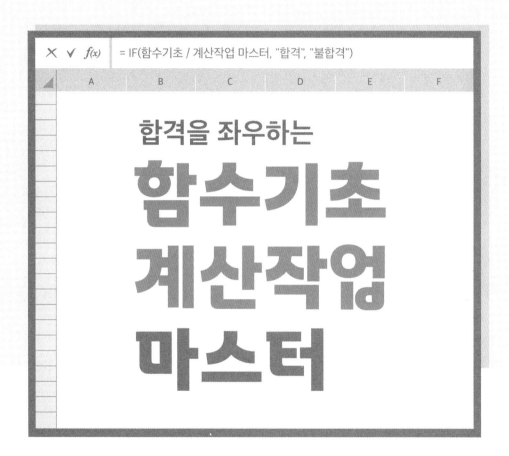

= IF(함수기초 / 계산작업 마스터, "합격", "불합격")

합격을 좌우하는
함수기초
계산작업
마스터

함수의 기본기를 다지자!

함수기초
마스터

날짜와 시간을 다양한 형식으로 반환하는 함수

⬇ 실습파일 01_날짜시간함수.xlsx   ⬇ 정답파일 01_날짜시간함수(정답).xlsx

❶ NOW

정의	현재 날짜와 시간 반환	함수식	=NOW( )
연습문제	Q. NOW 함수를 사용하여 현재 날짜와 시간을 구하시오. A.		

	A 함수식	B 함수결과
4	=NOW()	2021-12-30 15:42

→ 현재 날짜를 반환(현재의 시간과 날짜를 구하므로 결과값은 달라질 수 있음)

❷ TODAY

정의	현재 날짜 반환	함수식	=TODAY( )
연습문제	Q. TODAY 함수를 사용하여 현재 날짜를 구하시오. A.		

	A 함수식	B 함수결과
5	=TODAY()	2021-12-30

→ 현재 날짜를 반환(현재의 시간과 날짜를 구하므로 결과값은 달라질 수 있음)

❸ DATE

정의	'연', '월', '일'에 대한 날짜 데이터 반환	함수식	=DATE(연,월,일)
연습문제	Q. DATE 함수를 사용하여 2022년 5월 5일에 대한 날짜 데이터를 구하시오. A.		

	A 함수식	B 함수결과
6	=DATE(2022,5,5)	2022-05-05

→ 2022년 5월 5일에 대한 날짜 데이터를 반환

❹ YEAR / MONTH / DAY

정의	'날짜'의 연도, 월, 일 반환	함수식	=YEAR(날짜) =MONTH(날짜) =DAY(날짜)
연습문제	Q. YEAR / MONTH / DAY 함수를 사용하여 [B6] 셀의 연도, 월, 일을 구하시오. A.		

	A 함수식	B 함수결과
7	=YEAR(B6)	2022
8	=MONTH(B6)	5
9	=DAY(B6)	5

→ [B6] 셀의 '2022-05-05'에서 연(2022), 월(5), 일(5)을 각각 반환

❺ TIME

정의	'시', '분', '초'에 대한 시간 데이터 반환	함수식	=TIME(시,분,초)
연습 문제	Q. TIME 함수를 사용하여 15시 30분 25초에 대한 시간을 구하시오. A.		

▲	A	B	
3	함수식	함수결과	
10	=TIME(15,30,25)	3:30 PM	→ 15시 30분 25초에 대한 시간 데이터를 반환

❻ HOUR / MINUTE / SECOND

정의	'시간'의 시 / 분 / 초 반환	함수식	=HOUR(시간) =MINUTE(시간) =SECOND(시간)
연습 문제	Q. HOUR / MINUTE / SECOND 함수를 사용하여 [B10] 셀의 시 / 분 / 초를 구하시오. A.		

▲	A	B	
3	함수식	함수결과	
11	=HOUR(B10)	15	→ [B10] 셀의 '15시 30분 25초'에서
12	=MINUTE(B10)	30	시(15), 분(30), 초(25)를 각각 반환
13	=SECOND(B10)	25	

❼ WEEKDAY

정의	• '날짜'에 해당하는 요일 번호 반환
	• 반환값
	  − 1 또는 생략: 일요일이 1 ~ 토요일이 7
	  − 2: 월요일이 1 ~ 일요일이 7
	  − 3: 월요일이 0 ~ 일요일이 6
		함수식	=WEEKDAY(날짜,반환값)

연습 문제	Q. WEEKDAY 함수를 사용하여 [B6] 셀의 날짜에 해당하는 요일 번호(일요일이 1)를 구하시오. A.		

▲	A	B	
3	함수식	함수결과	
14	=WEEKDAY(B6)	5	→ [B6] 셀에 입력된 날짜 '2022−05−05'의 요일 번호(5)를 반환

❽ DAYS

정의	'시작 날짜'부터 '종료 날짜' 사이의 일 수를 계산하여 반환	함수식	=DAYS(종료 날짜,시작 날짜)
연습 문제	Q. DAYS 함수를 사용하여 [D17] 셀에서 [D18] 셀 사이의 일의 수를 구하시오. A.		

▲	A	B	
3	함수식	함수결과	
15	=DAYS(D18,D17)	4	→ [D17] 셀의 '2021−12−20'부터 [D18] 셀의 '2021−12−24' 사이의 일 수(4)를 반환

❾ EDATE

정의	'시작 날짜'를 기준으로 '개월 수' 이전이나 이후 날짜를 반환	함수식	=EDATE(시작 날짜,개월 수)
연습 문제	Q. EDATE 함수를 사용하여 [D17] 셀을 기준으로 2개월 후의 날짜를 구하시오. A.		

▲	A	B
3	**함수식**	**함수결과**
16	=EDATE(D17,2)	2022-02-20

→ [D17] 셀의 '2021-12-20'을 기준으로 2개월 후의 날짜(2022-02-20)를 반환

❿ EOMONTH

정의	'시작 날짜'를 기준으로 '개월 수' 이전이나 이후 달의 마지막 날짜를 반환	함수식	=EOMONTH(시작 날짜,개월 수)
연습 문제	Q. EOMONTH 함수를 사용하여 [D17] 셀을 기준으로 2개월 후의 마지막 날짜를 구하시오. A.		

▲	A	B
3	**함수식**	**함수결과**
17	=EOMONTH(D17,2)	2022-02-28

→ [D17] 셀의 '2021-12-20'을 기준으로 2개월 후 월의 마지막 날짜(2022-02-28)를 반환

⓫ WORKDAY

정의	'시작 날짜'에서 토요일, 일요일, 지정한 '휴일'을 제외하고 지정한 '날짜 수'만큼 경과한 날짜를 반환	함수식	=WORKDAY(시작 날짜,날짜 수,휴일)
연습 문제	Q. WORKDAY 함수를 사용하여 [D17] 셀을 기준으로 [D18] 셀을 제외한 10일 후의 날짜를 구하시오. A.		

▲	A	B
3	**함수식**	**함수결과**
18	=WORKDAY(D17,10,D18)	2022-01-04

→ [D17] 셀의 '2021-12-20'에서 토요일, 일요일, [D18] 셀의 '2021-12-24'를 제외하고 10일 경과한 날짜(2022-01-04)를 반환

결과가 참(TRUE)과 거짓(FALSE)으로 반환되는 함수

⬇ 실습파일 02_논리함수.xlsx　　⬇ 정답파일 02_논리함수(정답).xlsx

❶ IF

정의	'조건식'이 참이면 '값1', 거짓이면 '값2' 반환	함수식	=IF(조건식,값1,값2)
연습 문제	Q. IF 함수를 사용하여 조건식 '10>20'이 참이면 '크다', 거짓이면 '작다'로 표시하시오. A.		

◢	E	F	
3	**사용할 함수**	**함수결과**	➡ 조건식 '10>20'은 거짓이므로
4	=IF(10>20,"크다","작다")	작다	'작다'를 반환

❷ IFS

정의	'조건식1'이 참이면 '값1', '조건식2'가 참이면 '값2' 반환	함수식	=IFS(조건식1,값1,조건식2,값2,…)
연습 문제	Q. IFS 함수를 사용하여 조건식 'B4>C4'가 참이면 '하락', 조건식 'B4<C4'가 참이면 '상승', 조건식 'B4<C4'가 참이면 '유지'로 표시하시오. A.		

◢	E	F	
3	**사용할 함수**	**함수결과**	➡ [B4] 셀의 값은 10, [C4] 셀의
5	=IFS(B4>C4,"하락",B4<C4,"상승",B4=C4,"유지")	상승	값은 20이므로 '상승'을 반환

❸ SWITCH

정의	'조건식'이 '값1'이면 '결과값1' 반환, '값2'이면 '결과값2' 반환	함수식	=SWITCH(조건식,값1,결과값1,값2,결과값2,…)
연습 문제	Q. SWITCH 함수를 사용하여 [B10] 셀이 'G'이면 '골드', 'P'이면 '플래티넘', 'D'이면 '다이아몬드'로 표시하시오. A.		

◢	E	F	
3	**사용할 함수**	**함수결과**	➡ [B10] 셀의 값은 'D'이므로
6	=SWITCH(B10,"G","골드","P","플래티넘","D","다이아몬드")	다이아몬드	'다이아몬드'를 반환

❹ NOT

정의	'조건식'의 결과를 반대로 반환	함수식	=NOT(조건식)
연습 문제	Q. NOT 함수를 사용하여 조건식 '10>20'이 거짓인지 판별하시오. A.		

◢	E	F	
3	**사용할 함수**	**함수결과**	➡ 조건식 '10>20'은 거짓이므로
5	=NOT(10>20)	TRUE	'TRUE'를 반환

❺ AND

정의	'모든 조건'이 참이면 'TRUE', 나머지는 'FALSE' 반환	함수식	=AND(조건1,조건2,…)
연습 문제	Q. AND 함수를 사용하여 조건식 '10>20'과 '30<40'이 모두 참인지 판별하시오. A.		

	E	F	
3	사용할 함수	함수결과	→ 조건식 '10>20'이 거짓이므로 'FALSE'를 반환
6	=AND(10>20,30<40)	FALSE	

❻ OR

정의	'조건 중 하나'라도 참이면 'TRUE', 나머지는 'FALSE' 반환	함수식	=OR(조건1,조건2,…)
연습 문제	Q. OR 함수를 사용하여 조건식 '10>20'과 '30<40' 중 참인 것이 있는지 판별하시오. A.		

	E	F	
3	사용할 함수	함수결과	→ 조건식 '30<40'이 참이므로 'TRUE'를 반환
7	=OR(10>20,30<40)	TRUE	

❼ IFERROR

정의	'식 또는 값'이 오류이면 '반환값' 반환	함수식	=IFERROR(식 또는 값,반환값)
연습 문제	Q. IFERROR 함수를 사용하여 식 '10/0'이 오류이면 '오류 발생'으로 표시하시오. A.		

	E	F	
3	사용할 함수	함수결과	→ 조건식 '10/0'은 오류이므로 '오류 발생'을 반환
8	=IFERROR(10/0,"오류 발생")	오류 발생	

❽ TRUE

정의	'TRUE' 반환	함수식	=TRUE( )
연습 문제	Q. TRUE 함수를 사용한 결과값을 구하시오. A.		

	E	F	
3	사용할 함수	함수결과	→ TRUE 함수는 항상 'TRUE'를 반환
9	=TRUE()	TRUE	

❾ FALSE

정의	'FALSE' 반환	함수식	=FALSE( )
연습 문제	Q. FALSE 함수를 사용한 결과값을 구하시오. A.		

	E	F	
3	사용할 함수	함수결과	→ FALSE 함수는 항상 'FALSE'를 반환
10	=FALSE()	FALSE	

조건에 맞는 데이터를 추출하거나 평균, 개수, 최대값, 최소값 등을 구하는 함수

⬇ 실습파일 03_통계함수.xlsx 　 ⬇ 정답파일 03_통계함수(정답).xlsx

❶ AVERAGE

정의	숫자의 평균을 반환	함수식	=AVERAGE(수1,수2,…)
연습 문제	Q. AVERAGE 함수를 사용하여 나이[D4:D8]의 평균을 구하시오. A.		

◢	F	G
3	**함수식**	**함수결과**
4	=AVERAGE(D4:D8)	36.6

▶ [D4:D8] 영역(나이)의 평균(36.6)을 반환

❷ AVERAGEA

정의	텍스트와 논리값을 포함한 모든 인수의 평균을 반환	함수식	=AVERAGEA(인수1,인수2,…)
연습 문제	Q. AVERAGEA 함수를 사용하여 [C4:D8] 영역의 모든 인수의 평균을 구하시오. A.		

◢	F	G
3	**함수식**	**함수결과**
5	=AVERAGEA(C4:D8)	18.3

▶ [C4:D8] 영역(성별,나이)의 텍스트와 논리값을 포함한 모든 인수의 평균(18.3)을 반환

❸ AVERAGEIF

정의	'범위'에서 '조건'을 만족하는 경우 '평균 범위'에서 평균을 반환	함수식	=AVERAGEIF(범위,조건,평균 범위)
연습 문제	Q. AVERAGEIF 함수를 사용하여 성별[C4:C8]이 '남'인 사람들의 나이[D4:D8]의 평균을 구하시오. A.		

◢	F	G
3	**함수식**	**함수결과**
6	=AVERAGEIF(C4:C8,"남",D4:D8)	41.66666667

▶ [C4:C8] 영역(성별)에서 '남'에 해당하는 [D4:D8] 영역(나이)의 평균(41.66666667)을 반환

❹ AVERAGEIFS

정의	'범위1'에서 '조건1'을 만족하고 '범위2'에서 '조건2'를 만족하면 '평균 범위'에서 평균을 반환	함수식	=AVERAGEIFS(평균 범위,범위1,조건1,범위2,조건2,…)
연습 문제	Q. AVERAGEIFS 함수를 사용하여 직업[B4:B8]이 '자영업'이고 성별[C4:C8]이 '남'인 사람들의 나이[D4:D8]의 평균을 구하시오. A.		

◢	F	G
3	**함수식**	**함수결과**
7	=AVERAGEIFS(D4:D8,B4:B8,"자영업",C4:C8,"남")	45

▶ [B4:B8] 영역(직업)이 '자영업'이고 [C4:C8] 영역(성별)이 '남'에 해당하는 [D4:D8] 영역(나이)의 평균(45)을 반환

❺ COUNT

정의	인수 중에서 숫자의 개수를 반환	함수식	=COUNT(인수1,인수2,…)
연습 문제	Q. COUNT 함수를 사용하여 [D4:D8] 영역의 인수 중 숫자의 개수를 구하시오.		

A.

◢	F	G
3	함수식	함수결과
8	=COUNT(D4:D8)	5

→ [D4:D8] 영역(나이)에서 숫자가 입력된 셀의 개수(5)를 반환

❻ COUNTA

정의	공백이 아닌 인수의 개수를 반환	함수식	=COUNTA(인수1,인수2,…)
연습 문제	Q. COUNTA 함수를 사용하여 [C4:C8] 영역에서 공백이 아닌 셀의 개수를 구하시오.		

A.

◢	F	G
3	함수식	함수결과
9	=COUNTA(C4:C8)	5

→ [C4:C8] 영역(성별)에서 공백이 아닌 셀의 개수(5)를 반환

❼ COUNTBLANK

정의	'범위'에서 공백 셀의 개수를 반환	함수식	=COUNTBLANK(범위)
연습 문제	Q. COUNTBLANK 함수를 사용하여 [D4:D10] 영역에서 공백 셀의 개수를 구하시오.		

A.

◢	F	G
3	함수식	함수결과
10	=COUNTBLANK(D4:D10)	2

→ [D4:D10] 영역(나이)에서 공백 셀의 개수(2)를 반환

❽ COUNTIF

정의	'범위'에서 '조건'을 만족하는 셀의 개수를 반환	함수식	=COUNTIF(범위,조건)
연습 문제	Q. COUNTIF 함수를 사용하여 나이[D4:D8]가 '40 이상'인 사람의 수를 구하시오.		

A.

◢	F	G
3	함수식	함수결과
11	=COUNTIF(D4:D8,">=40")	1

→ [D4:D8] 영역(나이)에서 나이가 '40 이상'인 셀의 개수(1)를 반환

❾ COUNTIFS

정의	'범위1'에서 '조건1'을, '범위2'에서 '조건2'를 만족하는 경우의 개수를 반환	함수식	=COUNTIFS(범위1,조건1,범위2,조건2,…)
연습 문제	Q. COUNTIFS 함수를 사용하여 성별[C4:C8]이 '남', 나이[D4:D8]가 '40 이상'인 사람의 수를 구하시오.		

A.

◢	F	G
3	함수식	함수결과
12	=COUNTIFS(C4:C8,"남",D4:D8,">=40")	1

→ [C4:C8] 영역(성별)이 '남'이고 [D4:D8] 영역(나이)이 '40 이상'인 경우의 개수(1)를 반환

❿ LARGE

정의	'범위'에서 K번째로 큰 값을 반환	함수식	=LARGE(범위,K)

연습 문제	Q. LARGE 함수를 사용하여 나이[D4:D8] 중 두 번째로 큰 값을 구하시오. A.	

◢	F	G
3	함수식	함수결과
13	=LARGE(D4:D8,2)	38

→ [D4:D8] 영역(나이)에서 두 번째로 큰 값(38)을 반환

⓫ SMALL

정의	'범위'에서 K번째로 작은 값을 반환	함수식	=SMALL(범위,K)

연습 문제	Q. SMALL 함수를 사용하여 나이[D4:D8] 중 두 번째로 작은 값을 구하시오. A.	

◢	F	G
3	함수식	함수결과
14	=SMALL(D4:D8,2)	35

→ [D4:D8] 영역(나이)에서 두 번째로 작은 값(35)을 반환

⓬ MAX

정의	인수 중에서 가장 큰 값을 반환	함수식	=MAX(수1,수2,…)

연습 문제	Q. MAX 함수를 사용하여 나이[D4:D8] 중 가장 큰 값을 구하시오. A.	

◢	F	G
3	함수식	함수결과
15	=MAX(D4:D8)	55

→ [D4:D8] 영역(나이)에서 가장 큰 값(55)을 반환

⓭ MAXA

정의	텍스트와 논리값을 포함한 모든 인수 중에서 가장 큰 값을 반환	함수식	=MAXA(인수1,인수2,…)

연습 문제	Q. MAXA 함수를 사용하여 '0.5', 'TRUE', 'FALSE', '0.3' 중 가장 큰 값을 구하시오. A.	

◢	F	G
3	함수식	함수결과
16	=MAXA(0.5,TRUE,FALSE,0.3)	1

→ TRUE는 1, FALSE는 0이므로 '0.5', '1', '0', '0.3' 중 가장 큰 값 (1)을 반환

⓮ MIN

정의	인수 중에서 가장 작은 값을 반환	함수식	=MIN(수1,수2,…)

연습 문제	Q. MIN 함수를 사용하여 나이[D4:D8] 중 가장 작은 값을 구하시오. A.	

◢	F	G
3	함수식	함수결과
17	=MIN(D4:D8)	20

→ [D4:D8] 영역(나이)에서 가장 작은 값(20)을 반환

⑮ MINA

정의	텍스트와 논리값을 포함한 모든 인수 중에서 가장 작은 값 반환	함수식	=MINA(인수1,인수2,…)
연습 문제	Q. MINA 함수를 사용하여 '0.5', 'TRUE', 'FALSE', '0.4' 중 가장 작은 값을 구하시오.		

A.

	F	G
3	함수식	함수결과
18	=MINA(0.5,TRUE,FALSE,0.4)	0

→ TRUE는 1, FALSE는 0이므로 '0.5', '1', '0', '0.4' 중 가장 작은 값(0)을 반환

⑯ MEDIAN

정의	숫자들의 중간값을 반환	함수식	=MEDIAN.SNGL(수1,수2,…)
연습 문제	Q. MEDIAN 함수를 사용하여 나이[D4:D8]의 중간값을 구하시오.		

A.

	F	G
3	함수식	함수결과
19	=MEDIAN(D4:D8)	35

→ [D4:D8] 영역(나이)에서 중간의 값(35)을 반환

⑰ MODE.SNGL

정의	숫자들 중 빈도가 가장 높은 값을 반환	함수식	=MODE(수1,수2,…)
연습 문제	Q. MODE.SNGL 함수를 사용하여 나이[D4:D8] 중 빈도가 가장 높은 값을 구하시오.		

A.

	F	G
3	함수식	함수결과
20	=MODE.SNGL(D4:D8)	35

→ [D4:D8] 영역(나이)에서 빈도가 가장 높은 값(35)을 반환

⑱ RANK.EQ

정의	• '범위'에서 '수'의 순위를 반환 • 순위가 같으면 가장 높은 순위 반환 • '방법'을 생략하거나 0으로 지정하면 내림차순으로, 나머지는 오름차순으로 반환	함수식	=RANK.EQ(수,범위,방법)
연습 문제	Q. RANK.EQ 함수를 사용하여 [D4:D8] 영역에서 [D4] 셀의 순위를 구하시오.		

A.

	F	G
3	함수식	함수결과
21	=RANK.EQ(D4,D4:D8)	3

→ [D4:D8] 영역(나이)에서 [D4] 셀에서 나올 수 있는 순위는 3, 4위이므로 가장 높은 순위(3)를 각각 반환

⑲ STDEV.S

정의	인수들의 표준 편차를 반환		함수식	=STDEV.S(수1,수2,…)
연습 문제	Q. STDEV.S 함수를 사용하여 나이[D4:D8]의 표준 편차를 구하시오. A.			

→ [D4:D8] 영역(나이)의 표준 편차
(12.46194206)를 반환

◢	F	G
3	**함수식**	**함수결과**
22	=STDEV.S(D4:D8)	12.46194206

⑳ VAR.S

정의	인수들의 분산을 반환		함수식	=VAR.S(수1,수2,…)
연습 문제	Q. VAR.S 함수를 사용하여 나이[D4:D8]의 분산을 구하시오. A.			

→ [D4:D8] 영역(나이)의
분산(155.3)을 반환

◢	F	G
3	**함수식**	**함수결과**
23	=VAR.S(D4:D8)	155.3

합계, 반올림, 절대값, 나머지 등 수치 자료를 처리하는 함수

⊞ 실습파일 04_수학삼각함수.xlsx ⊞ 정답파일 04_수학삼각함수(정답).xlsx

❶ ABS

정의	'숫자'의 절대값을 반환	함수식	=ABS(숫자)
연습 문제	Q. ABS 함수를 사용하여 −25의 절대값을 구하시오. A.		

▲	A 함수식	B 함수결과
3		
4	=ABS(-25)	25

→ 25의 절대값(25)을 반환

❷ INT

정의	'숫자'보다 크지 않은 가장 가까운 정수를 반환	함수식	=INT(숫자)
연습 문제	Q. INT 함수를 사용하여 −3.5보다 크지 않은 가장 가까운 정수를 구하시오. A.		

▲	A 함수식	B 함수결과
3		
5	=INT(-3.5)	-4

→ −3.5보다 크지 않은 가장 가까운 정수(−4)를 반환

❸ MOD

정의	'수1'을 '수2'로 나눈 나머지를 반환	함수식	=MOD(수1,수2)
연습 문제	Q. MOD 함수를 사용하여 10을 3으로 나눈 나머지를 구하시오. A.		

▲	A 함수식	B 함수결과
3		
6	=MOD(10,3)	1

→ 10을 3으로 나눈 나머지(1)를 반환

❹ POWER

정의	'수1'을 '수2'만큼 거듭제곱한 값을 반환	함수식	=POWER(수1,수2)
연습 문제	Q. POWER 함수를 사용하여 2의 3제곱을 구하시오. A.		

▲	A 함수식	B 함수결과
3		
7	=POWER(2,3)	8

→ 2를 3번 곱한 수(8)를 반환

❺ RAND

정의	0과 1 사이의 난수를 반환	함수식	=RAND( )
연습 문제	Q. RAND 함수를 사용하여 0과 1 사이의 임의의 수를 구하시오. A.		

▲	A 함수식	B 함수결과
3		
8	=RAND()	0.686065768

→ 0과 1 사이의 임의의 수(난수)를 반환. 반환되는 값은 고정값이 아니라 계산 시마다 새로운 숫자로 반환됨

❻ RANDBETWEEN

정의	지정한 두 수 사이의 임의의 수를 반환	함수식	=RANDBETWEEN(수1,수2)
연습 문제	Q. RANDBETWEEN 함수를 사용하여 1과 30 사이의 임의의 정수를 구하시오. A.		

<table>
<tr><th></th><th>A</th><th>B</th></tr>
<tr><td>3</td><td>함수식</td><td>함수결과</td></tr>
<tr><td>9</td><td>=RANDBETWEEN(1,30)</td><td>4</td></tr>
</table>

→ 1과 30 사이의 임의의 정수(난수)를 반환. 반환되는 값은 고정값이 아니라 계산 시마다 새로운 숫자로 반환됨

❼ ROUND

정의	'숫자'를 지정한 '자릿수'로 반올림하여 반환	함수식	=ROUND(숫자,자릿수)
연습 문제	Q. ROUND 함수를 사용해 [J2] 셀의 값을 반올림하여 각각 소수 둘째 자리, 일의 자리, 백의 자리까지 표시하시오. A.		

<table>
<tr><th></th><th>I</th><th>J</th></tr>
<tr><td>3</td><td>함수식</td><td>함수결과</td></tr>
<tr><td>4</td><td>=ROUND(J2,2)</td><td>345.46</td></tr>
<tr><td>5</td><td>=ROUND(J2,0)</td><td>345</td></tr>
<tr><td>6</td><td>=ROUND(J2,-2)</td><td>300</td></tr>
</table>

→ [J2] 셀의 값(345.456)을 반올림하여 각각 소수 둘째 자리까지 나타낸 값(345.46), 일의 자리까지 나타낸 값(345), 백의 자리까지 나타낸 값(300)을 반환

❽ ROUNDDOWN

정의	'숫자'를 지정한 '자릿수'로 내림하여 반환	함수식	=ROUNDDOWN(숫자,자릿수)
연습 문제	Q. ROUNDDOWN 함수를 사용해 [J2] 셀의 값을 내림하여 각각 소수 둘째 자리, 일의 자리, 백의 자리까지 표시하시오. A.		

<table>
<tr><th></th><th>I</th><th>J</th></tr>
<tr><td>3</td><td>함수식</td><td>함수결과</td></tr>
<tr><td>10</td><td>=ROUNDDOWN(J2,2)</td><td>345.45</td></tr>
<tr><td>11</td><td>=ROUNDDOWN(J2,0)</td><td>345</td></tr>
<tr><td>12</td><td>=ROUNDDOWN(J2,-2)</td><td>300</td></tr>
</table>

→ [J2] 셀의 값(345.456)을 내림하여 각각 소수 둘째 자리까지 나타낸 값(345.45), 일의 자리까지 나타낸 값(345), 백의 자리까지 나타낸 값(300)을 반환

❾ ROUNDUP

정의	'숫자'를 지정한 '자릿수'로 올림하여 반환	함수식	=ROUNDUP(숫자,자릿수)
연습 문제	Q. ROUNDUP 함수를 사용해 [J2] 셀의 값을 올림하여 각각 소수 둘째 자리, 일의 자리, 백의 자리까지 표시하시오. A.		

<table>
<tr><th></th><th>I</th><th>J</th></tr>
<tr><td>3</td><td>함수식</td><td>함수결과</td></tr>
<tr><td>7</td><td>=ROUNDUP(J2,2)</td><td>345.46</td></tr>
<tr><td>8</td><td>=ROUNDUP(J2,0)</td><td>346</td></tr>
<tr><td>9</td><td>=ROUNDUP(J2,-2)</td><td>400</td></tr>
</table>

→ [J2] 셀의 값(345.456)을 올림하여 각각 소수 둘째 자리까지 나타낸 값(345.46), 일의 자리까지 나타낸 값(346), 백의 자리까지 나타낸 값(400)을 반환

❿ SUM

정의	'수'의 합계를 반환	함수식	=SUM(수1,수2,…)
연습문제	Q. SUM 함수를 사용하여 나이[G4:G8]의 총합을 구하시오. A.		

	D	E	F	G
10		함수식		함수결과
11	=SUM(G4:G8)			178

→ [G4:G8] 영역(나이)의 합계(178)를 반환

⓫ SUMIF

정의	'범위'에서 '조건'을 만족하는 경우 '합계 범위'에서 합계를 반환	함수식	=SUMIF(범위,조건,합계 범위)
연습문제	Q. SUMIF 함수를 사용하여 성별[F4:F8]이 '남'인 사람들의 나이[G4:G8]의 합을 구하시오. A.		

	D	E	F	G
10		함수식		함수결과
12	=SUMIF(F4:F8,"남",G4:G8)			108

→ [F4:F8] 영역(성별)에서 '남'에 해당하는 [G4:G8] 영역(나이)의 합계(108)를 반환

⓬ SUMIFS

정의	'범위1'에서 '조건1'을 만족하고 '범위2'에서 '조건2'를 만족하면 '합계 범위'에서 합계를 반환	함수식	=SUMIFS(합계 범위,범위1,조건1,범위2,조건2,…)
연습문제	Q. SUMIFS 함수를 사용하여 직업[E4:E8]이 '자영업', 성별[F4:F8]이 '남'인 사람들의 나이[G4:G8]의 합을 구하시오. A.		

	D	E	F	G
10		함수식		함수결과
13	=SUMIFS(G4:G8,E4:E8,"자영업",F4:F8,"남")			70

→ [E4:E8] 영역(직업)이 '자영업'이고 [F4:F8] 영역(성별)이 '남'에 해당하는 [G4:G8] 영역(나이)의 합계(70)를 반환

⓭ TRUNC

정의	'숫자'에서 지정한 '자릿수' 이하의 숫자를 버리고 반환	함수식	=TRUNC(숫자,자릿수)
연습문제	Q. TRUNC 함수를 사용하여 −3.5에서 일의 자리 이하의 숫자를 버린 값을 구하시오. A.		

	A	B
3	함수식	함수결과
10	=TRUNC(-3.5)	-3

→ 자릿수를 지정하지 않으면 0으로 처리하므로, −3.5에서 일의 자리 이하의 숫자를 버린 값 (−3)을 반환

문자열에서 일부를 추출하거나 대·소문자 변환, 문자열에서 지정된 값을 찾는 등의 작업을 하는 함수

⬇ 실습파일 05_문자열함수.xlsx　　⬇ 정답파일 05_문자열함수(정답).xlsx

❶ LEFT

정의	'문자열'의 왼쪽에서 지정한 '개수'만큼 문자를 추출하여 반환	함수식	=LEFT(문자열,개수)
연습 문제	Q. LEFT 함수를 사용하여 문자열 '컴퓨터활용능력'의 왼쪽 2개의 문자를 표시하시오. A.		

	A 함수식	B 함수결과
3		
4	=LEFT("컴퓨터활용능력",2)	컴퓨

→ 문자열(컴퓨터활용능력)의 왼쪽에서 두 글자(컴퓨)를 추출하여 반환

❷ RIGHT

정의	'문자열'의 오른쪽에서 지정한 '개수'만큼 문자를 추출하여 반환	함수식	=RIGHT(문자열,개수)
연습 문제	Q. RIGHT 함수를 사용하여 문자열 '컴퓨터활용능력'의 오른쪽 2개의 문자를 표시하시오. A.		

	A 함수식	B 함수결과
3		
5	=RIGHT("컴퓨터활용능력",2)	능력

→ 문자열(컴퓨터활용능력)의 오른쪽에서 두 글자(능력)를 추출하여 반환

❸ MID

정의	'문자열'의 지정한 '시작 위치'에서 '개수'만큼 문자를 추출하여 반환	함수식	=MID(문자열,시작 위치,개수)
연습 문제	Q. MID 함수를 사용하여 문자열 '컴퓨터활용능력'의 두 번째부터 3개의 문자를 표시하시오. A.		

	A 함수식	B 함수결과
3		
6	=MID("컴퓨터활용능력",2,3)	퓨터활

→ 문자열(컴퓨터활용능력)의 두 번째부터 세 글자(퓨터활)를 추출하여 반환

❹ LOWER

정의	'문자열'을 모두 영문자의 소문자로 반환	함수식	=LOWER(문자열)
연습 문제	Q. LOWER 함수를 사용하여 문자열 'COMPUTER'를 모두 영문자의 소문자로 표시하시오. A.		

	A 함수식	B 함수결과
3		
7	=LOWER("COMPUTER")	computer

→ 문자열(COMPUTER)을 모두 영문자의 소문자로 반환

❺ UPPER

정의	'문자열'을 모두 영문자의 대문자로 반환	함수식	=UPPER(문자열)
연습 문제	Q. UPPER 함수를 사용하여 문자열 'computer'를 모두 영문자의 대문자로 표시하시오. A.		

	A	B
3	함수식	함수결과
8	=UPPER("computer")	COMPUTER

▸ 문자열(computer)을 모두 영문자의 대문자로 반환

❻ PROPER

정의	단어의 첫 글자만 영문자의 대문자로, 나머지는 영문자의 소문자로 반환	함수식	=PROPER(문자열)
연습 문제	Q. PROPER 함수를 사용하여 문자열 'computer'의 첫 글자만 대문자로 표시하시오. A.		

	A	B
3	함수식	함수결과
9	=PROPER("computer")	Computer

▸ 문자열(computer)의 첫 글자만 영문자의 대문자로, 나머지는 영문자의 소문자로 반환

❼ LEN

정의	'문자열'의 길이를 숫자로 반환	함수식	=LEN(문자열)
연습 문제	Q. LEN 함수를 사용하여 문자열 'apple'의 길이를 숫자로 표시하시오. A.		

	A	B
3	함수식	함수결과
10	=LEN("apple")	5

▸ 문자열(apple)의 길이(5)를 반환

❽ TRIM

정의	단어 사이의 한 칸의 공백을 제외하고 나머지 공백을 모두 삭제하여 반환	함수식	=TRIM(문자열)
연습 문제	Q. TRIM 함수를 사용하여 문자열 ' computer 2 '에서 공백을 단어 사이에 한 칸만 남기고 모두 삭제하여 표시하시오. A.		

	A	B
3	함수식	함수결과
11	=TRIM(" computer 2 ")	computer 2

▸ 문자열(computer 2)에서 단어 사이의 한 칸의 공백을 제외하고 나머지 공백을 모두 삭제(computer 2)하여 반환

❾ FIND

정의	• '문자열2'의 '시작 위치'부터 '문자열1'을 찾아 시작 위치 반환 • 영문자의 대·소문자를 구분하고 와일드카드 문자는 사용할 수 없음 • FIND 함수는 각 문자를 한 글자로 계산	함수식	=FIND(문자열1,문자열2,시작 위치)
연습 문제	Q. FIND 함수를 사용하여 문자열 '대한민국fIghting'에서 문자열 'i'의 위치를 구하시오. (단, 영문자의 대·소문자를 구분하시오.) A.		

<table>
<tr><th>▲</th><th colspan="1">A</th><th>B</th></tr>
<tr><td>3</td><td>함수식</td><td>함수결과</td></tr>
<tr><td>12</td><td>=FIND("i","대한민국fIghting")</td><td>10</td></tr>
</table>

▸ FIND 함수는 영문자의 대·소문자를 구분함. 문자열에서 'i'의 위치를 찾아 FIND 함수는 각 문자를 한 글자로 계산한 결과(10)를 반환

❿ SEARCH

정의	• '문자열2'의 '시작 위치'부터 '문자열1'을 찾아 시작 위치 반환 • 영문자의 대·소문자를 구분하지 않고 와일드카드 문자는 사용할 수 있음 • SEARCH 함수는 각 문자를 한 글자로 계산	함수식	=SEARCH(문자열1,문자열2,시작 위치)
연습 문제	Q. SEARCH 함수를 사용하여 문자열 '대한민국fIghting'에서 문자열 'i'의 시작 위치를 구하시오. (단, 영문자의 대·소문자를 구분하지 않고 구하시오.) A.		

<table>
<tr><th>▲</th><th colspan="1">A</th><th>B</th></tr>
<tr><td>3</td><td>함수식</td><td>함수결과</td></tr>
<tr><td>14</td><td>=SEARCH("i","대한민국fIghting")</td><td>6</td></tr>
</table>

▸ SEARCH 함수는 영문자의 대·소문자를 구분하지 않음. 문자열에서 'I' 또는 'i'의 위치를 찾아 SEARCH 함수는 각 문자를 한 글자로 계산한 결과(6)를 반환

데이터베이스에서 합계, 평균, 개수, 최대값, 최소값 등 조건에 맞는 데이터를 추출하는 함수

= 데이터베이스 함수(데이터베이스,필드,조건 범위)

• 데이터베이스: 레코드와 필드로 이루어진 관련 데이터의 목록
• 필드: 어떤 필드가 함수에 사용되는지를 지정, 필드명을 지정하거나 열 번호로 지정
• 조건 범위: 찾을 조건이 들어있는 셀 범위로, 필드명과 함께 지정

⬇ 실습파일 06_데이터베이스함수.xlsx　　⬇ 정답파일 06_데이터베이스함수(정답).xlsx

❶ DSUM

정의	조건을 만족하는 '필드'의 합계를 반환	함수식	=DSUM(데이터베이스,필드,조건 범위)
연습 문제	Q. DSUM 함수를 사용하여 [A3:F11] 영역에서 성별[E4:E11]이 '남'인 사람들의 회비[F4:F11]의 합계를 구하시오. A.		

◢	D	E
13	**함수식**	**함수결과**
14	=DSUM(A3:F11,F3,E3:E4)	785000

→ [A3:F11] 영역에서 조건이 [E3:E4] 영역('성별'이 '남')인 [F3] 필드(회비)의 합계(785000)를 반환

❷ DAVERAGE

정의	조건을 만족하는 '필드'의 평균을 반환	함수식	=DAVERAGE(데이터베이스,필드,조건 범위)
연습 문제	Q. DAVERAGE 함수를 사용하여 [A3:F11] 영역에서 직업[C4:C11]이 '자영업'인 사람들의 회비[F4:F11]의 합계를 구하시오. A.		

◢	D	E
13	**함수식**	**함수결과**
15	=DAVERAGE(A3:F11,F3,C3:C4)	212500

→ [A3:F11] 영역에서 조건이 [C3:C4] 영역('직업'이 '자영업')인 [F3] 필드(회비)의 합계(212500)를 반환

❸ DCOUNT

정의	조건을 만족하는 '필드'에서 숫자인 셀 개수를 반환	함수식	=DCOUNT(데이터베이스,필드,조건 범위)
연습 문제	Q. DCOUNT 함수를 사용하여 [A3:F11] 영역에서 직업[C4:C11]이 '교사'인 사람들의 회비 납부 수를 구하시오. A.		

◢	D	E
13	**함수식**	**함수결과**
16	=DCOUNT(A3:F11,F3,B13:B14)	2

→ [A3:F11] 영역에서 조건이 [B13:B14] 영역('직업'이 '교사')인 납부자 수([F3] 필드(회비)가 비어있지 않은 셀의 개수인 2)를 반환

❹ DCOUNTA

정의	조건을 만족하는 '필드'에서 비어있지 않은 셀 개수를 반환	함수식	=DCOUNTA(데이터베이스,필드,조건 범위)
연습 문제	Q. DCOUNTA 함수를 사용하여 [A3:F11] 영역에서 직업[C4:C11]이 '자영업'인 사람들의 회비 납부 수를 구하시오. A.		

→ [A3:F11] 영역에서 조건이 [C3:C4] 영역('직업'이 '자영업')인 납부자 수([F3] 필드(회비)가 비어있지 않은 셀의 개수인 4)를 반환

❺ DMAX

정의	조건을 만족하는 '필드'의 최대값을 반환	함수식	=DMAX(데이터베이스,필드,조건 범위)
연습 문제	Q. DMAX 함수를 사용하여 문자열 [A3:F11] 영역에서 성별[E4:E11]이 '남'인 사람들의 회비의 최대값을 구하시오. A.		

→ [A3:F11] 영역에서 조건이 [C3:C4] 영역('성별'이 '남')인 [F3] 필드(회비)의 최대값(500000)을 반환

❻ DMIN

정의	조건을 만족하는 '필드'의 최소값을 반환	함수식	=DMIN(데이터베이스,필드,조건 범위)
연습 문제	Q. DMIN 함수를 사용하여 문자열 [A3:F11] 영역에서 성별[E4:E11]이 '여'인 사람들의 회비의 최소값을 구하시오. A.		

→ [A3:F11] 영역에서 조건이 [A13:A14] 영역('성별'이 '여')인 [F3] 필드(회비)의 최소값(50000)을 반환

영역에서 일치하는 데이터를 찾고 함수의 특성에 맞게 반환하는 함수

⬇ 실습파일 07_찾기참조함수.xlsx   ⬇ 정답파일 07_찾기참조함수(정답).xlsx

❶ CHOOSE

정의	'검색값'이 1이면 '값1', 2이면 '값2' 등의 순서로 값을 반환	함수식	=CHOOSE(검색값,값1,값2,…)
연습 문제	Q. CHOOSE 함수를 사용하여 1이면 '사과', 2이면 '바나나', 3이면 '딸기'를 표시하고, 3을 검색한 결과를 표시하시오. A.		

◢	F	G
3	함수식	함수결과
4	=CHOOSE(3,"사과","바나나","딸기")	딸기

➡ CHOOSE 함수에 사용된 검색값은 '3'이고, 3이면 '딸기'를 반환

❷ HLOOKUP

정의	• '범위'의 첫 번째 행에서 '값'을 찾아 지정한 행에서 대응하는 값을 반환
	• 방법
	  – 0 또는 FALSE: 정확히 일치
	  – 1 또는 TRUE 또는 생략: 유사 일치
		함수식	=HLOOKUP(값,범위,행 번호,방법)

연습 문제	Q. HLOOKUP 함수를 사용하여 점수, 등급[B10:D11]에서 점수가 85일 때의 등급을 표시하시오. A.		

◢	F	G
3	함수식	함수결과
5	=HLOOKUP(85,B10:D11,2,TRUE)	B

➡ [B10:D11] 영역(점수, 등급)의 첫 번째 행(점수)에서 85와 유사 일치하는 값을 찾아 두 번째 행(등급)에서 대응하는 값(B)을 반환

❸ VLOOKUP

정의	• '범위'의 첫 번째 열에서 '값'을 찾아 지정한 열에서 대응하는 값을 반환
	• 방법
	  – 0 또는 FALSE: 정확히 일치
	  – 1 또는 TRUE 또는 생략: 유사 일치
		함수식	=VLOOKUP(값,범위,열 번호,방법)

연습 문제	Q. VLOOKUP 함수를 사용하여 이름[A4:A8]이 '김규연'인 사람의 나이[D4:D8]를 구하시오. A.		

◢	F	G
3	함수식	함수결과
6	=VLOOKUP("김규연",A4:D8,4,FALSE)	35

➡ [A4:D8] 영역의 첫 번째 열(이름)에서 '김규연'과 정확히 일치하는 값을 찾아 네 번째 열(나이)에서 대응하는 값(35)을 반환

❹ INDEX

정의	'범위'에서 지정한 '행'과 '열'의 교차값을 반환	함수식	=INDEX(범위,행,열)
연습 문제	Q. INDEX 함수를 사용하여 이름[A4:A8]이 '김규연'인 사람의 나이[D4:D8]를 구하시오. A.		

	F	G
3	함수식	함수결과
7	=INDEX(A3:D8,2,4)	35

▶ [A3:D8] 영역에서 두 번째 행(김규연)과 네 번째 열(나이)의 교차값(35)을 반환

❺ MATCH

정의	• '검색값'과 일치하는 '배열' 요소를 찾아 상대 위치 반환 • 검색 유형 　– 1: 검색값보다 작거나 같은 값 중 가장 큰 값 　　(오름차순 정렬되어 있어야 함) 　– 0: 검색값과 같은 첫 번째 값 　– –1: 검색값보다 크거나 같은 값 중 가장 작은 값(내림차순 정렬되어 있어야 함)	함수식	=MATCH(검색값,배열,검색 유형)
연습 문제	Q. MATCH 함수를 사용하여 나이[D4:D8]에서 55와 정확하게 일치하는 첫 번째 값을 찾아 위치를 나타내시오. A.		

	F	G
3	함수식	함수결과
8	=MATCH(55,D4:D8,0)	3

▶ [D4:D8] 영역(나이)에서 55와 정확하게 일치하는 첫 번째 값을 찾아 상대 위치(3)를 반환

❻ COLUMN

정의	'셀이나 범위'의 열 번호 반환	함수식	=COLUMN(셀이나 범위)
연습 문제	Q. COLUMN 함수를 사용하여 [F3] 셀의 열 번호를 구하시오. A.		

	F	G
3	함수식	함수결과
9	=COLUMN(F3)	6

▶ [F3] 셀의 열 번호(6)를 반환

❼ COLUMNS

정의	'배열이나 범위'에 들어있는 열 수 반환	함수식	=COLUMNS(배열이나 범위)
연습 문제	Q. COLUMNS 함수를 사용하여 [F3:G3] 영역에 들어있는 열 수를 구하시오. A.		

	F	G
3	함수식	함수결과
10	=COLUMNS(F3:G3)	2

▶ [F3:G3] 영역에 들어 있는 여섯 번째 열, 일곱 번째 열의 열 수(2)를 반환

❽ ROW

정의	'셀이나 범위'의 행 번호 반환	함수식	=ROW(셀이나 범위)
연습 문제	Q. ROW 함수를 사용하여 [F3] 셀의 행 번호를 구하시오. A.		

	F	G
3	함수식	함수결과
11	=ROW(F3)	3

→ [F3] 셀의 행 번호(3)를 반환

❾ ROWS

정의	'배열이나 범위'에 들어있는 행 수 반환	함수식	=ROWS(배열이나 범위)
연습 문제	Q. ROWS 함수를 사용하여 [F3:F6] 영역에 들어있는 행 수를 구하시오. A.		

	F	G
3	함수식	함수결과
12	=ROWS(F3:F6)	4

→ [F3:F6] 영역에 들어있는 세 번째 행부터
여섯 번째 행까지의 행 수(4)를 반환

단기 합격 지원
스터디 플래너

스터디 플래너 사용법

· 단기간 집중으로 합격을 노린다면?!
 ▶ 2주 완성 플래너

· 업무, 다른 자격증 병행 등으로
 충분히 공부할 시간이 필요하다면?!
 ▶ 4주 완성 플래너

· 공부를 완료하면
 동그라미 표시를 하세요!

차례			2주 완성		4주 완성
출제패턴 그대로 따라하기					
기본 작업	01	데이터 입력	1일	1일	10일 (복습)
	02	데이터 편집			
	03	조건부 서식			
	04	자동 필터와 고급 필터			
	05	외부 데이터 가져오기		2일	11일 (복습)
	06	텍스트 나누기			
	07	붙여넣기			
계산 작업	01	수식의 사용	2일	3일	12일 (복습)
	02	날짜/시간 함수			
	03	논리 함수	7일 (복습)	4일	13일 (복습)
	04	통계 함수			
	05	수학/삼각 함수	3일	5일	14일 (복습)
	06	문자열 함수	8일 (복습)		
	07	데이터베이스 함수	4일	6일	15일 (복습)
	08	찾기/참조 함수			
분석 작업	01	정렬	5일	7일	16일 (복습)
	02	부분합			
	03	피벗 테이블			
	04	목표값 찾기	9일 (복습)		
	05	시나리오		8일	17일 (복습)
	06	통합			
	07	데이터 표			
기타 작업	01	매크로	6일	9일	18일 (복습)
	02	차트	10일 (복습)		
실전 대비 기출예제 & 기출변형문제					
제1회 기출예제			11일	19일	25일 (복습)
제2회 기출예제					
제3회 기출변형문제				20일	
제4회 기출변형문제					
제5회 기출변형문제			12일	21일	26일 (복습)
제6회 기출변형문제					
제7회 기출변형문제					
제8회 기출변형문제				22일	
제9회 기출변형문제			13일		27일 (복습)
제10회 기출변형문제					
제11회 기출변형문제 (PDF)				23일	
제12회 기출변형문제 (PDF)					
제13회 기출변형문제 (PDF)			14일	24일	28일 (복습)
제14회 기출변형문제 (PDF)					
제15회 기출변형문제 (PDF)					

✂ 가위로 절단서 책갈피로 사용하세요.

합격 점수 확보! 기출유형 약점 파악하기

구분		1회	2회	3회	4회	5회	6회	7회	8회	9회	10회
기본 작업	1										
	2										
	3										
계산 작업	1										
	2										
	3										
	4										
	5										
분석 작업	1										
	2										
기타 작업	1										
	2										
총점		점	점	점	점	점	점	점	점	점	점

약점을 파악하면 합격이 빨리진다!

- 정답을 맞힌 문제에는 동그라미 표시를, 틀린 문제에는 세모로 표시해 약점을 파악하세요!
- 합격 점수는 70점! 점수를 계산하여 안정적인 합격선에 들어오는지 파악하세요!

에듀윌 EXIT

컴퓨터활용능력

2급 실기 기본서

1권 | 출제유형 연습하기

EXIT 합격 서비스에서 드려요!

exit.eduwill.net

저자에게 묻는
실시간 질문답변

① 로그인
② 교재 구매 인증
③ 실시간 질문답변 게시판
④ 질문하기

핵심만 모은
무료강의

① 로그인
② 무료강의 게시판
③ 수강하기

※ 무료강의는 10월 중 순차적으로 오픈 예정

더 공부하고 싶다면
PDF 학습자료

① 로그인
② 자료실 게시판
③ 다운로드

※ PDF에 설정된 암호는 교재별 차례에서 확인

직접 따라해 볼 수 있는
실습파일

① 로그인
② 자료실 게시판
③ 다운로드

합/불합을 바로 확인하는
실기 채점 프로그램

① 로그인
② 자료실 게시판
③ 다운로드

바로 확인하는
정오표

교재 구매 인증 방법

EXIT 합격 서비스의 [실시간 질문답변 게시판]을 이용하기 위해서는 교재 구매 인증이 필요합니다.

❶ EXIT 합격 서비스(exit.eduwill.net) 접속 → ❷ 로그인 → ❸ 우측 구매도서 인증 아이콘 클릭 → ❹ 정답은 교재 내에서 확인

혼자 고민하지 마세요. 바로 질문하세요.

저자가 직접 답변하는 **실시간 질문답변**

용어가 너무 생소한가요? 문제에 대한 해설이 이해가 잘 안되시나요?

공부하다 모르는 내용을 혼자 고민하지 마세요.

교재를 집필한 저자가 직접! 자세하게! 설명해 드립니다.

책에 있는 내용을 따라해 볼 수 있어요.

실습파일/정답파일

컴퓨터활용능력 2급 실기 시험의 출제 범위인 기본작업부터 기타작업까지 모든 영역을 유형별로 실습하고 기출변형 문제를 실전처럼 연습해 볼 수 있는 실습파일을 제공합니다. 답안을 작성하신 후 정답파일과 직접 작성한 파일을 비교해 보세요.

좀 더 빠른 학습을 원하시나요?

합격 여부를 미리 확인하는 **채점 프로그램**

컴퓨터활용능력 2급 실기 시험은 사무자동화의 필수 프로그램인 스프레드시트(SpreadSheet) 활용 능력을 평가하는 시험으로, 지시사항에 따라 제대로 데이터를 편집할 수 있어야 합니다. 실기 시험은 100점 만점 중 문제마다 제시된 점수를 합산하여 70점 이상이어야 합격할 수 있습니다. 직접 작성한 파일과 정답파일 간에 지정 형식 등은 육안으로는 구분하기 어려우므로, 채점 프로그램을 통해 자신의 실력을 가늠해 보세요.

경로보기

❶ EXIT 합격 서비스(exit.eduwill.net) 접속
❷～❹ [자료실] – [컴퓨터활용능력 2급] – [실기] 클릭
❺ 설치 완료 후 바탕화면의 바로 가기로 실행하여 사용

사용방법

❶ 바탕화면의 [채점 프로그램]을 더블클릭하여 실행
❷ 작성한 파일을 상단의 [채점하기] 단추를 눌러 불러오거나 드래그 앤 드롭

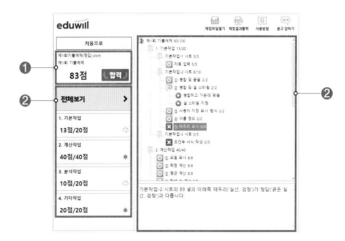

❶ 점수와 합격/불합격 여부 확인
❷ 감점 사항과 감점된 점수 확인

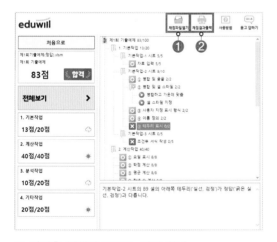

❶ 채점을 진행한 EXCEL 파일 열기
❷ 감점 사항이 정리된 파일을 인쇄

❶ 기출예제 & 기출변형문제를 시험장과 동일한 환경에서 응시
❷ 데이터 입력 및 편집 완료 후 채점까지 한번에 가능

주의사항

· 채점 프로그램을 사용하기 위해서는 EXCEL 2021과 Windows 7 sp 1 이상이 설치되어 있어야 합니다.
· 채점 기준 변화 반영과 기능 업그레이드를 위해 채점 프로그램 실행 시 자동 업데이트됩니다.
· 본 교재의 채점 프로그램 사용기한은 2026년 12월 31일입니다.
※ 업데이트 시에만 인터넷이 필요하며 채점은 인터넷 연결과 관계없이 사용 가능합니다.

시험 절차

시행 기관　대한상공회의소(https://license.korcham.net/)

시험 절차

필기 원서접수
- 상시시험: 매주 시행(시험 개설 여부는 시험장 상황에 따라 다름)
- 원서접수: 대한상공회의소 자격평가사업단
- 검정 수수료: 20,500원

필기 시험
- 시험시간: 1급은 60분, 2급은 40분
- 합격선: 100점 만점에 과목당 40점 이상, 평균 60점 이상
- 준비물: 신분증, 수험표

필기 합격 발표
- 필기 유효기간
  필기 합격 발표일로부터 만 2년/1급 합격 시 1급, 2급 실기 시험에 모두 응시 가능

실기 원서접수
- 상시시험: 매주 시행(시험 개설 여부는 시험장 상황에 따라 다름)
- 원서접수: 대한상공회의소 자격평가사업단
- 검정 수수료: 25,500원

실기 시험
- 시험시간: 40분
- 합격선: 100점 만점에 70점 이상
- 프로그램: MS Office LTSC professional Plus 2021
- 준비물: 신분증, 수험표

실기 합격 발표
최종 합격자 발표

자격증 발급
- 자격증 신청: 대한상공회의소 자격평가사업단 홈페이지를 통한 인터넷 신청만 가능
- 자격증 수령: 등기우편으로만 수령 가능

가장 궁금해하는 BEST Q&A

컴퓨터활용능력 실기 시험은 어떤 **프로그램 버전**을 사용해야 하나요?

2024년 기준으로 시험장에서 사용하고 있는 프로그램은 Microsoft Office 2021입니다. 따라서 실습을 할 때에도 동일한 프로그램의 버전으로 연습하는 것을 권장합니다.

합격자 발표일은 언제인가요?

필기 시험의 합격자 발표일은 응시일 다음날 오전 10시, 실기 시험(최종)의 합격자 발표일은 응시일 2주 후 금요일 오전 10시입니다.

필기 시험에 합격했는데, **실기 시험을 언제까지 합격해야 인정**이 되나요?

필기 시험의 유효기간은 필기 합격 발표일부터 만 2년입니다. 만 2년 동안은 실기 시험에 불합격하여 재응시할 때 필기 시험은 재응시하지 않아도 됩니다. 단, 필기 시험 유효기간을 변경하거나 연장할 수는 없습니다.

자격증을 빨리 취득해야 하는데 이번에 응시한 실기 시험 결과가 불안해요.
합격자 발표 전인데 **실기 시험을 재응시**할 수 있나요?

합격자 발표 전에도 실기 시험 재응시는 얼마든지 가능합니다. 다만, 합격자 발표 후에는 실기 시험에 합격하여 미리 신청한 시험을 취소해도 반환규정에 따라 수험료를 환불받지 못할 수도 있습니다.

컴퓨터활용능력 1급 필기 시험에 합격했는데, **2급 자격증을 우선 취득하여** 실력을 다진 후 1급 자격증을 취득하고 싶어요. 2급 실기 시험으로 응시할 수 있나요?

1급 필기 시험에 합격한 경우 필기 시험 유효기간 동안에는 2급 실기 시험에도 응시할 수 있으며, 2급 실기 시험과 1급 실기 시험을 함께 응시하여 두 가지 자격증을 모두 취득할 수 있습니다. 다만, 2급 필기 시험에 합격한 경우에는 1급 실기 시험을 응시할 수 없습니다.

Chapter 1 | 기본작업

| 출제 경향 분석

기본작업의 ❶번으로 출제되는 데이터 입력 문제는 주어진 데이터를 그대로 입력하면 되는 간단한 문제로 출제되며, ❷번으로 출제되는 데이터 편집 문제는 셀 서식 지정, 병합, 테두리 설정, 메모 삽입 등 다양한 서식을 지정하는 문제가 출제됩니다. ❶번과 ❷번 문제의 출제유형은 고정적이고, ❸번 문제는 조건부 서식, 자동 필터 또는 고급 필터, 외부 데이터 가져오기, 텍스트 나누기, 붙여넣기 중 하나의 유형이 출제됩니다.

| 한번에 합격하려면?

❶번으로 출제되는 데이터 입력 문제는 타자 속도를 높이고 오타를 내지 않는 것이 관건이며, ❷번으로 출제되는 데이터 편집 문제는 다양한 서식을 지정해야 하지만 유사하게 출제되므로 반복 연습하면 쉽게 풀 수 있습니다. ❸번 문제는 어떤 문제가 출제될지 확정할 수 없지만 조건부 서식과 고급 필터 문제가 자주 출제되므로 두 유형을 중점적으로 학습하는 것을 권장합니다. ❶번 문제(5점)와 ❷번 문제(10점)를 모두 맞혀 최소 15점 이상을 확보하는 것으로 목표를 하되, 다른 작업에서 실수를 하더라도 점수를 만회할 수 있도록 만점(20점)을 확보하면 좋습니다.

Chapter 2 | 계산작업

| 출제 경향 분석

계산작업에서 출제되는 문제는 총 5문제이며, 모두 함수식을 직접 입력하는 문제입니다. 함수식은 출제 범위인 날짜/시간 함수, 논리 함수, 통계 함수, 수학/삼각 함수, 문자열 함수, 데이터베이스 함수, 찾기/참조 함수에서 무작위로 출제되며, 주로 다른 영역의 함수를 중첩하여 사용하는 문제가 출제됩니다.

| 한번에 합격하려면?

함수식은 각 인수를 어떻게 사용하는지 분석해보고 많은 문제를 연습해보아야 합니다. 계산작업은 한 문제당 배점이 8점씩으로 높아 5문제 중 2문제 이하를 맞히면 불합격할 가능성이 높으므로 4문제 이상을 맞혀 32점 이상을 확보해야 안정적으로 합격할 수 있습니다. 또한, 함수식은 무작정 암기하려고 하면 헷갈릴 수 있고, 각 인수가 무엇을 의미하는지 알고 있어도 실제 문제에 바로 적용하기 어려우므로 많은 문제를 접해봐야 합니다.

Chapter 3 　분석작업

| 출제 경향 분석

　분석작업은 정렬, 부분합, 피벗 테이블, 목표값 찾기, 시나리오, 통합, 데이터 표 중 두 가지 유형이 각각 한 문제씩 출제됩니다.

| 한번에 합격하려면?

　분석작업은 어떤 유형이 출제될지 고정적이지 않아 모든 유형을 정확히 알고 있어야 하지만, 몇 번만 따라하다 보면 풀이 방법을 모두 숙지할 수 있을 정도의 난이도이고, 실제 시험에서도 어렵지 않게 출제되는 편이어서 충분히 만점(20점)을 확보할 수 있습니다. 부분합, 피벗 테이블, 시나리오의 출제율이 가장 높고, 부분합은 정렬과 함께 출제되는 경우가 있어 네 가지 유형을 우선적으로 학습하는 것을 권장합니다.

Chapter 4 　기타작업

| 출제 경향 분석

　기타작업의 ❶번으로 출제되는 매크로 문제는 서식을 지정하는 매크로와 연산을 수행하는 매크로 한 개씩 작성하는 문제가 고정적으로 출제됩니다. ❷번으로 출제되는 차트 문제 또한 차트를 제시된 〈그림〉과 동일하게 새로 작성하거나 일부를 수정하는 문제가 고정적으로 출제되며, 주로 일부를 수정하는 문제로 출제됩니다.

| 한번에 합격하려면?

　매크로를 지정할 단추와 도형의 형태도 매회 유사하게 출제되고 있어 방법만 숙지하면 새로운 문제도 쉽게 풀 수 있어 반드시 맞혀야 하는 문제입니다. 매크로를 기록하면서 불필요한 과정이 함께 기록되면 매크로에 오류가 발생할 수 있고 오류가 발생하면 반드시 삭제하고 다시 생성해야 하므로 주의해야 합니다.

　차트는 지시사항에 직접 언급되지 않은 부분이라도 제시된 〈그림〉과 동일한지 확인하여 숨은 지시사항도 파악해야 하지만, 문제에 제시된 지시사항은 어렵게 출제되지 않고 또, 부분점수도 있으므로 숨은 지시사항을 찾기 위해 많은 시간을 투자할 필요는 없습니다.

1 시험에 나오는 출제유형만 모았다! **출제유형 연습하기**

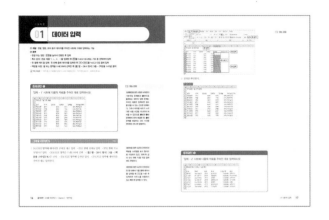

기출문제를 분석하여 진짜 시험에 나오는 출제유형만 담은 '출제유형연습하기를 통해 집중적으로 학습하세요.'
강의와 문제풀이를 위한 추가 설명을 통해 노베이스 독학러도 쉽게 학습하실 수 있습니다.

2 실전 완벽 대비! **기출예제 & 기출변형문제**

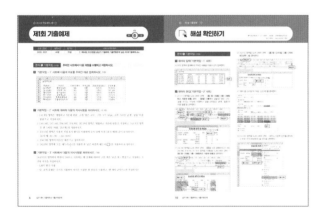

실제 시험과 동일하게 연습하실 수 있도록 기출 예제를 맨 앞에 제시하고 난도에 따른 모의고사를 수록하 였습니다.
문제를 풀고 채점 프로그램을 통해 자신의 점수를 확인한 후 친절한 해설을 통해 틀린 부분과 자신이 부족한 부분을 다시 학습할 수 있습니다.

3 기출은 아무리 풀어도 부족하다! 추가 학습을 위한 **기출변형문제 5회분(PDF)**

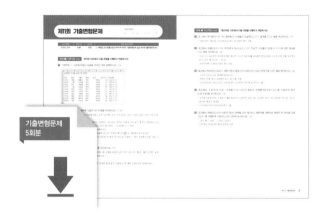

추가 연습을 할 수 있도록 기출변형문제 5회분을 PDF로 더 제공합니다. 추가 학습을 마친 후에는 컴퓨터활용능력 2급 실기 합격을 향한 자신감이 더 올라가 있을 것이라고 확신합니다.

더 드립니다!

계획적인 학습을 위해!
스터디 플래너 &
기출유형 약점 파악하기

가장 효율적으로 교재를 회독 학습하고, 시험장에 들어갈 수 있도록 스터디 플래너를 제공합니다. 본인의 학습 패턴에 맞게 활용해서 계획적으로 공부하세요.
또한 시험 전 본인의 학습 정도를 파악할 수 있도록 기출예제&기출변형문제에서 출제된 문제 유형들을 표로 정리해 제공합니다. 문제를 풀어본 뒤 자신이 어떤 부분에서 약점이 있는지 확인해보세요.

어려운 함수, 계산작업 총정리를 위해!
부록 # 함수기초/계산작업 마스터

함수는 컴퓨터활용능력 2급 합격을 좌우하는 합격의 열쇠이지만 함수식을 무조건 암기하기에는 양도 많고 실제 시험에 적용하기 어렵습니다.
실제 출제된 함수식 중에서 자주 출제되는 함수를 한 권에 담아 수시로 들고 다니면서 반복 연습할 수 있도록 제공합니다.

단기 합격 지원 스터디 플래너
기출유형 약점 파악하기 플래너
[부록] 함수기초/계산작업 마스터

합격을 위한 모든 것! EXIT 합격 서비스
체점 프로그램
시험의 모든 것!
가장 궁금해하는 BEST Q&A
기출 분석의 모든 것!
왜 에듀윌 교재인가?

출제유형 연습하기

시작하는 방법은
말을 멈추고
즉시 행동하는 것이다.

– 월트 디즈니(Walt Disney)

기본작업

배점 20점
목표점수 15점

무료 동영상 강의

출제유형 분석

기본작업은 크게 세 유형이 출제되는데 ❶ 데이터 입력, ❷ 데이터 편집, ❸ 조건부 서식, 자동 필터 또는 고급 필터, 외부 데이터 가져오기, 텍스트 나누기, 붙여넣기 중 하나가 출제된다. 또한 프로그램이 MS Office 2021로 변경됨에 따라 외부 데이터를 가져오는 방법이 기존과 달라졌다는 점을 주의해야 한다.

합격 전략

기본작업은 특별히 어렵게 출제되는 문제가 없는 편이다. ❶은 5점, ❷는 10점(지시 사항 5개, 각 2점), ❸은 5점으로 총 20점이다. 기본작업에서 만점(20점)을 확보해두면 다른 작업에서 평소보다 조금 낮은 점수가 나오더라도 만회할 수 있기 때문에 만점을 받는 것이 가장 좋고, 최소한 15점 이상은 확보해야 하므로 실수에 유의해야 한다.

세부 출제패턴

	출제유형	난이도	세부 출제패턴
1	데이터 입력	상 중 **하**	한글, 영문, 숫자 등의 데이터를 주어진 시트에 그대로 입력하는 문제이다. 타자 속도를 높이는 것이 관건이다.
2	데이터 편집	상 **중** 하	미리 작성된 시트에서 한자 변환, 메모 삽입, 이름 정의, 셀 서식 등을 지정하는 문제로, 어렵지 않게 출제된다. 다만 사용자 지정 표시 형식은 까다롭게 느껴질 수 있으므로 다양한 문제를 접해보는 것이 좋다.
3	조건부 서식	상 **중** 하	선택한 영역에서 특정 조건을 만족하는 셀에만 서식을 적용하는 문제이다. 수식을 사용하여 서식을 지정하는 문제가 자주 출제되므로 '계산작업'을 먼저 학습하는 것도 하나의 방법이다.
4	자동 필터와 고급 필터	**상** 중 하	많은 양의 자료에서 설정된 조건에 만족하는 데이터만을 추출하는 문제이다. 자동 필터(사용자 지정 필터)는 쉽게 출제되지만 대부분 고급 필터와 관련된 문제가 출제되므로 고급 필터에 비중을 두고 학습하는 것이 좋다.
5	외부 데이터 가져오기	상 **중** 하	텍스트 파일 등 다른 프로그램에서 작성한 파일을 워크시트로 가져오는 문제이다. [텍스트 마법사] 대화상자의 각 단계에서 설정하는 내용을 정확히 숙지해야 한다. 시험의 〈유의사항〉에 제시된 외부 데이터의 위치를 반드시 확인하도록 한다.
6	텍스트 나누기	상 중 **하**	하나의 셀에 입력된 데이터를 원본 데이터의 형식에 따라 구분 기호나 일정한 너비로 분리하여 여러 셀로 나누는 문제이다. 외부 데이터 가져오기와 마찬가지로 [텍스트 마법사] 대화상자의 각 단계에서 설정하는 내용을 정확히 숙지해야 한다.
7	붙여넣기	상 중 **하**	셀 범위를 복사한 후, 지정된 위치에 붙여넣는 문제이다. 자주 출제되는 유형이 아니지만 출제되면 쉽게 출제되므로 틀리지 않도록 확실하게 숙지해야 한다. 연결하여 붙여넣기, 그림 붙여넣기, 선택하여 붙여넣기 등 다양한 기능을 연습해야 한다.

01 데이터 입력

① **개념**: 한글, 영문, 숫자 등의 데이터를 주어진 시트에 그대로 입력하는 기능

② **종류**

- 한글 또는 영문: 한/영을 눌러서 전환한 후 입력
- 특수 문자: 한글 자음(ㄱ, ㄴ, ㄷ, …)을 입력한 후 한자를 누르고 표시되는 기호 중 선택하여 입력
- 한 셀에 여러 줄 입력: 첫 번째 줄에 데이터를 입력한 후 Alt+Enter를 누르고 다음 줄에 입력
- 백분율 지정: 셀 또는 영역을 드래그하여 선택한 후 [홈] 탭 – [표시 형식] 그룹 – [백분율 스타일] 클릭

📥 **작업 파일명** C:\에듀윌_2025컴활2급실기\그대로 따라하기\01. 기본작업\실습\01_데이터입력.xlsx

---

출제패턴 ❶

'입력 – 1' 시트에 다음의 자료를 주어진 대로 입력하시오.

▲	A	B	C	D	E	F
1	액자공장 1월 판매 현황					
2						
3	공장	지역	생산량	판매량	판매율	목표달성여부
4	만능공장	부산	3500	3125	89%	목표달성
5	명가공장	서울	2800	1766	63%	목표미달
6	맞춤공장	대전	2400	2309	96%	목표달성
7	아트공장	광주	3700	3472	94%	목표달성
8	네모공장	서울	4200	3281	78%	목표미달
9	일등공장	인천	3500	2694	77%	목표미달
10	수제공장	대구	2700	2488	92%	목표달성
11	전시공장	인천	4300	3361	78%	목표미달
12	장인공장	부산	3700	3253	88%	목표달성
13	튼튼공장	대전	2300	1929	84%	목표달성
14						

📖 **읽는 강의**

출제패턴을 알면 시험이 쉬워진다!
기본작업 문제에서 ❶번으로 출제되는 데이터 입력 문제는 주어진 대로만 입력하면 점수를 받을 수 있는 간단한 문제이다. 그러나 타이핑 속도가 느리다면 시험 시간을 지나치게 허비할 수 있으므로 ❷번과 ❸번 문제부터 먼저 해결한 후, ❶번 문제를 해결하는 것도 시간을 관리하는 방법 중 하나이다.

그대로 따라하기 ▶▶

① [A3:D13] 영역에 데이터를 주어진 대로 입력 → [E3] 셀에 판매율 입력 → [F3] 셀에 목표달성여부 입력 → [E4:E13] 영역을 드래그하여 선택 → [홈] 탭 – [표시 형식] 그룹 – [백분율 스타일](**%**)을 클릭 → [E4:E13] 영역에 숫자만 입력 → [F4:F13] 영역에 데이터를 주어진 대로 입력한다.

풀이법을 알면 시간이 단축된다!
백분율 스타일을 표시 형식으로 지정하지 않고, '80%'와 같이 숫자 뒤에 '%'를 직접 입력해도 무방하다.

풀이법을 알면 시간이 단축된다!
한 행 내에서 다음 열에 데이터를 입력할 때 Tab을 누른 후 입력하면 마우스를 이용하지 않고 빠르게 입력할 수 있다.

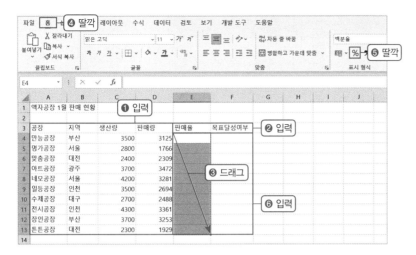

② 결과를 확인한다.

▼ 결과 화면

	A	B	C	D	E	F
1	액자공장 1월 판매 현황					
2						
3	공장	지역	생산량	판매량	판매율	목표달성여부
4	만능공장	부산	3500	3125	89%	목표달성
5	명가공장	서울	2800	1766	63%	목표미달
6	맞춤공장	대전	2400	2309	96%	목표달성
7	아트공장	광주	3700	3472	94%	목표달성
8	네모공장	서울	4200	3281	78%	목표미달
9	일등공장	인천	3500	2694	77%	목표미달
10	수제공장	대구	2700	2488	92%	목표달성
11	전시공장	인천	4300	3361	78%	목표미달
12	장인공장	부산	3700	3253	88%	목표달성
13	튼튼공장	대전	2300	1929	84%	목표달성
14						

출제패턴 ❷

'입력 – 2' 시트에 다음의 자료를 주어진 대로 입력하시오.

	A	B	C	D	E	F
1	에듀윌대학교 장학금 지급 명단					
2						
3	이름	학번	학년	학과	지급금액	종류
4	홍대현	Tm-204822	2학년	토목공학	1,500,000	성적우수
5	나성환	Gi-190715	3학년	게임공학	2,000,000	차상위계층
6	최용찬	Gy-213543	1학년	경영학	1,500,000	성적우수
7	이명동	Yu-192397	3학년	영어영문학	1,000,000	국가근로
8	김지현	Hg-200326	2학년	회계학	1,500,000	보훈
9	여승민	Cp-202651	2학년	컴퓨터공학	1,000,000	성적우수
10	구민정	Tm-180605	4학년	토목공학	1,500,000	교내근로
11						

① [A3:D10] 영역에 데이터를 주어진 대로 입력(영문자의 대·소문자 구분) → [E3] 셀에 지급금액 입력 → [F3] 셀에 종류 입력 → [E4:E10] 영역을 드래그하여 선택 → [홈] 탭 – [표시 형식] 그룹 – [쉼표 스타일](,)을 클릭 → [E4:E10] 영역에 숫자만 입력 → [F4:F10] 영역에 데이터를 주어진 대로 입력한다.

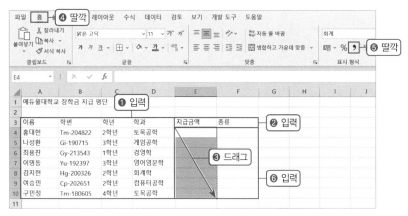

② 결과를 확인한다.

▼ 결과 화면

	A	B	C	D	E	F
1	에듀윌대학교 장학금 지급 명단					
2						
3	이름	학번	학년	학과	지급금액	종류
4	홍대현	Tm-204822	2학년	토목공학	1,500,000	성적우수
5	나성환	Gi-190715	3학년	게임공학	2,000,000	차상위계층
6	최용찬	Gy-213543	1학년	경영학	1,500,000	성적우수
7	이명동	Yu-192397	3학년	영어영문학	1,000,000	국가근로
8	김지현	Hg-200326	2학년	회계학	1,500,000	보훈
9	여승민	Cp-202651	2학년	컴퓨터공학	1,000,000	성적우수
10	구민정	Tm-180605	4학년	토목공학	1,500,000	교내근로
11						

개념 더하기 ⊕ 데이터 수정 및 지우기

• 데이터 수정
  ① 해당 셀을 더블클릭하여 수정
  ② 수식 입력줄에서 수정
  ③ F2 를 누른 후 수정

• 데이터 지우기
  내용을 삭제할 셀을 선택하거나 영역을 드래그한 후 Delete 를 누름

02 데이터 편집

① **개념**: 미리 작성된 시트에서 한자 입력, 메모 삽입, 이름 정의, 셀 서식 등을 지정하는 기능

② **종류**

- 한자 입력: 한자로 변환할 글자 앞에 커서를 놓고 [한자]를 누른 후 원하는 한자로 변환하여 입력
- 메모(노트) 삽입: 셀에 입력된 내용에 대한 보충 설명을 기록하는 기능
- 이름 정의: 선택한 셀이나 영역에 이름을 정의하는 기능
- 셀 서식: [홈] 탭의 [글꼴], [맞춤], [표시 형식] 그룹이나 [셀 서식] 대화상자를 이용하여 표시 형식, 맞춤, 글꼴, 테두리, 채우기 등 서식을 지정하는 기능

📥 **작업 파일명** C:\에듀윌_2025컴활2급실기\그대로 따라하기\01. 기본작업\실습\02_데이터편집.xlsx

---

출제패턴 ①

'데이터편집 – 1' 시트에 대하여 다음의 지시사항을 처리하시오.

	A	B	C	D	E	F	G	H	I	J	K
1				학교 폭력 피해 경험							
2										(단위 : %)	
3	구분	항목	전체	성별		학교별				무응답	
4				남성	여성	중학교	고등학교	인문계	실업계		
5	조사 사례수	사례수 (명)	1,972명	1,495명	477명	635명	815명	250명	565명	522명	
6	경험 빈도	전혀 없다	91.7	92.1	90.6	88.5	93.7	93.2	94	92.5	
7		일 년에 1~2회	5.5	4.8	7.5	7.2	4.3	4.8	4.1	5.2	
8		한 달에 1~2회	1.6	1.7	1.3	2.8	1.1	1.2	1.1	0.8	
9		일주일에 1~2회	0.4	0.4	0.2	0.5	0.1	0	0.2	0.6	
10		주 3회 이상	0.9	1	0.4	0.9	0.7	0.8	0.7	1	
11		경험률	8.3	7.9	9.4	11.5	6.5 최다 경험률	6.8	6	7.5	
12	경험 사례수	사례수 (명)	163명	118명	45명	73명	51명	17명	34명	39명	
13											

1 [A1:J1] 영역은 '병합하고 가운데 맞춤', 글꼴 크기 '15'pt, 글꼴 스타일 '굵게', 글꼴 색 '표준 색 – 파랑'으로 지정하시오.

2 [A3:A4], [B3:B4], [C3:C4], [D3:E3], [F3:J3], [A6:A11] 영역은 '병합하고 가운데 맞춤'과 '세로 가운데 맞춤'을 지정하시오.

3 [F11] 셀에 '최다 경험률'이라는 메모를 삽입한 후 항상 표시되도록 지정하고, 메모 서식에서 맞춤 '자동 크기'를 지정하시오.

4 [C5:J5], [C12:J12] 영역은 사용자 지정 표시 형식을 이용하여 천 단위 구분 기호와 숫자 뒤에 '명'을 [표시 예]와 같이 표시하시오. [표시 예: 1234 → 1,234명, 0 → 0명]

5 [A3:J12] 영역은 '모든 테두리'(⊞)를 적용하여 표시하시오.

📖 **읽는 강의**

출제패턴을 알면 시험이 쉬워진다!
기본작업 문제에서 ❷번으로 출제되는 데이터 편집 문제는 입력된 자료에 글꼴(크기, 스타일, 색) 설정, 맞춤 설정, 테두리 설정, 한자 및 특수문자 입력, 표시 형식 및 셀 스타일 지정 등 다양한 서식을 지정하는 문제이다. 어렵지 않게 작업할 수 있지만 사용자 지정 표시 형식 자체는 까다롭게 느껴질 수 있으므로 다양한 유형을 여러 번 연습하는 것이 좋다.

1 [A1:J1] 영역에 서식 지정하기

① [A1:J1] 영역을 드래그하여 선택 → [홈] 탭 – [맞춤] 그룹 – [병합하고 가운데 맞춤] (📖 병합하고 가운데 맞춤)을 클릭한다.

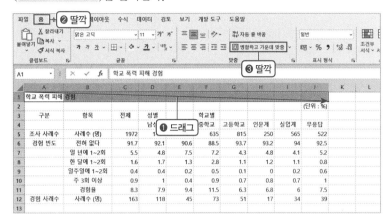

② [홈] 탭 – [글꼴] 그룹 – [글꼴 크기]를 '15'pt로 지정 → [굵게](𝑔) 클릭 → [글꼴 색]의 ⏷를 클릭한 후 '표준 색'의 '파랑'을 선택한다.

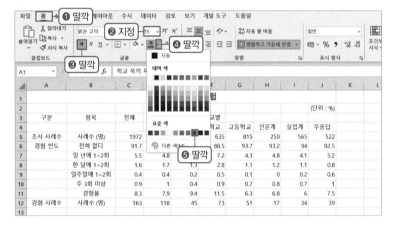

2 [A3:A4], [B3:B4], [C3:C4], [D3:E3], [F3:J3], [A6:A11] 영역에 서식 지정하기

① [A3:A4] 영역을 드래그하여 선택 → Ctrl을 누른 상태에서 [B3:B4], [C3:C4], [D3:E3], [F3:J3], [A6:A11] 영역을 차례대로 드래그하여 선택 → [홈] 탭 – [맞춤] 그룹 – [병합하고 가운데 맞춤](📖 병합하고 가운데 맞춤)을 클릭한다.

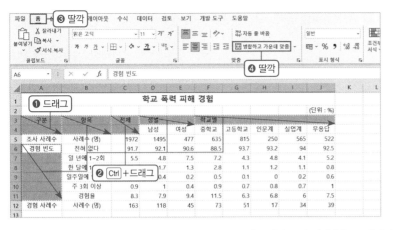

② 영역을 선택한 상태에서 [홈] 탭 – [맞춤] 그룹 – 세로 [가운데 맞춤]을 클릭한다.

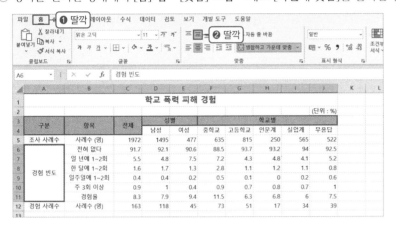

3 [F11] 셀에 메모 삽입하기

① [F11] 셀 선택 → 마우스 오른쪽 단추를 클릭하고 바로 가기 메뉴에서 [메모 삽입]을 선택한다.

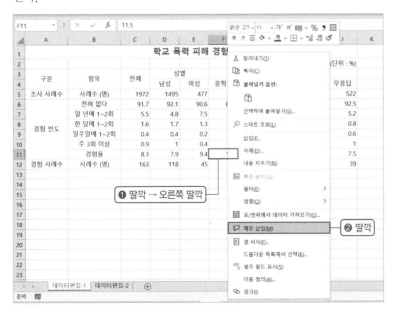

② 메모에 자동으로 작성된 사용자 이름을 삭제하고 최다 경험률 입력 → [F11] 셀을 다시 선택하여 텍스트 편집을 완료한다.

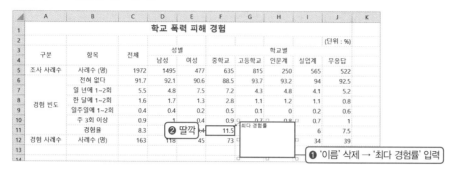

☞ 읽는 강의

풀이법을 알면 시간이 단축된다!
메모 작성 후 임의의 셀을 선택하여 편집을 마쳐도 된다.

③ 메모 상자의 경계선에서 마우스 오른쪽 단추를 클릭하고 바로 가기 메뉴에서 [메모 서식]을 선택한다.

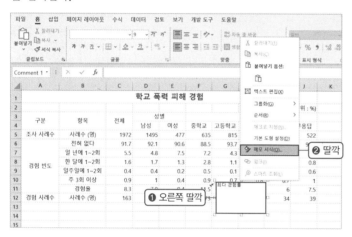

풀이법을 알면 시간이 단축된다!
메모를 삭제하려는 경우에는 메모가 삽입된 셀에서 마우스 오른쪽 단추를 클릭하고 바로 가기 메뉴에서 [메모 삭제]를 선택하거나 [검토] 탭 – [메모] 그룹 – [삭제](🗨)를 클릭하면 된다.

④ [메모 서식] 대화상자가 나타나면 [맞춤] 탭에서 '자동 크기' 체크 → [확인] 단추를 클릭한다.

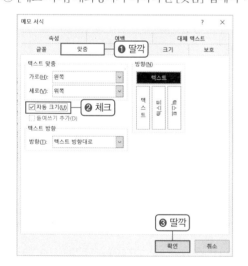

④ [C5:J5], [C12:J12] 영역에 사용자 지정 표시 형식 지정하기

① [C5:J5] 영역을 드래그하여 선택 → Ctrl 을 누른 상태에서 [C12:J12] 영역을 드래그하여
선택 → 마우스 오른쪽 단추를 클릭하고 바로 가기 메뉴에서 [셀 서식]을 선택한다.

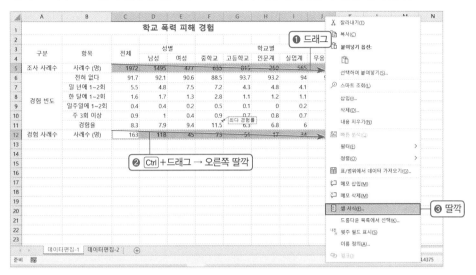

② [셀 서식] 대화상자가 나타나면 [표시 형식] 탭에서 범주는 '사용자 지정'을 선택하고, 형
식에 #,##0"명" 입력 → [확인] 단추를 클릭한다.

🗐 읽는 강의

풀이법을 알면 시간이 단축된다!
[셀 서식] 대화상자 바로 가기 키:
Ctrl + 1

풀이법을 알면 시간이 단축된다!
**천 단위 구분 기호 및 0 단위
표시**

· **#,##0"명"**: 천 단위 구분 기
호(,)와 숫자 뒤에 '명'을 포함
하여 표시하고 유효하지 않은
0을 0으로 표시한다.

  예시 1250 → 1,250명, 0 → 0명

· **#,###"명"**: 천 단위 구분 기
호(,)와 숫자 뒤에 '명'을 포함
하여 표시하고 유효하지 않은
0을 표시하지 않는다.

  예시 1250 → 1,250명, 0 → 명

· **###0"명"**: 천 단위 구분 기호
(,)를 표시하지 않고 숫자 뒤
에 '명'을 포함하여 표시하고
유효하지 않은 0을 0으로 표
시한다.

  예시 1250 → 1250명, 0 → 0명

· **####"명"**: 천 단위 구분 기호
(,)를 표시하지 않고 숫자 뒤
에 '명'을 포함하여 표시하고
유효하지 않은 0을 표시하지
않는다.

  예시 1250 → 1250명, 0 → 명

• **숫자 서식**

#	유효한 자릿수만 표시하고, 유효하지 않은 0은 표시하지 않음
0	유효하지 않은 자릿수를 0으로 표시
?	유효하지 않은 0 대신 공백을 삽입하고 소수점 기준으로 맞춤
,	• 천 단위 구분 기호로 콤마(,) 삽입 • 맨 끝에 표시하면 천 단위가 생략되고 반올림된 값 표시 예시 #,##0, → '749683'을 입력하면 '750' 표시
%	숫자에 100을 곱하고 %를 붙여서 표시
[색 이름]	각 구역의 첫 부분의 대괄호 안에 색을 입력
[조건]	조건과 일치하는 숫자에만 서식을 적용

• **날짜 서식**

yy	연도	두 자리	yyyy	연도	네 자리
m	월	1~12	mm	월	01~12
mmm		Jan~Dec	mmmm		January~December
d	일	1~31	dd	일	01~31
ddd	요일	Sun~Sat	dddd	요일	Sunday~Saturday
aaa	요일	일~토	aaaa	요일	일요일~토요일

• **시간 서식**

h	시간	0~23	hh	시간	00~23
m	분	0~59	mm	분	00~59
s	초	0~59	ss	초	00~59

• **문자열 서식**

@	문자 데이터를 그대로 표시 예시 @"귀하" → '수험생'을 입력하면 '수험생귀하' 표시
*	* 뒤의 문자를 셀 너비만큼 채워서 표시 예시 @*! → '합격'을 입력하면 셀 너비만큼 !가 반복된 '합격!!!!!!!!!' 표시

5 [A3:J12] 영역에 테두리 적용하기

① [A3:J12] 영역을 드래그하여 선택 → [홈] 탭 – [글꼴] 그룹 – [테두리]의 ▾를 클릭한 후 '모든 테두리'를 선택한다.

📄 읽는 강의

풀이법을 알면 시간이 단축된다!
연결되어 있는 영역을 선택할 때 드래그하지 않고 시작 셀을 선택한 후 Shift를 누른 상태에서 마지막 셀을 선택해도 된다. [A3] 셀을 선택한 후 Shift를 누른 상태에서 [J12] 셀을 선택하면 [A3:J12] 영역이 선택된다.

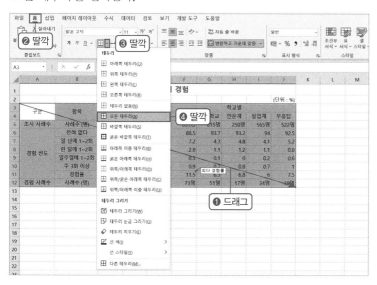

② 결과를 확인한다.

▼ 결과 화면

학교 폭력 피해 경험

(단위 : %)

구분	항목	전체	성별		학교별				
			남성	여성	중학교	고등학교	인문계	실업계	무응답
조사 사례수	사례수 (명)	1,972명	1,495명	477명	635명	815명	250명	565명	522명
경험 빈도	전혀 없다	91.7	92.1	90.6	88.5	93.7	93.2	94	92.5
	일 년에 1~2회	5.5	4.8	7.5	7.2	4.3	4.8	4.1	5.2
	한 달에 1~2회	1.6	1.7	1.3	2.8	1.1	1.2	1.1	0.8
	일주일에 1~2회	0.4	0.4	0.2	0.5	0.1	0	0.2	0.6
	주 3회 이상	0.9	1	0.4	0.9	0.7	0.8	0.7	1
	경험율	8.3	7.9	9.4	11.5	6.3	6.8	6	7.5
경험 사례수	사례수 (명)	163명	118명	45명	73명	51명	17명	34명	39명

'데이터편집 – 2' 시트에 대하여 다음의 지시사항을 처리하시오.

1 [A1:F1] 영역은 '병합하고 가운데 맞춤', 글꼴 크기 '18'pt, 글꼴 스타일 '굵게', 밑줄 '이중 밑줄'로 지정하시오.

2 [A1] 셀의 제목 중 '판매 현황'을 한자 '販賣 現況'으로 변환하시오.

3 [F3] 셀은 사용자 지정 표시 형식을 이용하여, 'yyyy年mm月현재' 형식으로 표시 하시오.

4 [B5:B12], [F5:F13] 영역은 '회계 표시 형식(₩)'으로 지정하고, [E5:E12] 영역은 '백 분율 스타일(%)'로 지정하시오.

5 [A4:F13] 영역에 '모든 테두리'(⊞)를 적용하여 표시하고, [B13:E13] 영역에는 ⬛ 모양의 괘선으로 채우시오.

그대로 따라하기

1 [A1:F1] 영역에 서식 지정하기

① [A1:F1] 영역을 드래그하여 선택 → [홈] 탭 – [맞춤] 그룹 – [병합하고 가운데 맞춤] (병합하고 가운데 맞춤)을 클릭한다.

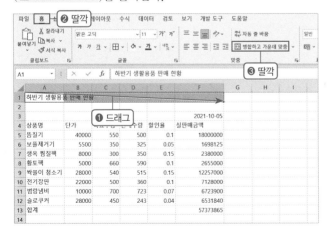

② [홈] 탭 – [글꼴] 그룹 – [글꼴 크기]를 '18'pt로 지정 → [굵게] 클릭 → '밑줄'의 [이중 밑줄]을 선택한다.

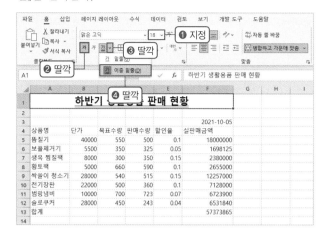

2 [A1] 셀 한자 변환하기

① [A1] 셀을 선택한 상태에서 수식 입력줄의 '판매 현황'을 드래그하고 [한자]를 누른다.

실수가 줄어들면 합격은 빨라진다!
한자를 잘못 변환한 경우 변환한
한자에서 [한자]를 눌러 한글로
되돌린 후 다시 정확한 한자로
변환한다.

② [한글/한자 변환] 대화상자가 나타나면 '판매'의 한자를 확인한 후 [변환] 단추를 클릭한다.

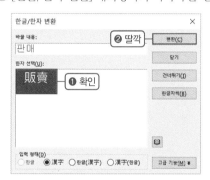

③ '현황'의 한자 중 '現況'을 선택하고 [변환] 단추를 클릭한다.

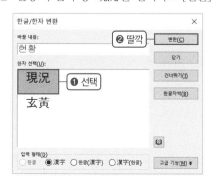

3 [F3] 셀에 사용자 지정 표시 형식 지정하기

① [F3] 셀 선택 → 마우스 오른쪽 단추를 클릭하고 바로 가기 메뉴에서 [셀 서식]을 선택한다.

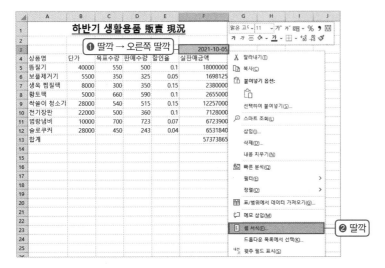

② [셀 서식] 대화상자가 나타나면 [표시 형식] 탭에서 범주는 '사용자 지정'을 선택하고, 형식에 yyyy"年"mm"月현재" 입력 → [확인] 단추를 클릭한다.

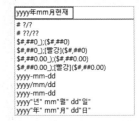

풀이법을 알면 시간이 단축된다!

yyyy"年"mm"月현재"를 그대로 입력하는 것보다 yyyy"年"mm"月" dd"日"을 선택한 후 yyyy"年"mm"月현재"로 수정(띄어쓰기 주의)하면 실수를 줄이면서 빠르게 입력할 수 있다.

또한, 한글을 입력할 때는 큰따옴표를 생략하고 입력할 수 있다.

4 [B5:B12], [E5:E12], [F5:F13] 영역에 표시 형식 지정하기

① [B5:B12] 영역을 드래그하여 선택 → Ctrl 을 누른 상태에서 [F5:F13] 영역을 드래그하여 선택 → [홈] 탭 – [표시 형식] 그룹 – [회계 표시 형식](떄)을 클릭한다.

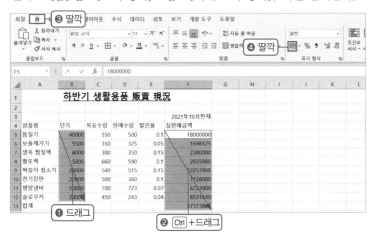

② [E5:E12] 영역을 드래그하여 선택 → [홈] 탭 – [표시 형식] 그룹 – [백분율 스타일](%)을 클릭한다.

5 [A4:F13] 영역에 테두리, [B13:E13] 영역에 괘선 적용하기

🖵 읽는 강의

① [A4:F13] 영역을 드래그하여 선택 → [홈] 탭 – [글꼴] 그룹 – [테두리]의 ▾를 클릭한 후 '모든 테두리'를 선택한다.

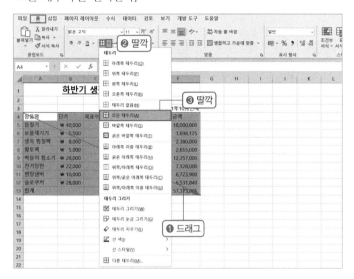

② [B13:E13] 영역을 드래그하여 선택 → 마우스 오른쪽 단추를 클릭하고 바로 가기 메뉴에서 [셀 서식]을 선택한다.

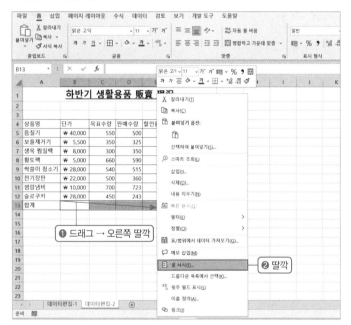

③ [셀 서식] 대화상자가 나타나면 [테두리] 탭에서 '테두리'에 아래와 같은 방향의 대각선을
선택 → [확인] 단추를 클릭한다.

읽는 강의

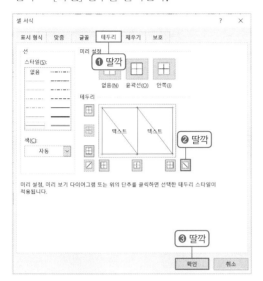

④ 결과를 확인한다.

▼ 결과 화면

	A	B	C	D	E	F	G
1	하반기 생활용품 販賣 現況						
2							
3						2021年10月현재	
4	상품명	단가	목표수량	판매수량	할인율	실판매금액	
5	뜸질기	₩ 40,000	550	500	10%	₩ 18,000,000	
6	보플제거기	₩ 5,500	350	325	5%	₩ 1,698,125	
7	생옥 찜질팩	₩ 8,000	300	350	15%	₩ 2,380,000	
8	황토팩	₩ 5,000	660	590	10%	₩ 2,655,000	
9	싹쓸이 청소기	₩ 28,000	540	515	15%	₩ 12,257,000	
10	전기장판	₩ 22,000	500	360	10%	₩ 7,128,000	
11	범랑냄비	₩ 10,000	700	723	7%	₩ 6,723,900	
12	슬로쿠커	₩ 28,000	450	243	4%	₩ 6,531,840	
13	합계					₩ 57,373,865	
14							

03 조건부 서식

① **개념**: 선택한 영역에서 특정 조건을 만족하는 셀에만 서식을 적용하는 기능

② **종류**

• 조건부 서식 지정: [홈] 탭 – [스타일] 그룹 – [조건부 서식] 클릭
• 셀 강조 규칙: 셀에 입력된 값을 기준으로 크거나 작은 데이터 등을 다양한 서식으로 지정하는 기능
• 상위/하위 규칙: 숫자 데이터 중 상위 값이나 하위 값에 지정한 개수만큼 서식을 지정하는 기능
• 수식을 사용하여 서식을 지정할 셀 결정: 조건을 수식으로 지정하여 행 단위로 서식을 지정하는 기능

📥 **작업 파일명** C:\에듀윌_2025컴활2급실기\그대로 따라하기\01. 기본작업\실습\03_조건부서식.xlsx

출제패턴 ❶

'조건부서식 – 1' 시트에 대하여 다음의 지시사항을 처리하시오.

	A	B	C	D	E	F	G
1			월별 지역화폐 결제 내역				
2							
3	사용월	사용처	구분	원금액	결제방법	결제금액	
4	1월	콸콸주유소	미할인가맹점	50,000	모바일 카드	50,000	
5	1월	조아라마트	할인가맹점	70,000	지류 상품권	55,000	
6	2월	여유카페	할인가맹점	6,500	모바일 카드	6,000	
7	2월	크림듬뿍도넛	할인가맹점	10,000	모바일 카드	8,000	
8	2월	우정식당	할인가맹점	15,000	모바일 카드	13,000	
9	3월	작은빵집	미할인가맹점	10,000	지류 상품권	10,000	
10	4월	스타일헤어	할인가맹점	90,000	지류 상품권	*75,000*	
11	4월	매일편의점	할인가맹점	4,000	모바일 카드	3,500	
12	5월	슈슈도넛	할인가맹점	7,000	모바일 카드	6,500	
13	5월	우리빵집	미할인가맹점	5,500	모바일 카드	5,500	
14	6월	반숙치킨	할인가맹점	20,000	지류 상품권	18,000	
15	6월	생활마트	할인가맹점	85,000	모바일 카드	*75,000*	
16	7월	그랜드백화점	미할인가맹점	120,000	지류 상품권	*120,000*	
17	8월	오일리주유소	미할인가맹점	60,000	지류 상품권	60,000	
18	8월	인도맛카레	할인가맹점	13,000	모바일 카드	12,000	
19	9월	만족의원	미할인가맹점	7,500	모바일 카드	7,500	
20	10월	알뜰한마트	할인가맹점	40,000	모바일 카드	36,000	
21	11월	엄마의밥상	할인가맹점	20,000	지류 상품권	18,000	
22	11월	바사삭치킨	할인가맹점	30,000	지류 상품권	26,000	
23	12월	햇살카페	할인가맹점	6,500	모바일 카드	6,000	
24							

[B4:B23] 영역에서 '사용처'에 '마트'가 포함된 셀에는 채우기 색을 '표준 색 – 노랑'을, [F4:F23] 영역에서 '결제금액'이 상위 10% 이내인 셀에는 글꼴 스타일을 '굵은 기울임꼴'로 지정하는 조건부 서식을 작성하시오.

▶ 단, 규칙 유형은 '셀 강조 규칙'과 '상위/하위 규칙'을 사용하시오.

읽는 강의

출제패턴을 알면 시험이 쉬워진다!
조건부 서식은 매회 출제되는 유형은 아니지만 출제 빈도가 높은 편이므로 반드시 숙지해야 한다. 특히, 수식을 사용하여 서식을 지정하는 유형이 다수 출제되므로 함수와 혼합 참조에 대한 학습을 먼저 하는 것이 좋다. (p.78~81 참고)

1 '셀 강조 규칙'을 이용한 조건부 서식

① [B4:B23] 영역을 드래그하여 선택 → [홈] 탭 – [스타일] 그룹 – [조건부 서식]( ) – [셀 강조 규칙] – [텍스트 포함]을 선택한다.

② [텍스트 포함] 대화상자가 나타나면 '다음 텍스트를 포함하는 셀의 서식 지정'에 마트 입력 → '적용할 서식'은 '사용자 지정 서식'을 선택한다.

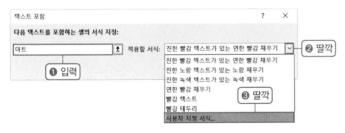

③ [셀 서식] 대화상자가 나타나면 [채우기] 탭에서 '배경색'을 '표준 색'의 '노랑'으로 선택 →
[확인] 단추를 클릭한다.

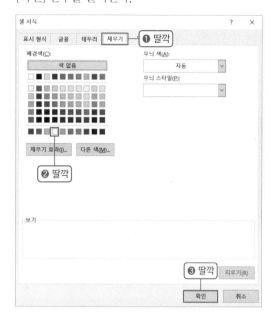

④ [텍스트 포함] 대화상자로 되돌아오면 [확인] 단추를 클릭한다.

2 '상위/하위 규칙'을 이용한 조건부 서식

① [F4:F23] 영역을 드래그하여 선택 → [홈] 탭 – [스타일] 그룹 – [조건부 서식]( ) – [상
위/하위 규칙] – [상위 10%]를 선택한다.

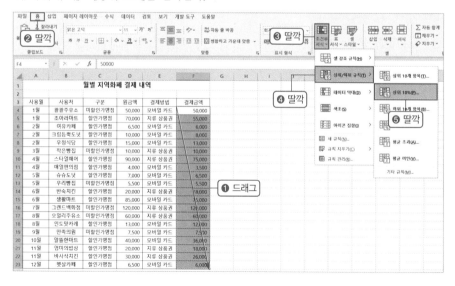

② [상위 10%] 대화상자가 나타나면 '다음 상위 순위에 속하는 셀의 서식 지정'에서 '10'%로 지정되어 있는지 확인 → '적용할 서식'은 '사용자 지정 서식'을 선택한다.

③ [셀 서식] 대화상자가 나타나면 [글꼴] 탭에서 '글꼴 스타일'을 '굵은 기울임꼴'로 선택 → [확인] 단추를 클릭한다.

④ [상위 10%] 대화상자로 되돌아오면 [확인] 단추를 클릭한다.

⑤ 결과를 확인한다.

▼ 결과 화면

	A	B	C	D	E	F	G
1			월별 지역화폐 결제 내역				
2							
3	사용월	사용처	구분	원금액	결제방법	결제금액	
4	1월	쾅쾅주유소	미할인가맹점	50,000	모바일 카드	50,000	
5	1월	조아라마트	할인가맹점	70,000	지류 상품권	55,000	
6	2월	여유카페	할인가맹점	6,500	모바일 카드	6,000	
7	2월	크림돔붓도넛	할인가맹점	10,000	모바일 카드	8,000	
8	2월	우정식당	할인가맹점	15,000	모바일 카드	13,000	
9	3월	작은빵집	미할인가맹점	10,000	지류 상품권	10,000	
10	4월	스타일헤어	할인가맹점	90,000	지류 상품권	*75,000*	
11	4월	매일편의점	할인가맹점	4,000	모바일 카드	3,500	
12	5월	슈슈도넛	할인가맹점	7,000	모바일 카드	6,500	
13	5월	우리빵집	미할인가맹점	5,500	모바일 카드	5,500	
14	6월	반숙치킨	할인가맹점	20,000	지류 상품권	18,000	
15	6월	생활마트	할인가맹점	85,000	모바일 카드	*75,000*	
16	7월	그랜드백화점	미할인가맹점	120,000	지류 상품권	*120,000*	
17	8월	오일리주유소	미할인가맹점	60,000	지류 상품권	60,000	
18	8월	인도맛카레	할인가맹점	13,000	모바일 카드	12,000	
19	9월	만족의원	미할인가맹점	7,500	모바일 카드	7,500	
20	10월	알뜰한마트	할인가맹점	40,000	모바일 카드	36,000	
21	11월	엄마의밥상	할인가맹점	20,000	지류 상품권	18,000	
22	11월	바사삭치킨	할인가맹점	30,000	지류 상품권	26,000	
23	12월	햇살카페	할인가맹점	6,500	모바일 카드	6,000	
24							

출제패턴 ❷

'조건부서식 – 2' 시트에 대하여 다음의 지시사항을 처리하시오.

	A	B	C	D	E	F	G	H	I	J
1				에듀윌 통신 요금 청구 내역						
2										
3	고객명	고객등급	데이터	음성통화	문자메시지	추가사용료	요금할인	납부요금	납부여부	
4	김미라	그린	44,600	7,520	1,360	2,371	1,452	54,399	납부	
5	정찬성	블루	37,400	5,040	2,260	2,016	1,266	45,450	미납	
6	임수경	레드	48,600	9,380	8,330	5,440	3,068	68,682	납부	
7	허성현	블루	36,500	6,110	1,360	2,234	1,380	44,824	미납	
8	김민모	그린	39,700	7,430	690	4,248	1,388	50,680	납부	
9	장애진	블루	38,300	3,910	830	1,783	1,143	43,680	미납	
10	김주경	레드	46,900	10,570	1,630	4,782	2,721	61,161	미납	
11	류현동	블루	38,600	4,280	1,050	2,134	1,328	44,736	납부	
12	김수연	블루	34,800	7,450	2,630	3,032	1,800	46,112	미납	
13										

[A4:I12] 영역에 대해 납부요금이 40,000 이상이고 45,000 이하이면서 납부여부가 '미납'인 행 전체에 대하여 글꼴 스타일을 '굵게', 글꼴 색을 '표준 색 – 주황'으로 지정하는 조건부 서식을 작성하시오.

▶ AND 함수 사용

▶ 단, 규칙 유형은 '수식을 사용하여 서식을 지정할 셀 결정'을 사용하고, 한 개의 규칙으로만 작성하시오.

1 '수식을 사용하여 서식을 지정할 셀 결정'을 이용한 조건부 서식

① [A4:I12] 영역을 드래그하여 선택 → [홈] 탭-[스타일] 그룹-[조건부 서식](📋 조건부 서식) - [새 규칙]을 선택한다.

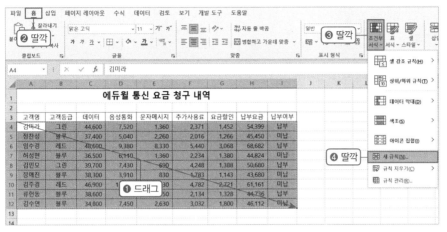

실수가 줄어들면 합격은 빨라진다!
조건부 서식의 영역을 지정할 때는 필드명 행이 포함되지 않도록 주의해야 한다.

② [새 서식 규칙] 대화상자가 나타나면 '규칙 유형 선택'에서 '수식을 사용하여 서식을 지정할 셀 결정'을 선택 → '다음 수식이 참인 값의 서식 지정'에 =AND($H4>=40000, $H4<=45000,$I4="미납") 입력 → [서식] 단추를 클릭한다.

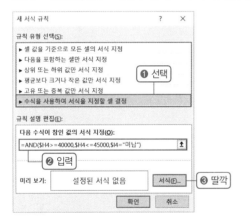

실수가 줄어들면 합격은 빨라진다!
입력한 수식을 수정할 경우 반드시 수정해야 하는 부분을 마우스로 클릭하여 커서를 이동하고 수정해야 한다. 방향키로 커서를 이동하면 셀 주소가 변경될 수 있으므로 주의한다.

=AND($H4>=40000,$H4<=45000,$I4="미납")

• AND(조건1, 조건2, …): 모든 조건이 참이면 TRUE, 나머지는 FALSE를 표시한다.
• [H4] 셀 값(납부요금)이 40,000 이상이고, [H4] 셀 값(납부요금)이 45,000 이하이면서, [I4] 셀 문자열(납부여부)이 '미납'이면 TRUE를, 그렇지 않으면 FALSE를 반환한다.
  (행 전체에 조건부 서식을 지정하기 위해서는 '$I4'와 같이 열을 고정해야 함)

풀이법을 알면 시간이 단축된다!
'$H4'와 같이 혼합 참조를 지정하려면 '$'를 주소 앞에 직접 입력하거나 주소를 클릭한 후 F4를 세 번 누른다.

2 셀 서식 지정

① [셀 서식] 대화상자가 나타나면 [글꼴] 탭에서 '글꼴 스타일'을 '굵게', 글꼴 '색'을 '표준 색'의 '주황'으로 선택 → [확인] 단추를 클릭한다.

② [새 서식 규칙] 대화상자로 되돌아오면 '미리 보기'에서 지정한 서식을 확인 → [확인] 단추를 클릭한다.

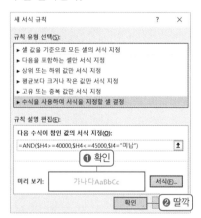

③ 결과를 확인한다.

▼ 결과 화면

	A	B	C	D	E	F	G	H	I	J
1	에듀윌 통신 요금 청구 내역									
2										
3	고객명	고객등급	데이터	음성통화	문자메시지	추가사용료	요금할인	납부요금	납부여부	
4	김미라	그린	44,600	7,520	1,360	2,371	1,452	54,399	납부	
5	정찬성	블루	37,400	5,040	2,260	2,016	1,266	45,450	미납	
6	임수경	레드	48,600	9,380	8,330	5,440	3,068	68,682	납부	
7	허성연	블루	36,500	6,110	1,360	2,234	1,380	44,824	미납	
8	김민모	그린	39,700	7,430	690	4,248	1,388	50,680	납부	
9	장애진	블루	38,300	3,910	830	1,783	1,143	43,680	미납	
10	김주경	레드	46,900	10,570	1,630	4,782	2,721	61,161	미납	
11	류헌동	블루	38,600	4,280	1,050	2,134	1,328	44,736	납부	
12	김수연	블루	34,800	7,450	2,630	3,032	1,800	46,112	미납	
13										

출제패턴 ❸

'조건부서식 – 3' 시트에 대하여 다음의 지시사항을 처리하시오.

	A	B	C	D	E	F	G	H
1	전국 주요 지역 연간 강수량							
2							(단위 : mm)	
3	지역	2016년	2017년	2018년	2019년	2020년	지역평균	
4	서울	1,356.3	1,564.0	2,043.5	2,039.3	1,646.3	1,729.9	
5	부산	1,168.3	1,772.9	1,441.9	1,478.6	1,983.3	1,569.0	
6	대구	761.4	832.5	1,204.5	1,430.4	1,189.9	1,083.7	
7	인천	1,137.4	1,382.1	1,777.7	1,725.5	1,415.1	1,487.6	
8	광주	1,007.2	1,488.2	1,573.1	1,300.3	1,626.8	1,399.1	
9	대전	1,037.6	1,090.4	1,419.7	1,943.4	1,409.5	1,380.1	
10	속초	1,415.0	1,420.1	1,283.6	1,656.1	1,217.7	1,398.5	
11	서산	909.6	1,074.3	2,141.8	1,704.4	1,642.6	1,494.5	
12	여수	959.8	1,247.7	1,733.1	1,650.4	1,825.1	1,483.2	
13	포항	885.4	885.5	927.4	1,089.9	1,333.7	1,024.4	
14	울릉도	1,418.0	1,616.1	1,448.3	1,795.8	1,777.1	1,611.1	
15	제주	1,308.8	1,304.8	1,584.9	1,478.6	2,248.3	1,585.1	
16	서귀포	1,661.4	2,006.8	2,393.3	2,010.2	2,700.8	2,154.5	
17								

[A4:G16] 영역에 대해 각 지역의 '지역평균' 값이 2020년 전체의 평균값보다 크거나 같은 행 전체에 대하여 글꼴 색을 '표준 색 – 빨강', 글꼴 스타일을 '굵게'로 지정하는 조건부 서식을 작성하시오.

▶ AVERAGE 함수 사용
▶ 단, 규칙 유형은 '수식을 사용하여 서식을 지정할 셀 결정'을 사용하고, 한 개의 규칙으로만 작성하시오.

그대로 따라하기

☐ '수식을 사용하여 서식을 지정할 셀 결정'을 이용한 조건부 서식

① [A4:G16] 영역을 드래그하여 선택 → [홈] 탭 – [스타일] 그룹 – [조건부 서식]( ) – [새 규칙]을 선택한다.

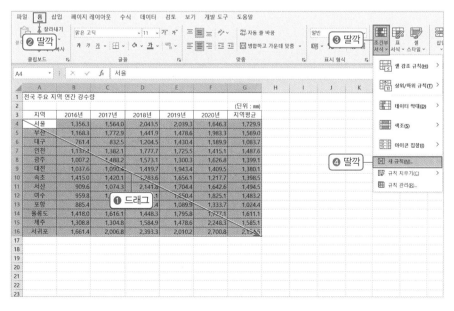

② [새 서식 규칙] 대화상자가 나타나면 '규칙 유형 선택'은 '수식을 사용하여 서식을 지정할 셀 결정'을 선택 → '다음 수식이 참인 값의 서식 지정'에 =$G4>=AVERAGE($F$4:$F$16) 을 입력 → [서식] 단추를 클릭한다.

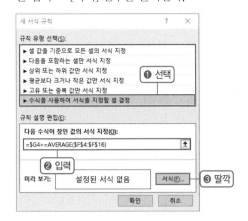

=$G4>=AVERAGE($F$4:$F$16)

- AVERAGE(인수1, 인수2, …): 인수들의 평균을 계산한다.
- [G4] 셀 값(지역평균)이 [F4:F16] 영역의 평균값보다 크거나 같으면 TRUE를, 그렇지 않으면 FALSE를 반환한다. (행 전체에 조건부 서식을 지정하기 위해서는 '$G4'와 같이 열을 고정해야 하며, 평균값을 계산하기 위해서는 '$F$4:$F$16'과 같이 영역 전체가 변경되지 않도록 행과 열을 모두 고정해야 함)

2 셀 서식 지정

① [셀 서식] 대화상자가 나타나면 [글꼴] 탭에서 '글꼴 스타일'을 '굵게', 글꼴 '색'을 '표준 색'의 '빨강'으로 선택 → [확인] 단추를 클릭한다.

② [새 서식 규칙] 대화상자로 되돌아오면 '미리 보기'에서 지정한 서식을 확인 → [확인] 단추를 클릭한다.

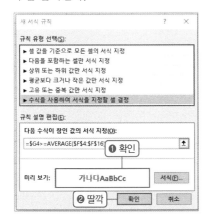

③ 결과를 확인한다.

▼ 결과 화면

	A	B	C	D	E	F	G	H
1	전국 주요 지역 연간 강수량							
2							(단위 : mm)	
3	지역	2016년	2017년	2018년	2019년	2020년	지역평균	
4	서울	1,356.3	1,564.0	2,043.5	2,039.3	1,646.3	1,729.9	
5	부산	1,168.3	1,772.9	1,441.9	1,478.6	1,983.3	1,569.0	
6	대구	761.4	832.5	1,204.5	1,430.4	1,189.9	1,083.7	
7	인천	1,137.4	1,382.1	1,777.7	1,725.5	1,415.1	1,487.6	
8	광주	1,007.2	1,488.2	1,573.1	1,300.3	1,626.8	1,399.1	
9	대전	1,037.6	1,090.4	1,419.7	1,943.4	1,409.5	1,380.1	
10	속초	1,415.0	1,420.1	1,283.6	1,656.1	1,217.7	1,398.5	
11	서산	909.6	1,074.3	2,141.8	1,704.4	1,642.6	1,494.5	
12	여수	959.8	1,247.7	1,733.1	1,650.4	1,825.1	1,483.2	
13	포항	885.4	885.5	927.4	1,089.9	1,333.7	1,024.4	
14	울릉도	1,418.0	1,616.1	1,448.3	1,795.8	1,777.1	1,611.1	
15	제주	1,308.8	1,304.8	1,584.9	1,478.6	2,248.3	1,585.1	
16	서귀포	1,661.4	2,006.8	2,393.3	2,010.2	2,700.8	2,154.5	
17								

• **조건부 서식 하나씩 지우기**

① 조건부 서식이 지정된 [A4:G16] 영역에서 임의의 셀 선택 → [홈] 탭 - [스타일] 그룹 - [조건부 서식]( ) - [규칙 관리]를 선택한다.

② [조건부 서식 규칙 관리자] 대화상자가 나타나면 삭제할 서식을 선택 → [규칙 삭제] 단추를 클릭 → [확인] 단추를 클릭한다.

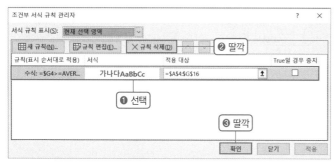

• **모든 조건부 서식 지우기**

[홈] 탭 - [스타일] 그룹 - [조건부 서식]( ) - [규칙 지우기] - [시트 전체에서 규칙 지우기]를 선택한다.

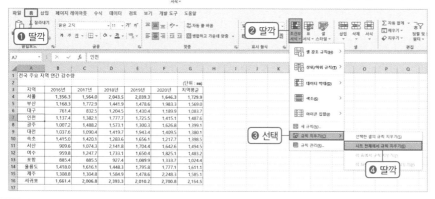

04 자동 필터와 고급 필터

① **개념**: 많은 양의 자료에서 설정된 조건에 맞는 자료만을 추출하는 기능

② **종류**

- 자동 필터: 지정한 조건에 맞는 행만 표시됨
- 고급 필터: 여러 필드를 결합하여 복잡한 조건을 지정하거나 필터링 결과를 다른 위치에 복사하는 경우에 사용

📥 **작업 파일명** C:\에듀윌_2025컴활2급실기\그대로 따라하기\01. 기본작업\실습\04_자동 필터와 고급 필터.xlsx

출제패턴 ❶

'자동필터' 시트에서 다음의 지시사항을 처리하시오.

	A	B	C	D	E	F	G
1			컴퓨터활용 성적				
2							
3	학번	이름	중간고사	기말고사	출석	합계	
4	201213056	김대훈	63	58	18	66	
6	201121010	김송희	69	54	18	67	
7	201118036	김은지	65	65	20	72	
9	201214036	박병재	72	53	18	68	
15	201415087	임천규	75	70	20	78	
16	201202075	임태헌	60	58	20	67	
17	201415065	최서현	75	70	20	78	
19							

'컴퓨터활용 성적' 표에서 중간고사가 60 이상 80 미만이면서 출석이 17 이상인 데이터를 사용자 지정 필터를 사용하여 검색하시오.

▶ 사용자 지정 필터의 결과는 [A3:F18] 영역의 데이터를 이용하여 추출하시오.

📖 **읽는 강의**

출제패턴을 알면 시험이 쉬워진다! 필터의 종류는 자동 필터와 고급 필터로 구분되며, 고급 필터는 복잡한 조건을 지정할 수 있다는 것이 장점이다. 시험에는 보통 고급 필터가 출제된다. 조건을 지정하고 정확한 위치에 결과를 추출하는 연습을 해야 한다.

1 자동 필터 목록 표시

① [A3:F18] 영역에서 임의의 셀 선택 → [데이터] 탭 – [정렬 및 필터] 그룹 – [필터](🔽)를 클릭하면 각 필드에 필터 단추(🔽)가 표시된다.

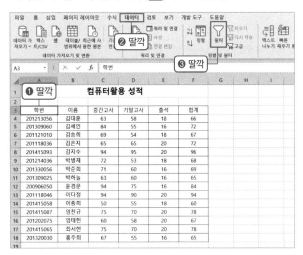

② '중간고사' 필드의 필터 단추(🔽) 클릭 → [숫자 필터] – [크거나 같음]을 선택한다.

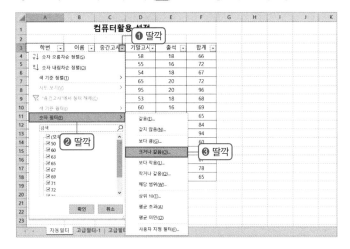

③ [사용자 지정 자동 필터] 대화상자가 나타나면 다음과 같이 조건 '>=', '60'과 '그리고'와 '<', '80'을 지정 → [확인] 단추를 클릭한다.

④ '출석' 필드의 필터 단추(▾) 클릭 → [숫자 필터] – [크거나 같음]을 선택한다.

📖 읽는 강의

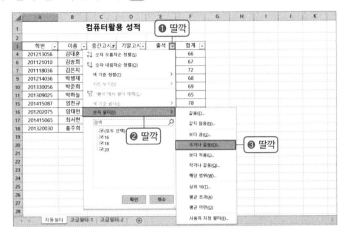

⑤ [사용자 지정 필터] 대화상자가 나타나면 다음과 같이 조건 '>=', '17'을 지정 → [확인] 단추를 클릭한다.

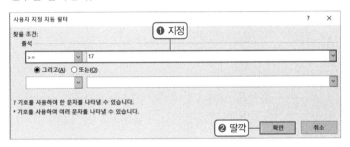

⑥ 결과를 확인한다.

▼ 결과 화면

	A	B	C	D	E	F	G
1			컴퓨터활용 성적				
2							
3	학번	이름	중간고사	기말고사	출석	합계	
4	201213056	김대훈	63	58	18	66	
6	201121010	김송희	69	54	18	67	
7	201118036	김은지	65	65	20	72	
9	201214036	박병재	72	53	18	68	
15	201415087	임천규	75	70	20	78	
16	201202075	임태헌	60	58	20	67	
17	201415065	최서현	75	70	20	78	
19							

풀이법을 알면 시간이 단축된다!
사용자 지정 필터가 적용된 데이터의 행 번호(4, 6, 7, 9, 15, 16, 17)는 파란색으로 표시되고, 조건을 지정한 필드의 필터 단추는 ☑ 모양으로 표시된다.

- 하나의 필드의 필터 해제: 해제할 필드의 필터 단추(🔽) 클릭 → ["해당 필드"에서 필터 해제]를 선택한다.

예시: '중간고사' 필드의 자동 필터 해제는 '중간고사' 필드의 필터 단추(🔽) 클릭 → ["중간고사"에서 필터 해제]를 클릭한다.

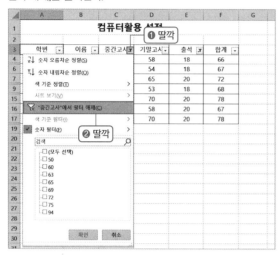

- 모든 필드의 필터 해제: [데이터] 탭 - [정렬 및 필터] 그룹 - [지우기](🗑지우기)를 클릭한다.

출제패턴 ❷

'고급필터 – 1' 시트에서 다음의 지시사항을 처리하시오.

	A	B	C	D	E	F	G
1			자동차 극장 예매 현황				
2							
3	극장명	상영회차	이용요금	수용규모	예매량	예매순위	
4	씨네극장	3회	22,000	400	4,101	12	
5	호수극장	2회	24,000	250	4,816	10	
6	뷰티풀극장	4회	18,000	350	7,412	4	
7	마리극장	3회	20,000	500	5,739	7	
8	스위트극장	2회	17,000	200	5,559	8	
9	블루홀극장	3회	28,000	550	5,409	9	
10	강변극장	5회	18,000	350	5,941	6	
11	스크린극장	3회	21,000	250	6,355	5	
12	에듀윌극장	5회	19,000	600	8,054	1	
13	포레스트극장	4회	17,000	450	4,260	11	
14	동백극장	2회	20,000	200	7,434	3	
15	테라피극장	3회	24,000	350	7,566	2	
16							
17							
18	수용규모	예매량					
19	>=350	>=5400					
20							
21							
22	극장명	상영회차	이용요금	수용규모	예매량	예매순위	
23	뷰티풀극장	4회	18,000	350	7,412	4	
24	마리극장	3회	20,000	500	5,739	7	
25	블루홀극장	3회	28,000	550	5,409	9	
26	강변극장	5회	18,000	350	5,941	6	
27	에듀윌극장	5회	19,000	600	8,054	1	
28	테라피극장	3회	24,000	350	7,566	2	
29							

'자동차 극장 예매 현황' 표에서 수용규모가 350 이상이면서 예매량이 5,400 이상인 데이터를 고급 필터를 사용하여 검색하시오.

▶ 고급 필터 조건은 [A18:C21] 범위 내에 알맞게 입력하시오.

▶ 고급 필터 결과 복사 위치는 동일 시트의 [A22] 셀에서 시작하시오.

출제패턴을 알면 시험이 쉬워진다!

고급 필터는 조건의 의미를 잘 파악해야 한다.
• AND 조건
 – '~이면서'
 – 같은 행에 조건 입력
• OR 조건
 – '~이거나'
 – 서로 다른 행에 조건 입력

1 조건 입력

① [D3:E3] 영역을 드래그한 후 Ctrl+C 를 눌러 복사 → [A18] 셀을 선택한 후 Ctrl+V 를 눌러 붙여넣는다.

② [A19] 셀에 조건 >=350, [B19] 셀에 조건 >=5400을 입력한다.

	A	B	C	D	E	F	G
1			자동차 극장 예매 현황				
2							
3	극장명	상영회차	이용요금	수용규모	예매량	예매순위	
4	씨네극장	3회	22,000	400	4,101	12	
5	호수극장	2회	24,000	250	4,816	10	
6	뷰티풀극장	4회	18,000	350	7,412	4	
7	마리극장	3회	20,000	500	5,739	7	
8	스위트극장	2회	17,000	200	5,559	8	
9	블루홀극장	3회	28,000	550	5,409	9	
10	강변극장	5회	18,000	350	5,941	6	
11	스크린극장	3회	21,000	250	6,355	5	
12	에듀윌극장	5회	19,000	600	8,054	1	
13	포레스트극장	4회	17,000	450	4,260	11	
14	동백극장	2회	20,000	200	7,434	3	
15	테라피극장	3회	24,000	350	7,566	2	
16							
17			입력				
18	수용규모	예매량					
19	>=350	>=5400					
20							

실수가 줄어들면 합격은 빨라진다!
필드명과 조건을 입력할 때 문제에 제시된 조건 입력 범위 ([A18:C21] 영역)를 정확히 확인한 후 반드시 문제에서 제시한 영역 내에 입력해야 한다. 영역 내라면 어떠한 곳에 입력해도 무방하다.

❷ 다른 장소에 고급 필터 결과 복사

① [A3:F15] 영역에서 임의의 셀 선택 → [데이터] 탭 – [정렬 및 필터] 그룹 – [고급](고급)을 클릭한다.

| 파일 | 홈 | 삽입 | 페이지 레이아웃 | 수식 | **데이터** | 검토 | 보기 | 개발 도구 | 도움말 |

자동차 극장 예매 현황

극장명	상영회차	이용요금	수용규모	예매량	예매순위
씨네극장	3회	22,000	400	4,101	12
호수극장	2회	24,000	250	4,816	10
뷰티풀극장	4회	18,000	350	7,412	4
마리극장	3회	20,000	500	5,739	7
스위트극장	2회	17,000	200	5,559	8
블루홀극장	3회	28,000	550	5,409	9
강변극장	5회	18,000	350	5,941	6
스크린극장	3회	21,000	250	6,355	5
에듀윌극장	5회	19,000	600	8,054	1
포레스트극장	4회	17,000	450	4,260	11
동백극장	2회	20,000	200	7,434	3
테라피극장	3회	24,000	350	7,566	2

수용규모	예매량
>=350	>=5400

② [고급 필터] 대화상자가 나타나면 '결과'에서 '다른 장소에 복사'를 선택 → '목록 범위'는 [A3:F15] 영역을, '조건 범위'는 [A18:B19] 영역을, '복사 위치'는 [A22] 셀 지정 → [확인] 단추를 클릭한다.

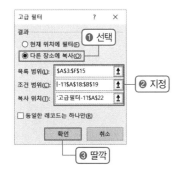

실수가 줄어들면 합격은 빨라진다!

고급 필터 결과가 잘못되었거나 복사 위치를 잘못 지정한 경우 결과를 삭제하고 고급 필터를 다시 지정해야 한다. 결과가 표시된 영역의 행 머리글을 드래그한 후 마우스 오른쪽 단추를 클릭하고 바로 가기 메뉴에서 [삭제]를 선택하여 결과를 삭제할 수 있다.

개념 더하기 ⊕ **[고급 필터] 대화상자**

❶ **현재 위치에 필터:** 복사 위치를 지정하지 않고 현재 위치에 필터링 결과 표시

❷ **다른 장소에 복사:** 복사 위치를 미리 지정하고 복사 위치에 필터링 결과 표시

❸ **목록 범위:** 원본 데이터 목록에서 필터링을 적용할 범위 지정(반드시 필드명 행 포함)

❹ **조건 범위:** 조건이 입력된 범위 지정

❺ **복사 위치:** '다른 장소에 복사'를 선택한 경우 필터링 결과를 표시할 위치 지정

③ 결과를 확인한다.

▼ 결과 화면

	A	B	C	D	E	F	G
1			자동차 극장 예매 현황				
2							
3	극장명	상영회차	이용요금	수용규모	예매량	예매순위	
4	씨네극장	3회	22,000	400	4,101	12	
5	호수극장	2회	24,000	250	4,816	10	
6	뷰티풀극장	4회	18,000	350	7,412	4	
7	마리극장	3회	20,000	500	5,739	7	
8	스위트극장	2회	17,000	200	5,559	8	
9	블루홀극장	3회	28,000	550	5,409	9	
10	강변극장	5회	18,000	350	5,941	6	
11	스크린극장	3회	21,000	250	6,355	5	
12	에듀윌극장	5회	19,000	600	8,054	1	
13	포레스트극장	4회	17,000	450	4,260	11	
14	동백극장	2회	20,000	200	7,434	3	
15	테라피극장	3회	24,000	350	7,566	2	
16							
17							
18	수용규모	예매량					
19	>=350	>=5400					
20							
21							
22	극장명	상영회차	이용요금	수용규모	예매량	예매순위	
23	뷰티풀극장	4회	18,000	350	7,412	4	
24	마리극장	3회	20,000	500	5,739	7	
25	블루홀극장	3회	28,000	550	5,409	9	
26	강변극장	5회	18,000	350	5,941	6	
27	에듀윌극장	5회	19,000	600	8,054	1	
28	테라피극장	3회	24,000	350	7,566	2	
29							

개념 더하기 ⊕ **고급 필터에서 조건 지정**

• AND 조건(~이면서, ~이고) 지정

  ① 조건을 같은 행에 입력한다.

  ② 조건을 모두 만족하는 경우만 결과가 출력된다.

  [예시] 성명이 '김'으로 시작하면서 직위가 '부장'

	A	B	C	D
1				
2		성명	직위	
3		김*	부장	
4				
5				

• OR 조건(~이거나, ~ 또는) 지정

  ① 조건을 서로 다른 행에 입력한다.

  ② 조건 중 하나라도 만족하면 결과가 출력된다.

  [예시] 성명이 '김'으로 시작하거나 직위가 '부장'

	A	B	C	D
1				
2		성명	직위	
3		김*		
4			부장	
5				

'고급필터 – 2' 시트에서 다음의 지시사항을 처리하시오.

	A	B	C	D	E	F	G
1	담당자별 가전제품 수리 현황						
2							
3	담당자	직위	수리건	평가			
4	배성현	대리	56	우수			
5	고진호	주임	32	양호			
6	권민석	사원	65	미흡			
7	이기웅	대리	52	양호			
8	김도현	사원	46	우수			
9	황민환	대리	74	우수			
10	김원종	주임	51	미흡			
11	박재홍	사원	35	양호			
12	김준섭	대리	62	미흡			
13	최창수	사원	66	우수			
14	김한솔	주임	42	미흡			
15	문동준	사원	49	양호			
16	우도훈	대리	42	우수			
17	박승진	주임	74	양호			
18	박제현	대리	87	양호			
19	신호석	사원	49	미흡			
20							
21	평가	직위					
22	우수						
23		대리					
24							
25	담당자	수리건					
26	배성현	56					
27	이기웅	52					
28	김도현	46					
29	황민환	74					
30	김준섭	62					
31	최창수	66					
32	우도훈	42					
33	박제현	87					
34							

'담당자별 가전제품 수리 현황' 표에서 평가가 '우수'이거나 직위가 '대리'인 데이터의 '담당자'와 '수리건'만을 고급 필터를 사용하여 검색하시오.

▷ 고급 필터 조건은 [A21:D24] 범위 내에 알맞게 입력하시오.

▷ 고급 필터 결과 복사 위치는 동일 시트의 [A25] 셀에서 시작하시오.

출제패턴을 알면 시험이 쉬워진다!

고급 필터 문제는 전체 필드를 모두 추출하는 것인지 일부 필드만 추출하는 것인지 잘 파악해야 한다. 출제패턴 ❸의 '담당자'와 '수리건'과 같이 일부 필드만 추출하는 문제라면, 미리 해당 필드명을 복사(Ctrl + C)한 후 결과가 시작되는 위치에 붙여넣기(Ctrl + V)해두어야 한다. (그대로 따라하기 ② 참고)

1 조건 입력

[D3] 셀을 선택한 후 Ctrl + C 를 눌러 복사 → [A21] 셀을 선택한 후 Ctrl + V 를 눌러 붙여넣기 → [B3] 셀을 선택한 후 Ctrl + C 를 눌러 복사 → [B21] 셀을 선택한 후 Ctrl + V 를 눌러 붙여넣기 → [A22] 셀에 우수, [B23] 셀에 대리를 조건으로 입력한다.

	A	B	C	D	E	F	G
1	담당자별 가전제품 수리 현황						
2							
3	담당자	직위	수리건	평가	❶ 딸깍 → Ctrl + C		
4	배성현	대리	56	우수			
5	고진호	주임	32	양호			
6	권민석	사원		❸ 딸깍 → Ctrl + C			
7	이기웅	대리	52	양호			
8	김도현	사원	46	우수			
9	황민환	대리	74	우수			
10	김원종	주임	51	미흡			
11	박재홍	사원	35	양호			
12	김준섭	대리	62	미흡			
13	최창수	사원	66	우수			
14	김한솔	주임	42	미흡			
15	문동준	사원	49	양호			
16	우도훈	대리	42	우수			
17	박승진	주임	74	양호			
18	박제현	대리	87	양호			
19	신	❷ 딸깍 → Ctrl + V			미흡		
20							
21	평가	직위	❹ 딸깍 → Ctrl + V				
22	우수						
23		대리					
	❺ 입력						

2 필드명 복사

[A3] 셀 선택 → Ctrl 을 누른 상태에서 [C3] 셀을 선택한 후 Ctrl + C 를 눌러 복사 → [A25] 셀을 선택한 후 Ctrl + V 를 눌러 붙여넣는다.

	A	B	C	D	E
1	담당자별 가전제품 수리 현황 ❶ 딸깍				
2					
3	담당자	직위	수리건	❷ Ctrl + 딸깍 → Ctrl + C	
4	배성현	대리	56	우수	
5	고진호	주임	32	양호	
6	권민석	사원	65	미흡	
7	이기웅	대리	52	양호	
8	김도현	사원	46	우수	
9	황민환	대리	74	우수	
10	김원종	주임	51	미흡	
11	박재홍	사원	35	양호	
12	김준섭	대리	62	미흡	
13	최창수	사원	66	우수	
14	김한솔	주임	42	미흡	
15	문동준	사원	49	양호	
16	우도훈	대리	42	우수	
17	박승진	주임	74	양호	
18	박제현	대리	87	양호	
19	신호석	사원	49	미흡	
20					
21	평가	직위			
22	우수				
23		❸ 딸깍 → Ctrl + V			
24					
25	담당자	수리건			
26					

3 다른 장소에 고급 필터 결과 복사

① [A3:D19] 영역에서 임의의 셀 선택 → [데이터] 탭 – [정렬 및 필터] 그룹 – [고급](🔽고급)
을 클릭한다.

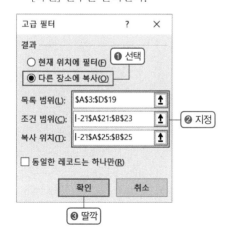

② [고급 필터] 대화상자가 나타나면 '결과'에서 '다른 장소에 복사'를 선택 → '목록 범위'는
[A3:D19] 영역을, '조건 범위'는 [A21:B23] 영역을, '복사 위치'는 [A25:B25] 영역을 지정
→ [확인] 단추를 클릭한다.

③ 결과를 확인한다.

읽는 강의

▼ 결과 화면

	A	B	C	D	E	F	G
1	담당자별 가전제품 수리 현황						
2							
3	담당자	직위	수리건	평가			
4	배성현	대리	56	우수			
5	고진호	주임	32	양호			
6	권민석	사원	65	미흡			
7	이기웅	대리	52	양호			
8	김도현	사원	46	우수			
9	황민환	대리	74	우수			
10	김원종	주임	51	미흡			
11	박재홍	사원	35	양호			
12	김준섭	대리	62	미흡			
13	최창수	사원	66	우수			
14	김한솔	주임	42	미흡			
15	문동준	사원	49	양호			
16	우도훈	대리	42	우수			
17	박승진	주임	74	양호			
18	박제현	대리	87	양호			
19	신호석	사원	49	미흡			
20							
21	평가	직위					
22	우수						
23		대리					
24							
25	담당자	수리건					
26	배성현	56					
27	이기웅	52					
28	김도현	46					
29	황민환	74					
30	김준섭	62					
31	최창수	66					
32	우도훈	42					
33	박제현	87					
34							

05 외부 데이터 가져오기

① **개념**: 텍스트 파일 등을 워크시트로 가져와서 엑셀에서 사용할 수 있도록 하는 기능

② **종류**

• **구분 기호**: 구분 기호로 콜론, 쉼표, 등호, 세미콜론, 공백, 탭 등이 기본으로 제공되며, 사용자가 원하는 구분 기호도 설정 가능함

• **고정 너비**: 텍스트의 너비가 일정한 경우에 사용

📥 **작업 파일명** C:\에듀윌_2025컴활2급실기\그대로 따라하기\01. 기본작업\실습\05_외부 데이터 가져오기.xlsx

---

출제패턴 ❶

'외부데이터 – 1' 시트에서 다음의 지시사항을 처리하시오.

▲	A	B	C	D	E	F	G
1	아마추어 복싱 대회						
2							
3	체급	성명	성별	나이	전적		
4	라이트급	이경욱	남	24	3승 2패		
5	웰터급	김경임	여	27	5승 1패		
6	헤비급	손승주	남	25	7승 2패		
7	플라이급	이시연	여	28	2승 4패		
8	라이트급	유혜경	여	22	4승 0패		
9	페더급	김남주	남	25	1승 3패		
10	웰터급	오연수	남	27	3승 1패		
11	플라이급	박하민	남	25	2승 2패		
12	밴텀급	남영주	여	21	5승 3패		
13							

다음의 텍스트 파일을 열어, 생성된 데이터를 '외부데이터 – 1' 시트의 [B3:F12] 영역에 붙여넣으시오.

▶ 외부 데이터 파일명은 '복싱.txt'임

▶ 외부 데이터는 쉼표(,)로 구분되어 있음

▶ 서식을 없애고 '범위로 변환'을 지정할 것

📖 **읽는 강의**

출제패턴을 알면 시험이 쉬워진다!
엑셀은 다른 프로그램에서 작성
한 파일을 가져와서 사용할 수
있다. 컴퓨터활용능력 2급 실기
에서는 주로 텍스트 파일을 가
져오는 문제가 출제되므로 지시
사항을 잘 확인해야 한다.

1 가져올 외부 데이터 선택

① [B3] 셀 선택 → [데이터] 탭 – [데이터 가져오기 및 변환] 그룹 – [텍스트/CSV](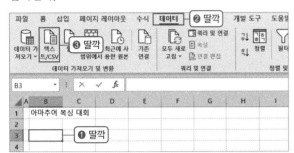)를 클릭한다.

풀이법을 알면 시간이 단축된다!
외부 데이터를 가져올 때는 붙여넣을 영역의 시작(첫 행과 첫 열의 교차) 셀을 선택하고 외부 데이터 가져오기를 실행하는 것이 편리하다.

② [데이터 가져오기] 대화상자가 나타나면 'C:\에듀윌_2025컴활2급실기\그대로 따라하기\01. 기본작업\실습' 경로에서 '복싱.txt' 파일을 선택 → [가져오기] 단추를 클릭한다.

실수가 줄어들면 합격은 빨라진다!
실제 시험에서 외부 데이터의 경로는 C 드라이브의 OA 폴더(C:\OA\파일명)이다. 꼭 기억해서 시간 낭비하지 않도록 한다.

2 파워 쿼리(Power Query)

① 다음과 같은 대화상자가 열리면 '구분 기호'가 '쉼표'로 지정되었는지 확인 → [로드] 단추의 (▼)를 클릭 → [다음으로 로드]를 클릭한다.

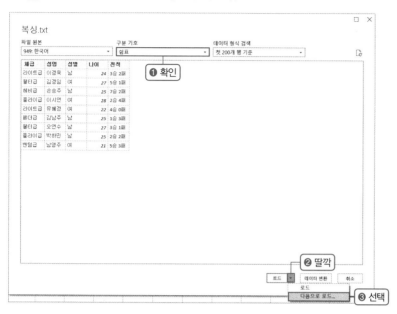

② [데이터 가져오기] 대화상자가 나타나면 '현재 통합 문서에서 이 데이터를 표시할 방법을 선택하십시오.'에서 '표'를 선택 → '데이터가 들어갈 위치를 선택하십시오.'의 '기존 워크시트'에 [B3] 셀을 선택 → [확인] 단추를 클릭한다.

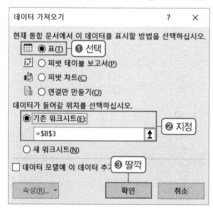

3 속성 지우기 및 범위로 변환

① [테이블 디자인] 탭-[표 스타일] 그룹-[자세히] 단추(▼)를 클릭 → '없음'을 선택한다.

📖 읽는 강의

풀이법을 알면 시간이 단축된다!
테이블을 범위로 변환하면 정렬, 필터링 등의 테이블 관련 기능을 이용할 수 없다.

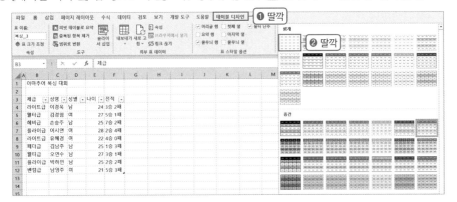

② [테이블 디자인] 탭-[도구] 그룹-[범위로 변환]을 클릭한다.

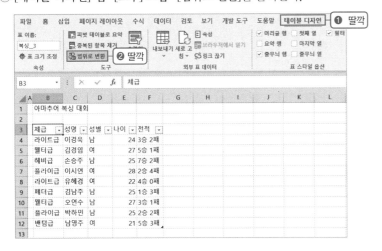

③ 표가 정상 범위로 변환된다는 메시지가 표시되면 [확인] 단추를 클릭한다.

④ 결과를 확인한다.

▼ 결과 화면

	A	B	C	D	E	F	G
1		아마추어 복싱 대회					
2							
3		체급	성명	성별	나이	전적	
4		라이트급	이경욱	남	24	3승 2패	
5		웰터급	김경임	여	27	5승 1패	
6		헤비급	손승주	남	25	7승 2패	
7		플라이급	이시연	여	28	2승 4패	
8		라이트급	유혜경	여	22	4승 0패	
9		페더급	김남주	남	25	1승 3패	
10		웰터급	오연수	남	27	3승 1패	
11		플라이급	박하민	남	25	2승 2패	
12		밴텀급	남영주	여	21	5승 3패	
13							

출제패턴 ②

'외부데이터 – 2' 시트에서 다음의 지시사항을 처리하시오.

	A	B	C	D	E	F	G	H
1		사육사정보						
2								
3		사육사 ▼	경력 ▼	학위 ▼	관리동물 ▼	마릿수 ▼	담당책임 ▼	
4		이하림	12	석사	기린	3	주	
5		전지현	15	학사	사자	2	주	
6		김승우	5	학사	염소	4	부	
7		오미현	9	석사	얼룩말	2	주	
8		김남우	3	학사	미어캣	5	부	
9		김민수	7	석사	원숭이	7	부	
10		장애린	10	학사	낙타	3	주	
11		박슬기	1	학사	앵무새	2	부	
12		여진수	8	석사	호랑이	1	주	
13								

다음의 텍스트 파일을 열어, 생성된 데이터를 '외부데이터 – 2' 시트의 [B3:G12] 영역에 붙여넣으시오.

▷ 외부 데이터 파일명은 '사육사정보.txt'임

▷ 외부 데이터는 공백으로 구분되어 있음

▷ '내선번호' 열은 제외할 것

1 가져올 외부 데이터 선택

① [B3] 셀 선택 → [데이터] 탭 – [데이터 가져오기 및 변환] 그룹 – [텍스트/CSV]( )를 클릭한다.

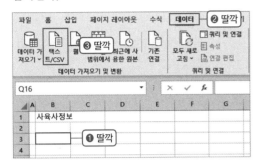

② [데이터 가져오기] 대화상자가 나타나면 'C:\에듀윌_2025컴활2급실기\그대로 따라하기\01. 기본작업\실습' 경로에서 '사육사정보.txt' 파일을 선택 → [가져오기] 단추를 클릭한다.

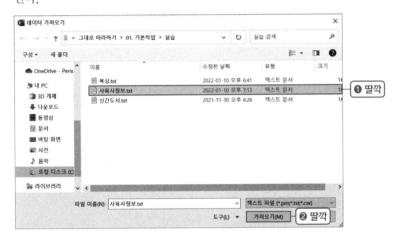

② 파워 쿼리(Power Query)

① 다음과 같은 대화상자가 열리면 '구분 기호'를 '공백'으로 지정 → [데이터 변환] 단추를 클릭한다.

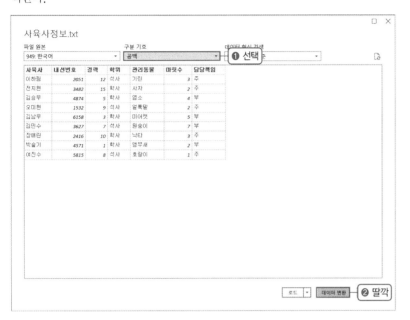

② [Power Query 편집기] 대화상자가 열리면 2열(내선번호)을 선택 → [홈] 탭 – [열 관리] 그룹 – [열 제거]( )를 클릭한다.

③ [홈] 탭-[닫기] 그룹-[닫기 및 로드]-[닫기 및 다음으로 로드]를 클릭한다.

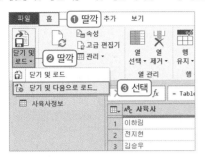

④ [데이터 가져오기] 대화상자가 나타나면 '현재 통합 문서에서 이 데이터를 표시할 방법을 선택하십시오.'에서 '표'로 선택 → '데이터가 들어갈 위치를 선택하십시오.'의 '기존 워크 시트'에 [B3] 셀을 선택 → [확인] 단추를 클릭한다.

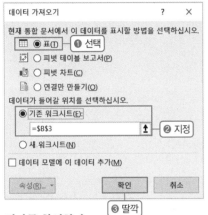

⑤ 결과를 확인한다.

▼ 결과 화면

	A	B	C	D	E	F	G	H
1		사육사정보						
2								
3		사육사	경력	학위	관리동물	마릿수	담당책임	
4		이하림	12	석사	기린	3	주	
5		전지현	15	학사	사자	2	주	
6		김승우	5	학사	염소	4	부	
7		오미현	9	석사	얼룩말	2	주	
8		김남우	3	학사	미어캣	5	부	
9		김민수	7	석사	원숭이	7	부	
10		장애린	10	학사	낙타	3	주	
11		박슬기	1	학사	앵무새	2	부	
12		여진수	8	석사	호랑이	1	주	
13								

06 텍스트 나누기

① **개념**: 하나의 셀에 입력된 데이터를 원본 데이터의 형식에 따라 구분 기호나 일정한 너비로 분리하여 여러 셀로 나누는 기능

② **종류**

- 구분 기호로 분리됨: 각 필드가 탭, 세미콜론, 쉼표, 공백, 기타 문자로 분리된 경우
- 너비가 일정함: 각 필드가 일정한 너비로 정렬된 경우

작업 파일명 C:\에듀윌_2025컴활2급실기\그대로 따라하기\01. 기본작업\실습\06_텍스트 나누기.xlsx

---

출제패턴 ❶

📖 **읽는 강의**

'텍스트나누기 – 1' 시트에서 다음의 지시사항을 처리하시오.

	A	B	C	D	E	F	G
1	신간도서 목록						
2							
3	도서코드	신간도서	저자	출판사	판매금액		
4	1234	빅데이터분석	오윤수	아름	35000		
5	5645	인공지능의이해	이여름	인사이트	27000		
6	2854	메타버스	곽민경	미래	20000		
7	9586	컴퓨터활용능력	황동훈	합격	31000		
8	8764	사무자동화	이상훈	합격	25000		
9							

다음 텍스트 파일의 데이터를 '텍스트나누기 – 1' 시트의 [A3] 셀에 붙여넣은 후 텍스트 나누기를 실행하시오.

▶ 외부 데이터 파일명은 '신간도서.txt'임

▶ 외부 데이터는 쉼표(,)로 구분되어 있음

1 데이터 복사

① '메모장'을 열고 [파일] 메뉴 – [열기]를 클릭 → [열기] 대화상자가 나타나면 'C:\에듀 윌_2025컴활2급실기\그대로 따라하기\01. 기본작업\실습' 경로에서 '신간도서.txt' 파일 을 선택 → [열기] 단추를 클릭한다.

② '메모장'에서 Ctrl+A를 눌러 모든 내용을 선택하고 Ctrl+C를 눌러 복사 → '텍스트나누 기 – 1' 시트의 [A3] 셀을 선택한 후 Ctrl+V를 눌러 데이터를 붙여넣기 → '메모장'에서 [닫기] 단추(✕)를 클릭한다.

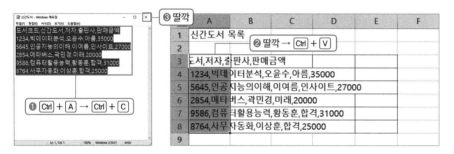

2 텍스트 나누기

① [A3:A8] 영역을 선택한 상태에서 [데이터] 탭 – [데이터 도구] 그룹 – [텍스트 나누기] (텍스트 나누기)를 클릭한다.

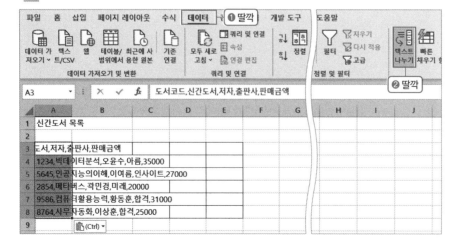

② [텍스트 마법사 – 3단계 중 1단계] 대화상자가 나타나면 '원본 데이터 형식'은 '구분 기호로 분리됨'으로 선택되었는지 확인 → [다음] 단추를 클릭한다.

읽는 강의

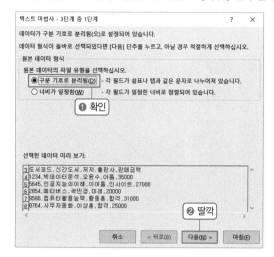

③ [텍스트 마법사 – 3단계 중 2단계] 대화상자에서 '구분 기호'는 '탭'을 체크 해제하고 '쉼표'를 체크 → [다음] 단추를 클릭한다.

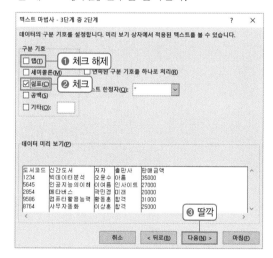

④ [텍스트 마법사 – 3단계 중 3단계] 대화상자에서 '열 데이터 서식'은 '일반'으로 선택되었
는지 확인 → [마침] 단추를 클릭한다.

☞ 읽는 강의

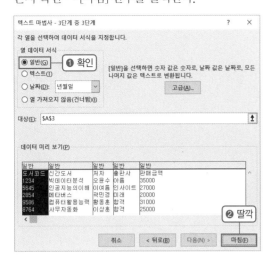

⑤ 기존 데이터를 바꾸는지 묻는 메시지 상자가 나타나면 [확인] 단추를 클릭한다.

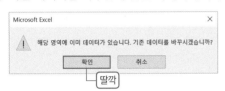

⑥ 결과를 확인한다.

▼ 결과 화면

	A	B	C	D	E	F	G	H	I
1	신간도서 목록								
2									
3	도서코드	신간도서	저자	출판사	판매금액				
4	1234	빅데이터분석	오윤수	아름	35000				
5	5645	인공지능의이해	이여름	인사이트	27000				
6	2854	메타버스	곽민경	미래	20000				
7	9586	컴퓨터활용능력	황동훈	합격	31000				
8	8764	사무자동화	이상훈	합격	25000				
9									

출제패턴 ❷

'텍스트나누기 – 2' 시트에서 다음의 지시사항을 처리하시오.

	A	B	C	D	E	F	G
1	합격자 명단						
2							
3	성명	부서	나이	성별	출신대학교	연봉	
4	오연수	인사팀	26	남	부산대학교	38,000,000	
5	김경임	전산팀	22	여	전주대학교	35,000,000	
6	손지선	개발팀	25	여	고양대학교	30,000,000	
7	오하영	인사팀	26	여	서우대학교	28,000,000	
8	김우림	총무팀	25	남	광주대학교	33,000,000	
9	최희수	총무팀	27	남	강릉대학교	29,000,000	
10	이현동	홍보팀	27	남	부산대학교	32,500,000	
11	김남수	영업팀	30	남	광주대학교	33,000,000	
12	박인주	인사팀	25	여	분당대학교	35,000,000	
13							

'텍스트나누기 – 2' 시트의 [A4:A12] 영역의 데이터를 텍스트 나누기를 실행하여 나타
내시오.

▸ 원본 데이터 형식은 너비가 일정하며, 열 구분선의 위치는 6, 12, 14, 16, 26, 28

▸ 여섯 번째 열은 '열 가져오지 않음(건너뜀)' 지정

그대로 따라하기 ▸▸

① [A4:A12] 영역을 드래그하여 선택 → [데이터] 탭 – [데이터 도구] 그룹 – [텍스트 나누
기]( )를 클릭한다.

② [텍스트 마법사 – 3단계 중 1단계] 대화상자가 나타나면 '원본 데이터 형식'은 '너비가 일정함'을 선택 → [다음] 단추를 클릭한다.

📝 읽는 강의

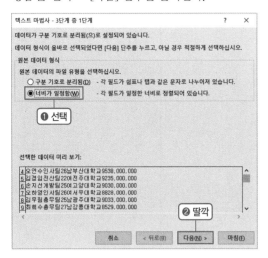

③ [텍스트 마법사 – 3단계 중 2단계] 대화상자에서 '데이터 미리 보기'의 열 구분선의 위치 중 '6', '12', '14', '16', '26', '28'을 선택 → [다음] 단추를 클릭한다.

풀이법을 알면 시간이 단축된다!
• **열 구분선 이동**: 열 구분선을 클릭한 상태에서 드래그
• **열 구분선 삭제**: 열 구분선을 더블클릭

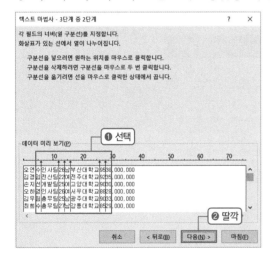

④ [텍스트 마법사 – 3단계 중 3단계] 대화상자에서 '데이터 미리 보기'의 '6열'을 선택하고
'열 데이터 서식'의 '열 가져오지 않음(건너뜀)'을 선택 → [마침] 단추를 클릭한다.

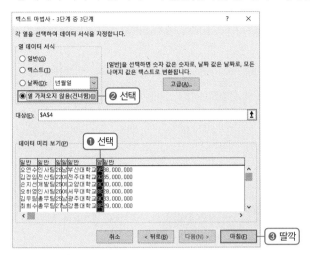

⑤ 기존 데이터를 바꾸는지 묻는 메시지 상자가 나타나면 [확인] 단추를 클릭한다.

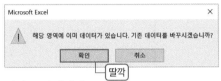

⑥ 결과를 확인한다.

▼ 결과 화면

	A	B	C	D	E	F	G
1	합격자 명단						
2							
3	성명	부서	나이	성별	출신대학교	연봉	
4	오연수	인사팀	26	남	부산대학교	38,000,000	
5	김경임	전산팀	22	여	전주대학교	35,000,000	
6	손지선	개발팀	25	여	고양대학교	30,000,000	
7	오하영	인사팀	26	여	서우대학교	28,000,000	
8	김우림	총무팀	25	남	광주대학교	33,000,000	
9	최희수	총무팀	27	남	강릉대학교	29,000,000	
10	이현동	홍보팀	27	남	부산대학교	32,500,000	
11	김남수	영업팀	30	남	광주대학교	33,000,000	
12	박인주	인사팀	25	여	분당대학교	35,000,000	
13							

07 붙여넣기

① **개념**: 셀 범위를 복사한 후, 지정된 위치에 붙여넣는 기능
② **종류**
• **연결하여 붙여넣기**: 원본 셀의 값이 변경되었을 때 붙여넣기한 셀의 내용도 자동으로 변경되는 기능
• **그림 붙여넣기**: 셀 범위를 복사하여 그림으로 붙여넣는 기능

📥 작업 파일명   C:\에듀윌_2025컴활2급실기\그대로 따라하기\01. 기본작업\실습\07_붙여넣기.xlsx

출제패턴 ①

'붙여넣기 – 1' 시트에서 다음의 지시사항을 처리하시오.

	A	B	C	D	E	F	G	H	I	J	K
1											
2		카페명	테마	추천인원	인당가격	제한시간	이벤트				
3		미스터리	공포	2~3명	20000	60분	사진촬영				
4		큐피트	로맨스	4~6명	22000	70분	가격할인				
5		포그은	드라마	3~4명	19000	50분	시간연장				
6		파워탈출	액션	2~4명	24000	60분	사진촬영				
7		미궁의집	공포	3~5명	20000	70분	사진촬영				
8		드림데이	로맨스	2~4명	21000	60분	시간연장				
9		빙글빙글	코믹	3~4명	24000	50분	가격할인				
10											
11											
12											
13					카페명	테마	추천인원	인당가격	제한시간	이벤트	
14					미스터리	공포	2~3명	₩ 20,000	60분	사진촬영	
15					큐피트	로맨스	4~6명	₩ 22,000	70분	가격할인	
16					포그은	드라마	3~4명	₩ 19,000	50분	시간연장	
17					파워탈출	액션	2~4명	₩ 24,000	60분	사진촬영	
18					미궁의집	공포	3~5명	₩ 20,000	70분	사진촬영	
19					드림데이	로맨스	2~4명	₩ 21,000	60분	시간연장	
20					빙글빙글	코믹	3~4명	₩ 24,000	50분	가격할인	
21											

'붙여넣기 – 1' 시트의 [E13:J20] 영역을 복사하여 [B2] 셀에 연결하여 붙여넣으시오.

▶ 단, 원본 데이터는 삭제하지 마시오.

📑 **읽는 강의**

출제패턴을 알면 시험이 쉬워진다!
붙여넣기 기능은 자주 출제되
는 유형은 아니지만, 출제된다
면 셀 범위를 복사한 후 연결하
여 붙여넣기, 선택하여 붙여넣
기, 그림 붙여넣기 등 다양한
형태로 출제될 수 있다. 때문에
최대한 다양한 기능을 연습해
야 한다.

1 복사 후 연결하여 붙여넣기

① [E13:J20] 영역을 드래그하여 선택한 후 Ctrl + C 를 눌러 복사 → [B2] 셀을 선택한다.

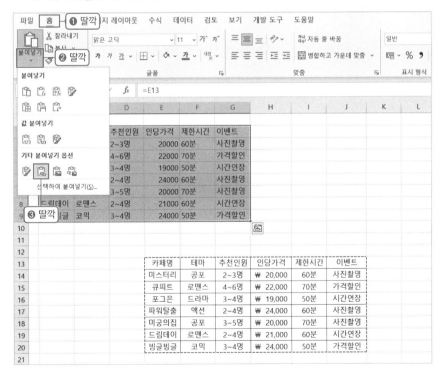

② [홈] 탭 – [클립보드] 그룹 – [붙여넣기](🗐붙여넣기)를 클릭한 후 '기타 붙여넣기 옵션'의 '연결하여 붙여넣기'(🗐)를 선택한다.

풀이법을 알면 시간이 단축된다!
'연결하여 붙여넣기'는 서식은 복사되지 않고 값만 복사되며, 원본의 내용이 변경되면 붙여넣기한 결과의 내용도 함께 변경된다.

③ 결과를 확인한다.

읽는 강의

▼ 결과 화면

	A	B	C	D	E	F	G	H	I	J	K
1											
2		카페명	테마	추천인원	인당가격	제한시간	이벤트				
3		미스터리	공포	2~3명	20000	60분	사진촬영				
4		큐피트	로맨스	4~6명	22000	70분	가격할인				
5		포그은	드라마	3~4명	19000	50분	시간연장				
6		파워탈출	액션	2~4명	24000	60분	사진촬영				
7		미궁의집	공포	3~5명	20000	70분	사진촬영				
8		드림데이	로맨스	2~4명	21000	60분	시간연장				
9		빙글빙글	코믹	3~4명	24000	50분	가격할인				
10											
11											
12											
13					카페명	테마	추천인원	인당가격	제한시간	이벤트	
14					미스터리	공포	2~3명	₩ 20,000	60분	사진촬영	
15					큐피트	로맨스	4~6명	₩ 22,000	70분	가격할인	
16					포그은	드라마	3~4명	₩ 19,000	50분	시간연장	
17					파워탈출	액션	2~4명	₩ 24,000	60분	사진촬영	
18					미궁의집	공포	3~5명	₩ 20,000	70분	사진촬영	
19					드림데이	로맨스	2~4명	₩ 21,000	60분	시간연장	
20					빙글빙글	코믹	3~4명	₩ 24,000	50분	가격할인	
21											

실수가 줄어들면 합격은 빨라진다!
[E13:J20] 영역에서 임의로 값을 변경하면 [B2:G9] 영역의 내용도 변경된다. 답을 변경했다면 꼭 Ctrl + Z 를 눌러 이전 작업으로 돌아가거나 값을 똑같이 재입력해야 한다.

출제패턴 ❷

'붙여넣기 – 2' 시트에서 다음의 지시사항을 처리하시오.

	A	B	C	D	E	F	G	H	I	J
1										
2		날짜	코드	제품명	구분	제품단가	수량	입금금액		
3		2021-05-04	G111	금도료	수출	5,500	124	682,000		
4		2021-05-08	S200	은타일	수출	4,000	145	580,000		
5		2021-06-05	S200	은타일	수출	4,000	166	664,000		
6		2021-06-10	C100	세공품	수출	4,500	155	697,500		
7										

'붙여넣기 – 2' 시트의 [G11:M15] 영역을 복사한 다음 [B2] 셀에 '그림 붙여넣기'를 이용하여 붙여넣으시오.

▶ 붙여넣기 후 11~15행은 삭제하시오.

1 복사 후 그림으로 붙여넣기

① [G11:M15] 영역을 드래그하여 선택한 후 [Ctrl]+[C]를 눌러 복사 → [B2] 셀을 선택한다.

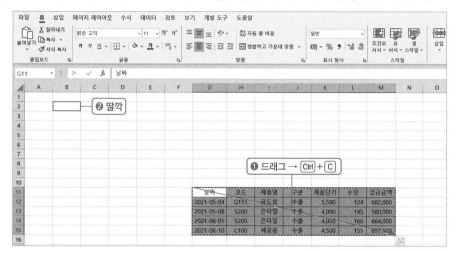

② [홈] 탭 – [클립보드] 그룹 – 붙여넣기를 클릭한 후 '기타 붙여넣기 옵션'의 '그림'(📄)을 선택한다.

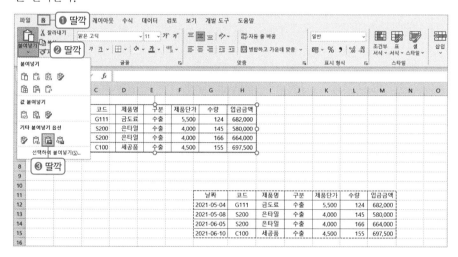

2 행 삭제

① 11행에서 15행 머리글을 드래그하여 선택 → 마우스 오른쪽 단추를 클릭하고 바로 가기 메뉴에서 [삭제]를 선택한다.

📭 읽는 강의

실수가 줄어들면 합격은 빨라진다!
Delete 를 누르면 내용만 지워지고 표 서식은 남아 있으므로, 반드시 바로 가기 메뉴에서 [삭제]를 선택하여 행 전체를 삭제해야 한다.

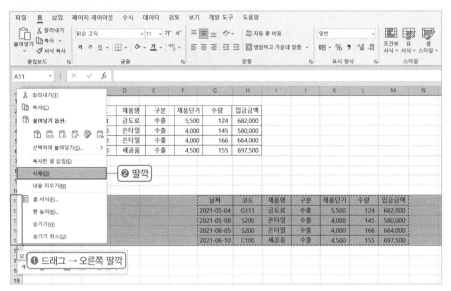

② 결과를 확인한다.

▼ 결과 화면

	A	B	C	D	E	F	G	H	I	J
1										
2		날짜	코드	제품명	구분	제품단가	수량	입금금액		
3		2021-05-04	G111	금도료	수출	5,500	124	682,000		
4		2021-05-08	S200	은타일	수출	4,000	145	580,000		
5		2021-06-05	S200	은타일	수출	4,000	166	664,000		
6		2021-06-10	C100	세공품	수출	4,500	155	697,500		
7										

출제패턴 ❸

'붙여넣기-3' 시트에서 다음의 지시사항을 처리하시오.

	A	B	C	D
3	성명	부서	직위	수당
4	김상희	홍보부	사원	300000
5	박승한	홍보부	사원	300000
6	조이슬	영업부	사원	375000
7	최지영	영업부	주임	450000
8	이원섭	총무부	대리	525000
9	이정원	총무부	대리	525000
10	심성보	총무부	주임	450000
11	김규원	해외사업부	대리	675000
12				
13				
14				
15				1.5

'붙여넣기 – 3' 시트의 [D15] 셀에 1.5를 입력하고 [D4:D11] 셀에 곱한 값을 붙여넣으시오.

▷ 복사 후 선택하여 붙여넣기

그대로 따라하기

① [D15] 셀에 1.5를 입력한 후 Ctrl + C 를 눌러 복사한다.

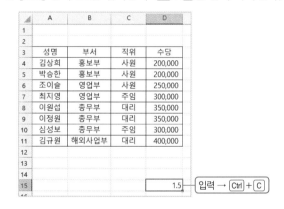

② [D4:D11] 영역을 드래그하여 선택한 후 [홈] 탭 – [클립보드] 그룹 – [붙여넣기]( ) – [선택하여 붙여넣기]를 클릭한다.

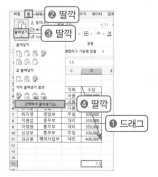

③ '곱하기'를 선택 → [확인] 단추를 클릭한다.

읽는 강의

④ 결과를 확인한다.

	A	B	C	D
3	성명	부서	직위	수당
4	김상희	홍보부	사원	300000
5	박승한	홍보부	사원	300000
6	조이슬	영업부	사원	375000
7	최지영	영업부	주임	450000
8	이원섭	총무부	대리	525000
9	이정원	총무부	대리	525000
10	심성보	총무부	주임	450000
11	김규원	해외사업부	대리	675000
12				
13				
14				
15				1.5

02

계산작업

배점 40점
목표점수 32점

무료 동영상 강의

출제유형 분석

계산작업은 함수식을 입력하는 문제가 총 5문제 출제된다.

출제 범위인 날짜/시간 함수, 논리 함수, 통계 함수, 수학/삼각 함수, 문자열 함수, 데이터베이스 함수, 찾기/참조 함수에서 무작위로 출제되며, 주로 다른 영역의 함수를 중첩하여 사용하도록 출제된다.

합격 전략

계산작업은 수험생들이 가장 어려워하는 영역이다. 5문제 중 2문제 이하로 맞추면 합격하지 못할 가능성이 높아 부담될 수 있지만, 한 문제당 8점씩으로 배점이 높아 4문제 이상을 맞히면 합격 점수를 확보하기 수월하다. 함수식을 정확히 숙지하지 못하면 출제포인트를 파악하기 어렵고 함수식을 숙지하고 있더라도 문제에 적용하지 못하는 경우가 많다. 함수식을 무조건 암기하기보다는 다양한 문제들을 계속 접하면서 연습해야 한다.

세부 출제패턴

	출제유형	난이도	세부 출제패턴
1	수식의 사용	상 중 **하**	수식은 셀 또는 영역을 연산 기호로 작성하거나 함수식을 연산 기호로 작성하는 식이다. 셀 또는 영역을 정확히 지정할 수 있도록 하고, 상대 참조, 절대 참조, 혼합 참조의 개념을 확실하게 숙지해야 한다.
2	날짜/시간 함수	상 **중** 하	날짜와 시간을 다양한 형식으로 반환하는 함수로, 자체로는 어렵지 않지만 대부분 다른 영역의 함수식과 중첩되어 사용되므로 중첩된 함수식을 연습하는 것이 좋다.
3	논리 함수	상 **중** 하	결과를 TRUE 또는 FALSE로 반환하는 함수로, 여러 논리 함수 중 IF 함수는 매회 출제되는 함수이다. 특히 IFS 함수와 SWITCH 함수가 추가되었으므로 이에 대한 문제 출제가 예상된다. 따라서 이를 꼼꼼히 학습하고 시험장에 들어가야 한다.
4	통계 함수	**상** 중 하	조건을 만족하는 데이터를 추출하거나 평균, 개수, 최대값, 최소값 등을 구하는 함수로, AVERAGEIFS나 COUNTIFS 같이 여러 개의 조건을 판단해야 하는 함수가 자주 출제된다. 조건은 큰따옴표로 묶어야 한다는 점을 주의해야 한다.
5	수학/삼각 함수	상 **중** 하	합계, 반올림, 절대값, 나머지 등 수치 자료를 처리하는 함수이다. 반올림이나 올림/내림 문제가 자주 출제되므로 인수에 입력하는 자릿수를 정확하게 숙지해야 한다.
6	문자열 함수	상 **중** 하	문자열의 일부를 추출하거나 영문 대·소문자 변환 등의 작업을 하는 함수이다. 자체로는 어렵지 않지만 대부분 다른 영역의 함수식과 중첩되어 사용되므로 중첩된 함수식을 연습하는 것이 좋다.
7	데이터베이스 함수	상 **중** 하	데이터베이스에서 합계, 평균, 개수, 최대값, 최소값 등 조건에 만족하는 데이터를 추출하는 함수이다. 모든 함수식의 인수가 동일하므로 한 가지 함수만 사용 방법을 정확하게 숙지해도 모든 함수를 사용하기 수월하다.
8	찾기/참조 함수	**상** 중 하	영역에서 일치하는 데이터를 찾고 함수의 특성에 맞게 반환하는 함수로, HLOOKUP과 VLOOKUP은 계산작업의 꽃이라고 해도 과언이 아니다. 출제되면 함수 중 난도가 가장 높은 편이고 자주 출제되므로 반드시 숙지해야 한다.

01 수식의 사용

① **개념**: 연산을 할 수 있는 데이터로 모든 수식은 등호(=)로 시작함

② **종류**
- **상대 참조**: 셀의 위치가 변경되면 수식의 주소가 자동으로 변경됨
- **절대 참조**: 셀의 위치가 변경되어도 수식의 주소가 변경되지 않는 참조로, 셀 주소 앞에 '$' 표시를 붙임(F4)를 눌러 변경 가능)
- **혼합 참조**: 행이나 열 중에서 하나만 절대 참조를 적용하여 고정시키는 참조로, 나머지는 상대 참조를 적용함

📥 작업 파일명 C:\에듀윌_2025컴활2급실기\그대로 따라하기\02. 계산작업\실습\01_수식사용.xlsx

출제패턴

'수식' 시트에서 다음의 지시사항을 처리하시오.

◢	A	B	C	D	E	F	G	H	I
1	[표1] 성적표					[표2] 득표율			
2	이름	중간	기말	합계		이름	득표수	득표율	
3	김은성	85	60	145		권남경	85	43%	
4	서진	95	100	195		김지수	15	8%	
5	유강현	50	30	80		성재훈	20	10%	
6	이진호	100	95	195		이남준	58	29%	
7	조혜진	60	45	105		정윤지	22	11%	
8	추지혜	80	85	165		합계	200	100%	
9									
10									
11	[표3] 할인액								
12		모델A	모델B	모델C					
13	할인율	1,000,000	15,000,000	2,000,000					
14	5%	50,000	750,000	100,000					
15	10%	100,000	1,500,000	200,000					
16	20%	200,000	3,000,000	400,000					
17									

1 [표1]에서 중간[B3:B8]과 기말[C3:C8]을 이용하여 합계[D3:D8]를 표시하시오.
▶ 합계=중간+기말

2 [표2]에서 득표수[G3:G7]와 합계[G8]를 이용하여 득표율[H3:H8]을 표시하시오.
▶ 득표율=득표수/합계

3 [표3]에서 할인율[A14:A16]과 가격[B13:D13]을 이용하여 할인액[B14:D16]을 표시하시오.
▶ 할인액=가격×할인율

1 합계 표시하기

[D3] 셀 선택 → 수식 입력줄에 = 입력 → [B3] 셀 선택 → 수식 입력줄에 + 입력 → [C3] 셀을 선택한 후 Enter 를 누름 → [D3] 셀의 자동 채우기 핸들(✚)을 [D8] 셀까지 드래그하여 수식을 복사한다.

풀이법을 알면 시간이 단축된다!
수식을 복사할 열의 왼쪽이나 오른쪽 열에 값이 채워져 있다면 자동 채우기 핸들을 더블클릭해도 수식이 복사된다.

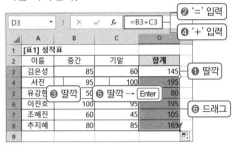

=B3+C3

[B3] 셀의 값(중간)과 [C3] 셀의 값(기말)을 더한 값(합계)을 표시한다.
(자동 채우기 핸들을 이용하여 수식을 복사할 때, [B3] 셀과 [C3] 셀은 상대 참조에 의해 셀의 위치에 따라 수식의 주소가 자동으로 변경됨)

개념 더하기 ➕   수식 확인하기

Ctrl + ~ : 수식이 들어있는 모든 셀을 결과값이 아닌 수식으로 표시함

	A	B	C	D	E
1	[표1] 성적표				
2	이름	중간	기말	합계	
3	김은성	85	60	=B3+C3	
4	서진	95	100	=B4+C4	
5	유강현	50	30	=B5+C5	
6	이진호	100	95	=B6+C6	
7	조혜진	60	45	=B7+C7	
8	추지혜	80	85	=B8+C8	
9					

📑 읽는 강의

2 득표율 표시하기

[H3] 셀 선택 → 수식 입력줄에 =G3/G8을 입력 → F4 를 눌러 수식을 '=G3/$G$8'로 변경한 후 Enter 를 누름 → [H3] 셀의 자동 채우기 핸들(＋)을 [H8] 셀까지 드래그하여 수식을 복사한다.

풀이법을 알면 시간이 단축된다!
F4 를 누르면 상대 참조 → 절대 참조 → 혼합 참조(행 고정, 열 고정) 순으로 변경된다.
예시 G8 → $G$8 → G$8 → $G8

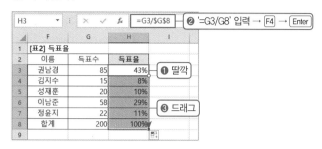

$$=G3/\$G\$8$$

[G3] 셀의 값(득표수)을 [G8] 셀의 값(득표수 합계)으로 나눈 값(득표율)을 표시한다.
(자동 채우기 핸들을 이용하여 수식을 복사할 때, [G3] 셀은 상대 참조에 의해 셀의 위치가 변경되면 수식의 주소가 자동으로 변경되지만, [G8] 셀은 절대 참조에 의해 셀의 위치가 변경되어도 수식의 주소가 변경되지 않음)

	F	G	H	I
1	[표2] 득표율			
2	이름	득표수	득표율	
3	권남경	85	=G3/$G$8	
4	김지수	15	=G4/$G$8	
5	성재훈	20	=G5/$G$8	
6	이남준	58	=G6/$G$8	
7	정윤지	22	=G7/$G$8	
8	합계	=SUM(G3:G7)	=G8/$G$8	
9				

개념 더하기➕   참조 방식

- 상대 참조: 셀의 위치가 바뀌면 수식의 주소가 자동으로 변경된다. 예) A1
- 절대 참조: 셀의 위치가 바뀌어도 수식의 주소가 변경되지 않는다. 예) $A$1
- 혼합 참조: 행이나 열 중에서 하나만 절대 참조로 지정되어 절대 참조로 지정된 열 또는 행의 주소는 수식을 복사하여도 변경되지 않는다. 예) $A1(열 고정), A$1(행 고정)

3 할인액 표시하기

[B14] 셀 선택 → 수식 입력줄에 =$A14*B$13을 입력한 후 Enter 를 누름 → [B14] 셀의 자동 채우기 핸들(＋)을 [B16] 셀까지 드래그하여 수식 복사 → [B16] 셀의 자동 채우기 핸들(＋)을 [D16] 셀까지 드래그하여 수식을 복사한다.

$$=\$A14*B\$13$$

[B14] 셀의 수식에서 열 고정 혼합 참조인 [A14] 셀은 행(숫자)만 변경이 되며, 행 고정 혼합 참조인 [B13] 셀은 열(영문 대문자)만 변경된다.

열(영문 대문자)

	A	B	C	D
11	[표3] 할인액			
12		모델A	모델B	모델C
13	할인율	1000000	15000000	2000000
14	0.05	=$A14*B$13	=$A14*C$13	=$A14*D$13
15	0.1	=$A15*B$13	=$A15*C$13	=$A15*D$13
16	0.2	=$A16*B$13	=$A16*C$13	=$A16*D$13
17				

행(숫자)

4 결과 확인

▼ 결과 화면

	A	B	C	D	E	F	G	H	I
1	[표1] 성적표					[표2] 득표율			
2	이름	중간	기말	합계		이름	득표수	득표율	
3	김은성	85	60	145		권남경	85	43%	
4	서진	95	100	195		김지수	15	8%	
5	유강현	50	30	80		성재훈	20	10%	
6	이진호	100	95	195		이남준	58	29%	
7	조혜진	60	45	105		정윤지	22	11%	
8	추지혜	80	85	165		합계	200	100%	
9									
10									
11	[표3] 할인액								
12		모델A	모델B	모델C					
13	할인율	1,000,000	15,000,000	2,000,000					
14	5%	50,000	750,000	100,000					
15	10%	100,000	1,500,000	200,000					
16	20%	200,000	3,000,000	400,000					
17									

02 날짜/시간 함수

① **개념**: 날짜와 시간을 다양한 형식으로 반환하는 함수
② **종류**

NOW( )	현재 날짜와 시간 반환
TODAY( )	현재 날짜 반환
DATE(연,월,일)	'연', '월', '일'에 대한 날짜 데이터 반환
YEAR(날짜) MONTH(날짜) DAY(날짜)	각각 '날짜'의 연도, 월, 일 반환
TIME(시,분,초)	'시', '분', '초'에 대한 시간 데이터 반환
HOUR(시간) MINUTE(시간) SECOND(시간)	'시간'의 시, 분, 초 반환
WEEKDAY(날짜,반환값)	• 날짜에 해당하는 요일 번호 반환 • 반환값 　－ 1 또는 생략: 일요일이 1 ∼ 토요일이 7 　－ 2: 월요일이 1 ∼ 일요일이 7 　－ 3: 월요일이 0 ∼ 일요일이 6
DAYS(종료 날짜,시작 날짜)	'시작 날짜'부터 '종료 날짜' 사이의 일 수를 계산하여 반환
EDATE(시작 날짜,개월 수)	'시작 날짜'를 기준으로 '개월 수' 이전이나 이후 날짜의 일련번호 반환
EOMONTH(시작 날짜,개월 수)	'시작 날짜'를 기준으로 '개월 수' 이전이나 이후 달의 마지막 날짜의 일련번호 반환
WORKDAY(시작 날짜,날짜 수,휴일)	'시작 날짜'에서 토요일, 일요일, 지정한 '휴일'을 제외하고 지정한 '날짜 수'만큼 경과한 날짜를 반환

📥 작업 파일명 C:\에듀윌_2025컴활2급실기\그대로 따라하기\02. 계산작업\실습\02_날짜시간함수.xlsx

출제패턴 ❶

'날짜시간함수 – 1' 시트에서 다음의 지시사항을 처리하시오.

	A	B	C	D	E	F	G	H	I	J
1	[표1] 직원 관리 현황					[표2] 도서 연체현황				
2	이름	부서	입사일자	근무년수		고객번호	대여일	반납예정일	반납일	연체료
3	김원상	인사팀	2017-02-21	7		AT-001	2021-08-22	2021-08-28	2021-09-05	8,000
4	방미래	영업팀	2020-02-14	4		AT-002	2021-08-23	2021-09-01	2021-09-05	4,000
5	서진	총무팀	2018-06-07	6		AT-003	2021-08-23	2021-09-01	2021-09-03	2,000
6	신재형	기획팀	2010-08-01	14		AT-004	2021-08-18	2021-08-24	2021-08-26	2,000
7	안정근	인사팀	2016-11-25	8		AT-005	2021-08-20	2021-08-26	2021-09-06	11,000
8	유재홍	영업팀	2013-12-09	11		AT-006	2021-08-24	2021-09-02	2021-09-05	3,000
9										
10										
11	[표3] 차량 관리 현황					[표4] 근무일수				
12	차량번호	차량등록일	검사시작일			성명	날짜	가입일		
13	28허1234	2018-10-10	2020-09-10			김민범	2021-03-05	3월 5일 가입		
14	28허2357	2019-08-01	2021-07-02			김은성	2021-05-10	5월 10일 가입		
15	28허4657	2020-03-08	2022-02-06			유강현	2021-08-15	8월 15일 가입		
16	28허2878	2017-06-09	2019-05-10			이동근	2021-12-20	12월 20일 가입		
17	28허3535	2021-01-01	2022-12-02			이진재	2021-10-10	10월 10일 가입		
18										

📗 읽는 강의

출제패턴을 알면 시험이 쉬워진다!

날짜/시간 함수는 대부분 다른 함수와 중첩되어 사용되는 문제로 출제된다. 처음부터 중첩된 함수식을 세우기는 어려우므로 날짜/시간 함수를 활용하는 법부터 먼저 학습해 나가는 것이 좋다. 영어 단어를 암기하는 것처럼 함수명과 형식, 기능을 연결하여 숙지한 후 문제를 통해 적용하는 방법으로 연습한다.

1 [표1]에서 입사일자[C3:C8]와 현재 날짜를 이용하여 근무년수[D3:D8]를 표시하시오.

▶ 근무년수=현재 날짜의 연도 – 입사일자의 연도

▶ YEAR, TODAY 함수 사용

2 [표2]에서 반납예정일[H3:H8]과 반납일[I3:I8]을 이용하여 연체료[J3:J8]를 표시하시오.

▶ 연체료=(반납일 – 반납예정일)×1000

▶ DATE, WORKDAY, DAYS 중 알맞은 함수 사용

3 [표3]에서 차량등록일[B13:B17]을 이용하여 검사시작일[C13:C17]을 표시하시오.

▶ 검사시작일은 차량등록일 기준으로 24개월 뒤, 30일 전의 날짜를 표시

▶ EDATE, EOMONTH, DAYS 중 알맞은 함수 사용

4 [표4]에서 날짜[G13:G17]를 이용하여 가입일[H13:H17]을 표시하시오.

▶ [표시 예: 3월 5일 가입]

▶ MONTH, DAY 함수와 & 연산자 사용

그대로 따라하기 ▶▶

1 근무년수 표시하기

① [D3] 셀 선택 → 수식 입력줄에 =YEAR(TODAY( ))−YEAR(C3)을 입력한 후 Enter를 누름 → [D3] 셀을 다시 선택하고 [홈] 탭 – [표시 형식] 그룹 – [표시 형식]의 ▾을 클릭한 후 '일반'을 선택한다.

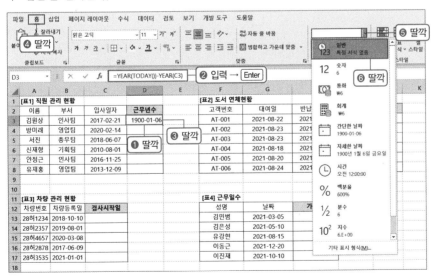

풀이법을 알면 시간이 단축된다!
[D3] 셀에서 원하는 결과는 '연수'인데 함수식을 입력하면 결과가 날짜 형식으로 표시되므로 [홈] 탭 – [표시 형식] 그룹 – [일반]을 선택하여 숫자로 표시되도록 지정한다.

풀이법을 알면 시간이 단축된다!
YEAR(TODAY( ))는 현재 날짜의 연도를 반환하므로 현재 연도에 따라 결과값은 달라진다.

② [D3] 셀의 자동 채우기 핸들을 [D8] 셀까지 드래그하여 함수식을 복사한다.

읽는 강의

⁄	A	B	C	D	E
1	[표1] 직원 관리 현황				
2	이름	부서	입사일자	근무년수	
3	김원상	인사팀	2017-02-21	7	
4	방미래	영업팀	2020-02-14	4	
5	서진	총무팀	2018-06-07	6	
6	신재형	기획팀	2010-08-01	14	드래그
7	안정근	인사팀	2016-11-25	8	
8	유재홍	영업팀	2013-12-09	11	
9					

$$=YEAR(TODAY())-YEAR(C3)$$

① YEAR(TODAY()): 현재 날짜의 연도를 반환한다.

② YEAR(C3): [C3] 셀의 날짜(입사일자)에서 연도를 반환한다.

③ ①-②: ①(현재 날짜의 연도)에서 ②(입사일자 연도)를 뺀 값을 표시한다.

개념 더하기⊕ 함수식 입력 방법

· 셀 또는 수식 입력줄에 직접 입력

[D3] 셀 선택 → 수식 입력줄에 =YE를 입력하고 [Tab]을 누름 → TO를 입력하고 [Tab]을 누름 →
))-YE를 입력하고 [Tab]을 누름 → [C3] 셀을 선택하고)를 입력한 후 [Enter]를 누른다.

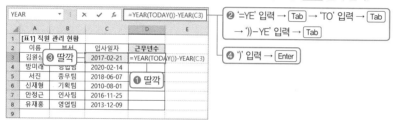

· 함수 마법사 이용

① YEAR 함수 입력

[D3] 셀을 선택하고 [함수 삽입](ƒ)을 클릭 → [함수 마법사] 대화상자가 나타나면 '범주 선택'에
서 '날짜/시간'을 선택하고, '함수 선택'에서 'YEAR'를 선택 → [확인] 단추를 클릭한다.

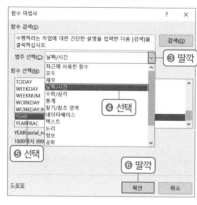

출제패턴을 알면 합격이 빨라진다

함수식은 셀 또는 수식 입력줄
에 직접 입력할 수도 있고, 함
수 마법사를 이용하여 입력할
수도 있다. 인수가 많고 어려운
함수는 함수 마법사를 이용하
는 것이 효율적이나 간단한 함
수는 셀이나 수식 입력줄에 직
접 입력하는 것이 빠르다. 직접
입력하거나 함수 마법사를 이
용하는 두 가지 방법을 모두 활
용해보고 본인에게 맞는 방법
을 찾는 것이 좋다.

② YEAR 함수의 인수에 TODAY 함수 입력

[함수 인수] 대화상자가 나타나면 [이름 상자]의 ▼를 클릭하고 '함수 추가'를 선택한다.

[함수 마법사] 대화상자가 나타나면 '범주 선택'에서 '날짜/시간'을 선택하고, '함수 선택'에서 'TODAY'를 선택 → [확인] 단추를 클릭한다.

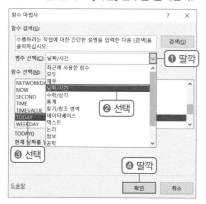

[함수 인수] 대화상자에서 [확인] 단추를 클릭한다.

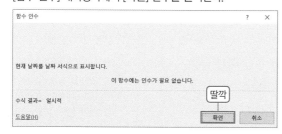

③ 나머지 수식 입력

수식 입력줄에 −를 연결하여 입력 → [이름 상자]의 ▼를 클릭하고 'YEAR'를 선택한다.

[함수 인수] 대화상자가 나타나면 인수를 [C3] 셀로 지정 → [확인] 단추를 클릭한다.

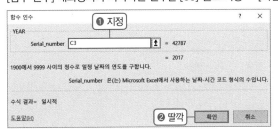

☞ 읽는 강의

2 연체료 표시하기

[J3] 셀 선택 → 수식 입력줄에 =DAYS(I3,H3)*1000을 입력한 후 Enter 를 누름 → [J3] 셀의 자동 채우기 핸들을 [J8] 셀까지 드래그하여 함수식을 복사한다.

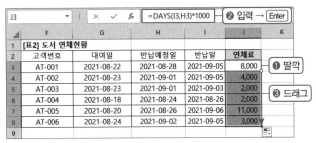

풀이법을 알면 시간이 단축된다!
DAYS 함수는 종료 날짜를 첫 번째 인수로 입력하고, 시작 날짜를 두 번째 인수로 입력해야 한다.

=DAYS(I3,H3)*1000

❶ DAYS(I3,H3): [H3] 셀의 날짜(반납예정일)부터 [I3] 셀 날짜(반납일) 사이의 일수를 반환한다.
❷ ❶*1000: ❶(일수)에 1,000을 곱한 값(연체료)을 표시한다.

3 검사시작일 표시하기

[C13] 셀 선택 → 수식 입력줄에 =EDATE(B13,24)-30을 입력한 후 Enter 를 누름 → [C13] 셀의 자동 채우기 핸들을 [C17] 셀까지 드래그하여 함수식을 복사한다.

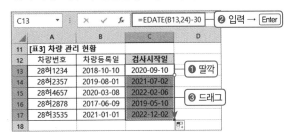

실수가 줄어들면 합격은 빨라진다!
24개월 후에서 30일 전의 날짜는 23개월이 아님을 주의해야 한다. 반드시 EDATE로 24개월이 경과한 날짜에서 30일을 빼야한다.

=EDATE(B13,24)-30

❶ EDATE(B13,24): [B13] 셀의 날짜(차량등록일)를 기준으로 24개월 후 날짜를 반환한다.
❷ ❶-30: ❶(차량등록일로부터 24개월 후의 날짜)에서 30을 뺀 값(30일 전의 날짜)을 표시한다.

4 가입일 표시하기

[H13] 셀 선택 → 수식 입력줄에 =MONTH(G13)&"월 "&DAY(G13)&"일 가입"을 입력한 후
Enter 를 누름 → [H13] 셀의 자동 채우기 핸들을 [H17] 셀까지 드래그하여 함수식을 복사한다.

📖 읽는 강의

실수가 줄어들면 합격은 빨라진다!
문제에서 제시된 [표시 예]를 꼼꼼하게 확인하고 큰따옴표 (" ") 안의 공백을 정확하게 지정해야 한다. 만약 "월"로 수식을 지정했다면 결과값은 '3월5 일 가입'이 된다.

❶ MONTH(G13): [G13] 셀의 날짜에서 월을 반환한다.
❷ DAY(G13): [G13] 셀의 날짜에서 일을 반환한다.
❸ ❶&"월 "&❷&"일 가입": 문자열 결합연산자(&)에 의해 ❶(월), '월 ', ❷(일), '일 가입'을 연결하여 표시한다.

5 결과 확인

▼ 결과 화면

	A	B	C	D	E	F	G	H	I	J
1	[표1] 직원 관리 현황					[표2] 도서 연체현황				
2	이름	부서	입사일자	근무년수		고객번호	대여일	반납예정일	반납일	연체료
3	김원상	인사팀	2017-02-21	7		AT-001	2021-08-22	2021-08-28	2021-09-05	8,000
4	방미래	영업팀	2020-02-14	4		AT-002	2021-08-23	2021-09-01	2021-09-05	4,000
5	서진	총무팀	2018-06-07	6		AT-003	2021-08-23	2021-09-01	2021-09-03	2,000
6	신재형	기획팀	2010-08-01	14		AT-004	2021-08-18	2021-08-24	2021-08-24	2,000
7	안정근	인사팀	2016-11-25	8		AT-005	2021-08-20	2021-08-26	2021-09-06	11,000
8	유재홍	영업팀	2013-12-09	11		AT-006	2021-08-24	2021-09-02	2021-09-05	3,000
9										
10										
11	[표3] 차량 관리 현황					[표4] 근무일수				
12	차량번호	차량등록일	검사시작일			성명	날짜	가입일		
13	28허1234	2018-10-10	2020-09-10			김민범	2021-03-05	3월 5일 가입		
14	28허2357	2019-08-01	2021-07-02			김은성	2021-05-10	5월 10일 가입		
15	28허4657	2020-03-08	2022-02-06			유강현	2021-08-15	8월 15일 가입		
16	28허2878	2017-06-09	2019-05-10			이동근	2021-12-20	12월 20일 가입		
17	28허3535	2021-01-01	2022-12-02			이진재	2021-10-10	10월 10일 가입		
18										

'날짜시간함수 – 2' 시트에서 다음의 지시사항을 처리하시오.

	A	B	C	D	E	F	G	H	I	J
1	**[표1]** 도서 반납일					**[표2]** 지하철 운행시간표				
2	회원번호	성명	대출일	반납일		호선	경유역	출발시각	도착예정시각	
3	A-001	안용우	2025-05-02	2025-05-12		9호선	6	8:42	9:00	
4	A-002	이도현	2025-06-21	2025-07-01		3호선	4	11:31	11:43	
5	A-003	이동근	2025-04-11	2025-04-21		2호선	7	9:07	9:28	
6	A-004	정승헌	2025-05-15	2025-05-26		8호선	9	10:16	10:43	
7	A-005	조태연	2025-04-23	2025-05-05		5호선	3	9:35	9:44	
8	A-006	차민건	2025-06-03	2025-06-13		4호선	8	8:23	8:47	
9	A-007	허남훈	2025-05-24	2025-06-03		1호선	5	9:16	9:31	
10										
11										
12	**[표3]** PC방 요금 계산					**[표4]** 상가 리모델링 일정표				
13	회원번호	로그인시각	로그아웃시각	이용요금		매장	리모델링시작일	리모델링일수	오픈일	
14	E-2184	17:15	20:45	4,200		반찬가게	2021-03-05	5	2021-03-12	
15	E-6057	10:40	13:10	3,000		백반집	2021-04-12	3	2021-04-15	
16	E-4220	7:25	11:55	5,400		베이커리	2021-05-18	5	2021-05-25	
17	E-3691	15:50	20:20	5,400		세탁소	2021-07-02	7	2021-07-13	
18	E-8379	8:35	10:05	1,800		떡집	2021-08-24	10	2021-09-07	
19	E-9114	11:30	15:30	4,800		편의점	2021-09-06	4	2021-09-10	
20										

1 [표1]에서 대출일[C3:C9]을 이용하여 반납일[D3:D9]을 표시하시오.

▷ 반납일=대출일+10

▷ 단, 반납일이 토요일이나 일요일이면 월요일을 반납일로 지정

▷ 요일 계산 시 월요일이 1인 유형으로 지정

▷ IF, WEEKDAY 함수 사용

2 [표2]에서 경유역[G3:G9]과 출발시각[H3:H9]을 이용하여 도착예정시각[I3:I9]을 표시하시오.

▷ 도착예정시각=출발시각+경유역 수×경유역당 소요 시간(3분)

▷ TIME, HOUR, MINUTE 함수 사용

3 [표3]에서 로그아웃시각[C14:C19]과 로그인시각[B14:B19]과의 차를 계산하여 이용요금[D14:D19]에 표시하시오.

▷ 이용요금은 30분당 600원임

▷ HOUR, MINUTE 함수 사용

4 [표4]에서 리모델링시작일[G14:G19]과 리모델링일수[H14:H19]를 이용하여 오픈일 [I14:I19]을 표시하시오.

▷ 리모델링일수에서 주말(토, 일요일)은 제외

▷ EDATE, DAYS, WORKDAY 중 알맞은 함수 사용

1 반납일 표시하기

[D3] 셀 선택 → 수식 입력줄에 =IF(WEEKDAY(C3+10,2)=6,C3+12,IF(WEEKDAY(C3+10,2)=7,C3+11,C3+10))을 입력한 후 [Enter]를 누름 → [D3] 셀의 자동 채우기 핸들을 [D9] 셀까지 드래그하여 함수식을 복사한다.

	A	B	C	D	
1	[표1] 도서 반납일				
2	회원번호	성명	대출일	반납일	
3	A-001	안용우	2025-05-02	2025-05-12	❶ 딸깍
4	A-002	이도현	2025-06-21	2025-07-01	
5	A-003	이동근	2025-04-11	2025-04-21	
6	A-004	정승현	2025-05-15	2025-05-26	❸ 드래그
7	A-005	조태연	2025-04-23	2025-05-05	
8	A-006	차민건	2025-06-03	2025-06-13	
9	A-007	허남훈	2025-05-24	2025-06-03	

=IF(WEEKDAY(C3+10,2)=6,C3+12,IF(WEEKDAY(C3+10,2)=7,C3+11,C3+10))
❶ ❷

❶ WEEKDAY(C3+10,2): [C3] 셀의 날짜(대출일)에 10을 더한 후 해당하는 요일 번호를 반환한다.
(두 번째 인수가 2이므로 월요일(1)~일요일(7)로 반환함)

❷ IF(❶=6,C3+12,IF(❶=7,C3+11,C3+10)): ❶(요일 번호)이 6이면 [C3] 셀의 날짜에 12를 더하고, ❶(요일 번호)이 7이면 [C3] 셀의 날짜에 11을 더하고, 그렇지 않으면 10을 더한다.

2 도착예정시각 표시하기

[I3] 셀 선택 → 수식 입력줄에 =TIME(HOUR(H3),MINUTE(H3)+G3*3,0)을 입력한 후 [Enter]를 누름 → [I3] 셀의 자동 채우기 핸들을 [I9] 셀까지 드래그하여 함수식을 복사한다.

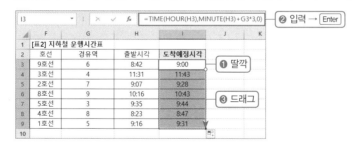

	F	G	H	I	J	K
1	[표2] 지하철 운행시간표					
2	호선	경유역	출발시각	도착예정시각		
3	9호선	6	8:42	9:00	❶ 딸깍	
4	3호선	4	11:31	11:43		
5	2호선	7	9:07	9:28		
6	8호선	9	10:16	10:43	❸ 드래그	
7	5호선	3	9:35	9:44		
8	4호선	8	8:23	8:47		
9	1호선	5	9:16	9:31		
10						

=TIME(HOUR(H3),MINUTE(H3)+G3*3,0)
❶ ❷ ❸

❶ HOUR(H3): [H3] 셀의 시간(출발시각)에서 시를 반환한다.

❷ MINUTE(H3)+G3*3: [H3] 셀의 분(출발시각)과 [G3] 셀(경유역)에 3을 곱한 값을 더한 값을 반환한다.
(예시: 출발시각이 10시 15분, 경유역이 5인 경우 → 15+5×3=30)

❸ TIME(❶,❷,0): ❶을 시, ❷를 분, 0초의 시간 데이터(도착예정시각)를 반환한다.

3 이용요금 표시하기

[D14] 셀 선택 → 수식 입력줄에 =(HOUR(C14−B14)*60+MINUTE(C14−B14))/30*600을
입력한 후 Enter를 누름 → [D14] 셀의 자동 채우기 핸들을 [D19] 셀까지 드래그하여 함수식
을 복사한다.

- ❶ HOUR(C14−B14)*60: [C14] 셀의 시간(로그아웃시각)에서 [B14] 셀의 시간(로그인시각)을 뺀 값의 시에
  60을 곱한 값을 반환한다.
- ❷ MINUTE(C14−B14): [C14] 셀의 시간(로그아웃시각)에서 [B14] 셀의 시간(로그인시각)을 뺀 값의 분을
  반환한다.
- ❸ (❶+❷)/30: ❶(시*60)과 ❷(분)를 더한 값에 30을 나눈 값(30분 단위)을 반환한다.
  (예시: 로그인시각이 8시, 로그아웃시각이 10시 30분인 경우 → (2×60+30)/30=5)
- ❹ ❸*600: ❸(30분 단위)에 600을 곱한 값(이용요금)을 표시한다.

4 오픈일 표시하기

[I14] 셀 선택 → 수식 입력줄에 =WORKDAY(G14,H14)를 입력한 후 Enter를 누름 → [I14]
셀의 자동 채우기 핸들을 [I19] 셀까지 드래그하여 함수식을 복사한다.

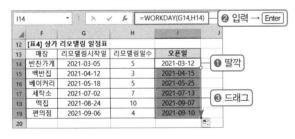

=WORKDAY(G14,H14)

[G14] 셀의 날짜(리모델링시작일)에서 토요일, 일요일을 제외하고 [H14] 셀의 일수(리모델링일수)만큼 경과
한 날짜(오픈일)를 반환한다.

5 결과 확인

▼ 결과 화면

[표1] 도서 반납일

회원번호	성명	대출일	반납일
A-001	안용우	2025-05-02	2025-05-12
A-002	이도현	2025-06-21	2025-07-01
A-003	이동근	2025-04-11	2025-04-21
A-004	정승현	2025-05-15	2025-05-26
A-005	조태연	2025-04-23	2025-05-05
A-006	차민건	2025-06-03	2025-06-13
A-007	허남훈	2025-05-24	2025-06-03

[표2] 지하철 운행시간표

호선	경유역	출발시각	도착예정시각
9호선	6	8:42	9:00
3호선	4	11:31	11:43
2호선	7	9:07	9:28
8호선	9	10:16	10:43
5호선	3	9:35	9:44
4호선	8	8:23	8:47
1호선	5	9:16	9:31

[표3] PC방 요금 계산

회원번호	로그인시각	로그아웃시각	이용요금
E-2184	17:15	20:45	4,200
E-6057	10:40	13:10	3,000
E-4220	7:25	11:55	5,400
E-3691	15:50	20:20	5,400
E-8379	8:35	10:05	1,800
E-9114	11:30	15:30	4,800

[표4] 상가 리모델링 일정표

매장	리모델링시작일	리모델링일수	오픈일
반찬가게	2021-03-05	5	2021-03-12
백반집	2021-04-12	3	2021-04-15
베이커리	2021-05-18	5	2021-05-25
세탁소	2021-07-02	7	2021-07-13
떡집	2021-08-24	10	2021-09-07
편의점	2021-09-06	4	2021-09-10

03 논리 함수

① **개념**: 결과가 참(TRUE)과 거짓(FALSE)으로 반환되는 함수
② **종류**

IF(조건식,값1,값2)	'조건식'이 참이면 '값1', 거짓이면 '값2' 반환
IFS(조건식1,값1,조건식2,값2,…)	'조건식1'이 참이면 '값1', '조건식2'가 참이면 '값2' 반환
SWITCH(조건식,값1,결과값1,값2,결과값2,…)	'조건식'이 '값1'이면 '결과값1' 반환, '값2'이면 '결과값2' 반환
NOT(조건식)	'조건식'의 결과를 반대로 반환
AND(조건1,조건2,…)	'모든 조건'이 참이면 'TRUE', 나머지는 'FALSE' 반환
OR(조건1,조건2,…)	'조건 중 하나'라도 참이면 'TRUE', 나머지는 'FALSE' 반환
IFERROR(식 또는 값,반환값)	'식 또는 값'이 오류이면 '반환값' 반환
TRUE( )	'TRUE' 반환
FALSE( )	'FALSE' 반환

📥 **작업 파일명** C:\에듀윌_2025컴활2급실기\그대로 따라하기\02. 계산작업\실습\03_논리함수.xlsx

---

출제패턴 ❶

'논리함수 – 1' 시트에서 다음의 지시사항을 처리하시오.

	A	B	C	D	E	F	G	H	I	J	K
1	[표1] 아르바이트 모집					[표2] 판매분석					
2	성명	채용지점	생년월일	채용여부		지점	21년 순위	20년 순위	분석		
3	강준형	마포	1998-01-13			강남지점	6	21	상승		
4	권남경	동대문	1995-09-12	채용		강북지점	16	28	상승		
5	김지수	상계	1997-06-29			영동지점	24	24	유지		
6	김찬우	마포	1979-03-09	채용		부산지점	27	49	상승		
7	박정재	마포	1998-04-04			경기지점	7	2	하락		
8	성재훈	동대문	1988-06-09	채용		강원지점	11	4	하락		
9	이건우	동대문	1997-09-05								
10	이민준	상계	1995-07-03	채용							
11	정성엽	상계	2001-09-07								
12											
13	기준일	2021-10-01									
14											
15											
16	[표3] 공정간 작업 현황					[표4] 기말고사 성적 현황					
17	공정	오차율	생산량	판정		이름	국어	영어	수학	분류	
18	A공정	0.6%	5,409	합격		김호준	94	88	90	우수	
19	B공정	1.2%	6,882	재작업		성재훈	68	84	75		
20	C공정	0.8%	2,574	재작업		이남준	92	78	77		
21	D공정	0.8%	8,163	합격		정윤지	91	90	91	우수	
22	E공정	1.3%	2,139	재작업		최원용	94	98	89	우수	
23						최원준	88	88	87		
24						박지민	90	57	79		
25											

1 [표1]에서 기준일[B13]과 생년월일[C3:C11]을 이용하여 채용여부[D3:D11]를 표시하시오.
  ▸ 기준일의 연도에서 생년월일의 연도를 뺀 값이 25 이상이면 '채용', 그렇지 않으면 공백으로 표시
  ▸ IF와 YEAR 함수 사용

📖 읽는 강의

출제패턴을 알면 시험이 쉬워진다!
논리 함수 중 IF, AND, OR 함수는 시험에 자주 출제되며, 복잡한 형식으로 출제될 수 있으므로 특히 많은 연습이 필요하다. 대부분 다른 함수와 중첩된 문제가 출제되므로 함수 마법사를 이용해서 수식을 작성하는 것보다 직접 입력하는 것이 좋다.

2 [표2]에서 항목별로 21년 순위[G3:G8]와 20년 순위[H3:H8]를 비교하여 20년보다 순위가 올랐으면 '상승', 같은 경우 '유지', 내려갔으면 '하락'으로 분석[I3:I8]에 표시하시오.
  ▶ IF 함수 사용

3 [표3]에서 오차율[B18:B22]이 1% 미만이고 생산량[C18:C22]이 5,000 이상이면 '합격', 그렇지 않으면 '재작업'으로 판정[D18:D22]에 표시하시오.
  ▶ IF와 AND 함수 사용

4 [표4]에서 국어[G18:G24] 점수가 90 이상이면서 영어[H18:H24] 점수 또는 수학[I18:I24] 점수가 80 이상이면 분류[J18:J24]에 '우수'를, 이 외에는 공백으로 표시하시오.
  ▶ IF, AND, OR 함수 사용

그대로 따라하기

1 채용여부 표시하기

[D3] 셀 선택 → 수식 입력줄에 =IF(YEAR($B$13)-YEAR(C3)>=25, "채용", "")을 입력한 후 Enter를 누름 → [D3] 셀의 자동 채우기 핸들을 [D11] 셀까지 드래그하여 함수식을 복사한다.

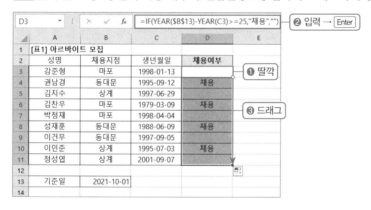

실수가 줄어들면 합격은 빨라진다!
[B13] 셀을 절대 참조로 지정하지 않으면 함수식을 드래그하면서 [B14], [B15], …으로 수식의 주소가 변경된다. 드래그해도 수식의 주소가 변경되지 않도록 F4를 눌러 절대 참조로 지정해야 한다.

=IF(YEAR($B$13)-YEAR(C3)>=25, "채용", "")

❶ YEAR($B$13)-YEAR(C3): [B13] 셀 날짜(기준일)의 연도에서 [C3] 셀 날짜(생년월일)의 연도를 뺀 값을 반환한다. ([B13] 셀은 절대 참조로, 복사해도 수식의 주소가 변경되지 않음)

❷ IF(❶>=25, "채용", ""): ❶(연도끼리 뺀 값)이 25 이상이면 '채용', 그렇지 않으면 공백으로 반환한다.

2 분석 표시하기

[I3] 셀 선택 → 수식 입력줄에 =IF(G3<H3, "상승", IF(G3=H3, "유지", "하락"))을 입력한 후 Enter 를 누름 → [I3] 셀의 자동 채우기 핸들을 [I8] 셀까지 드래그하여 함수식을 복사한다.

🗐 읽는 강의

풀이법을 알면 시간이 단축된다!
20년 순위와 21년 순위를 비교한 결과는 '상승', '유지', '하락' 세 가지 경우가 있으므로 두 개의 IF 함수를 중첩해서 사용해야 한다.

=IF(조건식1,값1,IF(조건식2, 값2,값3))

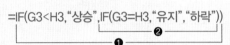

	F	G	H	I	J
1	**[표2] 판매분석**				
2	지점	21년 순위	20년 순위	**분석**	
3	강남지점	6	21	상승	❶ 딸깍
4	강북지점	16	28	상승	
5	영동지점	24	24	유지	
6	부산지점	27	49	상승	❸ 드래그
7	경기지점	7	2	하락	
8	강원지점	11	4	하락	
9					

=IF(G3<H3, "상승", IF(G3=H3, "유지", "하락"))
　　　　　❶　　　　　　❷

❶ IF(G3<H3, "상승", ❷): [G3] 셀의 값(21년 순위)이 [H3] 셀의 값(20년 순위)보다 작으면 '상승', 그렇지 않으면 ❷의 결과를 반환한다.

❷ IF(G3=H3, "유지", "하락"): [G3] 셀의 값(21년 순위)과 [H3] 셀의 값(20년 순위)이 같으면 '유지', 그렇지 않으면 '하락'으로 반환한다.

개념 더하기⊕ **IFS 함수를 이용하는 방법**

풀이법을 알면 시간이 단축된다!
기존 IF 함수에서는 조건이 2개 이상인 경우 IF 함수를 중첩해서 사용해야 했는데, 이때 IFS 함수를 사용하면 여러 조건에 대한 다른 결과값을 쉽게 반환할 수 있다. 즉, 조건이 여러 개인 경우 IF 함수나 IFS 함수를 모두 사용할 수 있으므로 문제의 지시사항에 따라 수식을 작성해야 한다.

	F	G	H	I	J	K	L
1	**[표2] 판매분석**						
2	지점	21년 순위	20년 순위	**분석**			
3	강남지점	6	21	상승			
4	강북지점	16	28	상승			
5	영동지점	24	24	유지			
6	부산지점	27	49	상승			
7	경기지점	7	2	하락			
8	강원지점	11	4	하락			
9							

=IFS(G3<H3, "상승", G3=H3, "유지", G3>H3, "하락")
　　　❶　　　　　　❷　　　　　　❸

❶ [G3] 셀의 값(21년 순위)이 [H3] 셀의 값(20년 순위)보다 작으면 '상승'으로 반환한다.

❷ [G3] 셀의 값(21년 순위)이 [H3] 셀의 값(20년 순위)과 같으면 '유지'로 반환한다.

❸ [G3] 셀의 값(21년 순위)이 [H3] 셀의 값(20년 순위)보다 크면 '하락'으로 반환한다.

3 판정 표시하기

[D18] 셀 선택 → 수식 입력줄에 =IF(AND(B18<1%,C18>=5000),"합격","재작업")을 입력한
후 Enter를 누름 → [D18] 셀의 자동 채우기 핸들을 [D22] 셀까지 드래그하여 함수식을 복사
한다.

📖 읽는 강의

풀이법을 알면 시간이 단축된다!
오차율이 1% 미만이라는 조건
과 생산량이 5,000 이상이라는
조건을 모두 만족시키는지 여
부를 판단해야 하므로 AND 함
수를 이용해야 한다.

=IF(AND(조건식1,조건식2),
값1,값2)

$$=IF(AND(B18<1\%,C18>=5000),"합격","재작업")$$
❶
❷

❶ AND(B18<1%,C18>=5000): [B18] 셀의 값(오차율)이 1% 미만이고 [C18] 셀의 값(생산량)이 5,000 이
상이면 TRUE, 그렇지 않으면 FALSE로 반환한다.

❷ IF(❶,"합격","재작업"): ❶(오차율 1% 미만이고 생산량 5,000 이상)이 TRUE이면 '합격', 그렇지 않으면
'재작업'으로 반환한다.

4 분류 표시하기

[J18] 셀 선택 → 수식 입력줄에 =IF(AND(G18>=90,OR(H18>=80,I18>=80)),"우수","")을
입력한 후 Enter를 누름 → [J18] 셀의 자동 채우기 핸들을 [J24] 셀까지 드래그하여 함수식
을 복사한다.

풀이법을 알면 시간이 단축된다!
영어 점수 또는 수학 점수가
80 이상이라는 조건을 만족시
키는지 여부를 판단하기 위해
서는 OR 함수를 이용하고, 국
어 점수가 90 이상이고 OR 함
수의 결과가 TRUE/FALSE인지
여부를 판단하기 위해서는
AND 함수를 이용해야 한다.

=IF(AND(조건식1,OR(조건
식2,조건식3)),값1,값2)

$$=IF(AND(G18>=90,OR(H18>=80,I18>=80)),"우수","")$$
❶
❷
❸

❶ OR(H18>=80,I18>=80): [H18] 셀의 값(영어 점수)이 80 이상이거나 [I18] 셀의 값(수학 점수)이 80 이상
이면 TRUE, 그렇지 않으면 FALSE로 반환한다.

❷ AND(G18>=90,❶): [G18] 셀의 값(국어 점수)이 90 이상이고 ❶(영어 점수가 80 이상이거나 수학 점수
가 80 이상)이 TRUE이면 TRUE, 그렇지 않으면 FALSE로 반환한다.

❸ IF(❷,"우수",""): ❷(국어 점수가 90 이상이고 영어 점수가 80 이상이거나 수학 점수가 80 이상)가 TRUE
이면 '우수', 그렇지 않으면 공백을 반환한다.

▼ 결과 화면

	A	B	C	D	E	F	G	H	I	J	K
1	[표1] 아르바이트 모집					[표2] 판매분석					
2	성명	채용지점	생년월일	채용여부		지점	21년 순위	20년 순위	분석		
3	강준형	마포	1998-01-13			강남지점	6	21	상승		
4	권남경	동대문	1995-09-12	채용		강북지점	16	28	상승		
5	김지수	상계	1997-06-29			영동지점	24	24	유지		
6	김찬우	마포	1979-03-09	채용		부산지점	27	49	상승		
7	박정재	마포	1998-04-04			경기지점	7	2	하락		
8	성재훈	동대문	1988-06-09	채용		강원지점	11	4	하락		
9	이건우	동대문	1997-09-05								
10	이민준	상계	1995-07-03	채용							
11	정성엽	상계	2001-09-07								
12											
13	기준일	2021-10-01									
14											
15											
16	[표3] 공정간 작업 현황					[표4] 기말고사 성적 현황					
17	공정	오차율	생산량	판정		이름	국어	영어	수학	분류	
18	A공정	0.6%	5,409	합격		김호준	94	88	90	우수	
19	B공정	1.2%	6,882	재작업		성재훈	68	84	75		
20	C공정	0.8%	2,574	재작업		이남준	92	78	77		
21	D공정	0.8%	8,163	합격		정윤지	91	90	91	우수	
22	E공정	1.3%	2,139	재작업		최원용	94	98	89	우수	
23						최원준	88	88	87		
24						박지민	90	57	79		
25											

출제패턴 ❷

'논리함수 – 2' 시트에서 다음의 지시사항을 처리하시오.

	A	B	C	D	E	F	G	H	I	J	K
1	[표1] 제품 수리 현황					[표2] 반기별 수출입 현황					
2	제품코드	사용시간	점검횟수	등급		품목	상반기 수출량	상반기 수입량	하반기 수출량	하반기 수입량	비고
3	TN-01	1,166	5	우수		냉장고	8,078	8,550	8,881	7,273	
4	TN-02	1,330	29			세탁기	5,161	6,185	6,343	8,274	수출확대
5	TN-03	200	0	최우수		TV	7,983	5,989	6,775	8,861	
6	TN-04	1,849	3			건조기	7,193	5,228	8,554	6,369	
7	TN-05	887	25			청소기	7,470	7,445	6,690	7,970	
8	TN-06	1,898	18			에어컨	6,813	7,837	5,162	6,020	수출확대
9	TN-07	176	4	우수		안마기	5,506	8,518	7,793	7,563	
10	TN-08	1,816	24			컴퓨터	7,694	8,357	5,256	5,297	수출확대
11											
12	[표3] 가족수당					[표4] 성적 현황					
13	성명	기본급	가족수	수당		이름	국어	영어	수학	평균	분류
14	김국현	2,500,000	3	300,000		김준도	94	88	90	91	합격
15	김재웅	3,500,000	2	200,000		박성준	68	84	75	76	불합격
16	김태은	2,800,000	없음	입력오류		박정규	92	78	77	82	합격
17	박성준	2,500,000	4	400,000		유영빈	91	90	91	91	합격
18	박정규	3,100,000	5	500,000		이찬우	94	98	89	94	합격
19	심현보	4,000,000	2	200,000		주혜진	88	88	87	88	합격
20	안우진	2,900,000	없음	입력오류		최리나	90	57	79	75	불합격
21	오미란	3,900,000	없음	입력오류							

1 [표1]에서 사용시간[B3:B10]이 500 미만이고 점검횟수[C3:C10]가 3 이하면 '최우수', 사용시간[B3:B10]이 1,200 미만이고 점검횟수[C3:C10]가 10 이하면 '우수', 그 외는 공백으로 등급[D3:D10]에 표시하시오.

▸ IF와 AND 함수 사용

2 [표2]에서 각 반기별 수입량[H3:H10, J3:J10]이 반기별 수출량[G3:G10, I3:I10] 이 상일 경우 '수출확대', 나머지는 공백으로 비고[K3:K10]에 표시하시오.

▸ IF와 AND 함수 사용

3 [표3]에서 가족수[C14:C21]에 100,000원을 곱하여 수당[D14:D21]에 표시하고, 오류가 있을 때는 '입력오류'라고 표시하시오.

　▷ IFERROR 함수 사용

4 [표4]에서 평균[J14:J20]이 80 이상이면 '합격', 그렇지 않으면 '불합격'으로 분류 [K14:K20]에 표시하시오.

　▷ IF, NOT 함수 사용

그대로 따라하기　▶▶

1 등급 표시하기

[D3] 셀 선택 → 수식 입력줄에 =IF(AND(B3<500,C3<=3), "최우수",IF(AND(B3<1200, C3<=10), "우수", ""))을 입력한 후 [Enter]를 누름 → [D3] 셀의 자동 채우기 핸들을 [D10] 셀까지 드래그하여 함수식을 복사한다.

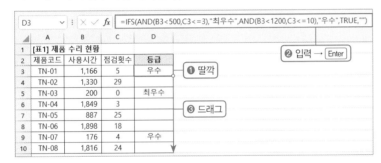

$$=IF(AND(B3<500,C3<=3), "최우수",IF(AND(B3<1200,C3<=10), "우수", ""))$$
①──────────────────────────── ②────────────
③

❶ AND(B3<500,C3<=3): [B3] 셀의 값(사용시간)이 500 미만이고 [C3] 셀의 값(점검횟수)이 3 이하이면 TRUE, 그렇지 않으면 FALSE로 반환한다.

❷ AND(B3<1200,C3<=10): [B3] 셀의 값(사용시간)이 1,200 미만이고 [C3] 셀의 값(점검횟수)이 10 이하이면 TRUE, 그렇지 않으면 FALSE로 반환한다.

❸ IF(❶,"최우수",IF(❷,"우수","")): ❶(사용시간이 500 미만이고 점검횟수가 3 이하)이 TRUE이면 '최우수', ❷(사용시간이 500 이상 1,200 미만이고 점검횟수가 3 초과 10 이하)가 TRUE이면 '우수', 그렇지 않으면 공백을 반환한다.

| D3 | | ▼ | : | × ✓ | fx | =IFS(AND(B3<500,C3<=3),"최우수",AND(B3<1200,C3<=10),"우수",TRUE,"") | | | | |

	A	B	C	D	E	F	G	H	I	J	K
1	[표1] 제품 수리 현황										
2	제품코드	사용시간	점검횟수	등급							
3	TN-01	1,166	5	우수							
4	TN-02	1,330	29								
5	TN-03	200	0	최우수							
6	TN-04	1,849	3								
7	TN-05	887	25								
8	TN-06	1,898	18								
9	TN-07	176	4	우수							
10	TN-08	1,816	24								
11											

=IFS(AND(B3<500,C3<=3),"최우수",AND(B3<1200,C3<=10),"우수",TRUE,"")
        ❶   ❷   ❸

❶ [B3] 셀의 값(사용시간)이 500 미만이고 [C3] 셀의 값(점검회수)이 3 이하이면 '최우수'로 반환한다.
❷ [B3] 셀의 값(사용시간)이 1200 미만이고 [C3] 셀의 값(점검회수)이 10 이하이면 '우수'로 반환한다.
❸ 그 외에는 공백을 반환한다.

2 비고 표시하기

[K3] 셀 선택 → 수식 입력줄에 =IF(AND(H3>=G3,J3>=I3),"수출확대","")을 입력한 후
Enter 를 누름 → [K3] 셀의 자동 채우기 핸들을 [K10] 셀까지 드래그하여 함수식을 복사한다.

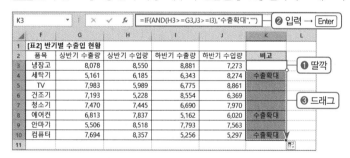

=IF(AND(H3>=G3,J3>=I3),"수출확대","")
         ❶
           ❷

❶ AND(H3>=G3,J3>=I3): [H3] 셀의 값(상반기 수입량)이 [G3] 셀의 값(상반기 수출량) 이상이고 [J3] 셀의
값(하반기 수입량)이 [I3] 셀의 값(하반기 수출량) 이상이면 TRUE, 그렇지 않으면 FALSE로 반환한다.
❷ IF(❶,"수출확대",""): ❶(상반기의 수입량이 수출량 이상이고 하반기의 수입량이 수출량 이상)이 TRUE면
'수출확대', 그렇지 않으면 공백으로 반환한다.

3 수당 표시하기

[D14] 셀 선택 → 수식 입력줄에 =IFERROR(C14*100000,"입력오류")를 입력한 후 Enter 를
누름 → [D14] 셀의 자동 채우기 핸들을 [D21] 셀까지 드래그하여 함수식을 복사한다.

📖 읽는 강의

풀이법을 알면 시간이 단축된다!
가족수가 '없음'인 경우 문자열
에 숫자를 곱하면 '#VALUE!' 오
류가 발생하는데, 이때 IFERROR
함수를 이용하면 오류의 반환값
을 지정할 수 있다.

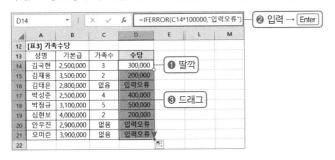

=IFERROR(C14*100000,"입력오류")

[C14] 셀의 값(가족수)에 100,000을 곱한 값을 반환하지만 이 값이 오류(가족수가 '없음')이면 '입력오류'로
반환한다.
(예시: 가족수가 '없음'인 경우 → 없음×100000=입력오류)

4 분류 표시하기

[K14] 셀 선택 → 수식 입력줄에 =IF(NOT(J14>=80),"불합격","합격")을 입력한 후 Enter 를
누름 → [K14] 셀의 자동 채우기 핸들을 [K20] 셀까지 드래그하여 함수식을 복사한다.

풀이법을 알면 시간이 단축된다!
NOT 함수는 값이 TRUE이면
FALSE를, FALSE이면 TRUE를
반환한다. [J14] 셀의 값이 91
이므로 'J14>=80'이라는 조건
만 보면 TRUE이지만 NOT 함
수를 사용했으므로 FALSE를
반환한다.

=IF(NOT(J14>=80),"불합격","합격")

❶ NOT(J14>=80): [J14] 셀의 값(평균)이 80 이상이면 FALSE, 그렇지 않으면 TRUE로 반환한다.
❷ IF(❶,"불합격","합격"): ❶(평균이 80 미만)이 TRUE이면 '불합격', 그렇지 않으면 '합격'으로 반환한다.

5 결과 확인

[표1] 제품 수리 현황

제품코드	사용시간	점검회수	등급
TN-01	1,166	5	우수
TN-02	1,330	29	
TN-03	200	0	최우수
TN-04	1,849	3	
TN-05	887	25	
TN-06	1,898	18	우수
TN-07	176	4	우수
TN-08	1,816	24	

[표2] 반기별 수출입 현황

품목	상반기 수출량	상반기 수입량	하반기 수출량	하반기 수입량	비고
냉장고	8,078	8,550	8,881	7,273	
세탁기	5,161	6,185	6,343	8,274	수출확대
TV	7,983	5,989	6,775	8,861	
건조기	7,193	5,228	8,554	6,369	
청소기	7,470	7,445	6,690	7,970	
에어컨	6,813	7,837	5,162	6,020	수출확대
안마기	5,506	8,518	7,793	7,563	
컴퓨터	7,694	8,357	5,256	5,297	수출확대

[표3] 가족수당

성명	기본급	가족수	수당
김국현	2,500,000	3	300,000
김재웅	3,500,000	2	200,000
김태은	2,800,000	없음	입력오류
박성준	2,500,000	4	400,000
박정규	3,100,000	5	500,000
심현보	4,000,000	2	200,000
안우진	2,900,000	없음	입력오류
오미란	3,900,000	없음	입력오류

[표4] 성적 현황

이름	국어	영어	수학	평균	분류
김준도	94	88	90	91	합격
박성준	68	84	75	76	불합격
박정규	92	78	77	82	합격
유영빈	91	90	91	91	합격
이찬우	94	98	89	94	합격
주혜진	88	88	87	88	합격
최리나	90	57	79	75	불합격

04 통계 함수

① **개념**: 조건에 맞는 데이터를 추출하거나 평균, 개수, 최대값, 최소값 등을 구하는 함수

② **종류**

AVERAGE(수1,수2,…)	숫자의 평균을 반환
AVERAGEA(인수1,인수2,…)	텍스트와 논리값을 포함한 모든 인수의 평균을 반환
AVERAGEIF(범위,조건,평균 범위)	'범위'에서 '조건'을 만족하는 경우 '평균 범위'에서 평균을 반환
AVERAGEIFS(평균 범위,범위1,조건1,범위2,조건2,…)	'범위1'에서 '조건1'을 만족하고 '범위2'에서 '조건2'를 만족하면 '평균 범위'에서 평균을 반환
COUNT(인수1,인수2,…)	인수 중에서 숫자의 개수를 반환
COUNTA(인수1,인수2,…)	공백이 아닌 인수의 개수를 반환
COUNTBLANK(범위)	'범위'에서 공백 셀의 개수를 반환
COUNTIF(범위,조건)	'범위'에서 '조건'을 만족하는 셀의 개수를 반환
COUNTIFS(범위1,조건1,범위2,조건2,…)	'범위1'에서 '조건1'을, '범위2'에서 '조건2'를 만족하는 경우의 개수를 반환
LARGE(범위,K)	'범위'에서 K번째로 큰 값을 반환
SMALL(범위,K)	'범위'에서 K번째로 작은 값을 반환
MAX(수1,수2,…)	숫자 중에서 가장 큰 값을 반환
MAXA(인수1,인수2,…)	텍스트와 논리값을 포함한 모든 인수 중에서 가장 큰 값을 반환
MIN(수1,수2,…)	숫자 중에서 가장 작은 값을 반환
MINA(인수1,인수2,…)	텍스트와 논리값을 포함한 모든 인수 중에서 가장 작은 값을 반환
MEDIAN(수1,수2,…)	숫자의 중간값을 반환
MODE.SNGL(수1,수2,…)	숫자 중 빈도가 가장 높은 값을 반환
RANK.EQ(수,범위,방법)	• '범위'에서 '수'의 순위를 반환 • 순위가 같으면 가장 높은 순위 반환 • '방법'을 생략하거나 0으로 지정하면 내림차순으로, 나머지는 오름차순으로 반환
STDEV.S(수1,수2,…)	숫자의 표준편차를 반환
VAR.S(수1,수2,…)	숫자의 분산을 반환

⬇ **작업 파일명** C:\에듀윌_2025컴활2급실기\그대로 따라하기\02. 계산작업\실습\04_통계함수.xlsx

'통계함수 – 1' 시트에서 다음의 지시사항을 처리하시오.

	A	B	C	D	E	F	G	H	I	J	K
1	[표1]						[표2]				
2	사원명	엑셀	파워포인트	워드	승진여부		이름	접수번호	거주지역	접수부문	
3	구민수	72	82	88	승진		김병준	211001	광주	저학년부	
4	김명준	77	47	25			김장현	211002	서울	고학년부	
5	김종유	85	77	62	승진		민서준	211003	부산	고학년부	
6	박정	90	72	88	승진		소현	211004	대구	저학년부	
7	손지수	45	58	55			이민호	211005	부산	고학년부	
8	이성민	65	66	78			이진혁	211006	대구	고학년부	
9	이인호	88	92	86	승진		정온수	211007	서울	저학년부	
10	하지희	75	62	56			지아민	211008	부산	고학년부	
11									접수자수	3명	
12											
13	[표3]						[표4]				
14	로봇코드	수리비용	생산연도	폐기여부			학생명	네트워크	암호학	자바	
15	7QR-2	2,009,000	2017년				정은빈	77	75	88	
16	5AS-7	2,594,000	2015년				지수현	58	76	78	
17	6KL-3	4,147,000	2016년	폐기처리			이양규	68	70	80	
18	9PY-1	1,961,000	2019년				성민기	53	69	94	
19	4RT-8	2,309,000	2014년				김종유	73	75	91	
20	1EC-5	3,052,000	2021년				이진혁	55	67	88	
21	8FM-1	3,716,000	2018년	폐기처리			김명준	95	89	79	
22	2XZ-4	3,050,000	2012년				모든 과목이 70 이상인 학생 수			3	
23	3VN-9	3,278,000	2013년	폐기처리							
24											

1 [표1]에서 각 사원별로 엑셀[B3:B10]이 70 이상이고 파워포인트[C3:C10]와 워드 [D3:D10]의 평균이 60 이상이면 '승진', 그렇지 않으면 공백으로 승진여부[E3:E10] 에 표시하시오.

▸ IF, AND, AVERAGE 함수 사용

2 [표2]에서 접수부문이 '고학년부'가 아닌 접수자수를 산출하여 [J11] 셀에 표시하시오.

▸ 산출된 숫자 뒤에 '명'을 포함하여 표시 [표시 예: 15명]

▸ COUNTIF 함수와 & 연산자 사용

3 [표3]에서 수리비용[B15:B23]을 기준으로 순위를 구하여 1~3위는 '폐기처리', 나머 지는 공백으로 폐기여부[D15:D23]에 표시하시오.

▸ 수리비용이 가장 높은 로봇이 1위

▸ IF, RANK.EQ 함수 사용

4 [표4]에서 네트워크[H15:H21], 암호학[I15:I21], 자바[J15:J21]가 모두 70 이상인 학 생 수를 계산하여 [J22] 셀에 표시하시오.

▸ COUNT, COUNTIF, COUNTIFS 함수 중 알맞은 함수 사용

1 승진여부 표시하기

[E3] 셀 선택 → 수식 입력줄에 =IF(AND(B3>=70,AVERAGE(C3,D3)>=60),"승진","")을 입력한 후 Enter 를 누름 → [E3] 셀의 자동 채우기 핸들을 [E10] 셀까지 드래그하여 함수식을 복사한다.

❶ AND(B3>=70,AVERAGE(C3,D3)>=60): [B3] 셀의 값(엑셀)이 70 이상이고 [C3] 셀의 값(파워포인트)와 [D3] 셀의 값(워드)의 평균이 60 이상이면 TRUE, 그렇지 않으면 FALSE로 반환한다.

❷ IF(❶,"승진",""): ❶(엑셀이 70 이상이고 파워포인트와 워드의 평균이 60 이상)이 TRUE이면 '승진', 그렇지 않으면 공백으로 반환한다.

2 접수자수 표시하기

방법 1 [J11] 셀 선택 → 수식 입력줄에 =COUNTIF(J3:J10,"<>고학년부")&"명"을 입력한 후 Enter 를 누른다.

	G	H	I	J	K	L	M
1	[표2]						
2	이름	접수번호	거주지역	접수부문			
3	김병준	211001	광주	저학년부			
4	김장현	211002	서울	고학년부			
5	민서준	211003	부산	고학년부			
6	소현	211004	대구	저학년부			
7	이민호	211005	부산	고학년부			
8	이진혁	211006	대구	고학년부			
9	정은수	211007	서울	저학년부			
10	지아민	211008	부산	고학년부			
11			접수자수	3명			
12							

❷ 입력 → Enter
=COUNTIF(J3:J10,"<>고학년부")&"명"

❶ 딸깍

풀이법을 알면 시간이 단축된다!
비교 연산자

- <=: '작거나 같음(이하)'을 의미함
- >=: '크거나 같음(이상)'을 의미함
- =: '같음'을 의미함
- <: '작음(미만)'을 의미함
- >: '큼(초과)'을 의미함
- <>: '같지 않음'을 의미함

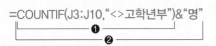

=COUNTIF(J3:J10,"<>고학년부")&"명"

❶ COUNTIF(J3:J10,"<>고학년부"): [J3:J10] 영역(접수부문)에서 '고학년부'가 아닌 셀의 개수(접수자수)를 반환한다.

❷ ❶&"명": 문자열 결합연산자(&)에 의해 ❶('고학년부'가 아닌 접수자수)과 '명'을 연결하여 표시한다.

[방법2] ① COUNTIF 함수를 삽입하기 위해 [J11] 셀 선택 → [함수 삽입](f_x)을 클릭한다.

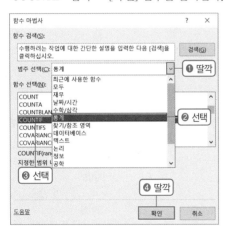

② [함수 마법사] 대화상자가 나타나면 '범주 선택'에서 '통계'를 선택하고 '함수 선택'에서 'COUNTIF' 선택 → [확인] 단추를 클릭한다.

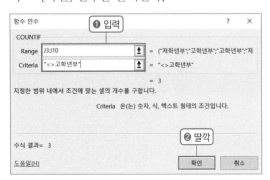

③ [함수 인수] 대화상자가 나타나면 'Range'는 J3:J10, 'Criteria'는 "<>고학년부" 입력 → [확인] 단추를 클릭한다.

풀이법을 알면 시간이 단축된다!
조건이나 문자열을 입력할 때는 "<>고학년부"와 같이 큰따옴표로 묶어서 입력해야 하지만, [함수 인수] 대화상자에서 조건을 입력할 때는 <>고학년부와 같이 큰따옴표를 직접 입력하지 않아도 자동으로 적용된다.

④ [J11] 셀을 선택한 상태에서 수식 입력줄에 &"명"을 연결하여 입력한 후 Enter 를 누른다.

📖 읽는 강의

3 폐기여부 표시하기

[D15] 셀 선택 → 수식 입력줄에 =IF(RANK.EQ(B15,$B$15:$B$23)<=3,"폐기처리","")을 입력한 후 Enter 를 누름 → [D15] 셀의 자동 채우기 핸들을 [D23] 셀까지 드래그하여 함수식을 복사한다.

풀이법을 알면 시간이 단축된다!
순위를 구하는 문제는 자주 출제된다. 순위는(1~3위) 숫자로 3 이하와 같다는 점을 주의하도록 하자.

$$=IF(RANK.EQ(B15,\$B\$15:\$B\$23)<=3,"폐기처리","")$$

❶ RANK.EQ(B15,$B$15:$B$23): [B15:B23] 영역(수리비용)에서 [B15] 셀 값(수리비용)의 순위를 내림차순(세 번째 인수 생략)으로 반환한다.
  ([B15:B23] 영역은 절대 참조로, 복사해도 수식의 주소가 변경되지 않음)

❷ IF(❶<=3,"폐기처리",""): ❶(수리비용 순위)이 3 이하이면 '폐기처리', 그렇지 않으면 공백으로 반환한다.

개념 더하기 ⊕ RANK.EQ 함수

순위가 같으면 RANK.EQ 함수는 가장 높은 순위를 반환한다.

	A	B	C	D
1				
2		점수	RANK.EQ	
3		80	2	
4		60	4	
5		80	2	
6		90	1	
7				
8				

◢ 모든 과목이 70 이상인 학생 수 표시하기

[J22] 셀 선택 → 수식 입력줄에 =COUNTIFS(H15:H21,">=70",I15:I21,">=70",J15:J21, ">=70")을 입력한 후 Enter를 누른다.

	G	H	I	J	K	L	M	N	O
13	[표4]								
14	학생명	네트워크	암호학	자바					
15	정은빈	77	75	88					
16	지수현	58	76	78					
17	이양규	68	70	80					
18	성민기	53	69	94					
19	김종유	73	75	91					
20	이진혁	55	67	88					
21	김명준	95	89	79					
22	모든 과목이 70 이상인 학생 수			3					
23									

❷ 입력 → Enter

❶ 딸깍

=COUNTIFS(H15:H21,">=70",I15:I21,">=70",J15:J21,">=70")

[H15:H21] 영역(네트워크)에서 셀의 값이 70 이상이고, [I15:I21] 영역(암호학)에서 셀의 값이 70 이상이면서 [J15:J21] 영역(자바)에서 셀의 값이 70 이상인 셀의 개수를 반환한다. 즉, 네트워크, 암호학, 자바가 모두 70 이상인 경우의 개수(3)를 반환한다.

◤ 결과 확인

▼ 결과 화면

	A	B	C	D	E	F	G	H	I	J	K
1	[표1]						[표2]				
2	사원명	엑셀	파워포인트	워드	승진여부		이름	접수번호	거주지역	접수부문	
3	구민수	72	82	88	승진		김병준	211001	광주	저학년부	
4	김명준	77	47	25			김장현	211002	서울	고학년부	
5	김종유	85	77	62	승진		민서준	211003	부산	고학년부	
6	박정	90	72	88	승진		소현	211004	대구	저학년부	
7	손지수	45	58	55			이민호	211005	부산	고학년부	
8	이성민	65	66	78			이진혁	211006	대구	고학년부	
9	이인호	88	92	86	승진		정은수	211007	서울	저학년부	
10	하지회	75	62	56			지아민	211008	부산	고학년부	
11									접수자수	3명	
12											
13	[표3]						[표4]				
14	로봇코드	수리비용	생산연도	폐기여부			학생명	네트워크	암호학	자바	
15	7QR-2	2,009,000	2017년				정은빈	77	75	88	
16	5AS-7	2,594,000	2015년				지수현	58	76	78	
17	6KL-3	4,147,000	2016년	폐기처리			이양규	68	70	80	
18	9PY-1	1,961,000	2019년				성민기	53	69	94	
19	4RT-8	2,309,000	2014년				김종유	73	75	91	
20	1EC-5	3,052,000	2021년				이진혁	55	67	88	
21	8FM-1	3,716,000	2018년	폐기처리			김명준	95	89	79	
22	2XZ-4	3,050,000	2012년				모든 과목이 70 이상인 학생 수			3	
23	3VN-9	3,278,000	2013년	폐기처리							
24											

'통계함수 – 2' 시트에서 다음의 지시사항을 처리하시오.

	A	B	C	D	E	F	G	H	I	J	K
1	[표1]					[표2]					
2	성명	지원경로	점수			업체명	전화번호	메뉴	긍정리뷰수	총리뷰수	
3	이인호	온라인	72			해피자	02-6415-****	피자	532	2,387	
4	손지수	오프라인	91			왕족발	02-3485-****	족발	687	1,935	
5	김병관	온라인	73			해물궁전	02-4732-****	해물탕	655	2,201	
6	이현석	오프라인	70			튀닭	02-2154-****	치킨	585	1,786	
7	유효승	오프라인	83			풍풍쌀	02-1922-****	쌀국수	782	1,965	
8	구지영	온라인	93			둥글문어	02-4024-****	타코야키	558	1,511	
9	권준학	온라인	80			맵떡	02-7591-****	떡볶이	721	1,587	
10	정충원	오프라인	81			돈돈이	02-6822-****	돈까스	693	1,711	
11	이네오	온라인	84			총리뷰수가 **1,900**건 보다 많으면서, 평균 긍정리뷰수 이상인 업체수				3곳	
12	조현석	온라인	85								
13	**커트라인 점수**		72점								
14											
15	[표3]					[표4] 재고 현황					
16	학과	학번	학년	학생명	점수	회사보유재고	판매오더수량	수입업체보유재고		비고	
17	AI	21847	1	박정	465	100	85	50		0	
18	보안	21195	2	소현	604	98	75	46		0	
19	AI	20317	3	이현석	383	75	100	55		25	
20	AI	20323	2	유효승	465	48	70	10		10	
21	디자인	20926	1	한상민	382	65	90	33		25	
22	디자인	21683	2	김장현	391	78	50	18		0	
23	보안	21701	3	장민성	572	43	60	10		10	
24				**400점 이상 2학년**		55	50	27		0	
25				2명		71	80	26		9	
26						66	60	37		0	
27											

1 [표1]에서 점수[C3:C12] 중 두 번째로 낮은 점수를 커트라인 점수로 계산하여 [C13] 셀에 표시하시오.

▶ 커트라인 점수 뒤에 '점'을 포함하여 표시 [표시 예: 90점]

▶ LARGE, MAX, SMALL, MIN 중 알맞은 함수와 & 연산자 사용

2 [표2]에서 총리뷰수[J3:J10]가 1,900보다 많으면서 긍정리뷰수[I3:I10]가 평균 긍정 리뷰수 이상인 업체수를 [J11] 셀에 표시하시오.

▶ 계산된 업체수 뒤에 '곳'을 포함하여 표시 [표시 예: 2곳]

▶ AVERAGE, COUNTIFS 함수와 & 연산자 사용

3 [표3]에서 학년[C17:C23]이 2학년이고, 점수[E17:E23]가 400 이상인 학생의 수를 구 하여 [D25] 셀에 표시하시오.

▶ 학생 수 뒤에 '명'을 포함하여 표시 [표시 예: 2명]

▶ SUMIF, SUMIFS, COUNTIF, COUNTIFS 중 알맞은 함수와 & 연산자 사용

4 [표4]에서 회사보유재고[G17:G26]가 판매오더수량[H17:H26]보다 많거나 같으면 '0'을 표시하고, 그렇지 않으면 부족수량과 수입업체보유재고[I17:I26] 중 작은 값을 비고[J17:J26]에 표시하시오.

▶ 부족수량=판매오더수량 – 회사보유재고

▶ IF, MAX, MIN 중 알맞은 함수 사용

1 커트라인 점수 표시하기

[C13] 셀 선택 → 수식 입력줄에 =SMALL(C3:C12,2)&"점"을 입력한 후 Enter 를 누른다.

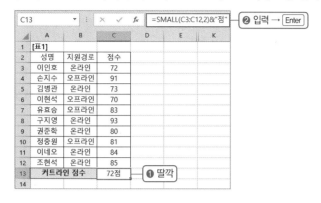

$$=SMALL(C3:C12,2)\&\text{"점"}$$

❶ SMALL(C3:C12,2): [C3:C12] 영역(점수)에서 두 번째로 작은 값을 반환한다.

❷ ❶&"점": 문자열 결합연산자(&)에 의해 ❶(두 번째로 낮은 점수)과 '점'을 연결하여 표시한다.

2 총리뷰수가 1,900건보다 많으면서 평균 긍정리뷰수 이상인 업체수 표시하기

[J11] 셀 선택 → 수식 입력줄에 =COUNTIFS(J3:J10,">1900",I3:I10,">="&AVERAGE(I3:I10))&"곳"을 입력한 후 Enter 를 누른다.

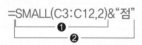

풀이법을 알면 시간이 단축된다!
COUNTIFS 함수를 사용할 때 함수 마법사를 이용하면 함수를 직접 입력할 필요가 없어 실수를 줄이고 편리하게 작업할 수 있다.

실수가 줄어들면 합격은 빨라진다!
COUNTIFS 함수에서 '>=AVERAGE(I3:I10)' 전체가 큰따옴표로 묶이면 AVERAGE 함수 자체가 텍스트로 인식되므로 평균을 계산할 수 없다. 그러므로 '>='만 큰따옴표로 묶은 후 AVERAGE 함수와 문자열 결합연산자(&)로 연결하여 함수식을 작성해야 한다.

$$=COUNTIFS(J3:J10,\text{">1900"},I3:I10,\text{">="}\&AVERAGE(I3:I10))\&\text{"곳"}$$

❶ COUNTIFS(J3:J10,">1900",I3:I10,">="&AVERAGE(I3:I10)): [J3:J10] 영역(총리뷰수)에서 셀의 값이 1,900보다 크고, [I3:I10] 영역(긍정리뷰수)에서 셀의 값이 [I3:I10] 영역(긍정리뷰수)의 평균 이상인 셀의 개수(업체수)를 반환한다. 즉, 총리뷰수가 1,900 이상이고 긍정리뷰수가 긍정리뷰수의 평균 이상인 경우의 개수(3)를 반환한다.

❷ ❶&"곳": 문자열 결합연산자(&)에 의해 ❶(총리뷰수가 1,900 이상이고 긍정리뷰수가 긍정리뷰수의 평균 이상인 업체수)과 '곳'을 연결하여 표시한다.

③ 400점 이상 2학년 표시하기

[D25] 셀 선택 → 수식 입력줄에 =COUNTIFS(C17:C23,2,E17:E23,">=400")&"명"을 입력한 후 Enter를 누른다.

	A	B	C	D	E	K	L	M
15	[표3]							
16	학과	학번	학년	학생명	점수			
17	AI	21847	1	박정	465			
18	보안	21195	2	소현	604			
19	AI	20317	3	이현석	383			
20	AI	20323	2	유효승	465			
21	디자인	20926	1	한상민	382			
22	디자인	21683	2	김장현	391			
23	보안	21701	3	장민성	572			
24				**400점 이상 2학년**				
25				2명				
26								

=COUNTIFS(C17:C23,2,E17:E23,"**>=400**")&"**명**"
❶
❷

❶ COUNTIFS(C17:C23,2,E17:E23,">=400"): [C17:C23] 영역(학년)에서 셀의 값이 2이고, [E17:E23] 영역(점수)에서 셀의 값이 400 이상인 셀의 개수(인원수)를 반환한다. 즉, 2학년이고 400점 이상인 경우의 개수(2)를 반환한다.

❷ ❶&"명": 문자열 결합연산자(&)에 의해 ❶(400점 이상 2학년 인원수)과 '명'을 연결하여 표시한다.

④ 비고 표시하기

[J17] 셀 선택 → 수식 입력줄에 =IF(G17>=H17,0,MIN(H17−G17,I17))을 입력한 후 Enter를 누름 → [J17] 셀의 자동 채우기 핸들을 [J26] 셀까지 드래그하여 함수식을 복사한다.

	G	H	I	J	K
15	[표4] 재고 현황				
16	회사보유재고	판매오더수량	수입업체보유재고	비고	
17	100	85	50	0	
18	98	75	46	0	
19	75	100	55	25	
20	48	70	10	10	
21	65	90	33	25	
22	78	50	18	0	
23	43	60	10	10	
24	55	50	27	0	
25	71	80	26	9	
26	66	60	37	0	
27					

=IF(G17>=H17,0,MIN(H17−G17,I17))
❶
❷

❶ IF(G17>=H17,0,❷): [G17] 셀의 값(회사보유재고)이 [H17] 셀의 값(판매오더수량)보다 크거나 같으면 '0', 그렇지 않으면 ❷의 결과를 반환한다.

❷ MIN(H17−G17,I17): [H17] 셀의 값(판매오더수량)에서 [G17] 셀의 값(회사보유재고)을 뺀 값(부족수량)과 [I17] 셀의 값(수입업체보유재고) 중 작은 값을 반환한다.

5 결과 확인

읽는 강의

▼ 결과 화면

	A	B	C	D	E	F	G	H	I	J	K
1	[표1]					[표2]					
2	성명	지원경로	점수			업체명	전화번호	메뉴	긍정리뷰수	총리뷰수	
3	이인호	온라인	72			해피자	02-6415-****	피자	532	2,387	
4	손지수	오프라인	91			왕족발	02-3485-****	족발	687	1,935	
5	김병관	온라인	73			해물궁전	02-4732-****	해물탕	655	2,201	
6	이현석	오프라인	70			튀닭	02-2154-****	치킨	585	1,786	
7	유효승	오프라인	83			풍풍쌀	02-1922-****	쌀국수	782	1,965	
8	구지영	온라인	93			동글문어	02-4024-****	타코야키	558	1,511	
9	권준학	온라인	80			맵떡	02-7591-****	떡볶이	721	1,587	
10	정충원	오프라인	81			돈돈이	02-6822-****	돈까스	693	1,711	
11	이네오	온라인	84			총리뷰수가 1,900건 보다 많으면서, 평균 긍정리뷰수 이상인 업체수				3곳	
12	조현석	온라인	85								
13	커트라인 점수		72점								
14											
15	[표3]					[표4] 재고 현황					
16	학과	학번	학년	학생명	점수	회사보유재고	판매오더수량	수입업체보유재고		비고	
17	AI	21847	1	박정	465	100	85	50		0	
18	보안	21195	2	소현	604	98	75	46		0	
19	AI	20317	3	이현석	383	75	100	55		25	
20	AI	20323	2	유효승	465	48	70	10		10	
21	디자인	20926	1	한상민	382	65	90	33		25	
22	디자인	21683	2	김장현	391	78	50	18		0	
23	보안	21701	3	장민성	572	43	60	10		10	
24				400점 이상 2학년		55	50	27		0	
25				2명		71	80	26		9	
26						66	60	37		0	
27											

05 수학/삼각 함수

① **개념**: 합계, 반올림, 절대값, 나머지 등 수치 자료를 처리하는 함수
② **종류**

ABS(숫자)	'숫자'의 절대값을 반환
INT(숫자)	'숫자'보다 크지 않은 가장 가까운 정수를 반환
MOD(수1,수2)	'수1'을 '수2'로 나눈 나머지를 반환
POWER(수1,수2)	'수1'을 '수2'만큼 거듭제곱한 값을 반환
RAND( )	0과 1 사이의 난수를 반환
RANDBETWEEN(수1,수2)	지정한 두 수 사이의 임의의 수를 반환
ROUND(숫자,자릿수)	'숫자'를 지정한 '자릿수'로 반올림하여 반환
ROUNDDOWN(숫자,자릿수)	'숫자'를 지정한 '자릿수'로 내림하여 반환
ROUNDUP(숫자,자릿수)	'숫자'를 지정한 '자릿수'로 올림하여 반환
SUM(수1,수2,…)	'수'의 합계를 반환
SUMIF(범위,조건,합계 범위)	'범위'에서 '조건'을 만족하는 경우 '합계 범위'에서 합계를 반환
SUMIFS(합계 범위,범위1,조건1,범위2,조건2,…)	'범위1'에서 '조건1'을 만족하고 '범위2'에서 '조건2'를 만족하면 '합계 범위'에서 합계를 반환
TRUNC(숫자,자릿수)	'숫자'에서 지정한 '자릿수' 이하의 숫자를 버리고 반환

📥 **작업 파일명** C:\에듀윌_2025컴활2급실기\그대로 따라하기\02. 계산작업\실습\05_수학삼각함수.xlsx

'수학삼각함수 - 1' 시트에서 다음의 지시사항을 처리하시오.

	A	B	C	D	E	F	G	H	I	J	K
1	[표1]					[표2]					
2	판매제품	총재고량	거래처당판매량	거래처수(재고량)		고객명	거래내역	악기	정가	할인가	
3	A제품	588	23	25(13)		강성오	카드	피아노	2,789,000	2,426,000	
4	B제품	360	32	11(8)		김국진	현금	첼로	1,691,000	1,471,000	
5	C제품	500	35	14(10)		김형준	현금	바이올린	671,000	584,000	
6	D제품	368	19	19(7)		박준선	카드	첼로	2,481,000	2,158,000	
7	E제품	344	12	28(8)		심찬율	현금	피아노	2,158,000	1,877,000	
8	F제품	405	34	11(31)		이승훈	카드	피아노	2,372,000	2,063,000	
9	G제품	410	18	22(14)		이진호	카드	바이올린	956,000	832,000	
10	H제품	396	20	19(16)		정대혁	카드	첼로	1,087,000	946,000	
11	I제품	573	21	27(6)		정준영	현금	피아노	1,420,000	1,235,000	
12	J제품	375	28	13(11)		피아노 할인가 평균				1,900,250	
13											
14											
15	[표3]					[표4]					
16	과일명	판매량	단가	판매금액		대리점	단가	출고수량	판매금액		
17	김포수박	205	13,000	2,665,000		미래상사	2,153	51	109,803		
18	성주참외	459	10,000	4,590,000		현대상회	2,997	91	272,727		
19	나주배	516	12,000	6,192,000		대림물산	3,352	95	318,440		
20	제주수박	451	10,000	4,510,000		세종상사	1,993	94	187,342		
21	청주배	582	13,500	7,857,000		미래상사	2,084	48	100,032		
22	파주수박	590	15,000	8,850,000		아주공업	3,302	67	221,234		
23	사천배	542	14,000	7,588,000		미래상사	2,520	74	186,480		
24	보은참외	329	17,000	5,593,000		아주공업	2,009	52	104,468		
25	청송사과	398	13,000	5,174,000		대림물산	1,860	85	158,100		
26	수박류 판매금액 합계			16,025,000		현대상회	1,544	90	138,960		
27						미래상사 판매금액 합계			396,300		
28											

1 [표1]에서 판매제품별 총재고량[B3:B12]을 거래처당판매량[C3:C12]으로 나눠 거래처수(몫)와 재고량(나머지)을 구하여 거래처수(재고량)[D3:D12]에 표시하시오.
- ▶ 거래처수(몫)와 재고량(나머지) 표시 방법: 거래처수(몫)가 10이고, 재고량(나머지)이 4 → 10(4)
- ▶ INT, MOD 함수와 & 연산자 사용

2 [표2]에서 악기별 할인가[J3:J11]를 이용하여 피아노의 할인가 평균[J12]을 계산하시오.
- ▶ SUMIF와 COUNTIF 함수 사용

3 [표3]에서 과일명[A17:A25]을 이용하여 수박류의 판매금액[D17:D25]의 합계를 계산하여 [D26] 셀에 표시하시오.
- ▶ '수박류'란 과일 이름의 마지막 문자열이 '수박'인 것을 의미함
- ▶ SUMIF 함수 사용

4 [표4]에서 대리점[F17:F26]이 미래상사인 자료들의 판매금액[I17:I26]의 합계를 구하여 [I27] 셀에 표시하시오.
- ▶ 판매금액 합계는 십의 자리에서 버림하여 백의 자리로 표시 [표시 예: 1,550 → 1,500]
- ▶ ROUNDDOWN과 SUMIF 함수 사용

1 거래처수(재고량) 표시하기

[D3] 셀 선택 → 수식 입력줄에 =INT(B3/C3)&"("&MOD(B3,C3)&")"을 입력한 후 Enter를 누름 → [D3] 셀의 자동 채우기 핸들을 [D12] 셀까지 드래그하여 함수식을 복사한다.

D3	▼ : × ✓ fx	=INT(B3/C3)&"("&MOD(B3,C3)&")"	❷ 입력 → Enter

	A	B	C	D	E	K
1	[표1]					
2	판매제품	총재고량	거래처당판매량	거래처수(재고량)		
3	A제품	588	23	25(13)		❶ 딸깍
4	B제품	360	32	11(8)		
5	C제품	500	35	14(10)		
6	D제품	368	19	19(7)		
7	E제품	344	12	28(8)		❸ 드래그
8	F제품	405	34	11(31)		
9	G제품	410	18	22(14)		
10	H제품	396	20	19(16)		
11	I제품	573	21	27(6)		
12	J제품	375	28	13(11)		
13						

=INT(B3/C3)&"("&MOD(B3,C3)&")"
❶ ❷ ❸

❶ INT(B3/C3): [B3] 셀의 값(총재고량)을 [C3] 셀의 값(거래처당판매량)으로 나눈 값보다 크지 않은 가장 가까운 정수(거래처수(몫))를 반환한다.
(예시: A제품 거래처수(몫)의 경우 588/23≒25.6 → 25)

❷ MOD(B3,C3): [B3] 셀의 값(총재고량)을 [C3] 셀의 값(거래처당판매량)으로 나눈 나머지를 반환한다.
(예시: A제품 나머지의 경우 588을 23으로 나눈 나머지 → 13)

❸ ❶&"("&❷&")": 문자열 결합연산자(&)에 의해 ❶(거래처수(몫)), '(', ❷(재고량(나머지)), ')'을 연결하여 표시한다.

2 피아노 할인가 평균 계산하기

방법1 [J12] 셀 선택 → 수식 입력줄에 =SUMIF(H3:H11,"피아노",J3:J11)/COUNTIF (H3:H11,"피아노")를 입력한 후 Enter를 누른다.

J12	▼ : × ✓ fx	=SUMIF(H3:H11,"피아노",J3:J11)/COUNTIF(H3:H11,"피아노")	❷ 입력 → Enter

	F	G	H	I	J	K	L	M	N
1	[표2]								
2	고객명	거래내역	악기	정가	할인가				
3	강성오	카드	피아노	2,789,000	2,426,000				
4	김국진	현금	첼로	1,691,000	1,471,000				
5	김형준	현금	바이올린	671,000	584,000				
6	박준선	카드	첼로	2,481,000	2,158,000				
7	심찬율	현금	피아노	2,158,000	1,877,000				
8	이승훈	카드	피아노	2,372,000	2,063,000				
9	이진호	카드	바이올린	956,000	832,000				
10	정대혁	카드	첼로	1,087,000	946,000				
11	정준영	현금	피아노	1,420,000	1,235,000				
12		피아노 할인가 평균			1,900,250				
13									

❶ 딸깍

풀이법을 알면 시간이 단축된다!
INT 함수는 '숫자'보다 크지 않은 가장 가까운 정수를 반환하는 함수이다. 양수는 소수점 이하를 버리면서 절대값이 감소하지만, 음수는 소수점 이하를 버리면서 절대값이 증가하므로 주의해야 한다.
예시 =INT(2.5) → 2
예시 =INT(−2.5) → −3

실수가 줄어들면 합격은 빨라진다!
AVERAGEIF 함수(=AVERAGEIF (H3:H11,"피아노",J3:J11)를 사용해서 피아노 할인가의 평균을 구할 수도 있다. 하지만 문제의 지시사항에서는 SUMIF와 COUNTIF 함수를 사용하라고 했으므로 AVERAGEIF 함수를 사용하면 오답 처리됨을 주의해야 한다.

방법 2 ① 'SUMIF' 함수를 입력하기 위해 [J12] 셀 선택 → [함수 삽입](*fx*)을 클릭한다.

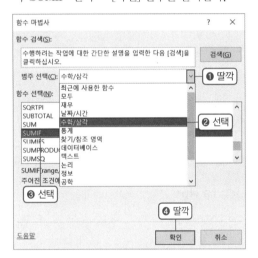

② [함수 마법사] 대화상자가 나타나면 '범주 선택'에서 '수학/삼각'을 선택하고 '함수 선택'에서 'SUMIF' 선택 → [확인] 단추를 클릭한다.

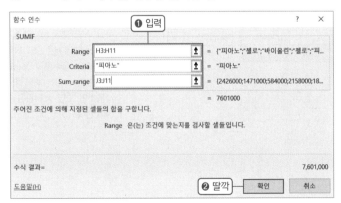

③ [함수 인수] 대화상자가 나타나면 'Range'는 H3:H11, 'Criteria'는 "피아노", 'Sum_range'는 J3:J11 입력 → [확인] 단추를 클릭한다.

④ 'COUNTIF' 함수를 추가로 입력하기 위해 [J12] 셀을 선택한 상태에서 수식 입력줄에 /를 연결하여 입력 → [함수 삽입](f_x)을 클릭한다.

☞ 읽는 강의

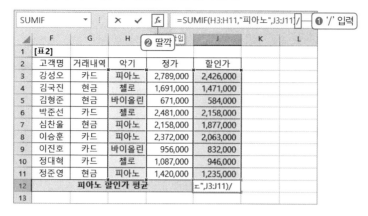

⑤ [함수 마법사] 대화상자가 나타나면 '범주 선택'에서 '통계'를 선택하고 '함수 선택'에서 'COUNTIF' 선택 → [확인] 단추를 클릭한다.

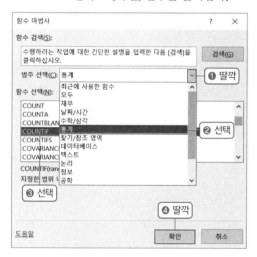

⑥ [함수 인수] 대화상자가 나타나면 'Range'는 H3:H11, 'Criteria'는 "피아노" 입력 → [확인] 단추를 클릭한다.

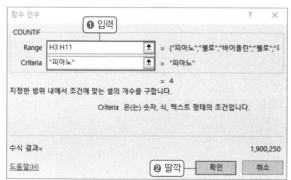

⑦ 함수식을 확인한다.

| J12 | | × ✓ fx | =SUMIF(H3:H11,"피아노",J3:J11)/COUNTIF(H3:H11,"피아노") |

	F	G	H	I	J	K	L	M	N
1	[표2]						확인		
2	고객명	거래내역	악기	정가	할인가				
3	강성오	카드	피아노	2,789,000	2,426,000				
4	김국진	현금	첼로	1,691,000	1,471,000				
5	김형준	현금	바이올린	671,000	584,000				
6	박준선	카드	첼로	2,481,000	2,158,000				
7	심찬울	현금	피아노	2,158,000	1,877,000				
8	이승훈	카드	피아노	2,372,000	2,063,000				
9	이진호	카드	바이올린	956,000	832,000				
10	정대혁	카드	첼로	1,087,000	946,000				
11	정준영	현금	피아노	1,420,000	1,235,000				
12	피아노 할인가 평균				1,900,250				
13									

=SUMIF(H3:H11,"피아노",J3:J11)/COUNTIF(H3:H11,"피아노")
❶ ❷
❸

❶ SUMIF(H3:H11,"피아노",J3:J11): [H3:H11] 영역(악기)에서 '피아노'에 해당하는 [J3:J11] 영역(할인가)의 합계를 반환한다.
❷ COUNTIF(H3:H11,"피아노"): [H3:H11] 영역(악기)에서 '피아노'인 셀의 개수를 반환한다.
❸ ❶/❷: ❶('피아노'의 할인가 합계)을 ❷('피아노'인 셀의 개수)로 나눈 값('피아노' 할인가 평균)을 표시한다.

3 수박류 판매금액 합계 표시하기

[D26] 셀 선택 → 수식 입력줄에 =SUMIF(A17:A25,"*수박",D17:D25)를 입력한 후 Enter를 누른다.

풀이법을 알면 시간이 단축된다!
'*' 와일드 카드의 의미
• *수박: 마지막 문자열이 '수박'
• 수박*: 첫 문자열이 '수박'
• *수박*: '수박'을 포함

| D26 | | × ✓ fx | =SUMIF(A17:A25,"*수박",D17:D25) | ❷ 입력 → Enter |

	A	B	C	D	E
15	[표3]				
16	과일명	판매량	단가	판매금액	
17	김포수박	205	13,000	2,665,000	
18	성주참외	459	10,000	4,590,000	
19	나주배	516	12,000	6,192,000	
20	제주수박	451	10,000	4,510,000	
21	청주배	582	13,500	7,857,000	
22	파주수박	590	15,000	8,850,000	
23	사천배	542	14,000	7,588,000	
24	보은참외	329	17,000	5,593,000	
25	청송사과	398	13,000	5,174,000	
26	수박류 판매금액 합계			16,025,000	❶ 딸깍
27					

=SUMIF(A17:A25,"*수박",D17:D25)

[A17:A25] 영역(과일명)에서 셀의 마지막 문자열이 '수박'에 해당하는 [D17:D25] 영역(판매금액)의 합계를 반환한다.

4 미래상사 판매금액 표시하기

[I27] 셀 선택 → 수식 입력줄에 =ROUNDDOWN(SUMIF(F17:F26,"미래상사",I17:I26),−2)
를 입력한 후 Enter 를 누른다.

| I27 | ▼ | ⋮ | × | ✓ | fx | =ROUNDDOWN(SUMIF(F17:F26,"미래상사",I17:I26),-2) | **2 입력 → Enter** |
| | | | | | | | |

	F	G	H	I	J	K	L	M	N
15	**[표4]**								
16	대리점	단가	출고수량	판매금액					
17	미래상사	2,153	51	109,803					
18	현대상회	2,997	91	272,727					
19	대림물산	3,352	95	318,440					
20	세종상사	1,993	94	187,342					
21	미래상사	2,084	48	100,032					
22	아주공업	3,302	67	221,234					
23	미래상사	2,520	74	186,480					
24	아주공업	2,009	52	104,468					
25	대림물산	1,860	85	158,100					
26	현대상회	1,544	90	138,960					
27	**미래상사 판매금액 합계**			396,300	**1 딸깍**				
28									

=ROUNDDOWN(SUMIF(F17:F26,"미래상사",I17:I26),−2)

1 SUMIF(F17:F26,"미래상사",I17:I26): [F17:F26] 영역(대리점)에서 '미래상사'에 해당하는 [I17:I26] 영역
(판매금액)의 합계를 반환한다.

2 ROUNDDOWN(**1**,−2): **1**('미래상사'의 판매금액 합계)을 십의 자리에서 내림하여 백의 자리로 반
환한다.

개념 더하기 ⊕   ROUND/ROUNDUP/ROUNDDOWN 함수

ROUND/ROUNDUP/ROUNDDOWN 함수는 '숫자'를 두 번째 인수에서 지정한 '자릿수'로 반올림/올림/
내림하여 반환한다.

- **자릿수가 양수**: 지정한 소수점 이하의 자릿수로 반올림/올림/내림하여 반환
  - (예시) ROUND(135.678,2) → 135.68(소수점 셋째 자리에서 반올림하여 소수점 둘째 자리까지 반환)
- **자릿수가 0**: 소수점 이하의 숫자를 반올림/올림/내림하여 정수로 반환
  - (예시) ROUNDUP(135.67,0) → 136(소수점 이하의 숫자를 올림하여 정수로 반환)
- **자릿수가 음수**: 십의 자리, 백의 자리, 천의 자리 등 지정한 자릿수로 반올림/올림/내림하여 반환
  - (예시) ROUNDDOWN(135.67,−2) → 100(십의 자리에서 내림하여 백의 자리로 반환)
- ROUND/ROUNDUP/ROUNDDOWN 함수의 두 번째 인수 지정

두 번째 인수	결과
−3	'숫자'를 백의 자리에서 반올림/올림/내림하여 천의 자리로 반환
−2	'숫자'를 십의 자리에서 반올림/올림/내림하여 백의 자리로 반환
−1	'숫자'를 일의 자리에서 반올림/올림/내림하여 십의 자리로 반환
0	'숫자'를 소수점 이하의 숫자를 반올림/올림/내림하여 정수로 반환
1	'숫자'를 소수점 이하 둘째 자리에서 반올림/올림/내림하여 소수점 첫째 자리까지 반환
2	'숫자'를 소수점 이하 셋째 자리에서 반올림/올림/내림하여 소수점 둘째 자리까지 반환
3	'숫자'를 소수점 이하 넷째 자리에서 반올림/올림/내림하여 소수점 셋째 자리까지 반환

5 결과 확인

▼ 결과 화면

	A	B	C	D	E	F	G	H	I	J	K
1	[표1]					[표2]					
2	판매제품	총재고량	거래처당판매량	거래처수(재고량)		고객명	거래내역	악기	정가	할인가	
3	A제품	588	23	25(13)		강성오	카드	피아노	2,789,000	2,426,000	
4	B제품	360	32	11(8)		김국진	현금	첼로	1,691,000	1,471,000	
5	C제품	500	35	14(10)		김형준	현금	바이올린	671,000	584,000	
6	D제품	368	19	19(7)		박준선	카드	첼로	2,481,000	2,158,000	
7	E제품	344	12	28(8)		심찬울	현금	피아노	2,158,000	1,877,000	
8	F제품	405	34	11(31)		이승훈	카드	피아노	2,372,000	2,063,000	
9	G제품	410	18	22(14)		이진호	카드	바이올린	956,000	832,000	
10	H제품	396	20	19(16)		정대혁	카드	첼로	1,087,000	946,000	
11	I제품	573	21	27(6)		정준영	현금	피아노	1,420,000	1,235,000	
12	J제품	375	28	13(11)		피아노 할인가 평균				1,900,250	
13											
14											
15	[표3]					[표4]					
16	과일명	판매량	단가	판매금액		대리점	단가	출고수량	판매금액		
17	김포수박	205	13,000	2,665,000		미래상사	2,153	51	109,803		
18	성주참외	459	10,000	4,590,000		현대상회	2,997	91	272,727		
19	나주배	516	12,000	6,192,000		대림물산	3,352	95	318,440		
20	제주수박	451	10,000	4,510,000		세종상사	1,993	94	187,342		
21	청주배	582	13,500	7,857,000		미래상사	2,084	48	100,032		
22	파주수박	590	15,000	8,850,000		아주공업	3,302	67	221,234		
23	사천배	542	14,000	7,588,000		미래상사	2,520	74	186,480		
24	보은참외	329	17,000	5,593,000		아주공업	2,009	52	104,468		
25	청송사과	398	13,000	5,174,000		대림물산	1,860	85	158,100		
26	수박류 판매금액 합계			16,025,000		현대상회	1,544	90	138,960		
27						미래상사 판매금액 합계			396,300		
28											

출제패턴 ❷

'수학삼각함수 – 2' 시트에서 다음의 지시사항을 처리하시오.

	A	B	C	D	E	F	G	H	I	J	K
1	[표1]						[표2]				
2	판매자	부서	지역	판매금액			이름	성별	총점	반편성	
3	이우람	영업1부	서울	₩ 1,200,000			김진호	남	1711	4반	
4	박윤기	영업2부	부산	₩ 2,540,000			김민식	남	1289	2반	
5	강희경	영업1부	서울	₩ 1,700,000			김상묵	남	1667	4반	
6	우원지	영업2부	부산	₩ 4,530,000			조재경	여	1049	2반	
7	곽민하	영업2부	광주	₩ 4,010,000			김형태	남	1690	3반	
8	박만원	영업1부	대구	₩ 3,470,000			오동훈	남	1332	1반	
9	고수아	영업1부	인천	₩ 1,990,000			성시윤	여	1714	3반	
10	김기림	영업1부	인천	₩ 2,000,000			전효상	여	1665	2반	
11	서울 영업1부 판매금액 합계			₩ 2,900,000			강지훈	남	1857	2반	
12											
13	[표3]						[표4]				
14	제품명	판매량	판매가	총액			지역	불량률	공정개수		
15	에어컨	30	2,500,000	75,000,000			서울	10	0		
16	청소기	91	180,000	16,380,000			제주	8	1		
17	세탁기	46	1,270,000	58,420,000			청주	11	3		
18	청소기	25	300,000	7,500,000			광주	9	2		
19	에어컨	20	3,000,000	60,000,000			부산	9	0		
20	냉장고	25	3,500,000	87,500,000			대구	10	2		
21	세탁기	30	1,200,000	36,000,000			인천	12	0		
22	청소기	55	550,000	30,250,000			평균불량률		17		
23	에어컨	17	1,800,000	30,600,000							
24	에어컨과 냉장고 총액 차이				78,100,000						
25											

1 [표1]에서 부서[B3:B10]가 '영업1부'이면서 지역[C3:C10]이 '서울'인 판매자들의 판매금액[D3:D10] 합계를 [D11] 셀에 계산하시오.

▷ SUM, SUMIF, SUMIFS 함수 중 알맞은 함수 사용

2 [표2]에서 총점[I3:I11]을 4로 나누어 나머지가 0이면 '1반', 1이면 '2반', 2이면 '3반', 3이면 '4반'을 반편성[J3:J11]에 표시하시오.

▷ 읽는 강의

▷ IF와 MOD 함수 사용

3 [표3]에서 제품명[A15:A23]이 '에어컨'과 '냉장고'인 제품의 총액[D15:D23] 합계의 차이를 절대값으로 [E24] 셀에 계산하시오.

▷ ABS와 SUMIF 함수 사용

4 [표4]의 불량률[H15:H21]과 공정개수[I15:I21]를 이용하여 평균불량률[I22]을 계산하시오.

▷ 평균불량률=불량률 합계/0이 아닌 공정개수
▷ 평균불량률은 반올림 없이 정수로 표시하시오.
▷ SUM, COUNTIF, TRUNC 함수 사용

그대로 따라하기 ▶▶

1 판매금액 계산하기

[D11] 셀 선택 → 수식 입력줄에 =SUMIFS(D3:D10,B3:B10,"영업1부",C3:C10,"서울")을 입력한 후 Enter 를 누른다.

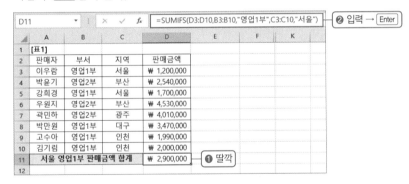

=SUMIFS(D3:D10,B3:B10,"영업1부",C3:C10,"서울")

[B3:B10] 영역(부서)이 '영업1부'이면서 [C3:C10] 영역(지역)이 '서울'에 해당하는 [D3:D10] 영역(판매금액)의 합계를 반환한다.

2 반편성 표시하기

[J3] 셀 선택 → 수식 입력줄에 =IF(MOD(I3,4)=0,"1반",IF(MOD(I3,4)=1,"2반", IF(MOD(I3,4)=2,"3반","4반")))를 입력한 후 Enter 를 누름 → [J3] 셀의 자동 채우기 핸들을 [J11] 셀까지 드래그하여 함수식을 복사한다.

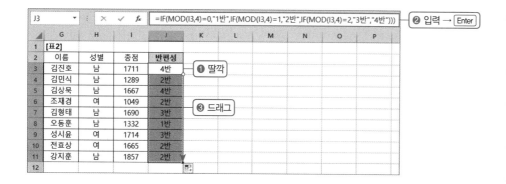

읽는 강의

$$=IF(MOD(I3,4)=0,\text{"1반"},IF(MOD(I3,4)=1,\text{"2반"},IF(MOD(I3,4)=2,\text{"3반"},\text{"4반"})))$$

❶ MOD(I3,4): [I3] 셀의 값(총점)을 4로 나눈 나머지를 반환한다.

❷ IF(❶=0,"1반",IF(❶=1,"2반",IF(❶=2,"3반","4반"))): ❶(총점을 4로 나눈 나머지)이 0이면 '1반', 1이면 '2반', 2이면 '3반', 그렇지 않으면 '4반'을 반환한다.

3 에어컨과 냉장고 총액 합계 차이 계산하기

[E24] 셀 선택 → 수식 입력줄에 =ABS(SUMIF(A15:A23,"에어컨",D15:D23)− SUMIF(A15:A23,"냉장고",D15:D23))을 입력한 후 Enter 를 누른다.

제품명	판매량	판매가	총액
[표3]			
에어컨	30	2,500,000	75,000,000
청소기	91	180,000	16,380,000
세탁기	46	1,270,000	58,420,000
청소기	25	300,000	7,500,000
에어컨	20	3,000,000	60,000,000
냉장고	25	3,500,000	87,500,000
세탁기	30	1,200,000	36,000,000
청소기	55	550,000	30,250,000
에어컨	17	1,800,000	30,600,000
에어컨과 냉장고 총액 차이			78,100,000

$$=ABS(SUMIF(A15:A23,\text{"에어컨"},D15:D23)−SUMIF(A15:A23,\text{"냉장고"},D15:D23))$$

❶ SUMIF(A15:A23,"에어컨",D15:D23): [A15:A23] 영역(제품명)에서 '에어컨'에 해당하는 [D15:D23] 영역(총액)의 합계를 반환한다.

❷ SUMIF(A15:A23,"냉장고",D15:D23): [A15:A23] 영역(제품명)에서 '냉장고'에 해당하는 [D15:D23] 영역(총액)의 합계를 반환한다.

❸ ABS(❶−❷): ❶('에어컨'의 총액 합계)에서 ❷('냉장고'의 총액 합계)를 뺀 값(차이)을 절대값으로 반환한다.

4 평균불량률 계산하기

[I22] 셀 선택 → 수식 입력줄에 =TRUNC(SUM(H15:H21)/COUNTIF(I15:I21,"<>0"))을 입력한 후 Enter 를 누른다.

| I22 | ▼ : × ✓ fx | =TRUNC(SUM(H15:H21)/COUNTIF(I15:I21,"<>0")) | ② 입력 → Enter |

	G	H	I	J	K	L	M	N	
13	[표4]								
14	지역	불량률	공정개수						
15	서울	10	0						
16	제주	8	1						
17	청주	11	3						
18	광주	9	2						
19	부산	9	0						
20	대구	10	2						
21	인천	12	0						
22	평균불량률		17	① 딸깍					
23									

=TRUNC(SUM(H15:H21)/COUNTIF(I15:I21,"<>0"))
❶ ❷ ❸

❶ SUM(H15:H21): [H15:H21] 영역(불량률)의 합계를 반환한다.

❷ COUNTIF(I15:I21,"<>0"): [I15:I21] 영역(공정개수)에서 셀의 값이 '0이 아닌' 셀의 개수(지역수)를 반환한다.

❸ TRUNC(❶/❷): ❶(불량률 합계)을 ❷(공정개수가 '0이 아닌' 지역수)로 나눈 값에서 지정한 자릿수를 버려야 하는데, 지정한 자릿수가 없으므로 소수점 이하의 숫자를 버리고 정수로 반환한다.

5 결과 확인

▼ 결과 화면

	A	B	C	D	E	F	G	H	I	J	K
1	[표1]						[표2]				
2	판매자	부서	지역	판매금액			이름	성별	총점	반편성	
3	이우람	영업1부	서울	₩ 1,200,000			김진호	남	1711	4반	
4	박윤기	영업2부	부산	₩ 2,540,000			김민식	남	1289	2반	
5	강희경	영업1부	서울	₩ 1,700,000			김상묵	남	1667	4반	
6	우원지	영업2부	부산	₩ 4,530,000			조재경	여	1049	2반	
7	곽민하	영업2부	광주	₩ 4,010,000			김형태	남	1690	3반	
8	박만원	영업1부	대구	₩ 3,470,000			오동훈	남	1332	1반	
9	고수아	영업1부	인천	₩ 1,990,000			성시윤	여	1714	3반	
10	김기림	영업1부	인천	₩ 2,000,000			전효상	여	1665	2반	
11	서울 영업1부 판매금액 합계			₩ 2,900,000			강지훈	남	1857	2반	
12											
13	[표3]						[표4]				
14	제품명	판매량	판매가	총액			지역	불량률	공정개수		
15	에어컨	30	2,500,000	75,000,000			서울	10	0		
16	청소기	91	180,000	16,380,000			제주	8	1		
17	세탁기	46	1,270,000	58,420,000			청주	11	3		
18	청소기	25	300,000	7,500,000			광주	9	2		
19	에어컨	20	3,000,000	60,000,000			부산	9	0		
20	냉장고	25	3,500,000	87,500,000			대구	10	2		
21	세탁기	30	1,200,000	36,000,000			인천	12	0		
22	청소기	55	550,000	30,250,000			평균불량률		17		
23	에어컨	17	1,800,000	30,600,000							
24	에어컨과 냉장고 총액 차이				78,100,000						
25											

06 문자열 함수

① **개념**: 문자열에서 일부를 추출하거나 대·소문자 변환, 문자열에서 지정된 값을 찾는 등의 작업을 하는 함수

② **종류**

LEFT(문자열,개수)	'문자열'의 왼쪽에서 지정한 '개수'만큼 문자를 추출하여 반환
RIGHT(문자열,개수)	'문자열'의 오른쪽에서 지정한 '개수'만큼 문자를 추출하여 반환
MID(문자열,시작 위치,개수)	'문자열'의 지정한 '시작 위치'에서 '개수'만큼 문자를 추출하여 반환
LOWER(문자열)	'문자열'을 모두 영문자의 소문자로 반환
UPPER(문자열)	'문자열'을 모두 영문자의 대문자로 반환
PROPER(문자열)	단어의 첫 글자만 영문자의 대문자로, 나머지는 영문자의 소문자로 반환
LEN(문자열)	'문자열'의 길이를 숫자로 반환
TRIM(문자열)	단어 사이의 한 칸의 공백을 제외하고 나머지 공백 모두 삭제하여 반환
FIND(문자열1,문자열2,시작 위치)	• '문자열2'의 '시작 위치'부터 '문자열1'을 찾아 시작 위치 반환 • 영문자의 대·소문자를 구분하고 와일드카드 문자는 사용할 수 없음 • FIND 함수는 각 문자를 한 글자로 계산
SEARCH(문자열1,문자열2,시작 위치)	• '문자열2'의 '시작 위치'부터 '문자열1'을 찾아 시작 위치 반환 • 영문자의 대·소문자를 구분하지 않고 와일드카드 문자는 사용할 수 있음 • SEARCH 함수는 각 문자를 한 글자로 계산

⬇ **작업 파일명** C:\에듀윌_2025컴활2급실기\그대로 따라하기\02. 계산작업\실습\06_문자열함수.xlsx

출제패턴 ❶

'문자열함수 – 1' 시트에서 다음의 지시사항을 처리하시오.

	A	B	C	D	E
1	**[표1]**				
2	환자	진료과	접수번호	주민등록번호	**나이**
3	김건일	안과	A-001	940621-13*****	30
4	김용민	산부인과	S-001	950101-27*****	29
5	박노울	피부과	P-001	890302-16*****	35
6	오찬혁	신경과	K-001	900325-14*****	34
7	이형근	안과	A-002	870823-12*****	37
8	황연재	정형외과	J-001	911230-25*****	33
9	김진안	피부과	P-002	780804-28*****	46
10	장예진	산부인과	S-002	800528-23*****	44
11					
12	**[표3]**				
13	등록연도	대분류	소분류	**특허상표코드**	
14	2021	lws	z	LWS-Z-1	
15	2013	upi	w	UPI-W-3	
16	2018	wow	l	WOW-L-8	
17	2019	lee	u	LEE-U-9	
18	2016	oop	d	OOP-D-6	
19	2014	kwp	p	KWP-P-4	

	F	G	H	I	J	K
1	**[표2]**					
2		성명	본인인증방법	**임시비밀번호**	메일주소	
3		강재원	문자	jwkang	jwkang@n****.***	
4		김용민	금융인증서	minkim	minkim@g****.***	
5		윤은빈	ARS	binyoon	binyoon@g****.***	
6		이세희	문자	lee2222	lee2222@g****.***	
7		장우진	민간인증서	jinjang	jinjang@d****.***	
8		정명승	OPT	zizizi	zizizi@n****.***	
9		최영학	금융인증서	yhchoi	yhchoi@n****.***	
10		도수현	OPT	soohyun	soohyun@d****.***	
11						
12	**[표4]**					
13		회원번호	**가입구분**	지역	이름	
14		13579f	무료	부산	박진우	
15		15793p	유료	대구	심종훈	
16		78912s	할인	광주	이승준	
17		97285s	할인	인천	임현주	
18		21368f	무료	강원	최다운	
19		15397p	유료	서울	최덕림	
20		75946s	할인	부산	강석래	
21		13589f	무료	대구	구민규	
22						

📖 **읽는 강의**

출제패턴을 알면 시험이 쉬워진다!

문자열 함수는 대부분 인수가 간단하여 사용이 쉬운 편이지만, 단독으로 사용하기보다는 다른 함수와 중첩된 형태로 출제되기 때문에 많은 연습이 필요하다. 특히, 문자열 결합연산자(&)가 함께 출제되는 경우가 많으므로 반드시 알아두어야 한다.

1 [표1]에서 주민등록번호[D3:D10]의 앞에서 2자리를 이용하여 나이[E3:E10]를 구하시오.

▷ 나이=현재 연도 − 출생 연도 − 1900

▷ TODAY, YEAR, LEFT 함수 사용

2 [표2]의 메일주소[J3:J10]에서 '@' 앞의 문자열만 추출하여 임시비밀번호[I3:I10]에 표시하시오.

▷ [표시 예: abc@n****.*** → abc]

▷ MID와 SEARCH 함수 사용

3 [표3]에서 등록연도[A14:A19], 대분류[B14:B19], 소분류[C14:C19]를 이용하여 특허상표코드[D14:D19]를 표시하시오.

▷ 특허상표코드는 '대분류', '소분류', 그리고 '등록연도'의 마지막 문자를 ' − '으로 연결하여 대문자로 표시 [표시 예: 대분류(aaa), 소분류(a), 등록연도(2021) → AAA-A-1]

▷ UPPER, RIGHT 함수와 & 연산자 사용

4 [표4]에서 회원번호[G14:G21]의 뒤의 1자리가 'f'인 경우 '무료', 's'인 경우 '할인', 나머지는 '유료'로 가입구분[H14:H21]에 표시하시오.

▷ SWITCH, RIGHT 함수 사용

그대로 따라하기 ▶▶

1 나이 계산하기

[E3] 셀 선택 → 수식 입력줄에 =YEAR(TODAY( ))−LEFT(D3,2)−1900을 입력한 후 Enter 를 누름 → [E3] 셀의 자동 채우기 핸들을 [E10] 셀까지 드래그하여 함수식을 복사한다.

풀이법을 알면 시간이 단축된다!
TODAY 함수는 시스템에 설정된 현재 날짜에 따라 변경되므로 계산 결과가 달라질 수 있다.

	E3	▼ : × ✓ ƒx	=YEAR(TODAY())-LEFT(D3,2)-1900	❷ 입력 → Enter		
▲	A	B	C	D	E	F	M

[표1]

	환자	진료과	접수번호	주민등록번호	나이	
3	김건일	안과	A-001	940621-13*****	30	❶ 딸깍
4	김용민	산부인과	S-001	950101-27*****	29	
5	박노율	피부과	P-001	890302-16*****	35	
6	오찬혁	신경과	K-001	900325-14*****	34	❸ 드래그
7	이형근	안과	A-002	870823-12*****	37	
8	황재연	정형외과	J-001	911230-25*****	33	
9	김진안	피부과	P-002	780804-28*****	46	
10	장예진	산부인과	S-002	800528-23*****	44	

=YEAR(TODAY( ))−LEFT(D3,2)−1900

❶ YEAR(TODAY()): 현재 날짜의 연도를 반환한다.

❷ LEFT(D3,2): [D3] 셀 문자열(주민등록번호)의 왼쪽에서 두 글자를 추출하여 반환한다.

❸ ❶−❷−1900: ❶(현재 연도)의 값에서 ❷(주민등록번호의 왼쪽 두 글자)의 값을 빼고 1,900을 뺀 값(나이)을 표시한다.

2 임시비밀번호 표시하기

[I3] 셀 선택 → 수식 입력줄에 =MID(J3,1,SEARCH("@",J3,1)−1)을 입력한 후 Enter를 누름
→ [I3] 셀의 자동 채우기 핸들을 [I10] 셀까지 드래그하여 함수식을 복사한다.

읽는 강의

풀이법을 알면 시간이 단축된다!
메일주소가 'jwkang@n****.***'
인 경우 SEARCH 함수에 의해
'@'의 위치를 찾아 시작 위치가
7이 반환된다. '@' 앞의 문자열
만 추출하기 위해 1을 뺀 6글
자를 MID 함수로 추출하여 반
환한다.

	G	H	I	J	K	L
1	**[표2]**					
2	성명	본인인증방법	**임시비밀번호**	메일주소		
3	강재원	문자	jwkang	****.***		
4	김용민	금융인증서	minkim	minkim@g****.***		
5	윤은빈	ARS	binyoon	binyoon@g****.***		
6	이세희	문자	lee2222	lee2222@g****.***		
7	장우진	민간인증서	jinjang	****.***		
8	정명승	OPT	zizizi	****.***		
9	최영학	금융인증서	yhchoi	yhchoi@n****.***		
10	도수현	OPT	soohyun	soohyun@d****.***		
11						

$$=MID(J3,1,SEARCH("@",J3,1)−1)$$

- ❶ SEARCH("@",J3,1)−1: [J3] 셀의 문자열(메일주소)의 첫 번째부터 '@'의 위치를 찾아 시작 위치를 반환하고 그 위치에서 1을 뺀다.
- ❷ MID(J3,1,❶): [J3] 셀 문자열(메일주소)의 첫 번째에서 ❶('@' 바로 전 위치)의 개수만큼 글자를 추출하여 반환한다.

3 특허상표코드 표시하기

[D14] 셀 선택 → 수식 입력줄에 =UPPER(B14&"−"&C14&"−"&RIGHT(A14,1))을 입력한 후 Enter를 누름 → [D14] 셀의 자동 채우기 핸들을 [D19] 셀까지 드래그하여 함수식을 복사한다.

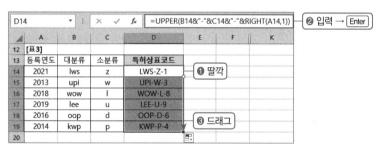

	A	B	C	D	E	F	K
12	**[표3]**						
13	등록연도	대분류	소분류	**특허상표코드**			
14	2021	lws	z	LWS-Z-1			
15	2013	upi	w	UPI-W-3			
16	2018	wow	l	WOW-L-8			
17	2019	lee	u	LEE-U-9			
18	2016	oop	d	OOP-D-6			
19	2014	kwp	p	KWP-P-4			
20							

$$=UPPER(B14\&"−"\&C14\&"−"\&RIGHT(A14,1))$$

- ❶ RIGHT(A14,1): [A14] 셀 문자열(등록연도)의 오른쪽에서 한 글자를 추출하여 반환한다.
- ❷ UPPER(B14&"−"&C14&"−"&❶): 문자열 결합연산자(&)에 의해 [B14] 셀 문자열(대분류), '−', [C14] 셀 문자(소분류), '−', ❶(등록연도의 마지막 문자)을 연결한 후 영문자는 모두 대문자로 반환한다.

4 가입구분 계산하기

[H14] 셀 선택 → 수식 입력줄에 =SWITCH(RIGHT(G14,1),"f","무료","s","할인","유료")를 입력한 후 Enter 를 누름 → [H14] 셀의 자동 채우기 핸들을 [H21] 셀까지 드래그하여 함수식을 복사한다.

| H14 | | fx | =SWITCH(RIGHT(G14,1),"f","무료","s","할인","유료") |

② 입력 → Enter

	G	H	I	J	K	L	M
12	**[표4]**						
13	회원번호	**가입구분**	지역	이름			
14	13579f	무료	❶ 딸깍	박진우			
15	15793p	유료	대구	심종훈			
16	78912s	할인	광주	이승준			
17	97285s	할인	인천	임현준			
18	21368f	무료	❸ 드래그	최다운			
19	15397p	유료	서울	최덕림			
20	75946s	할인	부산	강석래			
21	13589f	무료	대구	구민규			
22							

=SWITCH(RIGHT(G14,1),"f","무료","s","할인","유료")
　　　　　　　❶　　　　　　　❷

❶ RIGHT(G14,1): [G14] 셀 문자열(회원번호)의 오른쪽에서 한 글자를 추출하여 반환한다.
❷ SWITCH(❶,"f","무료","s","할인","유료"): ❶(회원번호의 마지막 문자)이 'f'이면 '무료', 's'이면 '할인', 그렇지 않으면 '유료'로 반환한다.

5 결과 확인

▼ 결과 화면

	A	B	C	D	E	F	G	H	I	J	K
1	**[표1]**						**[표2]**				
2	환자	진료과	접수번호	주민등록번호	**나이**		성명	본인인증방법	**임시비밀번호**	메일주소	
3	김건일	안과	A-001	940621-13*****	30		강재원	문자	jwkang	jwkang@n****.***	
4	김용민	산부인과	S-001	950101-27*****	29		김용민	금융인증서	minkim	minkim@g****.***	
5	박노율	피부과	P-001	890302-16*****	35		윤은빈	ARS	binyoon	binyoon@g****.***	
6	오찬혁	신경과	K-001	900325-14*****	34		이세희	문자	lee2222	lee2222@g****.***	
7	이형근	안과	A-002	870823-12*****	37		장우진	민간인증서	jinjang	jinjang@d****.***	
8	황연재	정형외과	J-001	911230-25*****	33		정명승	OPT	zizizi	zizizi@n****.***	
9	김진안	피부과	P-002	780804-28*****	46		최영학	금융인증서	yhchoi	yhchoi@n****.***	
10	장예진	산부인과	S-002	800528-23*****	44		도수현	OPT	soohyun	soohyun@d****.***	
11											
12	**[표3]**						**[표4]**				
13	등록연도	대분류	소분류	**특허상표코드**			회원번호	**가입구분**	지역	이름	
14	2021	lws	z	LWS-Z-1			13579f	무료	부산	박진우	
15	2013	upi	w	UPI-W-3			15793p	유료	대구	심종훈	
16	2018	wow	l	WOW-L-8			78912s	할인	광주	이승준	
17	2019	lee	u	LEE-U-9			97285s	할인	인천	임현준	
18	2016	oop	d	OOP-D-6			21368f	무료	강원	최다운	
19	2014	kwp	p	KWP-P-4			15397p	유료	서울	최덕림	
20							75946s	할인	부산	강석래	
21							13589f	무료	대구	구민규	
22											

'문자열함수 – 2' 시트에서 다음의 지시사항을 처리하시오.

	A	B	C	D	E	F	G	H	I
1	[표1]				[표2]				
2	이름	주민등록번호	생년월일		도서코드	출판사	출판년도	변환도서코드	
3	김건일	940621-10*****	1994년 06월 21일		lsb-323	미래	2018	LSB-323-KR	
4	김용민	950101-23*****	1995년 01월 01일		www-842	공간과 여유	2016	WWW-842-KR	
5	박노율	890302-16*****	1989년 03월 02일		pnf-741	인사이트	2018	PNF-741-KR	
6	오찬혁	900325-14*****	1990년 03월 25일		sii-989	스페이스	2018	SII-989-KR	
7	이형근	870823-11*****	1987년 08월 23일		jan-234	퓨처엔아트	2019	JAN-234-KR	
8	황연재	911230-25*****	1991년 12월 30일		may-123	앨리스	2013	MAY-123-KR	
9	김진안	780804-28*****	1978년 08월 04일		wow-787	미래	2019	WOW-787-KR	
10									
11									
12	[표3]				[표4]				
13	제품	제조일자	제품코드		성명	참가반	소속시도	비고	
14	PRINTER	2017-03-02	Pri2017		김병준	사랑반1	서울	★	
15	PRINTER	2019-03-03	Pri2019		김장현	희망반2	부산	★★	
16	COMPUTER	2017-03-02	Com2017		민서준	사랑반3	대전		
17	COMPUTER	2019-03-02	Com2019		소현	희망반1	서울	★	
18	MONITOR	2016-03-02	Mon2016		이민호	사랑반1	서울	★	
19	MONITOR	2018-03-02	Mon2018		이진혁	희망반2	청주	★★	
20	SCANNER	2015-03-02	Sca2015		정은수	사랑반3	대전		
21	SCANNER	2018-03-02	Sca2018		지아민	희망반2	서울	★★	
22									

1 [표1]에서 주민등록번호[B3:B9]를 이용하여 생년월일[C3:C9]을 표시하시오.

  ▷ 생년월일의 '연도'는 1900+주민등록번호 1~2번째 자리, '월'은 주민등록번호 3~4번째 자리, '일'은 주민등록번호 5~6번째 자리

  ▷ NOW, DATE, AND, OR, MID 중 알맞은 함수 사용

2 [표2]에서 도서코드[E3:E9]의 앞뒤에 있는 공백을 제거한 후 전체 문자를 대문자로 변환하고, 변환된 문자열 뒤에 '-KR'을 추가하여 변환도서코드[H3:H9]에 표시하시오.

  ▷ [표시 예: lsb-323 → LSB-323-KR]

  ▷ TRIM, UPPER 함수와 & 연산자 사용

3 [표3]에서 제품[A14:A21]의 앞 세 문자와 제조일자[B14:B21]의 연도를 이용하여 제품코드[C14:C21]를 표시하시오.

  ▷ 제품의 첫 글자만 대문자로 표시
[표시 예: 제품이 'PRINTER', 제조일자가 '2017-03-02'인 경우 → Pri2017]

  ▷ LEFT, PROPER, YEAR 함수와 & 연산자 사용

4 [표4]에서 참가반[F14:F21]을 이용하여 맨 뒤 글자가 1이면 '★', 2이면 '★★', 그 외에는 공백으로 비고[H14:H21]에 표시하시오.

  ▷ IF, RIGHT 함수 사용

1 생년월일 표시하기

[C3] 셀 선택 → 수식 입력줄에 =DATE(1900+MID(B3,1,2),MID(B3,3,2),MID(B3,5,2))를 입력한 후 [Enter]를 누름 → [C3] 셀의 자동 채우기 핸들을 [C9] 셀까지 드래그하여 함수식을 복사한다.

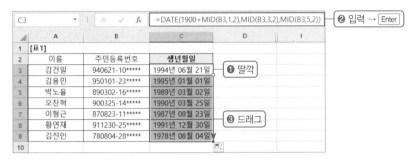

=DATE(1900+MID(B3,1,2),MID(B3,3,2),MID(B3,5,2))

❶ MID(B3,1,2): [B3] 셀 문자열(주민등록번호)의 첫 번째부터 두 글자를 추출하여 반환한다.
❷ MID(B3,3,2): [B3] 셀 문자열(주민등록번호)의 세 번째부터 두 글자를 추출하여 반환한다.
❸ MID(B3,5,2): [B3] 셀 문자열(주민등록번호)의 다섯 번째부터 두 글자를 추출하여 반환한다.
❹ DATE(1900+❶,❷,❸): 연도는 1900+❶(주민등록번호의 첫 번째부터 두 글자), 월은 ❷(주민등록번호의 세 번째부터 두 글자), 일은 ❸(주민등록번호의 다섯 번째부터 두 글자)인 날짜 데이터를 반환한다.

2 변환도서코드 표시하기

[H3] 셀 선택 → 수식 입력줄에 =UPPER(TRIM(E3))&"-KR"을 입력한 후 [Enter]를 누름 → [H3] 셀의 자동 채우기 핸들을 [H9] 셀까지 드래그하여 함수식을 복사한다.

풀이법을 알면 시간이 단축된다!
다음과 같이 대문자로 변환한 후 공백을 삭제해도 결과는 같다.

=TRIM(UPPER(E3))&"-KR"

=UPPER(TRIM(E3))&"-KR"

❶ TRIM(E3): [E3] 셀의 문자열(도서코드)에서 단어 사이의 한 칸의 공백을 제외하고 문자열 앞, 뒤의 공백을 포함한 나머지 공백을 모두 삭제하여 반환한다.
❷ UPPER(❶)&"-KR": ❶(앞, 뒤 공백을 모두 삭제한 도서코드)을 모두 영문자의 대문자로 반환하고 문자열 결합연산자(&)에 의해 '-KR'을 연결하여 표시한다.

3 제품코드 표시하기

[C14] 셀 선택 → 수식 입력줄에 =PROPER(LEFT(A14,3))&YEAR(B14)를 입력한 후 Enter 를
누름 → [C14] 셀의 자동 채우기 핸들을 [C21] 셀까지 드래그하여 함수식을 복사한다.

=PROPER(LEFT(A14,3))&YEAR(B14)

❶ LEFT(A14,3): [A14] 셀 문자열(제품)의 왼쪽에서 세 글자를 추출하여 반환한다.

❷ YEAR(B14): [B14] 셀 날짜(제조일자)에서 연도를 반환한다.

❸ PROPER(❶)&❷: ❶(제품의 왼쪽에서 세 글자)의 첫 글자만 영문자의 대문자로, 나머지는 영문자의 소문
  자로 반환하고 문자열 결합연산자(&)에 의해 ❷(제조일자의 연도)를 연결하여 표시한다.

4 비고 표시하기

[H14] 셀 선택 → 수식 입력줄에 =IF(RIGHT(F14,1)="1","★",IF(RIGHT(F14,1)="2","★
★",""))를 입력한 후 Enter 를 누름 → [H14] 셀의 자동 채우기 핸들을 [H21] 셀까지 드래그하
여 함수식을 복사한다.

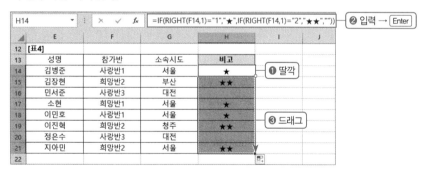

=IF(RIGHT(F14,1)="1","★",IF(RIGHT(F14,1)="2","★★",""))

❶ RIGHT(F14,1): [F14] 셀 문자열(참가반)의 오른쪽에서 한 글자를 추출하여 반환한다.

❷ IF(❶="1","★",IF(❶="2","★★","")): ❶(참가반의 마지막 글자)이 '1'이면 '★', '2'이면 '★★', 그렇지 않으
  면 공백으로 반환한다.

5 결과 확인

읽는 강의

▼ 결과 화면

	A	B	C	D	E	F	G	H	I
1	[표1]				[표2]				
2	이름	주민등록번호	생년월일		도서코드	출판사	출판년도	변환도서코드	
3	김건일	940621-10*****	1994년 06월 21일		lsb-323	미래	2018	LSB-323-KR	
4	김용민	950101-23*****	1995년 01월 01일		www-842	공간과 여유	2016	WWW-842-KR	
5	박노율	890302-16*****	1989년 03월 02일		pnf-741	인사이트	2018	PNF-741-KR	
6	오찬혁	900325-14*****	1990년 03월 25일		sii-989	스페이스	2018	SII-989-KR	
7	이형근	870823-11*****	1987년 08월 23일		jan-234	퓨처앤아트	2019	JAN-234-KR	
8	황연재	911230-25*****	1991년 12월 30일		may-123	앨리스	2013	MAY-123-KR	
9	김진안	780804-28*****	1978년 08월 04일		wow-787	미래	2019	WOW-787-KR	
10									
11									
12	[표3]				[표4]				
13	제품	제조일자	제품코드		성명	참가반	소속시도	비고	
14	PRINTER	2017-03-02	Pri2017		김병준	사랑반1	서울	★	
15	PRINTER	2019-03-03	Pri2019		김장현	희망반2	부산	★★	
16	COMPUTER	2017-03-02	Com2017		민서준	사랑반3	대전		
17	COMPUTER	2019-03-02	Com2019		소현	희망반1	서울	★	
18	MONITOR	2016-03-02	Mon2016		이민호	사랑반1	서울	★	
19	MONITOR	2018-03-02	Mon2018		이진혁	희망반2	청주	★★	
20	SCANNER	2015-03-02	Sca2015		정은수	사랑반3	대전		
21	SCANNER	2018-03-02	Sca2018		지아민	희망반2	서울	★★	
22									

07 데이터베이스 함수

① **개념**: 데이터베이스에서 합계, 평균, 개수, 최대값, 최소값 등 조건에 맞는 데이터를 추출하는 함수

② **종류**

= 데이터베이스 함수(데이터베이스,필드,조건 범위)

- **데이터베이스**: 레코드와 필드로 이루어진 관련 데이터의 목록
- **필드**: 어떤 필드가 함수에 사용되는지를 지정, 필드명을 지정하거나 열 번호로 지정
- **조건 범위**: 찾을 조건이 들어있는 셀 범위로, 필드명과 함께 지정

DSUM(데이터베이스,필드,조건 범위)	조건을 만족하는 '필드'의 합계를 반환
DAVERAGE(데이터베이스,필드,조건 범위)	조건을 만족하는 '필드'의 평균을 반환
DCOUNT(데이터베이스,필드,조건 범위)	조건을 만족하는 '필드'에서 숫자인 셀 개수를 반환
DCOUNTA(데이터베이스,필드,조건 범위)	조건을 만족하는 '필드'에서 비어있지 않은 셀 개수를 반환
DMAX(데이터베이스,필드,조건 범위)	조건을 만족하는 '필드'의 최대값을 반환
DMIN(데이터베이스,필드,조건 범위)	조건을 만족하는 '필드'의 최소값을 반환

⬇ **작업 파일명** C:\에듀윌_2025컴활2급실기\그대로 따라하기\02. 계산작업\실습\07_데이터베이스함수.xlsx

---

출제패턴 ❶

'데이터베이스함수 – 1' 시트에서 다음의 지시사항을 처리하시오.

⏴	A	B	C	D	E	F	G	H	I	J	K
1	[표1]						[표2]				
2	지점	이름	매출액	순위			학생명	기존과	전과희망여부		
3	서울	권민석	10,160,092	7위			김건일	문과	희망		
4	경기	김도현	45,850,019	1위			김태훈	이과	희망		
5	부산	박호석	31,931,711	4위			방선우	이과			
6	경기	윤동건	20,945,108	6위			윤은빈	문과	희망		
7	부산	윤준	40,729,503	2위			이세희	이과	희망		
8	경기	이시영	30,732,014	5위			김미희	이과			
9	서울	이예찬	33,037,743	3위			원세윤	문과	희망		
10		지점	경기지점 합계					김정윤	문과		
11		경기	97,528,000				기존 문과인 학생들 중 전과희망자수			3	
12											
13	[표3]						[표4]				
14	학생명	출신고	필기	실기	종합점수		제품명	판매지점	판매량		
15	김경환	우주고	77	97	87		컴퓨터	서울	170		
16	마재민	대한고	77	89	83		노트북	부산	212		
17	박현우	상공고	56	76	66		프린터	경기	162		
18	송영욱	대한고	88	80	84		프린터	강원	221		
19	신현민	우주고	88	94	91		노트북	부산	84		
20	오예은	우주고	91	67	79		컴퓨터	경기	172		
21	장은아	상공고	82	56	69		컴퓨터	서울	188		
22	하동건	우주고	77	89	83		노트북	강원	101		
23	이민재	대한고	34	90	62		노트북	충북	74		
24	이창민	상공고	73	91	82		프린터	충남	144		
25		출신고	종합 평균					판매지점	평균 판매량		
26		대한고	76.4					경기	167개		
27											

📖 **읽는 강의**

출제패턴을 알면 시험이 쉬워진다! 데이터베이스 함수는 인수가 복잡하여 사용하기 어렵게 느껴지지만 모든 함수의 인수가 동일하므로 한 가지 함수의 사용 방법만 정확하게 숙지해도 모든 함수에 적용할 수 있다. 첫 번째 인수인 '데이터베이스'에는 반드시 필드명 행이 포함되어야 한다는 것을 주의해야 한다.

1 [표1]에서 지점[A3:A9]이 경기인 매출액[C3:C9]의 합계를 [C11] 셀에 표시하시오.

읽는 강의

- 경기지점 합계는 백의 자리에서 올림하여 천의 자리로 표시
  [표시 예: 1,234,123 → 1,235,000]
- 조건은 [B10:B11] 영역에 입력하시오.
- DSUM, ROUND, ROUNDUP, ROUNDDOWN 함수 중 알맞은 함수들을 선택하여 사용

2 [표2]에서 기존과[H3:H10]가 '문과'인 학생들 중 전과희망자수를 구하여 [J11] 셀에 표시하시오.

- DCOUNT, DCOUNTA, DSUM 중 알맞은 함수를 선택하여 사용

3 [표3]에서 출신고[B15:B24]가 '대한고'인 학생들에 대한 종합점수[E15:E24]의 평균을 종합 평균[C26]에 표시하시오.

- 조건은 [B25:B26] 영역에 입력하시오.
- 종합 평균은 소수점 이하 둘째 자리에서 올림하여 소수점 첫째 자리까지 표시
  [표시 예: 74.628 → 74.7]
- ROUND, ROUNDUP, ROUNDDOWN 중 알맞은 함수와 DAVERAGE 함수 사용

4 [표4]에서 판매지점[H15:H24]이 '경기'인 지점의 평균판매량을 구하여 평균판매량 [I26]에 표시하시오.

- [표시 예: 150 → 150개]
- 조건은 [H25:H26] 영역에 입력하시오.
- DSUM, DCOUNT 함수와 & 연산자 사용

그대로 따라하기 ▶▶

1 경기지점 합계 표시하기

방법1 [B11] 셀에 조건인 경기 입력 → [C11] 셀 선택 → 수식 입력줄에 =ROUNDUP(DSUM (A2:D9,C2,B10:B11),−3)을 입력한 후 Enter를 누른다.

$$=ROUNDUP(DSUM(A2:D9,C2,B10:B11),-3)$$
❶
❷

❶ DSUM(A2:D9,C2,B10:B11): [A2:D9] 영역에서 조건이 [B10:B11] 영역('지점'이 '경기')인 [C2] 필드(매출액)의 합계를 반환한다.

❷ ROUNDUP(❶,-3): ❶(경기지점 매출액의 합계)을 백의 자리에서 올림하여 천의 자리로 반환한다.

방법2 [B11] 셀에 조건인 경기 입력 → [C11] 셀 선택 → 수식 입력줄에 =ROUNDUP(DSUM (A2:D9,3,B10:B11),-3)을 입력한 후 Enter를 누른다.

풀이법을 알면 시간이 단축된다!
DSUM 함수의 두 번째 인수 자리에는 매출액 필드명 셀인 C2를 입력하거나 매출액 필드명이 데이터베이스에서 세 번째 열에 위치한다는 의미인 3을 입력해도 된다.

C11			× ✓ fx	=ROUNDUP(DSUM(A2:D9,3,B10:B11),-3)			❸ 입력 → Enter
	A	B	C	D	E	F	J
1	[표1]						
2	지점	이름	매출액	순위			
3	서울	권민석	10,160,092	7위			
4	경기	김도현	45,850,019	1위			
5	부산	박호석	31,931,711	4위			
6	경기	윤동건	20,945,108	6위			
7	부산	윤준	40,729,503	2위			
8	경기	이시영	30,732,014	5위			
9	서울	이예찬	33,037,743	3위			
10		지점	경기지점 합계				
11		경기	97,528,000	❷ 딸깍			
12							

❶ 입력

$$=ROUNDUP(DSUM(A2:D9,3,B10:B11),-3)$$
❶
❷

❶ DSUM(A2:D9,3,B10:B11): [A2:D9] 영역에서 조건이 [B10:B11] 영역('지점'이 '경기')인 세 번째 필드 (매출액)의 합계를 반환한다.

❷ ROUNDUP(❶,-3): ❶(경기지점 매출액의 합계)을 백의 자리에서 올림하여 천의 자리로 반환한다.

2 기존 문과인 학생들 중 전과희망자수 표시하기

[J11] 셀 선택 → 수식 입력줄에 =DCOUNTA(G2:I10,I2,H2:H3)을 입력한 후 Enter를 누른다.

풀이법을 알면 시간이 단축된다!
DCOUNTA 함수의 두 번째 인수인 자리에는 전과희망여부 필드명 셀인 I2를 입력하거나 전과희망여부 필드명이 데이터베이스에서 세 번째 열에 위치한다는 의미인 3을 입력해도 된다.

J11			× ✓ fx	=DCOUNTA(G2:I10,I2,H2:H3)	❷ 입력 → Enter	
	G	H	I	J	K	L
1	[표2]					
2	학생명	기존과	전과희망여부			
3	김건일	문과	희망			
4	김태훈	이과	희망			
5	방선우	이과				
6	윤은빈	문과	희망			
7	이세희	이과	희망			
8	김미희	이과				
9	원세윤	문과	희망			
10	김정윤	문과				
11	기존 문과인 학생들 중 전과희망자수			3	❶ 딸깍	
12						

$$=DCOUNTA(G2:I10,I2,H2:H3)$$

[G2:I10] 영역에서 조건이 [H2:H3] 영역('기존과'가 '문과')인 [I2] 필드(전과희망여부)의 비어있지 않은 셀의 개수(전과희망자수)를 반환한다.

③ 종합 평균 표시하기

[B26] 셀에 조건인 대한고 입력 → [C26] 셀 선택 → 수식 입력줄에 =ROUNDUP(DAVERAGE (A14:E24,E14,B25:B26),1)을 입력한 후 Enter 를 누른다.

- ❶ DAVERAGE(A14:E24,E14,B25:B26): [A14:E24] 영역에서 조건이 [B25:B26] 영역('출신고'가 '대한고')
  인 [E14] 필드(종합점수)의 평균을 반환한다.
- ❷ ROUNDUP(❶,1): ❶(대한고 종합점수의 평균)을 소수점 이하 둘째 자리에서 올림하여 소수점 이하 첫째
  자리까지 반환한다.

④ 평균판매량 표시하기

[H26] 셀에 조건인 경기 입력 → [I26] 셀 선택 → 수식 입력줄에 =DSUM(G14:I24,I14, H25:H26)/DCOUNT(G14:I24,I14,H25:H26)&"개"를 입력한 후 Enter 를 누른다.

📖 읽는 강의

풀이법을 알면 시간이 단축된다!
DAVERAGE 함수의 두 번째 인수 자리에는 종합점수 필드명 셀인 E14를 입력하거나 종합점수 필드명이 데이터베이스에서 다섯 번째 열에 위치한다는 의미인 5를 입력해도 된다.

풀이법을 알면 시간이 단축된다!
DSUM 함수와 DCOUNT 함수의 두 번째 인수 자리에는 판매량 필드명 셀인 I14를 입력하거나 판매량 필드명이 데이터베이스에서 세 번째 열에 위치한다는 의미인 3을 입력해도 된다.

실수가 줄어들면 합격은 빨라진다!
DAVERAGE 함수(=DAVERAGE (G14:I24,I14,H25:H26) 또는 =DAVERAGE(G14:I24,3,H25 :H26))를 사용해서 경기지점의 평균판매량을 구할 수도 있다. 하지만 문제의 지시사항에는 DSUM과 DCOUNT 함수를 사용하라고 했으므로 DAVERAGE 함수를 사용하면 오답 처리된다.

=DSUM(G14:I24,I14,H25:H26)/DCOUNT(G14:I24,I14,H25:H26)&"개"

❶ DSUM(G14:I24,I14,H25:H26): [G14:I24] 영역에서 조건이 [H25:H26] 영역('판매지점'이 '경기')인 [I14] 필드(판매량)의 합계를 반환한다.

❷ DCOUNT(G14:I24,I14,H25:H26): [G14:I24] 영역에서 조건이 [H25:H26] 영역('판매지점'이 '경기')인 [I14] 필드(판매량)에서 숫자인 셀의 개수를 반환한다.

❸ ❶/❷&"개": ❶(경기지점 판매량의 합계)을 ❷(경기지점 판매량의 숫자인 셀 개수)로 나눈 값(경기지점 평균판매량)과 문자열 결합연산자(&)에 의해 '개'를 연결하여 표시한다.

5 결과 확인

▼ 결과 화면

	A	B	C	D	E	F	G	H	I	J	K
1	[표1]						[표2]				
2	지점	이름	매출액	순위			학생명	기존과	전과희망여부		
3	서울	권민석	10,160,092	7위			김건일	문과	희망		
4	경기	김도현	45,850,019	1위			김태훈	이과	희망		
5	부산	박호석	31,931,711	4위			방선우	이과			
6	경기	윤동건	20,945,108	6위			윤은빈	문과	희망		
7	부산	윤준	40,729,503	2위			이세희	이과	희망		
8	경기	이시영	30,732,014	5위			김미희	이과			
9	서울	이예찬	33,037,743	3위			원세윤	문과	희망		
10		지점	경기지점 합계				김정윤	문과			
11		경기	97,528,000				기존 문과인 학생들 중 전과희망자수			3	
12											
13	[표3]						[표4]				
14	학생명	출신고	필기	실기	종합점수		제품명	판매지점	판매량		
15	김경환	우주고	77	97	87		컴퓨터	서울	170		
16	마재민	대한고	77	89	83		노트북	부산	212		
17	박현우	상공고	56	76	66		프린터	경기	162		
18	송영욱	대한고	88	80	84		프린터	강원	221		
19	신현민	우주고	88	94	91		노트북	부산	84		
20	오예은	우주고	91	67	79		컴퓨터	경기	172		
21	장은아	상공고	82	56	69		컴퓨터	서울	188		
22	하동건	우주고	77	89	83		노트북	강원	101		
23	이민재	대한고	34	90	62		노트북	충북	74		
24	이창민	상공고	73	91	82		프린터	충남	144		
25		출신고	종합 평균					판매지점	평균판매량		
26		대한고	76.4					경기	167개		
27											

출제패턴 ❷

'데이터베이스함수 – 2' 시트에서 다음의 지시사항을 처리하시오.

	A	B	C	D	E	F	G	H	I	J	K	L	M
1	[표1]					[표2] 커피 판매 현황							
2	학과	성명	생년월일	평점		카페명	판매제품	판매잔	가격	실수익			
3	사이버보안과	공기현	1995-10-20	3.4535		커피스타	아메리카노	108	3,300	330,700			
4	AI학과	김상진	1994-03-02	4.0273		후루룩커피	카페라떼	54	4,300	206,900			
5	사이버보안과	이지용	1994-08-22	3.6789		커피스타	카푸치노	61	3,500	188,300			
6	AI학과	최별희	1992-01-23	3.8921		후루룩커피	아메리카노	115	3,900	422,100			
7	컴퓨터공학과	최준희	1995-05-12	3.1254		투팁커피	카페라떼	49	4,500	195,200			
8	성악과	한창우	1996-07-05	3.9132		커피스타	카페라떼	72	3,800	248,300			
9	성악과	황예진	1995-10-26	4.1544		투팁커피	아메리카노	97	4,200	382,100			
10	AI학과	이윤희	1993-06-27	3.5254		후루룩커피	카푸치노	103	4,300	417,600	아메리카노 실수익 평균		
11	학과	AI학과 최소 평점		3.53		투팁커피	카푸치노	81	4,700	355,400	379000원		
12	AI학과												
13													
14													
15	[표3]					[표4]							
16	참가번호	성명	소속	성적		학번	성명	학과	총점				
17	1001	김연주	대한고	67		2012345	김건일	컴퓨터	408				
18	1002	홍기민	상공고	69		2015896	김태훈	보안	377				
19	1003	채동식	우주고	51		2159595	방선우	수학	392				
20	1004	이민섭	대한고	96		2113579	윤은빈	화학	440				
21	1005	길기훈	상공고	73		1982828	이세희	수학	360				
22	1006	남재영	대한고	87		1933553	김미희	물리	376				
23	1007	민기영	대한고	68		1824681	원세윤	물리	388				
24	1008	김경환	상공고	50		1966667	김정윤	화학	421				
25	1009	마재민	우주고	74		2072981	박윤정	컴퓨터	473				
26	1010	박현우	대한고	74		2167676	박건희	보안	314				
27		최고점수					평균차	95	학과				
28		96							보안				
29													

1 [표1]에서 학과[A3:A10]가 'AI학과'인 학생들의 평점에 대한 최소값을 [D11] 셀에 표시하시오.

▶ 최소 평점은 소수점 이하 셋째 자리에서 반올림하여 소수점 둘째 자리까지 표시
[표시 예: 3.5623 → 3.56]

▶ 조건은 [A11:A12] 영역에 입력하시오.

▶ DMIN, ROUND 함수 사용

2 [표2]에서 판매제품별 실수익[J3:J11]을 이용하여 아메리카노의 실수익 평균[K11]을 올림하여 천의 자리로 표시하시오.

▶ 숫자 뒤에 '원'을 포함하여 표시하시오. [표시 예: 1000 → 1000원]

▶ ROUND, ROUNDUP, DAVERAGE, DSUM, DCOUNT 함수 중 알맞은 함수와 & 연산자 사용

3 [표3]에서 소속[C17:C26]이 '대한고'인 학생 중 성적이 최고인 점수를 구하여 최고점수[B28]에 표시하시오.

▶ SQRT, DMIN, DMAX 중 알맞은 함수를 선택하여 사용

4 [표4]에서 학과[H17:H26]가 '컴퓨터'와 '보안'인 총점[I17:I26]의 평균을 구하여, 두 학과 간의 차를 구하여 평균차[H27]에 표시하시오.

▶ 평균차[H27]는 항상 양수로 표시하시오.

▶ ABS와 DAVERAGE 함수 사용

1 AI학과 최소 평점 표시하기

[A12] 셀에 조건인 AI학과 입력 → [D11] 셀 선택 → 수식 입력줄에 =ROUND(DMIN(A2:D10,4,A11:A12),2)를 입력한 후 Enter를 누른다.

	A	B	C	D	E	M	N
1	[표1]						
2	학과	성명	생년월일	평점			
3	사이버보안과	공기현	1995-10-20	3.4535			
4	AI학과	김상진	1994-03-02	4.0273			
5	사이버보안과	이지용	1994-08-22	3.6789			
6	AI학과	최범희	1992-01-23	3.8921			
7	컴퓨터공학과	최준희	1995-05-12	3.1254			
8	성악과	한창우	1996-07-05	3.9132			
9	성악과	황예진	1995-10-26	4.1544			
10	AI학과	이윤희	1993-06-27	3.5254			
11	학과	**AI학과 최소 평점**		3.53			
12	AI학과						
13							

❸ 입력 → Enter
❷ 딸깍
❶ 입력

D11 ▾ × ✓ fx =ROUND(DMIN(A2:D10,4,A11:A12),2)

$$=ROUND(DMIN(A2:D10,4,A11:A12),2)$$
❶
❷

❶ DMIN(A2:D10,4,A11:A12): [A2:D10] 영역에서 조건이 [A11:A12] 영역('학과'가 'AI학과')인 네 번째 필드(평점)의 최소값을 반환한다.

❷ ROUND(❶,2): ❶(AI학과 최소 평점)을 소수점 이하 셋째 자리에서 반올림하여 소수점 둘째 자리까지 반환한다.

풀이법을 알면 시간이 단축된다!
DMIN 함수의 두 번째 자리에는 평점 필드명 셀인 D2를 입력하거나 데이터베이스에서 네 번째 열에 위치한다는 의미인 4를 입력해도 된다. 즉, =ROUND(DMIN(A2:D10,D2,A11:A12),2)를 입력해도 같은 수식이다.

2 아메리카노의 실수익 평균 표시하기

[K11] 셀 선택 → 수식 입력줄에 =ROUNDUP(DAVERAGE(F2:J11,J2,G2:G3),-3)&"원"을 입력한 후 Enter를 누른다.

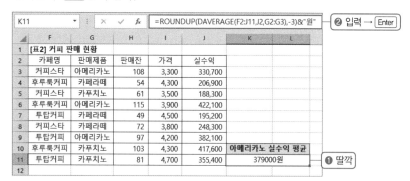

	F	G	H	I	J	K	L
1	[표2] 커피 판매 현황						
2	카페명	판매제품	판매잔	가격	실수익		
3	커피스타	아메리카노	108	3,300	330,700		
4	후루룩커피	카페라떼	54	4,300	206,900		
5	커피스타	카푸치노	61	3,500	188,300		
6	후루룩커피	아메리카노	115	3,900	422,100		
7	투탑커피	카페라떼	49	4,500	195,200		
8	커피스타	카페라떼	72	3,800	248,300		
9	투탑커피	아메리카노	97	4,200	382,100		
10	후루룩커피	카푸치노	103	4,300	417,600	**아메리카노 실수익 평균**	
11	투탑커피	카푸치노	81	4,700	355,400	379000원	
12							

K11 ▾ × ✓ fx =ROUNDUP(DAVERAGE(F2:J11,J2,G2:G3),-3)&"원"

❷ 입력 → Enter
❶ 딸깍

풀이법을 알면 시간이 단축된다!
DAVERAGE 함수의 두 번째 자리에는 실수익 필드명 셀인 J2를 입력하거나 데이터베이스에서 다섯 번째 열에 위치한다는 의미인 5를 입력해도 된다. 즉, =ROUNDUP(DAVERAGE(F2:J11,5,G2:G3),-3)&"원"을 입력해도 같은 수식이다.

$$=ROUNDUP(DAVERAGE(F2:J11,J2,G2:G3),-3)\&“원”$$
❶
❷

❶ DAVERAGE(F2:J11,J2,G2:G3): [F2:J11] 영역에서 조건이 [G2:G3] 영역('판매제품'이 '아메리카노')인 [J2] 필드(실수익)의 평균을 반환한다.

❷ ROUNDUP(❶,-3)&"원": ❶(아메리카노의 실수익 평균)을 백의 자리에서 올림하여 천의 자리로 반환하고 문자열 결합연산자(&)에 의해 '원'을 연결하여 표시한다.

3 대한고 최고점수 표시하기

[B28] 셀 선택 → 수식 입력줄에 =DMAX(A16:D26,D16,C16:C17)을 입력한 후 Enter 를 누른다.

B28				✓ fx	=DMAX(A16:D26,D16,C16:C17)		❷ 입력 → Enter

	A	B	C	D	E	M
15	[표3]					
16	참가번호	성명	소속	성적		
17	1001	김연주	대한고	67		
18	1002	홍기민	상공고	69		
19	1003	채동식	우주고	51		
20	1004	이민섭	대한고	96		
21	1005	길기훈	상공고	73		
22	1006	남재영	대한고	87		
23	1007	민기영	대한고	68		
24	1008	김경환	상공고	50		
25	1009	마재민	우주고	74		
26	1010	박현우	대한고	74		
27		최고점수				
28		96	❶ 딸깍			
29						

$$=DMAX(A16:D26,D16,C16:C17)$$

[A16:D26] 영역에서 조건이 [C16:C17] 영역('소속'이 '대한고')인 [D16] 필드(성적)의 최대값을 반환한다.

풀이법을 알면 시간이 단축된다!
DMAX 함수의 두 번째 인수 자리에는 성적 필드명 셀인 D16을 입력하거나 데이터베이스에서 네 번째 열에 위치한다는 의미인 4를 입력해도 된다. 즉, =DMAX(A16:D26,4,C16:C17)을 입력해도 같은 수식이다.

4 평균차 표시하기

[I28] 셀에 조건인 보안을 입력 → [H27] 셀 선택 → 수식 입력줄에 =ABS(DAVERAGE(F16:I26, I16,H16:H17)-DAVERAGE(F16:I26,I16,I27:I28))을 입력한 후 Enter 를 누른다.

H27				✓ fx	=ABS(DAVERAGE(F16:I26,I16,H16:H17)-DAVERAGE(F16:I26,I16,I27:I28))		❸ 입력 → Enter

	F	G	H	I	J	K	L	M	N
15	[표4]								
16	학번	성명	학과	총점					
17	2012345	김건일	컴퓨터	408					
18	2015896	김태훈	보안	377					
19	2159595	방선우	수학	392					
20	2113579	윤은빈	화학	440					
21	1982828	이세희	수학	360					
22	1933553	김미희	물리	376					
23	1824681	원세윤	물리	388					
24	1966667	김정윤	화학	421					
25	2072981	박윤정	컴퓨터	473					
26	2167676	박건희	보안	314					
27	평균차		95	학과					
28				보안	❶ 입력				
29			❷ 딸깍						

풀이법을 알면 시간이 단축된다!
DAVERAGE 함수의 두 번째 인수 자리에는 총점 필드명 셀인 I16을 입력하거나 데이터베이스에서 네 번째 열에 위치한다는 의미인 4를 입력해도 된다. 즉, =ABS(DAVERAGE(F16:I26,4,H16:H17)-DAVERAGE(F16:I26,4,I27:I28))를 입력해도 같은 수식이다.

=ABS(DAVERAGE(F16:I26,I16,H16:H17)−DAVERAGE(F16:I26,I16,I27:I28))

❶ DAVERAGE(F16:I26,I16,H16:H17): [F16:I26] 영역에서 조건이 [H16:H17] 영역('학과'가 '컴퓨터')
인 [I16] 필드(총점)의 평균을 반환한다.

❷ DAVERAGE(F16:I26,I16,I27:I28): [F16:I26] 영역에서 조건이 [I27:I28] 영역('학과'가 '보안')인 [I16] 필
드(총점)의 평균을 반환한다.

❸ ABS(❶−❷): ❶(컴퓨터과 총점의 평균)에서 ❷(보안과 총점의 평균)를 뺀 값(두 학과 간 총점 평균의 차
이)을 절대값으로 반환한다.

5 결과 확인

▼ 결과 화면

	A	B	C	D	E	F	G	H	I	J	K	L	M
1	[표1]					[표2] 커피 판매 현황							
2	학과	성명	생년월일	평점		카페명	판매제품	판매잔	가격	실수익			
3	사이버보안과	공기현	1995-10-20	3.4535		커피스타	아메리카노	108	3,300	330,700			
4	AI학과	김상진	1994-03-02	4.0273		후루룩커피	카페라떼	54	4,300	206,900			
5	사이버보안과	이지용	1994-08-22	3.6789		커피스타	카푸치노	61	3,500	188,300			
6	AI학과	최범희	1992-01-23	3.8921		후루룩커피	아메리카노	115	3,900	422,100			
7	컴퓨터공학과	최준희	1995-05-12	3.1254		투탑커피	카페라떼	49	4,500	195,200			
8	성악과	한창우	1996-07-05	3.9132		커피스타	카페라떼	72	3,800	248,300			
9	성악과	황예진	1995-10-26	4.1544		투탑커피	아메리카노	97	4,200	382,100			
10	AI학과	이윤희	1993-06-27	3.5254		후루룩커피	카푸치노	103	4,300	417,600	아메리카노 실수익 평균		
11	학과	AI학과 최소 평점		3.53		투탑커피	카푸치노	81	4,700	355,400	379000원		
12	AI학과												
13													
14													
15	[표3]					[표4]							
16	참가번호	성명	소속	성적		학번	성명	학과	총점				
17	1001	김연주	대한고	67		2012345	김건일	컴퓨터	408				
18	1002	홍기민	상공고	69		2015896	김태훈	보안	377				
19	1003	채동식	우주고	51		2159595	방선우	수학	392				
20	1004	이민섭	대한고	96		2113579	윤은빈	화학	440				
21	1005	길기훈	상공고	73		1982828	이세희	수학	360				
22	1006	남재영	대한고	87		1933553	김미희	물리	376				
23	1007	민ट영	대한고	68		1824681	원세윤	물리	388				
24	1008	김경환	상공고	50		1966667	김정윤	화학	421				
25	1009	마재민	우주고	74		2072981	박율정	컴퓨터	473				
26	1010	박현우	대한고	74		2167676	박건희	보안	314				
27		최고점수					평균차		95	학과			
28		96								보안			
29													

08 찾기/참조 함수

① **개념**: 영역에서 일치하는 데이터를 찾고 함수의 특성에 맞게 반환하는 함수

② **종류**

CHOOSE(검색값,값1,값2,…)	'검색값'이 1이면 '값1', 2이면 '값2' 등의 순서로 값을 반환
HLOOKUP(값,범위,행 번호,방법)	• '범위'의 첫 번째 행에서 '값'을 찾아 해당 값이 있는 열에서 지정한 행에 대응하는 값을 반환 • 방법 　− 0 또는 FALSE: 정확히 일치 　− 1 또는 TRUE 또는 생략: 유사 일치
VLOOKUP(값,범위,열 번호,방법)	• '범위'의 첫 번째 열에서 '값'을 찾아 해당 값이 있는 행에서 지정한 열에 대응하는 값을 반환 • 방법 　− 0 또는 FALSE: 정확히 일치 　− 1 또는 TRUE 또는 생략: 유사 일치
INDEX(범위,행,열)	'범위'에서 지정한 '행'과 '열'의 교차값을 반환
MATCH(검색값,배열,검색 유형)	• '검색값'과 일치하는 '배열' 요소를 찾아 상대 위치 반환 • 검색 유형 　− 1: 검색값보다 작거나 같은 값 중 가장 큰 값(오름차순 정렬되어 있어야 함) 　− 0: 검색값과 같은 첫 번째 값 　− −1: 검색값보다 크거나 같은 값 중 가장 작은 값(내림차순 정렬되어 있어야 함)
COLUMN(셀이나 범위)	'셀이나 범위'의 열 번호 반환
COLUMNS(배열이나 범위)	'배열이나 범위'에 들어있는 열 수 반환
ROW(셀이나 범위)	'셀이나 범위'의 행 번호 반환
ROWS(배열이나 범위)	'배열이나 범위'에 들어있는 행 수 반환

⬇ **작업 파일명** C:\에듀윌_2025컴활2급실기\그대로 따라하기\02. 계산작업\실습\08_찾기참조함수.xlsx

'찾기참조함수 – 1' 시트에서 다음의 지시사항을 처리하시오.

	A	B	C	D	E	F	G	H	I	J	K	L	M
1	[표1]						[표2]						
2	주민등록번호	성명	과목	성별			성명	이론	실습	레포트	최종점수	평가	
3	021010-42*****	김솔빈	영어	여자			유수빈	65	98	82	81.7	C	
4	030621-34*****	김은성	국어	남자			이유민	85	97	92	91.3	A	
5	020725-23*****	김주연	영어	여자			이준	65	90	75	76.7	C	
6	991231-12*****	김지호	수학	남자			이혜진	92	87	88	89.0	B	
7	040409-32*****	김현재	수학	남자			전성원	87	89	77	84.3	B	
8	981122-13*****	김혜미	국어	남자			정신영	88	95	92	91.7	A	
9	030815-43*****	박세민	영어	여자			주하은	90	54	72	72.0	D	
10	990917-25*****	박지호	국어	여자			김예은	56	68	42	55.3	D	
11													
12							기준표						
13							순위	1	3	5	7		
14							평가	A	B	C	D		
15													
16	[표3]						[표4]						
17	원서번호	이름	나이	지원과정			수익률	가입일	상품명				
18	A-120	고현성	19세	미술			10%	2021-04-30	원윈펀드				
19	D-082	김민규	20세	코드오류			22%	2021-03-25	성공펀드				
20	S-035	베병주	25세	노래교실			29%	2021-03-17	LBC펀드		수익률 순위	펀드명	
21	B-072	신지섭	35세	코드오류			55%	2021-05-02	미래펀드		1	미래펀드	
22	C-141	양효진	60세	컴퓨터			15%	2021-04-11	4차펀드		2	승리펀드	
23	A-033	오성지	50세	미술			38%	2021-04-05	대한펀드				
24	C-037	윤혜선	44세	컴퓨터			39%	2021-05-05	승리펀드				
25	A-028	장태원	38세	미술			28%	2021-03-30	리치펀드				
26							30%	2021-04-07	아이윌펀드				
27	학과코드	A	S	C									
28	지원과정	미술	노래교실	컴퓨터									
29													

1 [표1]에서 학생별로 주민등록번호[A3:A10]의 앞에서 8번째 문자가 '1'이거나 '3'이면 '남자', '2'이거나 '4'이면 '여자'로 성별[E3:E10]에 표시하시오.

▷ CHOOSE, MID 함수 사용

2 [표2]에서 최종점수[K3:K10]의 순위에 대한 기준표[H13:K14]를 이용하여 순위가 1~2위는 'A'로, 3~4위는 'B'로, 5~6위는 'C'로, 그 외는 'D'로 평가[L3:L10]에 표시하시오.

▷ HLOOKUP, RANK.EQ 함수 사용

3 [표3]에서 원서번호[A18:A25]의 왼쪽에서 첫 번째 문자에 대하여 [B27:D28] 영역을 참조하여 지원과정[D18:D25]을 표시하시오.

▷ 단, 오류 발생 시 지원과정에 '코드오류'로 표시

▷ IFERROR, HLOOKUP, LEFT 함수 사용

4 [표4]에서 수익률[G18:G26]을 이용하여 수익률 순위에 해당하는 상품명[L21:L22]을 표시하시오.

▷ 수익률이 가장 큰 값이 1위

▷ VLOOKUP, LARGE 함수 사용

1 성별 표시하기

방법1 [E3] 셀 선택 → 수식 입력줄에 =CHOOSE(MID(A3,8,1),"남자","여자","남자","여자")를 입력한 후 Enter를 누름 → [E3] 셀의 자동 채우기 핸들을 [E10] 셀까지 드래그하여 함수식을 복사한다.

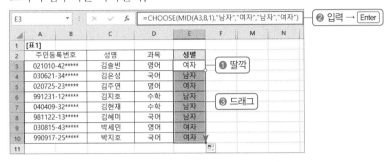

방법2 ① [E3] 셀 선택 → [함수 삽입](fx)을 클릭한다.

② [함수 마법사] 대화상자가 나타나면 '범주 선택'은 '찾기/참조 영역'을 선택하고 '함수 선택'은 'CHOOSE' 선택 → [확인] 단추를 클릭한다.

③ [함수 인수] 대화상자가 나타나면 'Index_num'은 MID(A3,8,1), 'Value1'은 "남자", 'Value2'는 "여자", 'Value3'은 "남자", 'Value4'는 "여자" 입력 → [확인] 단추를 클릭한다.

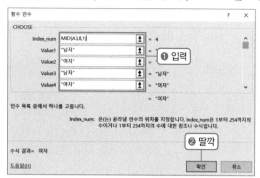

읽는 강의

풀이법을 알면 시간이 단축된다!
CHOOSE 함수에서 '값'에 해당하는 여러 인수에 큰따옴표를 반복해서 지정해야 하므로 함수를 직접 입력하는 방식보다는 함수 마법사를 이용하여 문자만 입력하는 것이 편리하다. 'Index_num'에 MID(A3,8,1)을 입력하고 [Tab]을 누른 후 Value1에 남자를 입력하고 [Tab]을 누르면 자동으로 큰따옴표가 삽입된다. 이와 같은 방식으로 나머지 Value에도 값을 입력한다.
[예시] 큰따옴표를 지정하지 않고 'Value1'에 남자, 'Value2'에 여자, 'Value3'에 남자, 'Value4'에 여자를 입력

④ [E3] 셀의 자동 채우기 핸들을 [E10] 셀까지 드래그하여 함수식을 복사한다.

	A	B	C	D	E	F
1	[표1]					
2	주민등록번호		성명	과목	성별	
3	021010-42*****		김솔빈	영어	여자	
4	030621-34*****		김은성	국어	남자	
5	020725-23*****		김주연	영어	여자	
6	991231-12*****		김지호	수학	남자	
7	040409-32*****		김현재	수학	남자	
8	981122-13*****		김혜미	국어	남자	
9	030815-43*****		박세민	영어	여자	
10	990917-25*****		박지호	국어	여자	
11						

드래그

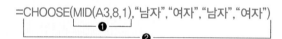

=CHOOSE(MID(A3,8,1),"남자","여자","남자","여자")

❶ MID(A3,8,1): [A3] 셀 문자열(주민등록번호)의 여덟 번째부터 한 글자를 추출하여 반환한다.
❷ CHOOSE(❶,"남자","여자","남자","여자"): ❶(주민등록번호의 여덟 번째부터 한 글자)이 1이면 '남자', 2이면 '여자', 3이면 '남자', 4이면 '여자'를 반환한다.

2 평가 표시하기

[L3] 셀 선택 → 수식 입력줄에 =HLOOKUP(RANK.EQ(K3,$K$3:$K$10),$H$13:$K$14,2)을 입력한 후 [Enter]를 누름 → [L3] 셀의 자동 채우기 핸들을 [L10] 셀까지 드래그하여 함수식을 복사한다.

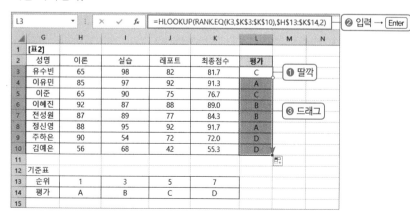

풀이법을 알면 시간이 단축된다!
RANK.EQ 함수의 결과가 2인 경우 [H13:K14] 영역(기준표)의 첫 행인 순위에서 2를 찾는데, HLOOKUP 함수의 마지막 인수가 생략된 경우에는 같거나 작은 값 중 가장 가까운 값을 반환한다. 즉, 순위가 1인 경우에 해당하는 평가 'A'를 반환한다.

=HLOOKUP(RANK.EQ(K3,$K$3:$K$10),$H$13:$K$14,2)

❶ RANK.EQ(K3,$K$3:$K$10): [K3:K10] 영역(최종점수)에서 [K3] 셀(최종점수)의 순위(순위가 같으면 가장 높은 순위)를 반환한다. ([K3:K10] 영역은 절대 참조로, 복사해도 수식의 주소가 변경되지 않음)

❷ HLOOKUP(❶,$H$13:$K$14,2): [H13:K14] 영역(기준표)의 첫 번째 행(순위)에서 ❶(최종점수 순위)과 유사 일치(생략)하는 값을 찾아 해당 값이 있는 열에서 두 번째 행(평가)에 대응하는 값을 반환한다. ([H13:K14] 영역은 절대 참조로, 복사해도 수식의 주소가 변경되지 않음)

3 지원과정 표시하기

[D18] 셀 선택 → 수식입력줄에 =IFERROR(HLOOKUP(LEFT(A18,1),$B$27:$D$28,2,FALSE),"코드오류")를 입력한 후 Enter를 누름 → [D18] 셀의 자동 채우기 핸들을 [D25] 셀까지 드래그하여 함수식을 복사한다.

풀이법을 알면 시간이 단축된다!
HLOOKUP 함수의 마지막 인수가 'FALSE'로 지정되면 정확히 일치하는 값을 찾으므로 원서번호의 첫 글자가 'A', 'S', 'C'인 경우에는 지원과정을 [B27: D28] 영역(학과코드와 지원과정표)에서 찾을 수 있지만, 'B', 'D'는 찾을 수 없으므로 오류가 발생하여 '코드오류'를 반환한다. 'FALSE' 대신 '0'을 입력해도 같은 결과가 반환된다.

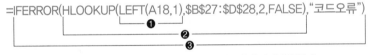

=IFERROR(HLOOKUP(LEFT(A18,1),$B$27:$D$28,2,FALSE),"코드오류")

❶ LEFT(A18,1): [A18] 셀 문자열(원서번호)의 왼쪽에서 한 글자를 추출하여 반환한다.

❷ HLOOKUP(❶,$B$27:$D$28,2,FALSE): [B27:D28] 영역(학과코드와 지원과정표)의 첫 번째 행(학과코드)에서 ❶(원서번호의 첫 번째 문자)과 정확히 일치(FALSE)하는 값을 찾아 해당 값이 있는 열에서 두 번째 행(지원과정)에 대응하는 값을 반환한다. ([B27:D28] 영역은 절대 참조로, 복사해도 수식의 주소가 변경되지 않음)

❸ IFERROR(❷,"코드오류"): ❷(학과코드에서 원서번호의 첫 번째 문자에 해당하는 지원과정)가 오류(지원과정이 없음)이면 '코드오류'를 반환한다.

4 펀드명 표시하기

[L21] 셀 선택 → 수식 입력줄에 =VLOOKUP(LARGE($G$18:$G$26,K21),$G$18:$I$26,3, FALSE)를 입력한 후 Enter를 누름 → [L21] 셀의 자동 채우기 핸들을 [L22] 셀까지 드래그하여 함수식을 복사한다.

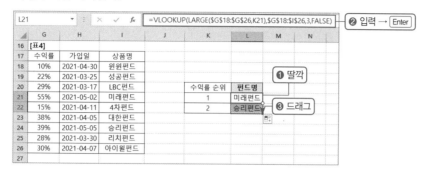

❶ LARGE($G$18:$G$26,K21): [G18:G26] 영역(수익률)에서 [K21] 셀의 값(수익률 순위)에 해당하는 번째 (1순위)로 큰 값을 반환한다.

([G18:G26] 영역은 절대 참조로, 복사해도 수식의 주소가 변경되지 않음)

❷ VLOOKUP(❶,$G$18:$I$26,3,FALSE): [G18:I26] 영역의 첫 번째 열(수익률)에서 ❶(수익률 순위)과 정확히 일치(FALSE)하는 값을 찾아 해당 값이 있는 행에서 세 번째 열(상품명)에 대응하는 값을 반환한다.

([G18:I26] 영역은 절대 참조로, 복사해도 수식의 주소가 변경되지 않음)

5 결과 확인

▼ 결과 화면

	A	B	C	D	E	F	G	H	I	J	K	L	M
1	[표1]						[표2]						
2	주민등록번호		성명	과목	성별		성명	이론	실습	레포트	최종점수	평가	
3	021010-42*****	김솔빈		영어	여자		유수빈	65	98	82	81.7	C	
4	030621-34*****	김은성		국어	남자		이유민	85	97	92	91.3	A	
5	020725-23*****	김주연		영어	여자		이준	65	90	75	76.7	C	
6	991231-12*****	김지호		수학	남자		이혜진	92	87	88	89.0	B	
7	040409-32*****	김현재		수학	남자		전성원	87	89	77	84.3	B	
8	981122-13*****	김혜미		국어	남자		정신영	88	95	92	91.7	A	
9	030815-43*****	박세민		영어	여자		주하은	90	54	72	72.0	D	
10	990917-25*****	박지호		국어	여자		김예은	56	68	42	55.3	D	
11													
12							기준표						
13							순위	1	3	5	7		
14							평가	A	B	C	D		
15													
16	[표3]						[표4]						
17	원서번호	이름	나이	지원과정			수익률	가입일	상품명				
18	A-120	고현성	19세	미술			10%	2021-04-30	원원펀드				
19	D-082	김민규	20세	코드오류			22%	2021-03-25	성공펀드				
20	S-035	배병주	25세	노래교실			29%	2021-03-17	LBC펀드		수익률 순위	펀드명	
21	B-072	신지섭	35세	코드오류			55%	2021-05-02	미래펀드		1	미래펀드	
22	C-141	양효진	60세	컴퓨터			15%	2021-04-11	4차펀드		2	승리펀드	
23	A-033	오성지	50세	미술			38%	2021-04-05	대한펀드				
24	C-037	윤혜선	44세	컴퓨터			39%	2021-05-05	승리펀드				
25	A-028	장태원	38세	미술			28%	2021-03-30	리치펀드				
26							30%	2021-04-07	아이윌펀드				
27	학과코드	A	S	C									
28	지원과정	미술	노래교실	컴퓨터									
29													

출제패턴 ❷

'찾기참조함수 – 2' 시트에서 다음의 지시사항을 처리하시오.

	A	B	C	D	E	F	G	H	I	J	K	L
1	[표1]						[표2]					
2	고객명	결제금액	포인트사용액	포인트지급액			성명	중간고사	기말고사	학점		
3	권민석	664,000	4,370	19,780			김병기	95	90	A		
4	김도현	257,000	1,710	2,550			박진우	65	70	D		
5	박승진	483,000	3,840	9,580			오주연	70	95	B		
6	신해나	146,000	2,170	1,430			이나경	70	75	C		
7	윤준	721,000	3,920	21,510			임정욱	60	75	D		
8	이도현	518,000	1,630	15,490			한종현	95	85	A		
9							이나희	40	50	F		
10	지급기준표											
11	결제금액	포인트지급율					학점기준표					
12	100,000	1%					평균	0 이상 60 미만	60 이상 70 미만	70 이상 80 미만	80 이상 90 미만	90 이상 100 이하
13	300,000	2%										
14	500,000	3%					학점	F	D	C	B	A
15												
16	[표3]						[표4]					
17	조	축구	발야구	총점	순위		학번	이름	대학	점수		
18	1조	90	50	140			202301	김철수	공과대학	85		
19	2조	85	80	165	2		202302	이영희	인문대학	90		
20	3조	100	90	190	1		202303	박민수	공과대학	95		
21	4조	50	100	150	3		202304	최지훈	사회대학	88		
22	5조	60	70	130			202305	정수현	공과대학	92		
23	6조	60	60	120			202306	김수민	사회대학	75		
24							202307	오아름	공과대학	80		
25							202308	곽지민	인문대학	90		
26							공과대학에서 가장 점수가 높은 학생			박민수		
27												

1 [표1]에서 결제금액[B3:B8]과 포인트사용액[C3:C8], 지급기준표[A12:B14]를 이용하여 포인트지급액[D3:D8]을 계산하시오.

- ▶ 포인트지급액=(결제금액 – 포인트사용액)×포인트지급율
- ▶ 결제금액에 대한 포인트지급율은 [A12:B14] 영역을 참조
- ▶ 포인트지급액은 반올림 없이 십의 자리로 표시
- ▶ VLOOKUP과 TRUNC 함수 사용

2 [표2]에서 중간고사[H3:H9], 기말고사[I3:I9]와 학점기준표[H12:L14]를 참조하여 학점[J3:J9]을 계산하시오.

- ▶ 평균은 각 학생의 중간고사와 기말고사로 구함
- ▶ AVERAGE, HLOOKUP 함수 사용

3 [표3]에서 총점[D18:D23]을 이용하여 1~3위는 각 순위의 숫자를, 나머지는 공백으로 순위[E18:E23]에 표시하시오.

- ▶ 순위는 총점이 가장 높은 조가 1위
- ▶ CHOOSE와 RANK.EQ 함수 사용

4 [표4]에서 대학[I18:I25]이 '공과대학'인 학생 중 점수가 가장 높은 학생의 이름을 구하여 [J26] 셀에 표시하시오.

- ▶ INDEX, MATCH, DMAX 함수 이용

1 포인트지급액 계산하기

[D3] 셀 선택 → 수식 입력줄에 =TRUNC((B3−C3)*VLOOKUP(B3,$A$12:$B$14,2),−1)를 입력한 후 Enter 를 누름 → [D3] 셀의 자동 채우기 핸들을 [D8] 셀까지 드래그하여 함수식을 복사한다.

| D3 | ▼ : × ✓ fx | =TRUNC((B3-C3)*VLOOKUP(B3,$A$12:$B$14,2),-1) | ❷ 입력 → Enter |

◢	A	B	C	D	E	F	Q
1	[표1]						
2	고객명	결제금액	포인트사용액	포인트지급액			
3	권민석	664,000	4,370	19,780	❶ 딸깍		
4	김도현	257,000	1,710	2,550			
5	박승진	483,000	3,840	9,580			
6	신해나	146,000	2,170	1,430	❸ 드래그		
7	윤준	721,000	3,920	21,510			
8	이도현	518,000	1,630	15,490			
9							
10	지급기준표						
11	결제금액	포인트지급율					
12	100,000	1%					
13	300,000	2%					
14	500,000	3%					
15							

=TRUNC((B3−C3)*VLOOKUP(B3,$A$12:$B$14,2),−1)

❶ VLOOKUP(B3,$A$12:$B$14,2): [A12:B14] 영역(지급기준표)의 첫 번째 열(결제금액)에서 [B3] 셀의 값(결제금액)과 유사 일치(생략)하는 값을 찾아 해당 값이 있는 행에서 두 번째 열(포인트지급율)에 대응하는 값을 반환한다.
([A12:B14] 영역은 절대 참조로, 복사해도 수식의 주소가 변경되지 않음)

❷ TRUNC((B3−C3)*❶,−1): [B3] 셀의 값(결제금액)에서 [C3] 셀의 값(포인트사용액)을 뺀 값에 ❶(포인트지급율)을 곱한 값(포인트지급액)을 일의 자리 이하의 숫자를 버리고 십의 자리로 반환한다.

2 학점 표시하기

[J3] 셀 선택 → 수식 입력줄에 =HLOOKUP(AVERAGE(H3:I3),$H$12:$L$14,3)를 입력한 후 Enter 를 누름 → [J3] 셀의 자동 채우기 핸들을 [J9] 셀까지 드래그하여 함수식을 복사한다.

| J3 | ▼ : × ✓ fx | =HLOOKUP(AVERAGE(H3:I3),$H$12:$L$14,3) | ❷ 입력 → Enter |

◢	G	H	I	J	K	L	M	N
1	[표2]							
2	성명	중간고사	기말고사	학점				
3	김병기	95	90	A	❶ 딸깍			
4	박진우	65	70	D				
5	오주연	70	95	B				
6	이나경	70	75	C	❸ 드래그			
7	임정욱	60	75	D				
8	한종현	95	85	A				
9	이나희	40	50	F				
10								
11	학점기준표							
12	평균	0 이상	60 이상	70 이상	80 이상	90 이상		
13		60 미만	70 미만	80 미만	90 미만	100 이하		
14	학점	F	D	C	B	A		
15								

$$=HLOOKUP(AVERAGE(H3:I3),\$H\$12:\$L\$14,3)$$

❶
❷

❶ AVERAGE(H3:I3): [H3:I3] 영역(중간고사와 기말고사)의 평균을 반환한다.
❷ HLOOKUP(❶,$H$12:$L$14,3): [H12:L14] 영역(학점기준표)의 첫 번째 행(평균)에서 ❶(중간고사와 기말고사의 평균)과 유사 일치(생략)하는 값을 찾아 해당 값이 있는 열에서 세 번째 행(학점)에 대응하는 값을 반환한다.
([H12:L14] 영역은 절대 참조로, 복사해도 수식의 주소가 변경되지 않음)

3 순위 계산하기

[E18] 셀 선택 → 수식 입력줄에 =CHOOSE(RANK.EQ(D18,$D$18:$D$23),1,2,3,"","","")를 입력한 후 Enter를 누름 → [E18] 셀의 자동 채우기 핸들을 [E23] 셀까지 드래그하여 함수식을 복사한다.

실수가 줄어들면 합격은 빨라진다!
CHOOSE 함수에서 각 인수는 순위의 개수에 맞게 모두 지정되어야 하므로 1~3위를 제외한 나머지 순위에도 공백을 의미하는 큰따옴표("")로 반드시 지정해주어야 한다. 지정하지 않으면 결과에 오류가 발생한다.

E18		× √ fx	=CHOOSE(RANK.EQ(D18,$D$18:$D$23),1,2,3,"","","")		❷ 입력 → Enter
	A	B	C	D	E	F	Q
16	[표3]						
17	조	축구	발야구	총점	순위		
18	1조	90	50	140		❶ 딸깍	
19	2조	85	80	165	2		
20	3조	100	90	190	1		
21	4조	50	100	150	3	❸ 드래그	
22	5조	60	70	130			
23	6조	60	60	120			
24							

$$=CHOOSE(RANK.EQ(D18,\$D\$18:\$D\$23),1,2,3,""",""",""")$$
❶
❷

❶ RANK.EQ(D18,$D$18:$D$23): [D18:D23] 영역(총점)에서 [D18] 셀 값(총점)의 순위(순위가 같으면 가장 높은 순위)를 반환한다.
([D18:D23] 영역은 절대 참조로, 복사해도 수식의 주소가 변경되지 않음)
❷ CHOOSE(❶,1,2,3,"","",""): ❶(총점 순위)이 1이면 '1', 2이면 '2', 3이면 '3', 나머지는 공백으로 반환한다.

4 공과대학에서 가장 점수가 높은 학생 표시하기

[J26] 셀 선택 → 수식 입력줄에 =INDEX(H18:H25,MATCH(DMAX(G17:J25,J17,I17:I18),J18:J25,0))를 입력한 후 Enter를 누른다.

J26		× √ fx	=INDEX(H18:H25,MATCH(DMAX(G17:J25,J17,I17:I18),J18:J25,0))		❷ 입력 → Enter
	F	G	H	I	J	K	L	M
16		[표4]						
17		학번	이름	대학	점수			
18		202301	김철수	공과대학	85			
19		202302	이영희	인문대학	90			
20		202303	박민수	공과대학	95			
21		202304	최지훈	사회대학	88			
22		202305	정수현	공과대학	92			
23		202306	김수민	사회대학	75			
24		202307	오아름	공과대학	80			
25		202308	곽지민	인문대학	90			
26		공과대학에서 가장 점수가 높은 학생			박민수	❶ 딸깍		
27								

=INDEX(H18:H25,MATCH(DMAX(G17:J25,J17,I17:I18),J18:J25,0))

❶ **DMAX(G17:J25,J17,I17:I18)**: [G17:J25] 영역에서 조건이 [I17:I18] 영역('대학'이 '공과대학')인 '점수'의
최대값을 반환한다.

❷ **MATCH(❶,J18:J25,0)**: [J18:J25] 영역에서 ❶의 값과 정확히 일치(0)하는 값을 찾아 상대 위치를 반환
한다.

❸ **INDEX(H18:H25,❷)**: [H18:H25] 영역에서 ❷의 행에 해당하는 값을 표시한다.

5 결과 확인

▼ 결과 화면

	A	B	C	D	E	F	G	H	I	J	K	L
1	**[표1]**						**[표2]**					
2	고객명	결제금액	포인트사용액	포인트지급액			성명	중간고사	기말고사	학점		
3	권민석	664,000	4,370	19,780			김병기	95	90	A		
4	김도현	257,000	1,710	2,550			박진우	65	70	D		
5	박승진	483,000	3,840	9,580			오주연	70	95	B		
6	신해나	146,000	2,170	1,430			이나경	70	75	C		
7	윤준	721,000	3,920	21,510			임정욱	60	75	D		
8	이도현	518,000	1,630	15,490			한충현	95	85	A		
9							이나희	40	50	F		
10	지급기준표											
11	결제금액	포인트지급율					학점기준표					
12	100,000	1%					평균	0 이상 60 미만	60 이상 70 미만	70 이상 80 미만	80 이상 90 미만	90 이상 100 이하
13	300,000	2%										
14	500,000	3%					학점	F	D	C	B	A
15												
16	**[표3]**						**[표4]**					
17	조	축구	발야구	총점	순위		학번	이름	대학	점수		
18	1조	90	50	140			202301	김철수	공과대학	85		
19	2조	85	80	165	2		202302	이영희	인문대학	90		
20	3조	100	90	190	1		202303	박민수	공과대학	95		
21	4조	50	100	150	3		202304	최지훈	사회대학	88		
22	5조	60	70	130			202305	정수현	공과대학	92		
23	6조	60	60	120			202306	김수민	사회대학	75		
24							202307	오아름	공과대학	80		
25							202308	곽지민	인문대학	90		
26							공과대학에서 가장 점수가 높은 학생			박민수		
27												

무료 동영상 강의

출제유형 분석

분석작업은 정렬, 부분합, 피벗 테이블, 목표값 찾기, 시나리오, 통합, 데이터 표 중 2가지 유형이 각각 1문제씩 출제되어 총 2문제 출제된다.

합격 전략

분석작업은 고정적으로 출제되는 유형이 없어 어떤 문제가 출제될지 모른다는 부담감이 있을 수 있지만, 어렵지 않게 출제되는 편이다. 따라서 분석작업에서는 만점(20점)을 반드시 확보한다는 마음가짐으로 연습해야 한다. 출제패턴을 그대로 따라하다 보면 유형별 풀이법을 쉽고 빠르게 숙지할 수 있을 것이다.

세부 출제패턴

	출제유형	난이도	세부 출제패턴
1	정렬	상 중 **하**	입력한 데이터를 특정한 순서에 따라 재배열하는 문제로, 단독으로 출제되기보다는 부분합과 함께 출제되는 경우가 많다.
2	부분합	상 **중** 하	데이터를 일정한 기준으로 그룹화하여 계산하는 문제로, 중첩 부분합의 형태로 출제된다. 중첩 부분합에서는 '새로운 값으로 대치'를 체크 해제해야 한다는 점을 반드시 기억해야 한다.
3	피벗 테이블	**상** 중 하	광범위한 데이터를 요약하여 보여주는 테이블을 만드는 문제로, '행', '열', '값', '필터' 영역으로 지정되는 각 필드를 정확히 구분해야 한다.
4	목표값 찾기	상 중 **하**	원하는 결과를 얻는 데 필요한 입력값을 구하는 문제로, [목표값 찾기] 대화상자에서 각 구성 요소만 정확히 이해하면 아주 쉽게 해결할 수 있다.
5	시나리오	**상** 중 하	다양한 변수에 따라 여러 가지 결과값의 변화를 예측하여 분석하는 문제로, 주로 증가/감소 두 가지 상황을 비교하는 형태로 출제된다. 반드시 이름을 지정해야 하며, 시나리오 보고서를 잘못 작성했을 때는 다시 작성해야 하므로 한 번에 제대로 작성하는 연습이 필요하다.
6	통합	상 **중** 하	하나 이상의 원본 영역을 지정하여 하나의 표에 데이터를 요약하는 문제로, 와일드 카드를 사용한 문제도 출제되므로 변형된 유형을 연습해야 한다.
7	데이터 표	상 중 **하**	특정 값의 변화에 따른 결과값의 변화 과정을 계산하는 문제로, 행 입력 셀에 지정할 변수와 열 입력 셀에 지정할 변수를 정확하게 구분해야 한다.

01 정렬

① **개념**: 입력한 자료를 특정한 순서에 따라 재배열하는 기능

② **종류**

- 정렬 기준: 값, 셀 색, 글꼴 색, 셀 아이콘
- 정렬 방식: 오름차순, 내림차순, 사용자 지정 목록(사용자가 정의한 순서대로 정렬 가능)

📥 **작업 파일명** C:\에듀윌_2025컴활2급실기\그대로 따라하기\03. 분석작업\실습\01_정렬.xlsx

출제패턴 ❶

'정렬 – 1' 시트에 다음의 지시사항을 처리하시오.

학번	학과	이름	출석	평소	중간	기말	총점
			1학기 성적처리				
학번	학과	이름	출석	평소	중간	기말	총점
N126354	네트워크과	오성지	19	18	27	26	90
N132416	네트워크과	최현진	17	15	22	23	77
N132056	네트워크과	박종찬	12	13	21	23	69
N101253	네트워크과	이수민	12	10	15	18	55
C123460	사이버보안과	신지섭	19	19	26	28	92
C110456	사이버보안과	고현성	17	16	28	24	85
C150207	사이버보안과	조동희	18	17	24	21	80
C140632	사이버보안과	양효진	16	17	23	21	77
C133625	사이버보안과	임현준	16	17	19	21	73
S145628	소프트웨어과	신명인	20	19	29	27	95
S121340	소프트웨어과	김동호	15	16	25	26	82
S123056	소프트웨어과	이현	15	18	20	17	70
S130215	소프트웨어과	윤혜선	14	13	18	20	65

[정렬] 기능을 이용하여 '학과'를 오름차순으로 정렬하고, 동일한 학과인 경우 '총점'을 기준으로 내림차순 정렬하시오.

📖 **읽는 강의**

출제패턴을 알면 시험이 쉬워진다!
정렬 문제는 단독으로 출제되기 보다는 주로 부분합과 함께 출제되는 경우가 많다. 문제의 지시사항과 다르게 정렬을 지정하면 부분합의 계산 결과도 달라지므로 주의해야 한다.

1 첫 번째 정렬 기준 지정

① [B3:I16] 영역에서 임의의 셀 선택 → [데이터] 탭 – [정렬 및 필터] 그룹 – [정렬]( )을 클릭한다.

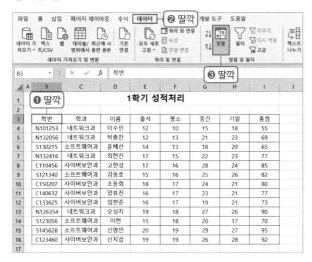

② [정렬] 대화상자가 나타나면 정렬 기준에서 '세로 막대형'은 '학과', '정렬 기준'은 '셀 값', '정렬'은 '오름차순'으로 선택하여 첫 번째 정렬 기준을 지정한다.

2 두 번째 정렬 기준 지정

① [기준 추가] 단추 클릭 → 다음 기준에서 '세로 막대형'은 '총점', '정렬 기준'은 '셀 값', '정렬'은 '내림차순'으로 선택하여 두 번째 정렬 기준 지정 → [확인] 단추를 클릭한다.

② 결과를 확인한다.

▼ 결과 화면

학번	학과	이름	출석	평소	중간	기말	총점
			1학기 성적처리				
N126354	네트워크과	오성지	19	18	27	26	90
N132416	네트워크과	최현진	17	15	22	23	77
N132056	네트워크과	박종찬	12	13	21	23	69
N101253	네트워크과	이수민	12	10	15	18	55
C123460	사이버보안과	신지섭	19	19	26	28	92
C110456	사이버보안과	고현성	17	16	28	24	85
C150207	사이버보안과	조동희	18	17	24	21	80
C140632	사이버보안과	양효진	16	17	23	21	77
C133625	사이버보안과	임현준	16	17	19	21	73
S145628	소프트웨어과	신명인	20	19	29	27	95
S121340	소프트웨어과	김동호	15	16	25	26	82
S123056	소프트웨어과	이현	15	18	20	17	70
S130215	소프트웨어과	윤혜선	14	13	18	20	65

출제패턴 ❷

'정렬 – 2' 시트에 다음의 지시사항을 처리하시오.

제품코드	담당자	수입국가	수입가격	판매가격	영업비용	이익
			제품별 판매이익			
ML-320	이상이	미국	₩315,400	₩515,000	₩98,500	₩298,100
TB-200	이상이	미국	₩45,000	₩54,500	₩4,500	₩14,000
PM-200	이상이	미국	₩135,350	₩200,000	₩28,000	₩92,650
PM-300	이상이	미국	₩165,000	₩250,000	₩35,000	₩120,000
PM-150	박재림	영국	₩215,000	₩325,300	₩68,500	₩178,800
PM-320	박재림	영국	₩235,900	₩415,000	₩75,800	₩254,900
ML-110	박재림	영국	₩326,200	₩483,500	₩89,500	₩246,800
TB-300	김수현	일본	₩497,200	₩752,500	₩125,300	₩380,600
TB-150	김수현	일본	₩89,300	₩175,000	₩28,000	₩113,700
ML-400	김수현	일본	₩278,500	₩345,300	₩32,500	₩99,300

[정렬] 기능을 이용하여 '수입국가'를 오름차순으로 정렬하고, 동일한 국가인 경우 '이익'의 셀 색이 'RGB(221, 235, 247)'인 값이 위에 표시되도록 정렬하시오.

1 첫 번째 정렬 기준 지정

① [B3:H13] 영역에서 임의의 셀 선택 → [데이터] 탭−[정렬 및 필터] 그룹−[정렬](정렬)을 클릭한다.

② [정렬] 대화상자가 나타나면 정렬 기준에서 '세로 막대형'은 '수입국가', '정렬 기준'은 '셀 값', '정렬'은 '오름차순'으로 선택하여 첫 번째 정렬 기준을 지정한다.

2 두 번째 정렬 기준 지정

① [기준 추가] 단추 클릭 → 다음 기준에서 '세로 막대형'은 '이익', '정렬 기준'은 '셀 색', '정렬'에서 셀 색은 'RGB(221, 235, 247)', '위에 표시'로 선택하여 두 번째 정렬 기준 지정 → [확인] 단추를 클릭한다.

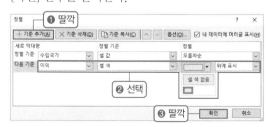

② 결과를 확인한다.

▼ 결과 화면

제품별 판매이익

제품코드	담당자	수입국가	수입가격	판매가격	영업비용	이익
ML-320	이상이	미국	₩315,400	₩515,000	₩98,500	₩298,100
TB-200	이상이	미국	₩45,000	₩54,500	₩4,500	₩14,000
PM-200	이상이	미국	₩135,350	₩200,000	₩28,000	₩92,650
PM-300	이상이	미국	₩165,000	₩250,000	₩35,000	₩120,000
PM-150	박재림	영국	₩215,000	₩325,300	₩68,500	₩178,800
PM-320	박재림	영국	₩235,900	₩415,000	₩75,800	₩254,900
ML-110	박재림	영국	₩326,200	₩483,500	₩89,500	₩246,800
TB-300	김수현	일본	₩497,200	₩752,500	₩125,300	₩380,600
TB-150	김수현	일본	₩89,300	₩175,000	₩28,000	₩113,700
ML-400	김수현	일본	₩278,500	₩345,300	₩32,500	₩99,300

출제패턴 ❸

'정렬 – 3' 시트에 다음의 지시사항을 처리하시오.

부서별 인적사항

사원번호	이름	성별	직책	호봉	자격증
1003	손오형	남	부장	1	워드
4008	이주희	여	부장	1	정보처리기사
1002	김태모	남	과장	2	컴활1급
4010	한혜림	여	과장	2	컴활1급
2006	이인직	남	과장	4	워드
1001	김도현	남	대리	3	컴활2급
2004	윤은빈	여	대리	4	전산회계1급
2005	이세희	여	대리	2	전산회계2급
3009	한지성	남	대리	3	정보처리기사
4020	이민형	남	대리	3	정보처리기사
3007	정회철	남	사원	3	컴활1급
3008	최영학	남	사원	2	컴활2급

[정렬] 기능을 이용하여 '직책'을 '부장 – 과장 – 대리 – 사원' 순으로 정렬하고, 동일한 직책인 경우 '자격증'의 셀 색이 'RGB(255, 242, 204)'인 값이 위에 표시되도록 정렬하시오.

154 출제유형 연습하기–Chapter 3. 분석작업

1 첫 번째 정렬 기준 지정

① [B3:G15] 영역에서 임의의 셀 선택 → [데이터] 탭 – [정렬 및 필터] 그룹 – [정렬](📊)을 클릭한다.

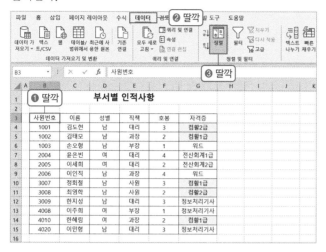

② [정렬] 대화상자가 나타나면 '정렬 기준'에서 '세로 막대형'은 '직책', '정렬 기준'은 '셀 값', '정렬'은 '사용자 지정 목록'으로 선택한다.

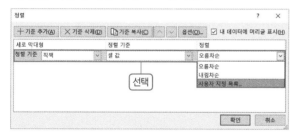

③ [사용자 지정 목록] 대화상자가 나타나면 '목록 항목'에 '부장'을 입력한 후 Enter 를 누름 → 이와 같은 방법으로 '과장', '대리', '사원'을 차례로 입력한 후 [추가] 단추 클릭 → [확인] 단추를 클릭한다.

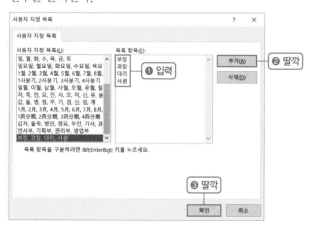

풀이법을 알면 시간이 단축된다!
실제 시험장에서는 [사용자 지정 목록] 대화상자에 지정할 정렬 기준이 이미 추가되어 있는 경우도 있으므로 '사용자 지정 목록'을 우선 확인하는 것이 좋다.

② 두 번째 정렬 기준 지정

① [정렬] 대화상자로 되돌아오면 [기준 추가] 단추 클릭 → 다음 기준에서 '세로 막대형'은 '자격증', '정렬 기준'은 '셀 색', '정렬'에서 셀 색은 'RGB(255, 242, 204)', '위에 표시'로 선택하여 두 번째 정렬 기준 지정 → [확인] 단추를 클릭한다.

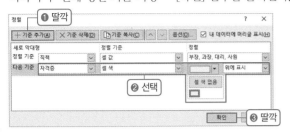

② 결과를 확인한다.

▼ 결과 화면

	부서별 인적사항					
사원번호	이름	성별	직책	호봉	자격증
1003	손오형	남	부장	1	워드
4008	이주희	여	부장	1	정보처리기사
1002	김태모	남	과장	2	컴활1급
4010	한혜림	여	과장	2	컴활1급
2006	이인직	남	과장	4	워드
1001	김도현	남	대리	3	컴활2급
2004	윤은빈	여	대리	4	전산회계1급
2005	이세희	여	대리	2	전산회계2급
3009	한지성	남	대리	3	정보처리기사
4020	이민형	남	대리	3	정보처리기사
3007	정회철	남	사원	3	컴활1급
3008	최영학	남	사원	2	컴활2급

02 부분합

① **개념**: 데이터를 일정한 기준으로 그룹화하여 합계, 평균 등을 다양하게 계산하는 기능
② **종류**: 합계, 개수, 평균, 최대, 최소 등을 계산

📥 **작업 파일명** C:\에듀윌_2025컴활2급실기\그대로 따라하기\03. 분석작업\실습\02_부분합.xlsx

출제패턴 ❶

📖 읽는 강의

'부분합 – 1' 시트에 다음의 지시사항을 처리하시오.

1 2 3 4	A	B	C	D	E	F	G	H	I
1	상공대학 IT학부 계절학기 성적								
2									
3	학과	학년	성명	출석	중간고사	기말고사	과제물	총점	
4	멀티미디어과	2	강도경	20	28	27	19	94	
5	멀티미디어과	3	김선민	10	21	19	17	67	
6	멀티미디어과	3	김진영	20	29	28	19	96	
7	멀티미디어과	2	김연희	20	25	23	18	86	
8	멀티미디어과 최대				29	28			
9	멀티미디어과 평균							85.75	
10	인터넷정보과	2	권오철	15	22	24	18	79	
11	인터넷정보과	2	신유미	10	16	18	16	60	
12	인터넷정보과	3	박영수	5	15	18	16	54	
13	인터넷정보과 최대				22	24			
14	인터넷정보과 평균							64.33333	
15	정보통신과	2	김경호	15	24	23	17	79	
16	정보통신과	2	김유신	20	26	24	18	88	
17	정보통신과	2	노현서	15	19	21	17	72	
18	정보통신과	2	이상연	15	23	21	18	77	
19	정보통신과 최대				26	24			
20	정보통신과 평균							79	
21	전체 최대값				29	28			
22	전체 평균							77.45455	
23									

[부분합] 기능을 이용하여 '상공대학 IT학부 계절학기 성적' 표에 〈그림〉과 같이 학과별 '총점'의 평균을 계산한 후 '중간고사'와 '기말고사'의 최대를 계산하시오.

▶ 정렬은 '학과'를 기준으로 오름차순으로 처리하시오.
▶ 평균과 최대는 위에 명시된 순서대로 처리하시오.

출제패턴을 알면 시험이 쉬워진다! 부분합은 자주 출제되는 문제 유형으로, 부분합이 계산된 상태에서 또 다른 부분합을 추가하는 중첩 부분합의 형태가 출제된다. 부분합을 추가할 때는 [부분합] 대화상자에서 '새로운 값으로 대치'를 체크 해제해야 한다.

1 정렬

부분합을 계산하기 전 '학과'를 기준으로 오름차순 정렬하기 위해 학과[A3:A14] 영역에서 학과[A3] 셀 선택 → [데이터] 탭 – [정렬 및 필터] 그룹 – [텍스트 오름차순 정렬](📊)을 클릭한다.

풀이법을 알면 시간이 단축된다!
부분합을 계산하려면 그룹화할 항목을 기준으로 해당 필드가 반드시 정렬되어야 한다.

[예시] '학과'를 기준으로 그룹화하는 경우 '학과'가 오름차순 또는 내림차순으로 정렬되어 있어야 하고, '학년'을 기준으로 그룹화하는 경우 '학년'이 오름차순 또는 내림차순으로 정렬되어 있어야 한다.

2 첫 번째 부분합 지정

① 학과별 '총점'의 평균을 계산하기 위해 [A3:H14] 영역에서 임의의 셀 선택 → [데이터] 탭 – [개요] 그룹 – [부분합](📊)을 클릭한다.

② [부분합] 대화상자가 나타나면 '그룹화할 항목'은 '학과'로 지정되었는지 확인하고 '사용할 함수'는 '평균' 선택 → '부분합 계산 항목'은 '총점'이 체크되었는지 확인 → [확인] 단추를 클릭한다.

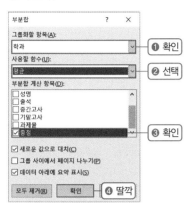

3 두 번째 부분합 지정

① 학과별 '중간고사'와 '기말고사'의 최대를 계산하는 부분합을 추가하기 위해 임의의 셀을 선택한 상태에서 [데이터] 탭 – [개요] 그룹 – [부분합](▦)을 클릭한다.

② [부분합] 대화상자가 나타나면 '그룹화할 항목'은 '학과'로 지정되었는지 확인하고 '사용할 함수'는 '최대' 선택 → '부분합 계산 항목'은 '중간고사'와 '기말고사'를 체크하고 '총점' 체크 해제 → '새로운 값으로 대치' 체크 해제 → [확인] 단추를 클릭한다.

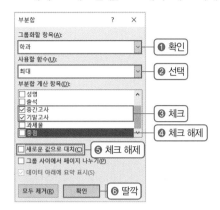

📖 읽는 강의

실수가 줄어들면 합격은 빨라진다!
앞에서 언급한 바와 같이 부분합을 중첩하여 사용할 때는 '새로운 값으로 대치'를 체크 해제하지 않으면 이전에 계산한 '평균' 부분합이 지워지고 '최대' 부분합만 계산되므로 주의해야 한다.

③ 결과를 확인한다.

풀이법을 알면 시간이 단축된다!
부분합을 중첩해서 적용할 경우 처음 계산한 부분합의 결과가 아래에 표시되고 마지막에 계산한 부분합의 결과가 위에 표시된다.

▼ 결과 화면

	A	B	C	D	E	F	G	H	I
1	상공대학 IT학부 계절학기 성적								
2									
3	학과	학년	성명	출석	중간고사	기말고사	과제물	총점	
4	멀티미디어과	2	강도경	20	28	27	19	94	
5	멀티미디어과	3	김선민	10	21	19	17	67	
6	멀티미디어과	3	김진영	20	29	28	19	96	
7	멀티미디어과	2	김연희	20	25	23	18	86	
8	멀티미디어과 최대				29	28			
9	멀티미디어과 평균							85.75	
10	인터넷정보과	2	권오철	15	22	24	18	79	
11	인터넷정보과	2	신유미	10	16	18	16	60	
12	인터넷정보과	3	박영수	5	15	18	16	54	
13	인터넷정보과 최대				22	24			
14	인터넷정보과 평균							64.33333	
15	정보통신과	2	김경호	15	24	23	17	79	
16	정보통신과	2	김유신	20	26	24	18	88	
17	정보통신과	2	노현서	15	19	21	17	72	
18	정보통신과	2	이상연	15	23	21	18	77	
19	정보통신과 최대				26	24			
20	정보통신과 평균							79	
21	전체 최대값				29	28			
22	전체 평균							77.45455	
23									

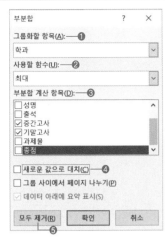

❶ 그룹화할 항목: 부분합을 계산할 기준 필드로, 미리 정렬되어 있어야 함

❷ 사용할 함수: 합계, 개수, 평균, 최대, 최소, 곱, 숫자 개수, 표본 표준 편차, 표준 편차, 표본 분산, 분산 함수

❸ 부분합 계산 항목: 부분합을 계산하여 표시할 항목을 선택함

❹ 새로운 값으로 대치: 이전 부분합의 결과를 지우고 새로운 부분합을 구함

❺ 모두 제거: 부분합을 삭제함

출제패턴 ❷

'부분합 – 2' 시트에 다음의 지시사항을 처리하시오.

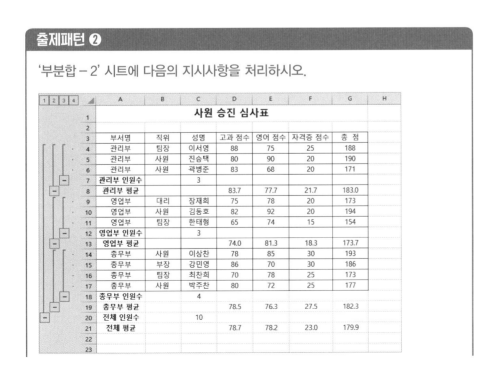

	A	B	C	D	E	F	G	H
1			사원 승진 심사표					
2								
3	부서명	직위	성명	고과 점수	영어 점수	자격증 점수	총 점	
4	관리부	팀장	이서영	88	75	25	188	
5	관리부	사원	진승택	80	90	20	190	
6	관리부	사원	곽병준	83	68	20	171	
7	관리부 인원수		3					
8	관리부 평균			83.7	77.7	21.7	183.0	
9	영업부	대리	장재희	75	78	20	173	
10	영업부	사원	김동호	82	92	20	194	
11	영업부	팀장	한태형	65	74	15	154	
12	영업부 인원수		3					
13	영업부 평균			74.0	81.3	18.3	173.7	
14	총무부	사원	이상찬	78	85	30	193	
15	총무부	부장	강민영	86	70	30	186	
16	총무부	팀장	최찬희	70	78	25	173	
17	총무부	사원	박주찬	80	72	25	177	
18	총무부 인원수		4					
19	총무부 평균			78.5	76.3	27.5	182.3	
20	전체 인원수		10					
21	전체 평균			78.7	78.2	23.0	179.9	
22								
23								

[부분합] 기능을 이용하여 '사원 승진 심사표'에 〈그림〉과 같이 부서명별 '고과 점수', '영어 점수', '자격증 점수', '총점'의 평균을 계산한 후 '성명'에 대한 인원수를 계산하는 부분합을 작성하시오.

▶ 정렬은 '부서명'을 기준으로 오름차순으로 처리하시오.

▶ 부분합 실행 결과에서 나타나는 'OOO 개수'의 형태를 'OOO 인원수'의 형태로 표시하시오.

▶ 평균의 소수점 자릿수는 '1'로 지정하시오.

그대로 따라하기 ▶▶

1 정렬

부분합을 계산하기 전 '부서명'을 기준으로 오름차순 정렬하기 위해 부서명[A3:A13] 영역에서 부서명[A3] 셀 선택 → [데이터] 탭 – [정렬 및 필터] 그룹 – [텍스트 오름차순 정렬](𝄪↓)을 클릭한다.

2 첫 번째 부분합 지정

① 부서명별 '고과 점수', '영어 점수', '자격증 점수', '총점'의 평균을 계산하기 위해 [A3:G13] 영역에서 임의의 셀 선택 → [데이터] 탭 – [개요] 그룹 – [부분합]( )을 클릭한다.

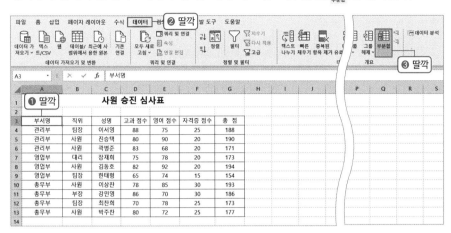

② [부분합] 대화상자가 나타나면 '그룹화할 항목'은 '부서명'으로 지정되었는지 확인하고 '사용할 함수'는 '평균' 선택 → '부분합 계산 항목'은 '고과 점수', '영어 점수', '자격증 점수', '총점' 체크 → [확인] 단추를 클릭한다.

③ 두 번째 부분합 지정

① 부서명별 '성명'에 대한 인원수를 계산하는 부분합을 추가하기 위해 [A3:G17] 영역에서 임의의 셀 선택 → [데이터] 탭 – [개요] 그룹 – [부분합](🎛)을 클릭한다.

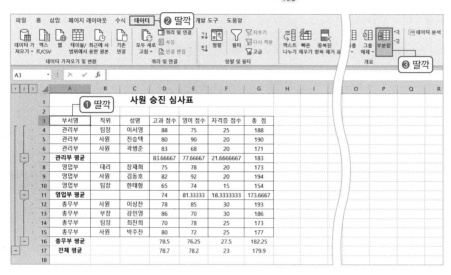

② [부분합] 대화상자가 나타나면 '그룹화할 항목'은 '부서명'으로 체크되었는지 확인하고 '사용할 함수'는 '개수' 선택 → '부분합 계산 항목'은 '성명'을 체크하고 '고과 점수', '영어 점수', '자격증 점수', '총점' 체크 해제 → '새로운 값으로 대치' 체크 해제 → [확인] 단추를 클릭한다.

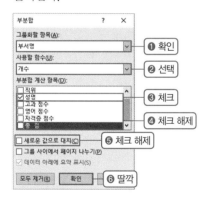

③ 전체 영역에서 임의의 셀 선택 → [홈] 탭 – [편집] 그룹 – [찾기 및 선택]($\bigcirc$ 찾기 및 선택) – [바꾸기]를 선택한다.

읽는 강의

풀이법을 알면 시간이 단축된다!
[찾기 및 바꾸기] 대화상자 바로
가기 키: Ctrl + F

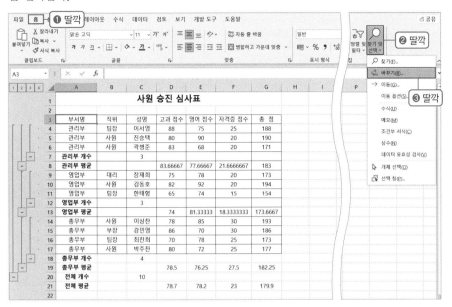

④ [찾기 및 바꾸기] 대화상자가 나타나면 [바꾸기] 탭에서 '찾을 내용'에 개수, '바꿀 내용'에 인원수 입력 → [모두 바꾸기] 단추 클릭 → 항목을 바꾸었다는 메시지 상자가 나타나면 [확인] 단추 클릭 → [찾기 및 바꾸기] 대화상자에서 [닫기] 단추를 클릭한다.

⑤ [D8:G8] 영역을 드래그하여 선택 → Ctrl을 누른 상태에서 [D13:G13], [D19:G19], [D21:G21] 영역을 차례대로 드래그하여 선택 → 마우스 오른쪽 단추를 클릭하고 바로 가기 메뉴에서 [셀 서식]을 선택한다.

📖 읽는 강의

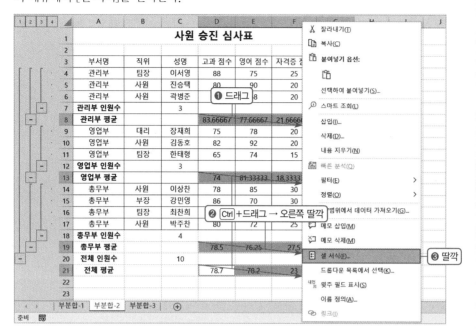

⑥ [셀 서식] 대화상자가 나타나면 [표시 형식] 탭에서 '범주'는 '숫자'로 선택하고 '소수 자릿수'를 '1'로 지정 → [확인] 단추를 클릭한다.

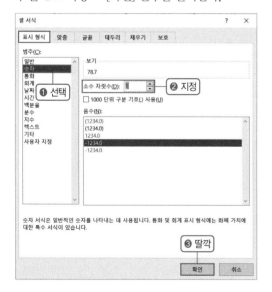

풀이법을 알면 시간이 단축된다!
'범주'를 '사용자 지정'으로 선택하고 '형식'에 0.0을 입력해도 된다.

⑦ 결과를 확인한다.

☞ 읽는 강의

▼ 결과 화면

1 2 3 4	A	B	C	D	E	F	G	H
1			**사원 승진 심사표**					
2								
3	부서명	직위	성명	고과 점수	영어 점수	자격증 점수	총 점	
4	관리부	팀장	이서영	88	75	25	188	
5	관리부	사원	진승택	80	90	20	190	
6	관리부	사원	곽병준	83	68	20	171	
7	**관리부 인원수**		3					
8	**관리부 평균**			83.7	77.7	21.7	183.0	
9	영업부	대리	장재희	75	78	20	173	
10	영업부	사원	김동호	82	92	20	194	
11	영업부	팀장	한태형	65	74	15	154	
12	**영업부 인원수**		3					
13	**영업부 평균**			74.0	81.3	18.3	173.7	
14	총무부	사원	이상찬	78	85	30	193	
15	총무부	부장	강민영	86	70	30	186	
16	총무부	팀장	최찬희	70	78	25	173	
17	총무부	사원	박주찬	80	72	25	177	
18	**총무부 인원수**		4					
19	**총무부 평균**			78.5	76.3	27.5	182.3	
20	**전체 인원수**		10					
21	**전체 평균**			78.7	78.2	23.0	179.9	
22								
23								

출제패턴 ❸

'부분합 – 3' 시트에 다음의 지시사항을 처리하시오.

1 2 3 4	A	B	C	D	E	F	G
1			**맥주 판매 현황**				
2							
3	날짜 ▾	품목 ▾	판매가 ▾	수량 ▾	판매금액 ▾	판매점 ▾	
4	2021-11-08	스타우트	45,000	737	33,165,000	강서	
5	2021-09-05	스타우트	45,000	215	9,675,000	강북	
6	2021-10-07	스타우트	45,000	201	9,045,000	강남	
7		**스타우트 요약**	135,000		51,885,000		
8		**스타우트 최대**		737			
9	2021-11-06	카스	33,000	394	13,002,000	강북	
10	2021-09-03	카스	33,000	283	9,339,000	강남	
11	2021-10-05	카스	33,000	254	8,382,000	강서	
12		**카스 요약**	99,000		30,723,000		
13		**카스 최대**		394			
14	2021-09-06	클라우드	35,000	963	33,705,000	강남	
15	2021-11-09	클라우드	35,000	552	19,320,000	강남	
16	2021-10-08	클라우드	35,000	282	9,870,000	강서	
17		**클라우드 요약**	105,000		62,895,000		
18		**클라우드 최대**		963			
19	2021-09-07	테라	34,000	651	22,134,000	강북	
20	2021-09-08	테라	34,000	416	14,144,000	강동	
21		**테라 요약**	68,000		36,278,000		
22		**테라 최대**		651			
23	2021-11-07	하이트	36,000	393	14,148,000	강동	
24	2021-09-04	하이트	36,000	132	4,752,000	강서	
25		**하이트 요약**	72,000		18,900,000		
26		**하이트 최대**		393			
27		**총합계**	479,000		200,681,000		
28		**전체 최대값**		963			
29							

[부분합] 기능을 이용하여 '맥주 판매 현황' 표에 〈그림〉과 같이 품목별 '수량'의 최대를
계산한 후 '판매가'와 '판매금액'의 합계를 계산하시오.

▶ 정렬은 '품목'을 기준으로 오름차순으로 처리하고, 동일한 품목인 경우 '판매금액'의 내림차순으
로 처리하시오.

▶ 부분합의 표 서식을 '표 스타일 밝게 16'으로 적용하시오.

▶ 최대와 합계는 위에 명시된 순서대로 처리하시오.

그대로 따라하기 ▶▶

1 정렬

① 부분합을 계산하기 전 '품목'을 기준으로 오름차순, '판매금액'을 기준으로 내림차순 정렬
하기 위해 [A3:F16] 영역에서 임의의 셀 선택 → [데이터] 탭 – [정렬 및 필터] 그룹 – [정
렬](🔲)을 클릭한다.

② [정렬] 대화상자가 나타나면 정렬 기준에서 '세로 막대형'은 '품목', '정렬 기준'은 '셀 값',
'정렬'은 '오름차순'으로 선택하여 첫 번째 정렬 기준을 지정한다.

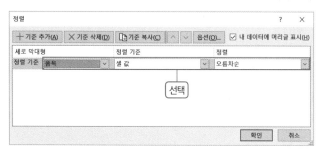

③ [기준 추가] 단추 클릭 → 다음 기준에서 '세로 막대형'은 '판매금액', '정렬 기준'은 '셀 값', '정렬'은 '내림차순'으로 선택하여 두 번째 정렬 기준 지정 → [확인] 단추를 클릭한다.

2 첫 번째 부분합 지정

① 품목별 '수량'의 최대를 계산하기 위해 [A3:F16] 영역에서 임의의 셀 선택 → [데이터] 탭 – [개요] 그룹 – [부분합]()을 클릭한다.

	A	B	C	D	E	F
1			맥주 판매 현황			
2						
3	날짜	품목	판매가	수량	판매금액	판매점
4	2021-11-08	스타우트	45,000	737	33,165,000	강서
5	2021-09-05	스타우트	45,000	215	9,675,000	강북
6	2021-10-07	스타우트	45,000	201	9,045,000	강남
7	2021 11 06	카스	33,000	394	13,002,000	강북
8	2021-09-03	카스	33,000	283	9,339,000	강남
9	2021-10-05	카스	33,000	254	8,382,000	강서
10	2021-09-06	클라우드	35,000	963	33,705,000	강남
11	2021-11-09	클라우드	35,000	552	19,320,000	강남
12	2021-10-08	클라우드	35,000	282	9,870,000	강서
13	2021-09-07	태라	34,000	651	22,134,000	강북
14	2021-09-08	태라	34,000	416	14,144,000	강동
15	2021-11-07	하이트	36,000	393	14,148,000	강동
16	2021-09-04	하이트	36,000	132	4,752,000	강서
17						

② [부분합] 대화상자가 나타나면 '그룹화할 항목'은 '품목'을 선택하고 '사용할 함수'는 '최대' 선택 → '부분합 계산 항목'은 '수량'을 체크하고 '판매점' 체크 해제 → [확인] 단추를 클릭한다.

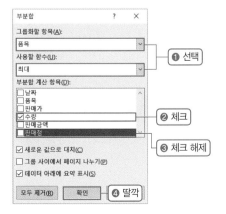

3 두 번째 부분합 지정

① 품목별 '판매가'와 '판매금액'의 합계를 계산하는 부분합을 추가하기 위해 [A3:F22] 영역
에서 임의의 셀 선택 → [데이터] 탭 – [개요] 그룹 – [부분합]( )을 클릭한다.

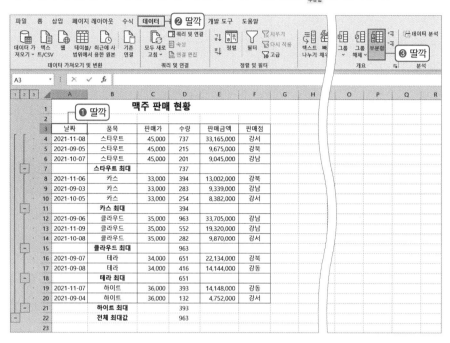

② [부분합] 대화상자가 나타나면 '그룹화할 항목'은 '품목'으로 지정되었는지 확인하고 '사용
할 함수'는 '합계' 선택 → '부분합 계산 항목'은 '판매가'와 '판매금액'을 체크하고 '수량' 체
크 해제 → '새로운 값으로 대치' 체크 해제 → [확인] 단추를 클릭한다.

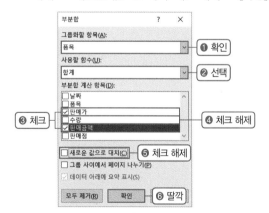

풀이법을 알면 시간이 단축된다!
셀 값이 '####'으로 표시된
다면 셀 데이터의 길이보다 열 너
비가 좁은 경우이므로 조절할
열 머리글의 경계선을 오른쪽
으로 드래그하거나 열 머리글
의 경계선을 더블클릭한다.

C	D	E	F
액주 판매 현황			
오른쪽 드래그 또는 딸깍딸깍			
45,000	737	33,165,000	강서
45,000	215	9,675,000	강북
45,000	201	9,045,000	강남
135,000		51,885,000	
	737		
33,000	394	13,002,000	강북
33,000	283	9,339,000	강남
33,000	254	8,382,000	강서
99,000		30,723,000	
	394		
35,000	963	33,705,000	강남
35,000	552	19,320,000	강남
35,000	282	9,870,000	강서
105,000		62,895,000	
	963		
34,000	651	22,134,000	강북
34,000	416	14,144,000	강동
68,000		36,278,000	
	651		
36,000	393	14,148,000	강동
36,000	132	4,752,000	강서
72,000		18,900,000	
	393		
479,000		########	
	963		

4 표 서식 지정

① [A3:F28] 영역을 드래그하여 선택 → **[홈] 탭 – [스타일] 그룹 – [표 서식]**( ) 클릭 → '표 스타일 밝게 16'을 선택한다.

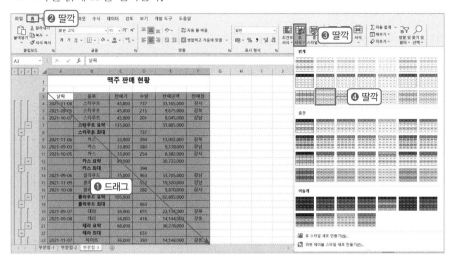

② [표 서식] 대화상자가 나타나면 표에 사용할 데이터가 [A3:F28] 영역으로 지정되었는지 확인 → [확인] 단추를 클릭한다.

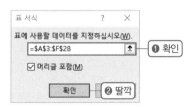

③ 결과를 확인한다.

▼ 결과 화면

	A	B	C	D	E	F	G
1			맥주 판매 현황				
2							
3	날짜	품목	판매가	수량	판매금액	판매점	
4	2021-11-08	스타우트	45,000	737	33,165,000	강서	
5	2021-09-05	스타우트	45,000	215	9,675,000	강북	
6	2021-10-07	스타우트	45,000	201	9,045,000	강남	
7		스타우트 요약	135,000		51,885,000		
8		스타우트 최대		737			
9	2021-11-06	카스	33,000	394	13,002,000	강북	
10	2021-09-03	카스	33,000	283	9,339,000	강남	
11	2021-10-05	카스	33,000	254	8,382,000	강서	
12		카스 요약	99,000		30,723,000		
13		카스 최대		394			
14	2021-09-06	클라우드	35,000	963	33,705,000	강남	
15	2021-11-09	클라우드	35,000	552	19,320,000	강남	
16	2021-10-08	클라우드	35,000	282	9,870,000	강서	
17		클라우드 요약	105,000		62,895,000		
18		클라우드 최대		963			
19	2021-09-07	테라	34,000	651	22,134,000	강북	
20	2021-09-08	테라	34,000	416	14,144,000	강동	
21		테라 요약	68,000		36,278,000		
22		테라 최대		651			
23	2021-11-07	하이트	36,000	393	14,148,000	강동	
24	2021-09-04	하이트	36,000	132	4,752,000	강서	
25		하이트 요약	72,000		18,900,000		
26		하이트 최대		393			
27		총합계	479,000		200,681,000		
28		전체 최대값		963			

분 석 작 업

03 피벗 테이블

① **개념**: 광범위한 데이터를 다양한 형태로 요약하여 보여주는 대화형 테이블을 만드는 기능
② **종류**
- 값 필드 설정: 계산 함수 변경, 표시 형식 지정
- 피벗 테이블 옵션: 레이블이 있는 셀 병합 및 가운데 맞춤, 빈 셀 표시 지정, 행 총합계 표시, 열 총합계 표시
- 그룹: 숫자, 날짜 등의 그룹 지정
- 보고서 레이아웃: 압축 형식으로 표시, 개요 형식으로 표시, 테이블 형식으로 표시
- 피벗 스타일 지정: 피벗 테이블에 적용할 스타일을 선택

⬇ **작업 파일명** C:\에듀윌_2025컴활2급실기\그대로 따라하기\03. 분석작업\실습\03_피벗테이블.xlsx

출제패턴 ❶

'피벗테이블 – 1' 시트에 다음의 지시사항을 처리하시오.

	A	B	C	D	E	F	G
13							
14	최대 : 근무년수	열 레이블					
15	행 레이블	부장	과장	대리	차장	총합계	
16	영업부	*		6	5	12	12
17	생산부	*		8 *		11	11
18	총무부	20 *		4 *		20	
19	총합계	20	8	5	12	20	
20							

'부서별 근무년수 현황'을 이용하여 부서는 '행', 직위는 '열'로 처리하고, '값'에 근무년수의 최대값을 계산하는 피벗 테이블을 작성하시오.

▶ 피벗 테이블 보고서는 동일 시트의 [A14] 셀에서 시작하시오.
▶ 피벗 테이블 보고서의 빈 셀은 '*' 기호로 표시하시오.
▶ 피벗 테이블 스타일은 '피벗 스타일 중간 10'으로 지정하시오.

📖 **읽는 강의**

출제패턴을 알면 시험이 쉬워진다! 피벗 테이블은 자주 출제되는 문제 유형으로, 피벗 테이블의 구성 요소인 필터, 행, 열, 값을 정확하게 구분해야 한다. 주로 출제되는 문제 유형은 피벗 테이블을 작성한 후 함수를 변경하거나 표시 형식을 지정하는 문제가 출제된다. 또한, 피벗 테이블 옵션, 보고서 레이아웃, 피벗 스타일 등을 지정하는 유형도 출제되므로 다양한 문제를 연습해보는 것이 좋다.

1 피벗 테이블 작성

① [A3:E11] 영역에서 임의의 셀 선택 → **[삽입] 탭 – [표] 그룹 – [피벗 테이블]**(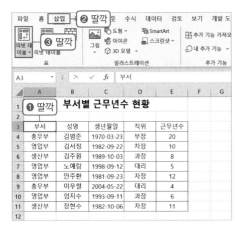)을 클릭한다.

② [피벗 테이블 만들기] 대화상자가 나타나면 '표 또는 범위 선택'의 '표/범위'가 데이터가
입력된 모든 셀인 'A3:E11'인지 확인 → 피벗 테이블 보고서를 넣을 위치는 '기존 워크시
트'를 선택하고 '위치'에 [A14] 셀 지정 → [확인] 단추를 클릭한다.

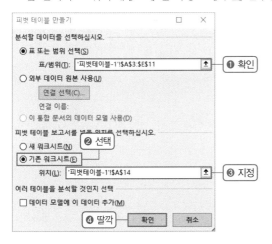

풀이법을 알면 시간이 단축된다!
피벗 테이블 보고서를 넣을 위
치는 항상 문제의 지시사항에
제시된 시작 위치(행 레이블의
시작 위치)를 확인하고 지정한다.

2 피벗 테이블 필드 지정

① [피벗 테이블 필드] 창이 나타나면 '부서'를 '행' 영역으로, '직위'를 '열' 영역으로, '근무년
수'를 '값' 영역으로 드래그 → '값' 영역에서 '합계 : 근무년수' 클릭 → [값 필드 설정]을 선
택한다.

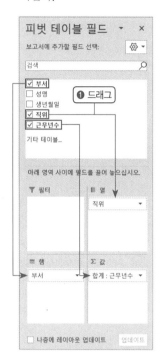
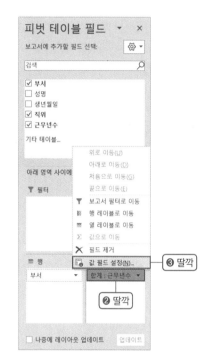

② [값 필드 설정] 대화상자가 나타나면 [값 요약 기준] 탭에서 '선택한 필드의 데이터'를 '최
대'로 선택 → [확인] 단추를 클릭한다.

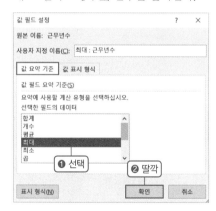

3 피벗 테이블 옵션과 스타일 지정

① 피벗 테이블의 임의의 셀에서 마우스 오른쪽 단추를 클릭한 후 바로 가기 메뉴에서 [피벗 테이블 옵션]을 선택한다.

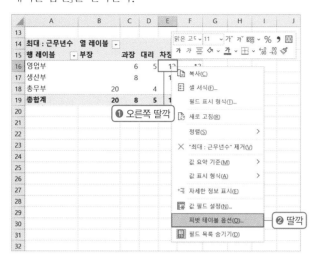

② [피벗 테이블 옵션] 대화상자가 나타나면 [레이아웃 및 서식] 탭에서 '서식'의 '빈 셀 표시' 가 체크되어 있는지 확인한 후 ※ 입력 → [확인] 단추를 클릭한다.

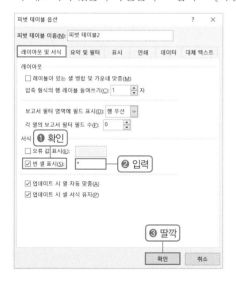

풀이법을 알면 시간이 단축된다!
셀 값이 '####'으로 표시되거나 필드명이 셀에 모두 표시되지 않으면 셀 데이터의 길이보다 열 너비가 좁은 경우이므로 조절할 열 머리글의 경계선을 오른쪽으로 드래그하거나 열 머리글의 경계선을 더블클릭한다.

③ 피벗 테이블의 임의의 셀을 선택한 상태에서 [**디자인**] **탭** – [**피벗 테이블 스타일**] 그룹 – [**자세히**] **단추**(▾)를 클릭한다.

④ '피벗 스타일 중간 10'을 선택한다.

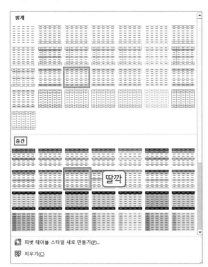

⑤ 결과를 확인한다.

▼ 결과 화면

	A	B	C	D	E	F	G
13							
14	최대 : 근무년수	열 레이블 ▾					
15	행 레이블 ▾	부장	과장	대리	차장	총합계	
16	영업부	*	6	5	12	12	
17	생산부	*	8 *		11	11	
18	총무부	20 *		4 *		20	
19	**총합계**	**20**	**8**	**5**	**12**	**20**	
20							

출제패턴 ❷

'피벗테이블 – 2' 시트에 다음의 지시사항을 처리하시오.

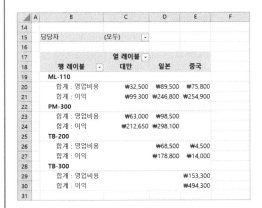

'제품별 가격 비교'를 이용하여 담당자는 '필터', 제품코드는 '행', 수입국가는 '열'로 처리하고 '값'에 영업비용, 이익의 합계를 순서대로 계산한 후 'Σ 값'을 '행 레이블'로 설정하는 피벗 테이블을 작성하시오.

▶ 피벗 테이블 보고서는 동일 시트의 [B17] 셀에서 시작하시오.

▶ 값 영역의 표시 형식은 [셀 서식] 대화상자에서 '통화'를 이용하여 지정하시오.

▶ '레이블이 있는 셀 병합 및 가운데 맞춤'을 설정, 행과 열의 총합계가 나타나지 않도록 지정하시오.

그대로 따라하기 ▶▶

1 피벗 테이블 작성

① [B2:H12] 영역에서 임의의 셀 선택 → [삽입] 탭 – [표] 그룹 – [피벗 테이블](피벗테이블 ✓)을 클릭한다.

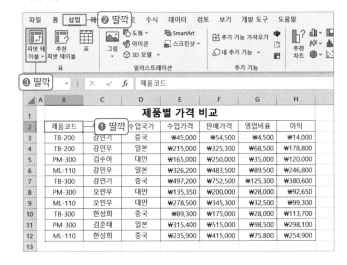

② [피벗 테이블 만들기] 대화상자가 나타나면 '표 또는 범위 선택'의 '표/범위'가 데이터가
입력된 모든 셀인 'B2:H12'인지 확인 → 피벗 테이블 보고서를 넣을 위치는 '기존 워크시
트'를 선택하고 '위치'에 [B17] 셀 지정 → [확인] 단추를 클릭한다.

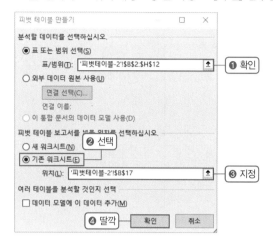

2 피벗 테이블 필드 지정

[피벗 테이블 필드] 창이 나타나면 '제품코드'를 '행' 영역으로, '담당자'를 '필터' 영역으로, '수
입국가'를 '열' 영역으로, '영업비용'과 '이익'을 '값' 영역으로 드래그 → '열' 영역에서 'Σ 값'이
나타나면 'Σ 값'을 '행' 영역으로 드래그한다.

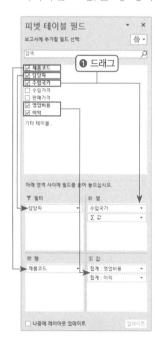
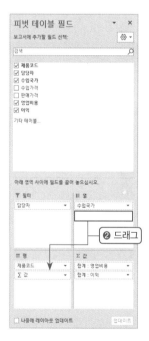

• 'Σ 값'이 '열' 영역에 있는 경우

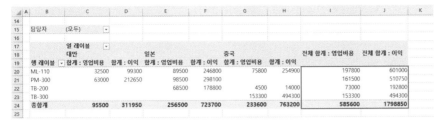

• 'Σ 값'이 '행' 영역에 있는 경우

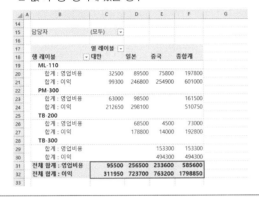

③ 표시 형식 지정

① [C19:F32] 영역을 드래그하여 선택 → 마우스 오른쪽 단추를 클릭하고 바로 가기 메뉴에서 [셀 서식]을 선택한다.

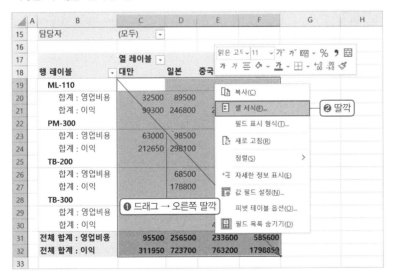

② [셀 서식] 대화상자가 나타나면 [표시 형식] 탭에서 '범주'는 '통화' 선택 → [확인] 단추를
클릭한다.

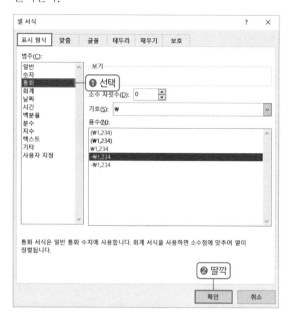

4 피벗 테이블 옵션 지정

① 피벗 테이블의 임의의 셀에서 마우스 오른쪽 단추를 클릭하고 바로 가기 메뉴에서 [피벗
테이블 옵션]을 선택한다.

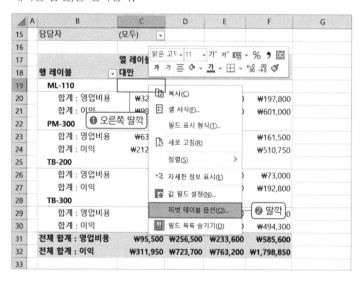

② [피벗 테이블 옵션] 대화상자가 나타나면 [레이아웃 및 서식] 탭에서 '레이아웃'의 '레이블이 있는 셀 병합 및 가운데 맞춤'을 체크한다.

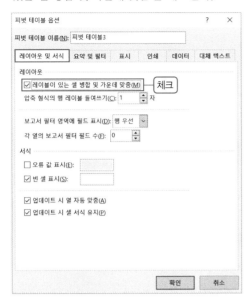

📖 읽는 강의

풀이법을 알면 시간이 단축된다!
'레이블이 있는 셀 병합 및 가운데 맞춤'을 지정하면 행 레이블과 열 레이블이 있는 모든 셀을 병합하거나 셀을 가운데 맞춤한다.

③ [요약 및 필터] 탭에서 '총합계'의 '행 총합계 표시'와 '열 총합계 표시' 체크 해제 → [확인] 단추를 클릭한다.

④ 결과를 확인한다.

▼ 결과 화면

	A	B	C	D	E	F
14						
15		담당자	(모두)	▼		
16						
17			열 레이블 ▼			
18		행 레이블 ▼	대만	일본	중국	
19		ML-110				
20		합계 : 영업비용	₩32,500	₩89,500	₩75,800	
21		합계 : 이익	₩99,300	₩246,800	₩254,900	
22		PM-300				
23		합계 : 영업비용	₩63,000	₩98,500		
24		합계 : 이익	₩212,650	₩298,100		
25		TB-200				
26		합계 : 영업비용		₩68,500	₩4,500	
27		합계 : 이익		₩178,800	₩14,000	
28		TB-300				
29		합계 : 영업비용			₩153,300	
30		합계 : 이익			₩494,300	
31						

개념 더하기 ➕ 행 총합계와 열 총합계 표시 해제 방법

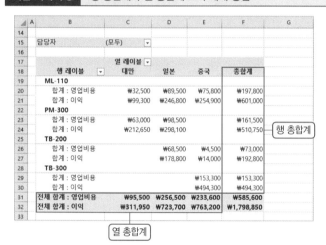

방법 1 ① 피벗 테이블의 임의의 셀에서 마우스 오른쪽 단추를 클릭하고 바로 가기 메뉴에서 [피벗 테이블 옵션]을 선택한다.

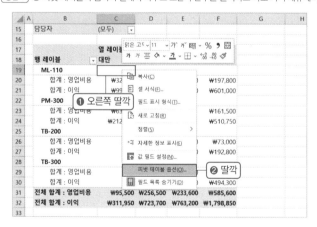

② [피벗 테이블 옵션] 대화상자가 나타나면 [요약 및 필터] 탭에서 '총합계'의 '행 총합계 표시'와 '열 총합계 표시' 체크 해제 → [확인 단추]를 클릭한다.

방법 2 피벗 테이블에서 임의의 셀 선택 → [디자인] 탭 - [레이아웃] 그룹 - [총합계] - [행 및 열의 총합계 해제]를 선택한다.

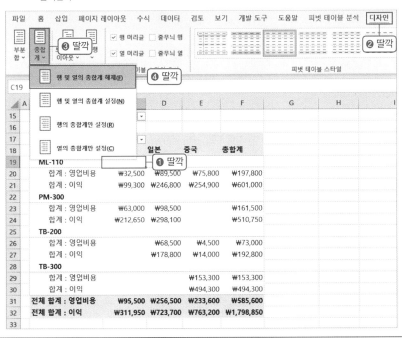

'피벗테이블 – 3' 시트에 다음의 지시사항을 처리하시오.

	A	B	C	D	E	F	G	H
19								
20	합계 : 매출액		상품명 ▾					
21	날짜 ▾	판매처 ▾	가정용품	잡화	주류	침구류	총합계	
22	⊟2021-03-01 - 2021-03-15			720,000	200,000	1,200,000	2,120,000	
23		꼬끼오		720,000			720,000	
24		아망뜨				1,200,000	1,200,000	
25		에이스			200,000		200,000	
26	⊟2021-03-16 - 2021-03-30		149,500			9,350,000	9,499,500	
27		아망뜨				9,350,000	9,350,000	
28		조아라	149,500				149,500	
29	⊟2021-03-31 - 2021-04-14		1,664,000	200,000	180,000		2,044,000	
30		꼬끼오		200,000			200,000	
31		에이스			180,000		180,000	
32		조아라	1,664,000				1,664,000	
33	⊟2021-04-15 - 2021-04-27		275,000	360,000		1,800,000	2,435,000	
34		꼬끼오		360,000			360,000	
35		아망뜨				1,800,000	1,800,000	
36		조아라	275,000				275,000	
37	총합계		2,088,500	1,280,000	380,000	12,350,000	16,098,500	
38								

'일자별 거래현황'을 이용하여 날짜와 판매처는 '행', 상품명은 '열'로 처리하고 '값'에 매출액의 합계를 계산하는 피벗 테이블을 작성하시오.

▶ 피벗 테이블 보고서는 동일 시트의 [A20] 셀에서 시작하시오.

▶ 날짜는 15일 간격의 그룹으로 표시하시오.

▶ 값 영역의 표시 형식은 [셀 서식] 대화상자에서 '숫자' 범주의 '1000 단위 구분 기호 사용'을 이용하여 지정하시오.

▶ 보고서 레이아웃은 '개요 형식으로 표시'로 지정하시오.

1 피벗 테이블 작성

① [A3:F16] 영역을 드래그하여 선택 → [삽입] 탭 – [표] 그룹 – [피벗 테이블]( )을 클릭한다.

② [피벗 테이블 만들기] 대화상자가 나타나면 '표 또는 범위 선택'의 '표/범위'가 데이터가 입력된 모든 셀인 'A3:F16'인지 확인 → 피벗 테이블 보고서를 넣을 위치는 '기존 워크시트'를 선택하고 '위치'에 [A20] 셀 지정 → [확인] 단추를 클릭한다.

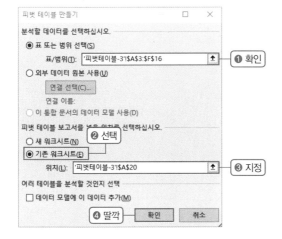

2 피벗 테이블 필드 지정

[피벗 테이블 필드] 창이 나타나면 '날짜'와 '판매처'를 '행' 영역으로, '상품명'을 '열' 영역으로, '매출액'을 '값' 영역으로 드래그한다.

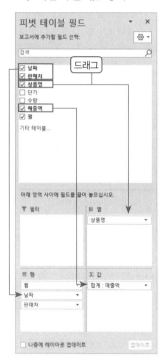

🖥 읽는 강의

풀이법을 알면 시간이 단축된다!
Excel에서는 날짜 필드를 피벗 테이블에 추가하면 연도/분기/월 등 자동으로 그룹화되는 기능이 추가되어, '월'이 자동으로 추가된다.

3 그룹 지정

① [A22] 셀 선택 → 마우스 오른쪽 단추를 클릭하고 바로 가기 메뉴에서 [그룹]을 선택한다.

② [그룹화] 대화상자가 나타나면 '단위'에서 '월'을 선택 해제 → '날짜 수'에 15 입력 → [확인] 단추를 클릭한다.

4 표시 형식 지정

① [피벗 테이블 필드] 창에서 '값' 영역의 '합계 : 매출액' 클릭 → [값 필드 설정]을 선택한다.

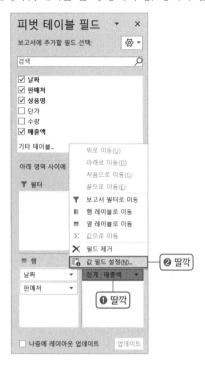

② [값 필드 설정] 대화상자가 나타나면 [값 요약 기준] 탭에서 [표시 형식] 단추를 클릭한다.

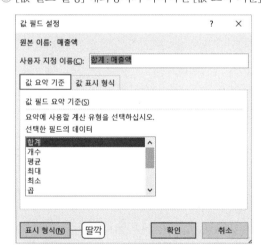

③ [셀 서식] 대화상자가 나타나면 '범주'에서 '숫자'를 선택 → '1000 단위 구분 기호(,) 사용' 체크 → [확인] 단추를 클릭한다.

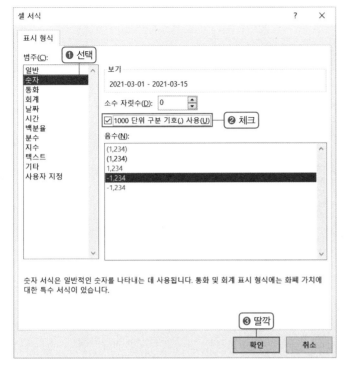

④ [값 필드 설정] 대화상자로 되돌아오면 [확인] 단추를 클릭한다.

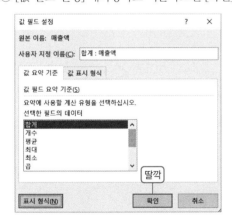

5 보고서 레이아웃 지정

① 피벗 테이블에서 임의의 셀 선택 → [디자인] 탭 – [레이아웃] 그룹 – [보고서 레이아웃]

(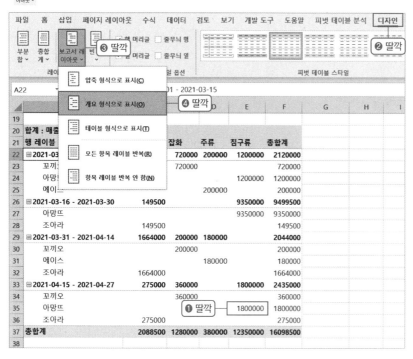) – [개요 형식으로 표시]를 선택한다.

② 결과를 확인한다.

- 압축 형식으로 표시: 하나의 열에 날짜와 판매처를 표시하고 들여쓰기로 항목을 구분

	A	B	C	D	E	F	G	H
19								
20	합계 : 매출액	열 레이블 ▾						
21	행 레이블 　　　　　 ▾	가정용품	잡화	주류	침구류	총합계		
22	⊟ 2021-03-01 - 2021-03-15		720,000	200,000	1,200,000	2,120,000		
23	꼬끼오		720,000			720,000		
24	아망뜨				1,200,000	1,200,000		
25	에이스			200,000		200,000		

- 개요 형식으로 표시: 하나의 필드에 하나의 열을 표시하는 형식으로 그룹의 부분합이 그룹 위에 표시

	A	B	C	D	E	F	G	H
19								
20	합계 : 매출액		상품명 ▾					
21	날짜 　　　　　 ▾	판매처 ▾	가정용품	잡화	주류	침구류	총합계	
22	⊟ 2021-03-01 - 2021-03-15			720,000	200,000	1,200,000	2,120,000	
23		꼬끼오		720,000			720,000	
24		아망뜨				1,200,000	1,200,000	
25		에이스			200,000		200,000	

- 테이블 형식으로 표시: 개요 형식과 비슷하지만, 그룹의 부분합이 그룹 아래에 표시

	A	B	C	D	E	F	G	H
19								
20	합계 : 매출액		상품명 ▾					
21	날짜 　　　　　 ▾	판매처 ▾	가정용품	잡화	주류	침구류	총합계	
22	⊟ 2021-03-01 - 2021-03-15	꼬끼오		720,000			720,000	
23		아망뜨				1,200,000	1,200,000	
24		에이스			200,000		200,000	
25	2021-03-01 - 2021-03-15 요약			720,000	200,000	1,200,000	2,120,000	

04 목표값 찾기

① **개념**: 수식에서 원하는 결과를 알고 있지만, 그 결과를 얻는 데 필요한 입력값을 구하는 경우에 사용하는 기능

📥 **작업 파일명** C:\에듀윌_2025컴활2급실기\그대로 따라하기\03. 분석작업\실습\04_목표값찾기.xlsx

출제패턴 ①

'목표값찾기 – 1' 시트에 다음의 지시사항을 처리하시오.

	A	B	C	D	E	F	G	H
1			사원 승진 심사표					
2								
3	부서명	직위	성명	고과 점수	영어 점수	자격증 점수	총점	
4	총무부	사원	이상찬	78	85	30	193	
5	총무부	부장	강민영	287	70	30	387	
6	관리부	팀장	이서영	88	75	25	188	
7	총무부	팀장	최찬희	70	78	25	173	
8	총무부	사원	박주찬	80	72	25	177	
9	영업부	대리	장재희	75	78	20	173	
10	관리부	사원	진승택	80	90	20	190	
11	관리부	사원	곽병준	83	68	20	171	
12	영업부	사원	김동호	82	92	20	194	
13	영업부	팀장	한태형	65	74	15	154	
14	총점 합계						2000	
15								

[목표값 찾기] 기능을 이용하여 '사원 승진 심사표'에서 총점 합계[G14]가 2000이 되려면 '강민영'의 고과 점수[D5]가 얼마가 되어야 하는지 계산하시오.

📖 읽는 강의

출제패턴을 알면 시험이 쉬워진다!
목표값 찾기 문제는 [목표값 찾기] 대화상자의 각 구성 요소의 의미만 잘 이해한다면 아주 쉽게 해결할 수 있다. 구성 요소에서 '수식 셀'은 목표값을 설정할 셀, '찾는 값'은 설정할 목표값, '값을 바꿀 셀'은 목표값을 얻기 위해 값이 바뀌는 셀로 이해하면 된다.

① [G14] 셀 선택 → [데이터] 탭 – [예측] 그룹 – [가상 분석](가상 분석) – [목표값 찾기]를 선택한다.

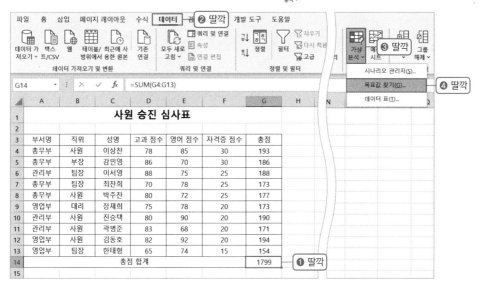

② [목표값 찾기] 대화상자가 나타나면 '수식 셀'은 'G14'로 지정되었는지 확인한 후 '찾는 값'은 2000을 입력하고 '값을 바꿀 셀'은 강민영의 고과 점수가 있는 [D5] 셀 지정 → [확인] 단추를 클릭한다.

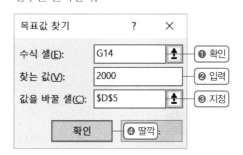

풀이법을 알면 시간이 단축된다!
[목표값 찾기] 대화상자가 나타나면 '수식 셀'에는 시트에서 선택한 셀이 자동으로 지정된다. 따라서 목표값을 설정할 셀인 [G14] 셀을 선택하고 목표값 찾기를 실행하면 '수식 셀'을 변경할 필요가 없어 편리하다.

③ [목표값 찾기 상태] 대화상자가 나타나면 [확인] 단추를 클릭한 후 결과를 확인한다.

▼ 결과 화면

	A	B	C	D	E	F	G	H	I	J	K	L
1			사원 승진 심사표									
2												
3	부서명	직위	성명	고과 점수	영어 점수	자격증 점수	총점					
4	총무부	사원	이상찬	78	85	30	193					
5	총무부	부장	강민영	287	70	30	186					
6	관리부	팀장	이서영	88	75	25	188					
7	총무부	팀장	최찬희	70	78	25	173					
8	총무부	사원	박주찬	80	72	25	177					
9	영업부	대리	장재희	75	78	20	173					
10	관리부	사원	진승택	80	90	20	190					
11	관리부	사원	곽병준	83	68	20	171					
12	영업부	사원	김동호	82	92	20	194					
13	영업부	팀장	한태형	65	74	15	154					
14			총점 합계				2000					
15												

② 확인

목표값 찾기 상태
셀 G14에 대한 값 찾기 답을 찾았습니다.
단계(S)
일시 중지(P)
목표값: 2000
현재값: 2000
확인 취소

① 딸깍

개념 더하기⊕ [목표값 찾기] 대화상자

❶ **수식 셀**: 특정 값이 나오기를 원하는 수식이 들어있는 셀
❷ **찾는 값**: 원하는 특정 값을 숫자로 직접 입력
❸ **값을 바꿀 셀**: 목표값을 얻기 위해 데이터를 조절할 셀로, 반드시 수식에서 이 셀을 참조하고 있어 야 함

출제패턴 ❷

'목표값찾기 – 2' 시트에 다음의 지시사항을 처리하시오.

	A	B	C	D	E	F
1			**판매현황표**			
2						
3	제품명	지점	판매가	판매량	판매이익	
4	컴퓨터	서울	700,000	88	61,600,000	
5	스캐너	부산	250,000	92	23,000,000	
6	프린터	대구	450,000	89	40,000,000	
7	컴퓨터	대전	700,000	102	71,400,000	
8	스캐너	광주	250,000	86	21,500,000	
9	스캐너	목포	250,000	99	24,750,000	
10	컴퓨터	인천	700,000	111	77,700,000	
11	프린터	제주	450,000	100	45,000,000	
12	프린터	세종	450,000	76	34,200,000	
13						

[목표값 찾기] 기능을 이용하여 '판매현황표'에서 대구의 판매이익[E6]이 40,000,000 이 되려면 판매량[D6]이 얼마가 되어야 하는지 계산하시오.

① [E6] 셀 선택 → [데이터] 탭 – [예측] 그룹 – [가상 분석](🖳 가상 분석▾) – [목표값 찾기]를 선택한다.

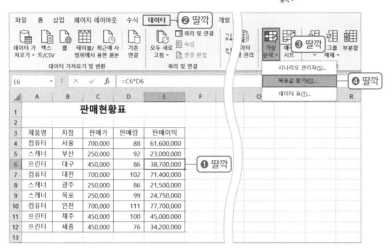

② [목표값 찾기] 대화상자가 나타나면 '수식 셀'은 'E6'으로 지정되었는지 확인한 후 '찾는 값'은 40000000을 입력하고 '값을 바꿀 셀'은 대구의 판매량이 있는 [D6] 셀 지정 → [확인] 단추를 클릭한다.

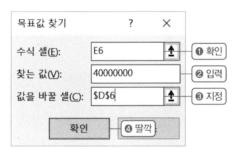

풀이법을 알면 시간이 단축된다!

[목표값 찾기] 대화상자에서 '수식 셀'과 '값을 바꿀 셀'에 셀 주소를 직접 입력해도 되고, 시트에서 해당 셀을 선택해도 동일하게 지정된다.

③ [목표값 찾기 상태] 대화상자가 나타나면 [확인] 단추를 클릭한 후 결과를 확인한다.

▼ 결과 화면

	A	B	C	D	E
1			판매현황표		
2					
3	제품명	지점	판매가	판매량	판매이익
4	컴퓨터	서울	700,000	88	61,600,000
5	스캐너	부산	250,000	92	23,000,000
6	프린터	대구	450,000	89	40,000,000
7	컴퓨터	대전	700,000	102	71,400,000
8	스캐너	광주	250,000	86	21,500,000
9	스캐너	목포	250,000	99	24,750,000
10	컴퓨터	인천	700,000	111	77,700,000
11	프린터	제주	450,000	100	45,000,000
12	프린터	세종	450,000	76	34,200,000
13					

목표값 찾기 상태   ?   ✕

셀 E6에 대한 값 찾기
답을 찾았습니다.

목표값: 40000000
현재값: 40,000,000

단계(S)   일시 중지(P)

확인   취소

❶ 딸깍

출제패턴 ❸

'목표값찾기 – 3' 시트에 다음의 지시사항을 처리하시오.

	A	B	C	D	E
1		자원봉사 현황표			
2					
3				(단위 : 명)	
4	학년	2019년	2020년	2021년	
5	1학년	119	111	177	
6	2학년	146	182	338	
7	3학년	130	200	138	
8	4학년	185	156	147	
9	평균	145	162	200	
10					

[목표값 찾기] 기능을 이용하여 '자원봉사 현황표'에서 2021년 평균[D9]이 200이 되려면 2학년[D6] 셀의 값이 얼마가 되어야 하는지 계산하시오.

그대로 따라하기

① [D9] 셀 선택 → [데이터] 탭 – [예측] 그룹 – [가상 분석]( ) – [목표값 찾기]를 선택한다.

② [목표값 찾기] 대화상자가 나타나면 '수식 셀'은 'D9'로 지정되었는지 확인한 후 '찾는 값'은 200을 입력하고 '값을 바꿀 셀'은 2021년의 2학년 현황인 [D6] 셀 지정 → [확인] 단추를 클릭한다.

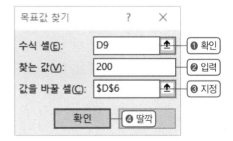

③ [목표값 찾기 상태] 대화상자가 나타나면 [확인] 단추를 클릭한 후 결과를 확인한다.

▼ 결과 화면

	A	B	C	D	E	F	G	H
1		자원봉사 현황표						
2								
3				(단위 : 명)				
4	학년	2019년	2020년	2021년				
5	1학년	119	111	177				
6	2학년	146	182	338				
7	3학년	130		138				
8	4학년	185		147				
9	평균	145	162	200				
10								
11								

❷ 확인

목표값 찾기 상태   ?   ✕

셀 D9에 대한 값 찾기
답을 찾았습니다.

단계(S)

일시 중지(P)

목표값: 200
현재값: 200

확인   취소

❶ 딸깍

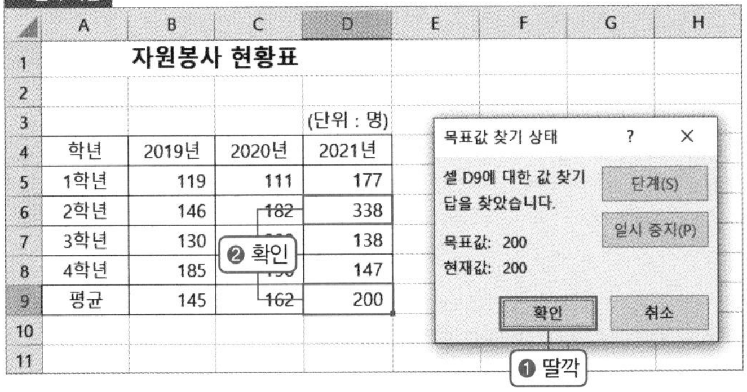

05 시나리오

① **개념**: 다양한 상황과 변수에 따른 여러 가지 결과값의 변화를 가상 상황을 통해 예측하여 분석할 수 있는 기능

📥 **작업 파일명** C:\에듀윌_2025컴활2급실기\그대로 따라하기\03. 분석작업\실습\05_시나리오.xlsx

출제패턴 ❶

'시나리오 – 1' 시트에 다음의 지시사항을 처리하시오.

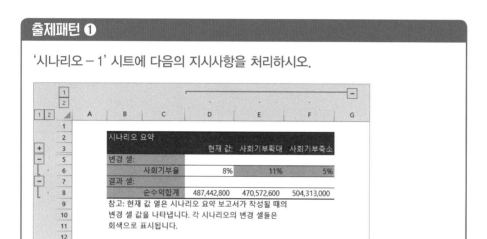

[시나리오 관리자] 기능을 이용하여 사회기부율[G17]이 다음과 같이 변동하는 경우 순수익합계[G16]의 변동 시나리오를 작성하시오.

▶ [G16] 셀의 이름은 '순수익합계', [G17] 셀의 이름은 '사회기부율'로 정의하시오.

▶ 시나리오1: 시나리오 이름은 '사회기부확대', 사회기부율은 11%로 설정하시오.

▶ 시나리오2: 시나리오 이름은 '사회기부축소', 사회기부율은 5%로 설정하시오.

▶ '시나리오 요약' 시트는 '시나리오-1' 시트의 바로 왼쪽에 위치해야 함

※ 시나리오 요약 보고서 작성 시 정답과 일치하여야 하며, 오자로 인한 부분 점수는 인정하지 않음

📖 **읽는 강의**

출제패턴을 알면 시험이 쉬워진다!
시나리오 문제는 주로 증가값과 감소값 두 가지 상황을 비교하도록 시나리오를 작성하는 유형으로 출제되며, 현재 값에서 값을 변경할 셀과 그에 따른 결과 셀을 한눈에 파악할 수 있어야 한다. 즉, '변경 셀'과 '결과 셀'에 반드시 이름을 정의해야 한다는 점을 잊지 말자.

1 셀 이름 정의

① [G16] 셀 선택 → [이름 상자]에 순수익합계를 입력한 후 Enter 를 누른다.

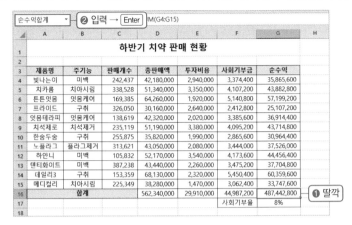

② [G17] 셀 선택 → [이름 상자]에 사회기부율을 입력한 후 Enter 를 누른다.

	A	B	C	D	E	F	G	H
1			하반기 치약 판매 현황					
2								
3	제품명	주기능	판매개수	총판매액	투자비용	사회기부금	순수익	
4	빛나는이	미백	242,437	42,180,000	2,940,000	3,374,400	35,865,600	
5	치카롱	치아시림	338,528	51,340,000	3,350,000	4,107,200	43,882,800	
6	튼튼잇몸	잇몸케어	169,385	64,260,000	1,920,000	5,140,800	57,199,200	
7	프라이드	구취	326,050	30,160,000	2,640,000	2,412,800	25,107,200	
8	잇몸테라피	잇몸케어	138,619	42,320,000	2,020,000	3,385,600	36,914,400	
9	치석제로	치석제거	235,119	51,190,000	3,380,000	4,095,200	43,714,800	
10	한숨두숨	구취	255,875	35,820,000	1,990,000	2,865,600	30,964,400	
11	노플라그	플라그제거	313,621	43,050,000	2,080,000	3,444,000	37,526,000	
12	하얀니	미백	105,832	52,170,000	3,540,000	4,173,600	44,456,400	
13	덴티화이트	미백	387,238	43,440,000	2,260,000	3,475,200	37,704,800	
14	데일리3	구취	153,359	68,130,000	2,320,000	5,450,400	60,359,600	
15	메디컬리	치아시림	225,349	38,280,000	1,470,000	3,062,400	33,747,600	
16		합계		562,340,000	29,910,000	44,987,200	487,442,800	
17						사회기부율	8%	❶ 딸깍
18								

실수가 줄어들면 합격은 빨라진다!
[이름 상자]에 셀 또는 영역의 이름을 잘못 입력하여 수정하려면 [수식] 탭 – [정의된 이름] 그룹 – [이름 관리자]를 클릭한 후 [이름 관리자] 대화상자에서 편집하거나 삭제 후 다시 입력해야 한다.

② '사회기부확대' 시나리오 작성

① [G17] 셀 선택 → [데이터] 탭 – [예측] 그룹 – [가상 분석]( ) – [시나리오 관리자]를 선택한다.

② [시나리오 관리자] 대화상자가 나타나면 [추가] 단추를 클릭한다.

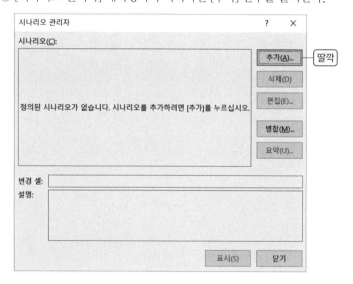

③ [시나리오 추가] 대화상자가 나타나면 '시나리오 이름'은 사회기부확대로 입력하고 변경 셀은 'G17'로 지정되었는지 확인 → [확인] 단추를 클릭한다.

④ [시나리오 값] 대화상자가 나타나면 '사회기부율'은 0.11 입력 → [추가] 단추를 클릭한다.

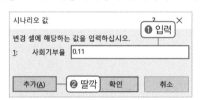

풀이법을 알면 시간이 단축된다!
[시나리오 값] 대화상자에 값을 입력할 때는 '0.11'과 같이 소수점으로 입력해도 되고 '11%'와 같이 백분율로 입력해도 된다.

3 '사회기부축소' 시나리오 작성

① [시나리오 추가] 대화상자로 되돌아오면 '시나리오 이름'은 사회기부축소로 입력하고 '변경 셀'은 'G17'로 지정되었는지 확인 → [확인] 단추를 클릭한다.

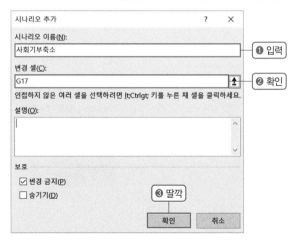

② [시나리오 값] 대화상자가 나타나면 '사회기부율'은 0.05 입력 → [확인] 단추를 클릭한다.

4 시나리오 요약

① [시나리오 관리자] 대화상자로 되돌아오면 [요약] 단추를 클릭한다.

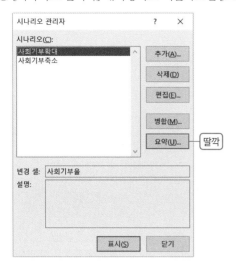

② [시나리오 요약] 대화상자가 나타나면 '보고서 종류'는 '시나리오 요약'으로 지정되었는지 확인하고 '결과 셀'은 [G16] 셀 지정 → [확인] 단추를 클릭한다.

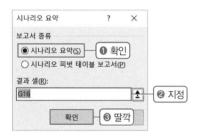

③ '시나리오 요약' 시트가 '시나리오-1' 시트 바로 왼쪽에 위치되었는지 확인한 후 결과를 확인한다.

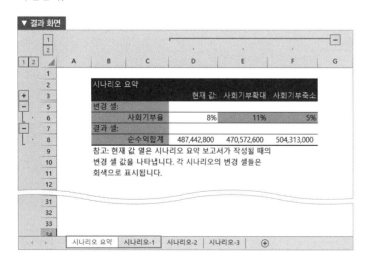

풀이법을 알면 시간이 단축된다!
[시나리오 요약] 대화상자에서 '결과 셀'에 셀 주소를 직접 입력하거나 영역을 직접 입력해도 되고, 시트에서 해당 셀을 선택하거나 영역을 드래그하여 선택해도 동일하게 지정된다. 시트에서 선택하여 지정하면 편리하게 지정할 수 있다.

실수가 줄어들면 합격은 빨라진다!
시나리오 결과에서 '변경 셀'과 '결과 셀'에 셀 이름 대신 셀 주소가 표시되었다면 이름이 지정되지 않은 것이므로 시나리오 요약 시트를 삭제하고 처음부터 다시 작업해야 한다.

① [수식] 탭 - [정의된 이름] 그룹 - [이름 관리자]를 클릭한다.

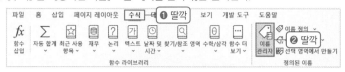

② [이름 관리자] 대화상자가 나타나면 삭제할 이름 선택 → [삭제] 단추 클릭 → [닫기] 단추를 클릭한다.

출제패턴 ❷

'시나리오 – 2' 시트에 다음의 지시사항을 처리하시오.

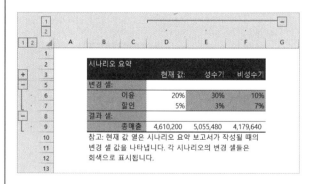

[시나리오 관리자] 기능을 이용하여 이윤[B16]과 할인[B17]이 다음과 같이 변동하는 경우 총매출[G13]의 변동 시나리오를 작성하시오.

▷ [G13] 셀의 이름은 '총매출', [B16] 셀의 이름은 '이윤', [B17] 셀의 이름은 '할인'으로 정의하시오.

▷ 시나리오1: 시나리오 이름은 '성수기', 이윤은 30%, 할인은 3%로 설정하시오.

▷ 시나리오2: 시나리오 이름은 '비성수기', 이윤은 10%, 할인은 7%로 설정하시오.

▷ '시나리오 요약 2' 시트는 '시나리오-2' 시트의 바로 왼쪽에 위치해야 함

※ 시나리오 요약 보고서 작성 시 정답과 일치하여야 하며, 오자로 인한 부분 점수는 인정하지 않음

1 셀 이름 정의

① [G13] 셀 선택 → [이름 상자]에 총매출을 입력한 후 Enter 를 누른다.

② [A16:B17] 영역을 드래그하여 선택 → [수식] 탭 – [정의된 이름] 그룹 – [선택 영역에서 만들기](🔛 선택 영역에서 만들기)를 클릭한다.

실수가 줄어들면 합격은 빨라진다!
셀 또는 영역에 이름을 정의할 때 이름 상자에 직접 입력해도 되지만 [선택 영역에서 이름 만들기] 대화상자에서 정의하면 오타를 방지할 수 있다.

③ [선택 영역에서 이름 만들기] 대화상자가 나타나면 '왼쪽 열'이 체크되었는지 확인 → [확인] 단추를 클릭한다.

2 '성수기' 시나리오 작성

① [B16:B17] 영역을 드래그하여 선택 → [데이터] 탭 – [예측] 그룹 – [가상 분석](가상 분석) – [시나리오 관리자]를 선택한다.

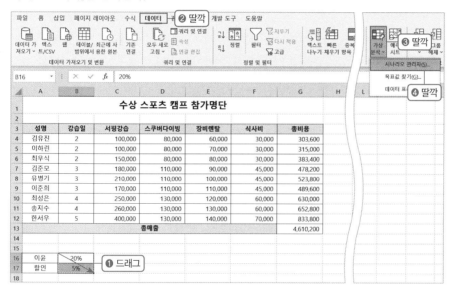

② [시나리오 관리자] 대화상자가 나타나면 [추가] 단추를 클릭한다.

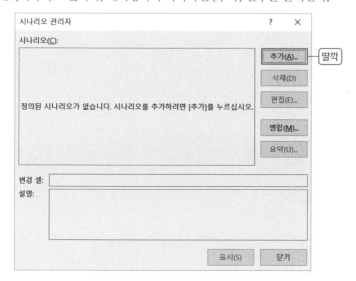

③ [시나리오 추가] 대화상자가 나타나면 '시나리오 이름'은 성수기로 입력하고 '변경 셀'은 'B16:B17'로 지정되었는지 확인 → [확인] 단추를 클릭한다.

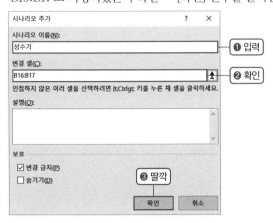

④ [시나리오 값] 대화상자가 나타나면 '이윤'은 0.3, '할인'은 0.03 입력 → [추가] 단추를 클릭한다.

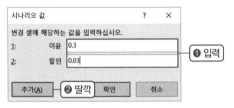

3 '비성수기' 시나리오 작성

① [시나리오 추가] 대화상자로 되돌아오면 '시나리오 이름'은 비성수기로 입력하고 '변경 셀'은 'B16:B17'로 지정되었는지 확인 → [확인] 단추를 클릭한다.

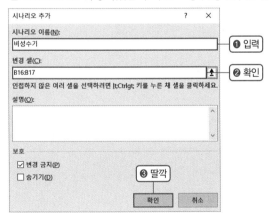

② [시나리오 값] 대화상자가 나타나면 '이윤'은 0.1, '할인'은 0.07 입력 → [확인] 단추를 클릭한다.

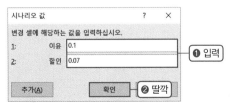

4 시나리오 요약

① [시나리오 관리자] 대화상자로 되돌아오면 [요약] 단추를 클릭한다.

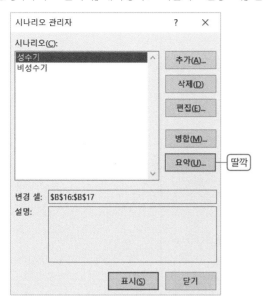

② [시나리오 요약] 대화상자가 나타나면 '보고서 종류'는 '시나리오 요약'으로 지정되었는지 확인하고 '결과 셀'은 [G13] 셀 지정 → [확인] 단추를 클릭한다.

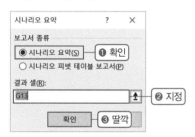

③ '시나리오 요약 2' 시트가 '시나리오-2' 시트 바로 왼쪽에 위치되었는지 확인한 후 결과를 확인한다.

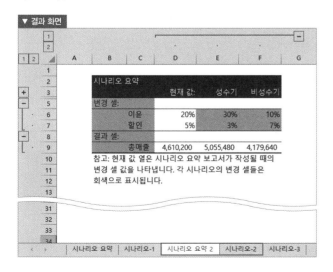

출제패턴 ❸

'시나리오 – 3' 시트에 다음의 지시사항을 처리하시오.

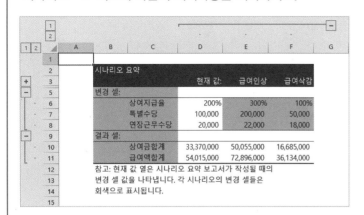

[시나리오 관리자] 기능을 이용하여 상여지급율[A16], 특별수당[B16], 연장근무수당 [C16]이 다음과 같이 변동하는 경우 상여금합계[I13]와 급여액합계[J13]의 변동 시나리오를 작성하시오.

▶ [I13] 셀의 이름은 '상여금합계', [J13] 셀의 이름은 '급여액합계', [A16] 셀의 이름은 '상여지급율', [B16] 셀의 이름은 '특별수당', [C16] 셀의 이름은 '연장근무수당'으로 정의하시오.

▶ 시나리오1: 시나리오 이름은 '급여인상', 상여지급율은 300%, 특별수당은 200,000으로 설정하고, 연장근무수당은 10% 인상된 값으로 설정하시오.

▶ 시나리오2: 시나리오 이름은 '급여삭감', 상여지급율은 100%, 특별수당은 50,000으로 설정하고, 연장근무수당은 10% 삭감된 값으로 설정하시오.

▶ '시나리오 요약 3' 시트는 '시나리오-3' 시트의 바로 왼쪽에 위치해야 함

※ 시나리오 요약 보고서 작성 시 정답과 일치하여야 하며, 오자로 인한 부분 점수는 인정하지 않음

그대로 따라하기 ▶▶

1 셀 이름 정의

① [I13] 셀 선택 → [이름 상자]에 상여금합계를 입력한 후 Enter 를 누른다.

상여금합계	❷ 입력 → Enter	M(I4:I12)								
	A	B	C	D	E	F	G	H	I	J	K

급여 지급 내역

사원명	직위	부서명	연장근무시간	부양가족수	기본급	특별수당	연장근무수당	상여금	급여액
김근식	과장	홍보부	7	2	1,756,000	200,000	140,000	3,512,000	5,608,000
이준모	사원	기획부	10	1	1,550,000	100,000	200,000	3,100,000	4,950,000
송지연	대리	예산부	19	2	1,685,000	200,000	380,000	3,370,000	5,635,000
홍찬우	과장	예산부	15	3	1,987,000	300,000	300,000	3,974,000	6,561,000
안상호	부장	기획부	13	1	2,156,000	100,000	260,000	4,312,000	6,828,000
성시훈	대리	관리부	16	4	1,625,000	400,000	320,000	3,250,000	5,595,000
지현우	사원	관리부	5	1	1,750,000	100,000	100,000	3,500,000	5,450,000
박화연	과장	관리부	10	2	1,876,000	200,000	200,000	3,752,000	6,028,000
우지승	부장	홍보부	3	4	2,300,000	400,000	60,000	4,600,000	7,360,000
합계					16,685,000	2,000,000	1,960,000	33,370,000	54,015,000

상여지급율	특별수당	연장근무수당
200%	100,000	20,000

❶ 딸깍

② [J13] 셀 선택 → [이름 상자]에 급여액합계를 입력한 후 Enter를 누른다.

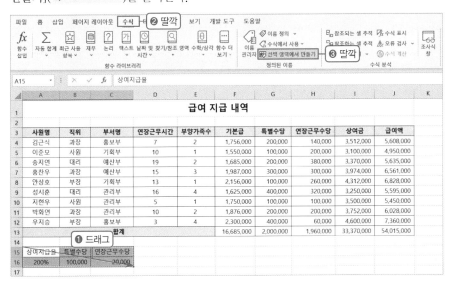

③ [A15:C16] 영역을 드래그하여 선택 → [수식] 탭 – [정의된 이름] 그룹 – 선택 영역에서 만들기를 클릭한다.

④ [선택 영역에서 이름 만들기] 대화상자가 나타나면 '첫 행'이 체크되었는지 확인 → [확인] 단추를 클릭한다.

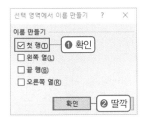

2 '급여인상' 시나리오 작성

① [A16:C16] 영역을 드래그하여 선택 → [데이터] 탭 – [예측] 그룹 – [가상 분석]( ) – [시나리오 관리자]를 선택한다.

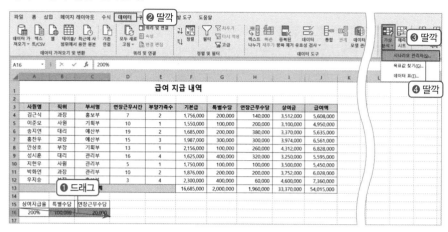

② [시나리오 관리자] 대화상자가 나타나면 [추가] 단추를 클릭한다.

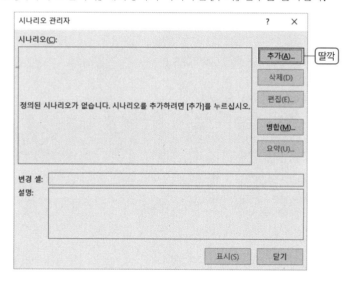

③ [시나리오 추가] 대화상자가 나타나면 '시나리오 이름'은 급여인상으로 입력하고 '변경 셀'은 'A16:C16'으로 지정되었는지 확인 → [확인] 단추를 클릭한다.

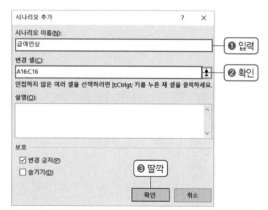

④ [시나리오 값] 대화상자가 나타나면 '상여지급율'은 3, '특별수당'은 200000, '연장근무수당'은 22000 입력 → [추가]를 클릭한다.

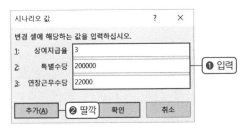

📖 읽는 강의

풀이법을 알면 시간이 단축된다!
[시나리오 값] 대화상자에서 '연장근무수당'에 값을 입력할 때는 '22000'과 같이 20,000에서 10% 증가한 수치의 결과값을 입력해도 되고 '=20000*1.1' 과 같이 수식을 입력해도 된다.

3 '급여삭감' 시나리오 작성

① [시나리오 추가] 대화상자로 되돌아오면 '시나리오 이름'은 급여삭감으로 입력하고 '변경 셀'은 'A16:C16'으로 지정되었는지 확인 → [확인] 단추를 클릭한다.

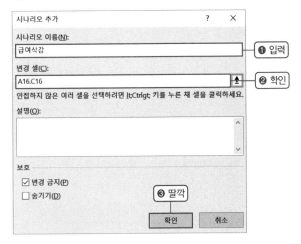

② [시나리오 값] 대화상자가 나타나면 '상여지급율'은 1, '특별수당'은 50000, '연장근무수당'은 18000 입력 → [확인] 단추를 클릭한다.

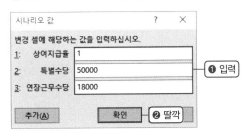

4 시나리오 요약

① [시나리오 관리자] 대화상자로 되돌아오면 [요약] 단추를 클릭한다.

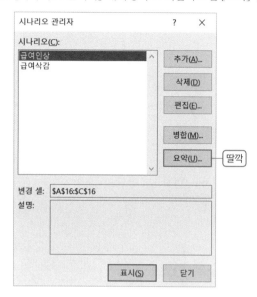

② [시나리오 요약] 대화상자가 나타나면 '보고서 종류'는 '시나리오 요약'으로 지정되었는지 확인하고 '결과 셀'은 [I13:J13] 영역 지정 → [확인] 단추를 클릭한다.

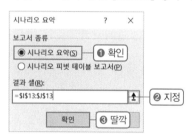

③ '시나리오 요약 3' 시트가 '시나리오-3' 시트 바로 왼쪽에 위치되었는지 확인한 후 결과를 확인한다.

▼ 결과 화면

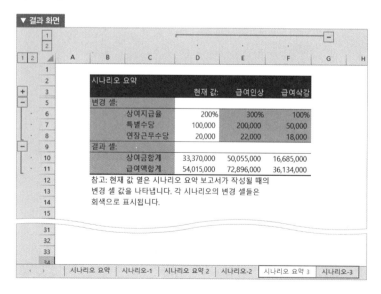

• 시나리오 삭제

① 시나리오를 작성했던 시트에서 [데이터] 탭 - [예측] 그룹 - [가상분석] - [시나리오 관리자]를 선택한다.

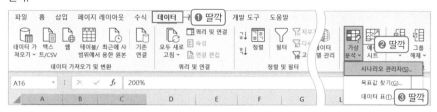

② [시나리오 관리자] 대화상자가 나타나면 삭제할 시나리오를 선택 → [삭제] 단추를 클릭한다.

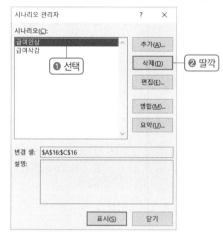

• 시나리오 요약 보고서 삭제

삭제할 '시나리오 요약' 시트 탭에서 마우스 오른쪽 단추를 클릭한 후 바로 가기 메뉴에서 [삭제]를 선택한다.

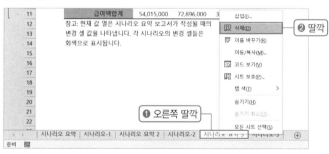

06 통합

① **개념**: 하나 이상의 원본 영역을 지정하여 하나의 표로 데이터를 요약하는 기능

📥 **작업 파일명** C:\에듀윌_2025컴활2급실기\그대로 따라하기\03. 분석작업\실습\06_통합.xlsx

출제패턴 ❶

'통합 – 1' 시트에 다음의 지시사항을 처리하시오.

	A	B	C	D	E	F	G	H	I	J	K
1		농업손익계산서-수익							(단위 : 천원)		
2											
3		[표1] 농작물수입					[표2] 축산수입				
4		구분	2019년	2020년	2021년		구분	2019년	2020년	2021년	
5		경기도	20,302	14,951	16,951		경기도	5,827	4,887	7,612	
6		강원도	16,780	18,592	20,264		강원도	13,134	9,300	11,063	
7		충청북도	16,554	14,243	16,387		충청북도	4,347	2,612	3,576	
8		충청남도	19,332	21,302	22,407		충청남도	11,207	2,918	7,671	
9		전라북도	24,991	26,722	24,466		전라북도	3,906	3,049	2,752	
10		전라남도	19,550	23,617	21,136		전라남도	2,906	2,303	2,691	
11		경상북도	20,626	23,214	26,512		경상북도	5,516	3,057	4,501	
12		경상남도	18,037	20,887	20,409		경상남도	6,179	11,906	5,701	
13		제주도	36,423	31,442	32,597		제주도	714	662	1,314	
14											
15		[표3] 농업잡수입					[표4] 수익합계				
16		구분	2019년	2020년	2021년		구분	2019년	2020년	2021년	
17		경기도	640	532	118		경기도	26,769	20,370	24,681	
18		강원도	437	455	22		강원도	30,351	28,347	31,349	
19		충청북도	456	436	53		충청북도	21,357	17,291	20,016	
20		충청남도	627	1,139	232		충청남도	31,166	25,359	30,310	
21		전라북도	1,079	1,613	708		전라북도	29,976	31,384	27,926	
22		전라남도	1,557	1,303	1,029		전라남도	24,013	27,223	24,856	
23		경상북도	1,148	812	1,523		경상북도	27,290	27,083	32,536	
24		경상남도	1,969	643	176		경상남도	26,185	33,436	26,286	
25		제주도	308	86	210		제주도	37,445	32,190	34,121	
26											

데이터 도구 [통합] 기능을 이용하여 [표1], [표2], [표3]에 대한 구분별 '2019년', '2020년', '2021년'의 합계를 [표4]의 [H17:J25] 영역에 계산하시오.

읽는 강의

출제패턴을 알면 시험이 쉬워진다!
통합 문제는 자주 출제되고 비교적 쉽게 해결할 수 있는 유형이지만, 와일드카드 문자(*, ?)를 사용하는 등 변형 문제가 출제되면 헷갈리기 쉽다. 때문에 다양한 유형을 연습해야 하며 특히 [통합] 대화상자의 '사용할 레이블'에서 '첫 행'과 '왼쪽 열'에 체크해야 한다는 점을 잊지 말자.

① [G16:J25] 영역을 드래그하여 선택 → [데이터] 탭 – [데이터 도구] 그룹 – [통합]( )을 클릭한다.

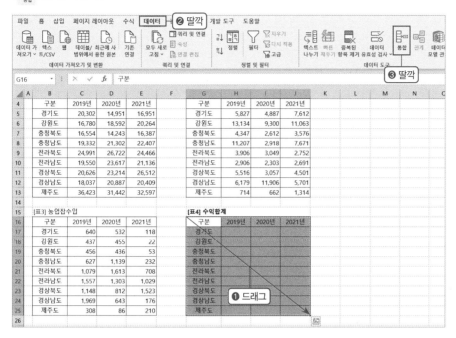

② [통합] 대화상자가 나타나면 '함수'는 '합계' 선택 → '참조'는 [B4:E13] 영역을 드래그하여 선택한 후 [추가] 단추 클릭 → 이와 같은 방법으로 [G4:J13] 영역을 드래그하여 선택한 후 [추가] 단추 클릭 → [B16:E25] 영역을 드래그하여 선택한 후 [추가] 단추 클릭 → '사용할 레이블'에서 '첫 행'과 '왼쪽 열' 체크 → [확인] 단추를 클릭한다.

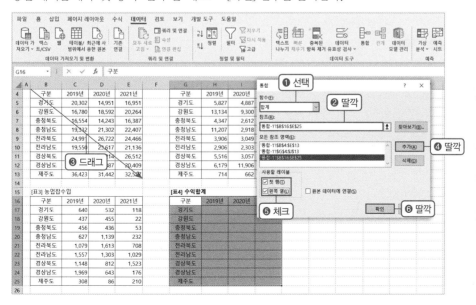

실수가 줄어들면 합격은 빨라진다!
사용할 레이블에서 '첫 행'과 '왼쪽 열'을 체크하면 결과 영역의 제목 행과 제목 열을 기준으로 통합한다. 만약 참조 영역과 결과 영역의 레이블 순서가 다른 경우 '첫 행'과 '왼쪽 열'을 체크하지 않으면 통합 결과가 정확하지 않거나 결과 영역의 제목 행과 제목 열이 삭제될 수 있으므로 반드시 체크해야 한다.

③ 결과를 확인한다.

▼ 결과 화면

	A	B	C	D	E	F	G	H	I	J	K
1		농업손익계산서-수익								(단위 : 천원)	
2											
3		[표1] 농작물수입					[표2] 축산수입				
4		구분	2019년	2020년	2021년		구분	2019년	2020년	2021년	
5		경기도	20,302	14,951	16,951		경기도	5,827	4,887	7,612	
6		강원도	16,780	18,592	20,264		강원도	13,134	9,300	11,063	
7		충청북도	16,554	14,243	16,387		충청북도	4,347	2,612	3,576	
8		충청남도	19,332	21,302	22,407		충청남도	11,207	2,918	7,671	
9		전라북도	24,991	26,722	24,466		전라북도	3,906	3,049	2,752	
10		전라남도	19,550	23,617	21,136		전라남도	2,906	2,303	2,691	
11		경상북도	20,626	23,214	26,512		경상북도	5,516	3,057	4,501	
12		경상남도	18,037	20,887	20,409		경상남도	6,179	11,906	5,701	
13		제주도	36,423	31,442	32,597		제주도	714	662	1,314	
14											
15		[표3] 농업잡수입					**[표4] 수익합계**				
16		구분	2019년	2020년	2021년		구분	2019년	2020년	2021년	
17		경기도	640	532	118		경기도	26,769	20,370	24,681	
18		강원도	437	455	22		강원도	30,351	28,347	31,349	
19		충청북도	456	436	53		충청북도	21,357	17,291	20,016	
20		충청남도	627	1,139	232		충청남도	31,166	25,359	30,310	
21		전라북도	1,079	1,613	708		전라북도	29,976	31,384	27,926	
22		전라남도	1,557	1,303	1,029		전라남도	24,013	27,223	24,856	
23		경상북도	1,148	812	1,523		경상북도	27,290	27,083	32,536	
24		경상남도	1,969	643	176		경상남도	26,185	33,436	26,286	
25		제주도	308	86	210		제주도	37,445	32,190	34,121	
26											

개념 더하기 ⊕ [통합] 대화상자

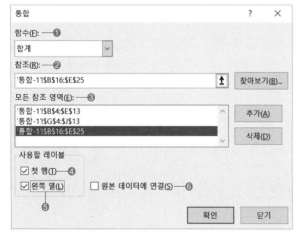

❶ **함수**: 통합에 사용할 함수 선택

❷ **참조**: 통합할 데이터 영역 지정

❸ **모든 참조 영역**: 선택한 참조 영역이 모두 표시

❹ **첫 행**: 결과 영역의 첫 행인 연도를 기준으로 통합

❺ **왼쪽 열**: 결과 영역의 첫 열인 구분을 기준으로 통합

❻ **원본 데이터에 연결**: 원본 데이터가 변경될 경우 통합된 데이터도 자동으로 변경

풀이법을 알면 시간이 단축된다!

사용할 수 있는 함수로는 합계, 개수, 평균, 최대, 최소, 곱, 숫자 개수, 표본 표준 편차, 표준 편차, 표본 분산, 분산이 있다.

출제패턴 ❷

'통합 – 2' 시트에 다음의 지시사항을 처리하시오.

	A	B	C	D	E	F	G	H	I	J
1										
2	[표1]서울본사					[표3]부산지사				
3	사원명	직위	목표	실적		사원명	직위	목표	실적	
4	장한별	사원	150,000	123,400		김원희	대리	180,000	178,000	
5	홍국영	대리	256,000	234,500		감우성	대리	198,000	194,500	
6	청후검	팀장	378,000	398,000		구민희	팀장	263,000	267,800	
7	이이산	사원	178,500	178,900		박정희	사원	335,900	345,000	
8						김현희	사원	200,400	198,500	
9										
10	[표2]광주지사					**[표4]지사별 실적 통합표**				
11	사원명	직위	목표	실적		직위	목표	실적		
12	박인자	대리	194,500	187,600		사원	335,900	345,000		
13	이정수	사원	146,000	146,700		대리	267,000	256,000		
14	박동식	팀장	345,600	345,000		팀장	378,000	398,000		
15	박미경	대리	194,500	187,600						
16	강명수	사원	234,000	245,000						
17	이명신	대리	267,000	256,000						
18	윤수정	팀장	378,000	389,000						
19										

데이터 도구 [통합] 기능을 이용하여 [표1], [표2], [표3]에 대한 직위별 '목표', '실적'의 최대값을 [표4]의 [G12:H14] 영역에 계산하시오.

그대로 따라하기

① [F11:H14] 영역을 드래그하여 선택 → [데이터] 탭 – [데이터 도구] 그룹 – [통합](🔲)
을 클릭한다.

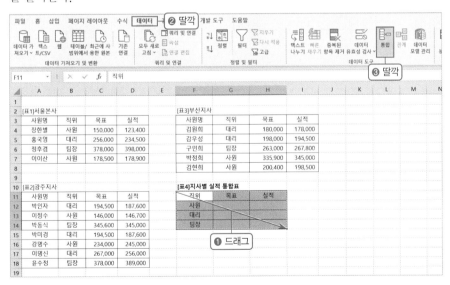

② [통합] 대화상자가 나타나면 '함수'는 '최대' 선택 → '참조'는 [B3:D7] 영역을 드래그하여 선택한 후 [추가] 단추 클릭 → 이와 같은 방법으로 [G3:I8] 영역을 드래그하여 선택한 후 [추가] 단추 클릭 → [B11:D18] 영역을 드래그하여 선택한 후 [추가] 단추 클릭 → '사용할 레이블'에서 '첫 행'과 '왼쪽 열' 체크 → [확인] 단추를 클릭한다.

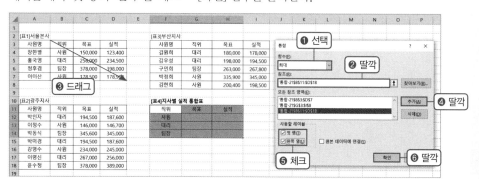

③ 결과를 확인한다.

▼ 결과 화면

	A	B	C	D	E	F	G	H	I	J
1										
2	[표1]서울본사					[표3]부산지사				
3	사원명	직위	목표	실적		사원명	직위	목표	실적	
4	장한별	사원	150,000	123,400		김원희	대리	180,000	178,000	
5	홍국영	대리	256,000	234,500		감우성	대리	198,000	194,500	
6	정후겸	팀장	378,000	398,000		구민희	팀장	263,000	267,800	
7	이이산	사원	178,500	178,900		박정희	사원	335,900	345,000	
8						김현희	사원	200,400	198,500	
9										
10	[표2]광주지사					[표4]지사별 실적 통합표				
11	사원명	직위	목표	실적		직위	목표	실적		
12	박인자	대리	194,500	187,600		사원	335,900	345,000		
13	이정수	사원	146,000	146,700		대리	267,000	256,000		
14	박동식	팀장	345,600	345,000		팀장	378,000	398,000		
15	박미경	대리	194,500	187,600						
16	강명수	사원	234,000	245,000						
17	이명신	대리	267,000	256,000						
18	윤수정	팀장	378,000	389,000						
19										

출제패턴 ❸

'통합 – 3' 시트에 다음의 지시사항을 처리하시오.

	A	B	C	D	E	F	G	H	I	J
1										
2	[표1] 서울지역 판매내역									
3	제품명	1월	2월	3월						
4	A사노트북	88	89	96						
5	B사노트북	95	94	90						
6	C사프린터	90	98	87						
7	B사프린터	94	96	92						
8	A사스캐너	92	93	91						
9										
10	[표2] 경기지역 판매내역									
11	제품명	1월	2월	3월		[표4] 전국 판매내역				
12	C사프린터	100	95	99		제조사	1월	2월	3월	
13	A사프린터	86	90	95		A사*	88.4	90	91.6	
14	A사노트북	89	90	88		B사*	91.6	92.4	92.2	
15	B사프린터	79	88	90		C사*	90.2	93.8	93	
16	C사노트북	85	94	91						
17										
18	[표3] 부산지역 판매내역									
19	제품명	1월	2월	3월						
20	B사노트북	98	93	95						
21	C사노트북	85	89	90						
22	A사프린터	87	88	88						
23	B사프린터	92	91	94						
24	C사스캐너	91	93	98						
25										

데이터 도구 [통합] 기능을 이용하여 [표1], [표2], [표3]에서 제품명이 'A사', 'B사', 'C사'로 시작하는 제조사별 '1월', '2월', '3월'의 평균을 [표4]의 [G13:I15] 영역에 계산하시오.

그대로 따라하기 ▶▶

1 제조사 입력

[F13] 셀에 A사* 입력 → [F14] 셀에 B사* 입력 → [F15] 셀에 C사*를 입력한다.

풀이법을 알면 시간이 단축된다!
A사*: 'A사'로 시작하는 내용

	A	B	C	D	E	F	G	H	I	J
1										
2	[표1] 서울지역 판매내역									
3	제품명	1월	2월	3월						
4	A사노트북	88	89	96						
5	B사노트북	95	94	90						
6	C사프린터	90	98	87						
7	B사프린터	94	96	92						
8	A사스캐너	92	93	91						
9										
10	[표2] 경기지역 판매내역									
11	제품명	1월	2월	3월		[표4] 전국 판매내역				
12	C사프린터	100	95	99		제조사	1월	2월	3월	
13	A사프린터	86	90	95		A사*				
14	A사노트북	89	90	88		B사*				
15	B사프린터	79	88	90		C사*				
16	C사노트북	85	94	91						
17						입력				
18	[표3] 부산지역 판매내역									
19	제품명	1월	2월	3월						
20	B사노트북	98	93	95						
21	C사노트북	85	89	90						
22	A사프린터	87	88	88						
23	B사프린터	92	91	94						
24	C사스캐너	91	93	98						
25										

② 제조사별 통합

☞ 읽는 강의

① [F12:I15] 영역을 드래그하여 선택 → [데이터] 탭 – [데이터 도구] 그룹 – [통합]( )을 클릭한다.

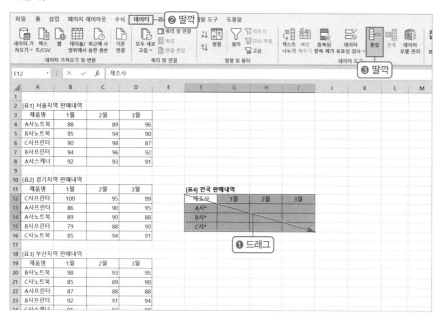

② [통합] 대화상자가 나타나면 '함수'는 '평균' 선택 → '참조'는 [A3:D8] 영역을 드래그하여 선택한 후 [추가] 단추 클릭 → 이와 같은 방법으로 [A11:D16] 영역을 드래그하여 선택한 후 [추가] 단추 클릭 → [A19:D24] 영역을 드래그하여 선택한 후 [추가] 단추 클릭 → '사용할 레이블'에서 '첫 행'과 '왼쪽 열' 체크 → [확인] 단추를 클릭한다.

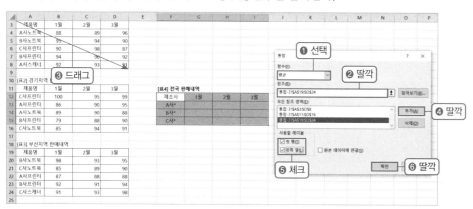

③ 결과를 확인한다.

▼ 결과 화면

	A	B	C	D	E	F	G	H	I	J
1										
2	[표1] 서울지역 판매내역									
3	제품명	1월	2월	3월						
4	A사노트북	88	89	96						
5	B사노트북	95	94	90						
6	C사프린터	90	98	87						
7	B사프린터	94	96	92						
8	A사스캐너	92	93	91						
9										
10	[표2] 경기지역 판매내역									
11	제품명	1월	2월	3월		[표4] 전국 판매내역				
12	C사프린터	100	95	99		제조사	1월	2월	3월	
13	A사프린터	86	90	95		A사*	88.4	90	91.6	
14	A사노트북	89	90	88		B사*	91.6	92.4	92.2	
15	B사프린터	79	88	90		C사*	90.2	93.8	93	
16	C사노트북	85	94	91						
17										
18	[표3] 부산지역 판매내역									
19	제품명	1월	2월	3월						
20	B사노트북	98	93	95						
21	C사노트북	85	89	90						
22	A사프린터	87	88	88						
23	B사프린터	92	91	94						
24	C사스캐너	91	93	98						
25										

07 데이터 표

① **개념**: 특정 값의 변화에 따른 결과값의 변화 과정을 한 번의 연산으로 빠르게 계산하여 표의 형태로 표시하는 기능

📥 **작업 파일명** C:\에듀윌_2025컴활2급실기\그대로 따라하기\03. 분석작업\실습\07_데이터표.xlsx

📖 읽는 강의

출제패턴 ❶

'데이터표 - 1' 시트에 다음의 지시사항을 처리하시오.

	A	B	C	D	E	F	G	H	I	J	K	L
1	대출금 상환											
2								상환기간				
3	대출원금	100,000,000			₩ 1,887,123	12개월	24개월	36개월	48개월	72개월	84개월	
4	연이율	5.0%			3%	8,469,370	4,298,121	2,908,121	2,213,433	1,519,368	1,321,330	
5	상환기간	60개월		연이율	5%	8,560,748	4,387,139	2,997,090	2,302,929	1,610,493	1,413,391	
6	월납부액	₩ 1,887,123			10%	8,791,589	4,614,493	3,226,719	2,536,258	1,852,584	1,660,118	
7					15%	9,025,831	4,848,665	3,466,533	2,783,075	2,114,501	1,929,675	
8					20%	9,263,451	5,089,580	3,716,358	3,043,036	2,395,283	2,220,620	
9					25%	9,504,420	5,337,152	3,975,983	3,315,713	2,693,718	2,531,164	
10												

'대출금 상환' 표의 월납부액[B6]은 대출원금[B3], 연이율[B4], 상환기간[B5]을 이용하여 계산한 것이다. [데이터 표] 기능을 이용하여 연이율과 상환기간의 변동에 따른 월납부액의 변화를 [F5:K10] 영역에 계산하시오.

출제패턴을 알면 시험이 쉬워진다!
데이터 표 문제는 변수가 한 개인 경우('행 입력 셀' 또는 '열 입력 셀' 중 하나 지정)와 두 개인 경우('행 입력 셀'과 '열 입력 셀' 모두 지정)의 두 가지 유형으로 출제될 수 있다. [데이터 테이블] 대화상자에서 '행 입력 셀'과 '열 입력 셀'에 지정해야 하는 변수를 정확하게 파악해야 한다.

그대로 따라하기 ▶▶

① '월납부액'인 [B6] 셀 선택 → 수식 입력줄의 함수식을 드래그하여 선택한 후 Ctrl + C 를 눌러 복사하고 Enter 를 누름 → [E4] 셀을 선택한 후 Ctrl + V 를 눌러 함수식을 붙여넣는다.

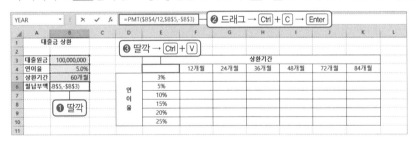

실수가 줄어들면 합격은 빨라진다!
[B6] 셀에서 Ctrl + C 를 눌러 복사하고 [E4] 셀에서 Ctrl + V 를 눌러 바로 붙여넣는 방법도 있지만 이 경우 [B6] 셀에 입력된 수식이 모두 절대 참조로 지정되어 있어야 한다. 절대 참조로 지정되어 있지 않은 경우 복사하면 수식의 주소가 변경될 수 있으므로 수식 입력줄에서 셀에 입력된 수식을 복사하는 방법으로 연습하는 것을 권장한다.

② [E4:K10] 영역을 드래그하여 선택 → [데이터] 탭 – [예측] 그룹 – [가상 분석]( ) – [데이터 표]를 선택한다.

📑 읽는 강의

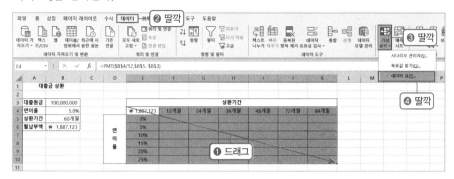

③ [데이터 테이블] 대화상자가 나타나면 '행 입력 셀'은 '상환기간'인 [B5] 셀, '열 입력 셀'은 '연이율'인 [B4] 셀 지정 → [확인] 단추를 클릭한다.

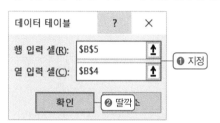

풀이법을 알면 시간이 단축된다!
[데이터 테이블] 대화상자에서 '행 입력 셀'과 '열 입력 셀'에 셀 주소를 직접 입력해도 되고, 시트에서 해당 셀을 선택해도 된다.

④ 결과를 확인한다.

▼ 결과 화면										
	A	B	C	D	E	F	G	H	I	J	K
1	대출금 상환									
2										
3	대출원금	100,000,000					상환기간			
4	연이율	5.0%			₩ 1,887,123	12개월	24개월	36개월	48개월	72개월	84개월
5	상환기간	60개월		연이율	3%	8,469,370	4,298,121	2,908,121	2,213,433	1,519,368	1,321,330
6	월납부액	₩ 1,887,123			5%	8,560,748	4,387,139	2,997,090	2,302,929	1,610,493	1,413,391
7					10%	8,791,589	4,614,493	3,226,719	2,536,258	1,852,584	1,660,118
8					15%	9,025,831	4,848,665	3,466,533	2,783,075	2,114,501	1,929,675
9					20%	9,263,451	5,089,580	3,716,358	3,043,036	2,395,283	2,220,620
10					25%	9,504,420	5,337,152	3,975,983	3,315,713	2,693,718	2,531,164
11										

실수가 줄어들면 합격은 빨라진다!
데이터 표 기능을 수행한 결과는 모두 배열 수식으로 작성되므로 결과의 일부만 수정할 수 없다. 결과를 수정할 때는 데이터 표 전체 값을 삭제하고 다시 수행해야 한다.

개념 더하기 ➕ [데이터 테이블] 대화상자

❶ **행 입력 셀**: 수식에서 변화되는 값이 행으로 나열된 셀의 실제 주소(4행에 나열된 '상환기간'의 실제 주소인 [B5] 셀)

❷ **열 입력 셀**: 수식에서 변화되는 값이 열로 나열된 셀의 실제 주소(E열에 나열된 '연이율'의 실제 주소인 [B4] 셀)

출제패턴 ❷

'데이터표 – 2' 시트에 다음의 지시사항을 처리하시오.

	A	B	C	D	E	F	G	H	I	J
1	적금 불입금액									
2					월 불입금액					
3	목표금액	₩ 20,000,000		(연)이자율	₩ 547,495					
4	월 불입금액	₩ 547,495		1.0%	547,495					
5	납부총액	₩ 19,709,832		1.5%	543,496					
6	(연)이자율	1%		2.0%	539,518					
7	목표년수	3년		2.5%	535,561					
8				3.0%	531,624					
9				3.5%	527,708					
10				4.0%	523,813					
11				4.5%	519,938					
12				5.0%	516,085					
13				5.5%	512,251					
14				6.0%	508,439					
15										

'적금 불입금액' 표의 월 불입금액[B4]은 목표금액[B3], (연)이자율[B6], 목표년수[B7]
를 이용하여 계산한 것이다. [데이터 표] 기능을 이용하여 (연)이자율의 변동에 따른 월
불입금액의 변화를 [E4:E14] 영역에 계산하시오.

그대로 따라하기 ▶▶

① '월 불입금액'인 [B4] 셀 선택 → 수식 입력줄의 함수식을 드래그하여 선택한 후
Ctrl + C 를 눌러 복사하고 Enter 를 누름 → [E3] 셀을 선택한 후 Ctrl + V 를 눌러 함수식을
붙여넣는다.

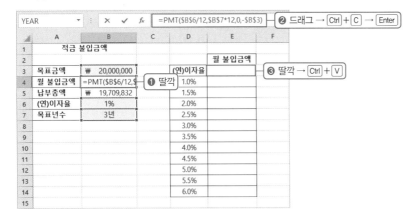

② [D3:E14] 영역을 드래그하여 선택 → [데이터] 탭 – [예측] 그룹 – [가상 분석]( ) – [데이 터 표]를 선택한다.

읽는 강의

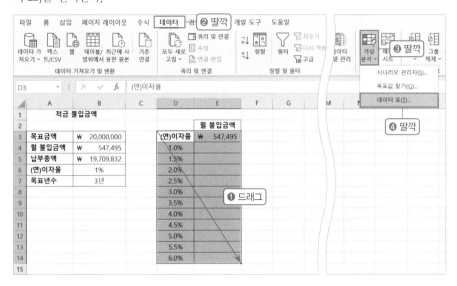

③ [데이터 테이블] 대화상자가 나타나면 '열 입력 셀'은 '(연)이자율'인 [B6] 셀 지정 → [확 인] 단추를 클릭한다.

풀이법을 알면 시간이 단축된다!
(연)이자율의 변화에 따른 수치 는 D열에 나열되어 있으므로 '열 입력 셀'에 (연)이자율의 실 제 주소인 [B6] 셀을 지정해야 한다.

④ 결과를 확인한다.

▼ 결과 화면

	A	B	C	D	E	F
1	적금 불입금액					
2					월 불입금액	
3	목표금액	₩ 20,000,000		(연)이자율	₩ 547,495	
4	월 불입금액	₩ 547,495		1.0%	547,495	
5	납부총액	₩ 19,709,832		1.5%	543,496	
6	(연)이자율	1%		2.0%	539,518	
7	목표년수	3년		2.5%	535,561	
8				3.0%	531,624	
9				3.5%	527,708	
10				4.0%	523,813	
11				4.5%	519,938	
12				5.0%	516,085	
13				5.5%	512,251	
14				6.0%	508,439	
15						

포기하고 싶어질 때
왜 시작했는지를 기억하라.

04

기타작업

배점 20점
목표점수 15점

출제유형 분석

기타작업은 출제 유형의 큰 변동 없이 기존 유형이 출제될 것으로 예상된다. 기타작업은 ❶ 매크로, ❷ 차트, 총 2문제 출제된다. 매크로와 차트는 고정적으로 출제된다.

합격 전략

기타작업은 어렵게 느껴질 수 있지만 지시사항대로 여러 번 연습하여 풀이 방법을 정확히 숙지하면 대부분의 문제가 비슷하다고 느껴질 것이다. 또한 지시사항별로 부분점수가 있으므로 포기하지 않고 풀면 부분점수를 받을 수 있다. 다만, 매크로를 기록하는 과정에서 예상치 못한 과정이 기록되어 오류가 발생할 수 있다는 점과 차트 문제의 지시사항에 직접 언급되지 않은 부분이라도 제시된 〈그림〉과 동일한지 확인하여 숨은 지시사항을 파악해야 한다는 점에 유의해야 한다.

세부 출제패턴

	출제유형	난이도	세부 출제패턴
1	매크로	상 ⑧ 하	작업이나 명령 등을 매크로로 기록하여 작업 과정을 자동화하는 문제로, 두 개의 매크로를 작성하는 문제가 출제된다. 간단한 수식이나 채우기 색, 셀 스타일, 테두리 등을 지정하면 되므로 반복해서 연습하면 의외로 어렵지 않게 해결할 수 있다. 다만, 매크로를 잘못 작성했을 때에는 삭제하고 처음부터 다시 작성해야 하므로 한 번에 제대로 작성하는 연습이 필요하다.
2	차트	상 ⑧ 하	차트를 새로 작성해야 하는 문제가 출제될 수 있지만, 대부분 차트가 작성된 상태에서 차트의 일부를 편집하는 문제로 출제된다. 차트의 구성 요소를 정확히 구분하고 각 구성 요소를 추가하거나 서식을 지정하는 방법을 확실하게 숙지해야 한다.

01 매크로

① **개념**: 반복적인 작업이나 자주 사용하는 명령 등을 매크로로 기록하여 작업 과정을 자동화하는 기능

② **종류**
- 수식 작성 매크로: 합계, 평균 등 주어진 수식을 계산하는 매크로를 작성
- 서식 지정 매크로: 채우기 색, 글꼴 색, 글꼴 스타일, 테두리, 셀 스타일, 표시 형식, 병합하고 가운데 맞춤 등 서식을 지정하는 매크로를 작성

📥 **작업 파일명** C:\에듀윌_2025컴활2급실기\그대로 따라하기\04. 기타작업\실습\01_매크로.xlsx

출제패턴 ❶

'매크로 − 1' 시트의 [표]에서 다음과 같은 기능을 수행하는 매크로를 현재 통합 문서에 작성하고 실행하시오.

	A	B	C	D	E	F	G	H
1	직업별 자원봉사자 현황							
2								
3				(단위 : 명)				
4	직업별	2019년	2020년	2021년		서식		
5	공무원	26,556	30,874	29,646				
6	사무관리직	74,815	73,157	74,041				
7	전문직	47,092	60,580	54,683		합계		
8	자영/서비스직	19,339	22,888	23,738				
9	기술/단순노무직	9,760	11,584	11,205				
10	농수산업	1,829	2,433	2,602				
11	군인	8,885	17,683	19,981				
12	주부	139,060	158,707	157,632				
13	초등	32,419	47,501	37,204				
14	중등	259,478	306,604	271,171				
15	고등	259,688	283,657	240,243				
16	대학	202,132	202,396	176,783				
17	무직(퇴직자포함)	24,108	25,789	22,300				
18	기타	175,220	242,527	232,247				
19	합계	1,280,381	1,486,380	1,353,476				
20								

1 [A4:D4], [A19:D19] 영역에 대하여 채우기 색으로 '표준 색 − 노랑'을 적용하는 매크로를 생성하여 실행하시오.

  ▶ 매크로 이름: 서식

  ▶ [개발 도구] 탭 - [컨트롤] 그룹 - [삽입]에서 '양식 컨트롤'의 '단추(□)'를 동일 시트의 [F4:G5] 영역에 생성하고, 텍스트를 '서식'으로 입력한 후 단추를 클릭할 때 '서식' 매크로가 실행되도록 설정하시오.

2 [B19:D19] 영역에 연도별 자원봉사자의 합계를 계산하는 매크로를 생성하여 실행하시오.

  ▶ 매크로 이름: 합계

  ▶ [삽입] 탭 - [일러스트레이션] 그룹 - [도형]에서 '기본 도형'의 '사각형: 빗면(▱)'을 동일 시트의 [F7:G8] 영역에 생성하고, 텍스트를 '합계'로 입력한 후 텍스트 맞춤을 가로 '가운데', 세로 '가운데'로 설정하며, 도형을 클릭할 때 '합계' 매크로가 실행되도록 설정하시오.

  ※ 셀 포인터의 위치에 상관없이 현재 통합 문서에서 매크로가 실행되어야 정답으로 인정됨

📑 읽는 강의

출제패턴을 알면 시험이 쉬워진다!
매크로는 매회 반드시 출제되는 유형으로, 두 개의 매크로를 작성하는 문제가 출제된다. 대부분 간단한 수식을 입력하거나 채우기 색, 셀 스타일, 테두리, 표시 형식 등 간단한 서식을 지정하는 매크로를 작성하면 되고, 유사한 유형으로 출제되므로 반복해서 연습한다면 어렵지 않게 해결할 수 있다.

① [파일] 탭 - [옵션]을 선택한다.

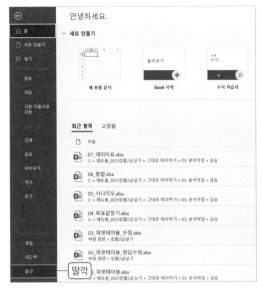

② [Excel 옵션] 대화상자가 나타나면 '리본 사용자 지정' 범주에서 '리본 메뉴 사용자 지정'의 '기본 탭'을 선택하고 '개발 도구'를 체크 → [확인] 단추를 클릭한다.

1 서식 매크로 작성

① [개발 도구] 탭 – [코드] 그룹 – [매크로 기록](매크로 기록)을 클릭한다.

② [매크로 기록] 대화상자가 나타나면 '매크로 이름'은 서식 입력 → [확인] 단추를 클릭한다.

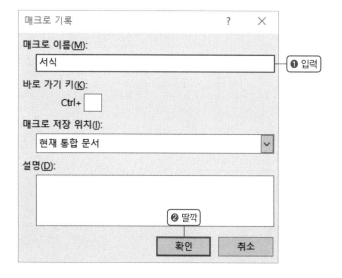

③ [A4:D4] 영역을 드래그하여 선택 → Ctrl을 누른 상태에서 [A19:D19] 영역을 드래그하여 선택 → [홈] 탭 - [글꼴] 그룹 - [채우기 색]의 ▾를 클릭한 후 '표준 색'의 '노랑'으로 선택한다.

📖 읽는 강의

④ 매크로 기록을 중지하기 위해 임의의 셀 선택 → [개발 도구] 탭 - [코드] 그룹 - [기록 중지](□ 기록 중지)를 클릭한다.

풀이법을 알면 시간이 단축된다!
매크로 기록을 중지하기 위해 상태 표시줄에 표시된 '기록 중지' 단추(□)를 클릭해도 된다.

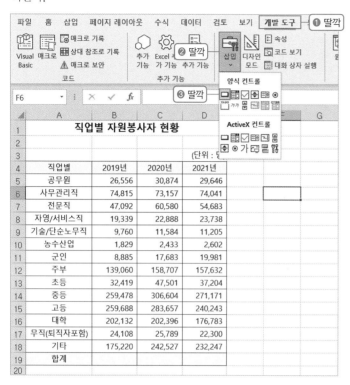

2 서식 단추 작성

① [개발 도구] 탭 – [컨트롤] 그룹 – [삽입]( ) 을 클릭한 후 '양식 컨트롤'의 '단추(□)'를 선택한다.

읽는 강의

② Alt 를 누른 상태에서 [F4:G5] 영역을 드래그하여 단추를 그린다.

풀이법을 알면 시간이 단축된다!
Alt 를 누른 상태에서 단추나 도형을 드래그하면 셀 영역에 정확히 맞추어 그릴 수 있다.

③ [매크로 지정] 대화상자가 나타나면 '매크로 이름'은 '서식' 선택 → [확인] 단추를 클릭한다.

📑 읽는 강의

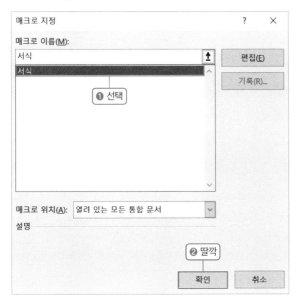

④ 단추를 선택한 상태에서 단추에 입력된 기본 텍스트를 삭제한 후 서식 입력 → 임의의 셀을 선택하여 텍스트 편집을 완료한다.

⊿	A	B	C	D	E	F	G	H
1	직업별 자원봉사자 현황							
2								
3				(단위 : 명)				
4	직업별	2019년	2020년	2021년		서식		
5	공무원	26,556	30,874	29,646				
6	사무관리직	74,815	73,157	74,041				
7	전문직	47,092	60,580	54,683		❶ 입력		
8	자영/서비스직	19,339	22,888	23,738				
9	기술/단순노무직	9,760	11,584	11,205				
10	농수산업	1,829	2,433	2,602				
11	군인	8,885	17,683	19,981				
12	주부	139,060	158,707	157,632				
13	초등	32,419	47,501	37,204		❷ 딸깍		
14	중등	259,478	306,604	271,171				
15	고등	259,688	283,657	240,243				
16	대학	202,132	202,396	176,783				
17	무직(퇴직자포함)	24,108	25,789	22,300				
18	기타	175,220	242,527	232,247				
19	합계							
20								

풀이법을 알면 시간이 단축된다!
단추를 선택한 상태에서는 단추에 텍스트를 바로 입력할 수 있다. 단추를 선택하지 않은 상태에서는 단추에서 마우스 오른쪽 단추를 클릭하고 바로 가기 메뉴의 [텍스트 편집]을 이용하여 텍스트를 입력할 수도 있고, Ctrl을 누른 상태에서 단추를 선택하면 단추에 입력된 텍스트를 바로 수정할 수 있어 편리하다.

3 합계 매크로 작성

① [개발 도구] 탭 – [코드] 그룹 – [매크로 기록](매크로 기록)을 클릭한다.

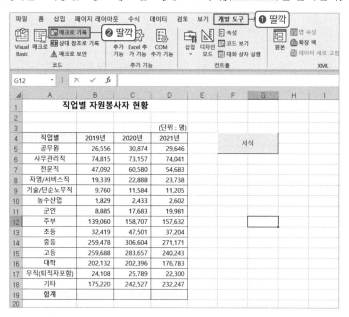

읽는 강의

실수가 줄어들면 합격은 빨라진다!
[매크로 기록]을 클릭할 때 [상대
참조로 기록](상대 참조로 기록)이
지정되어 있지 않은지 확인해
야 한다. [상대 참조로 기록]을
지정하면 셀 포인터의 위치에
따라 다르게 적용되는 매크로
가 작성되므로 주의해야 한다.

② [매크로 기록] 대화상자가 나타나면 '매크로 이름'은 합계 입력 → [확인] 단추를 클릭한다.

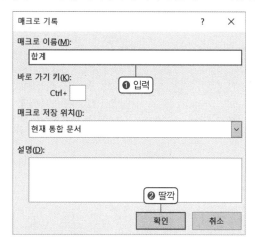

③ [B19] 셀 선택 → 수식 입력줄에 =SUM(B5:B18)을 입력한 후 Enter를 누른다.

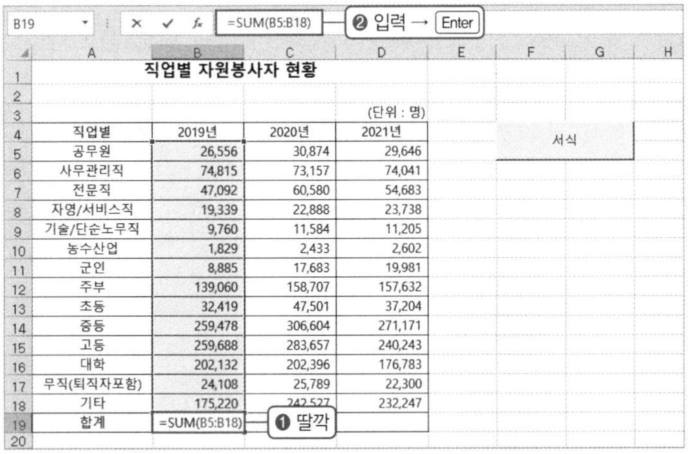

④ [B19] 셀의 자동 채우기 핸들을 [D19] 셀까지 드래그하여 함수식을 복사한다.

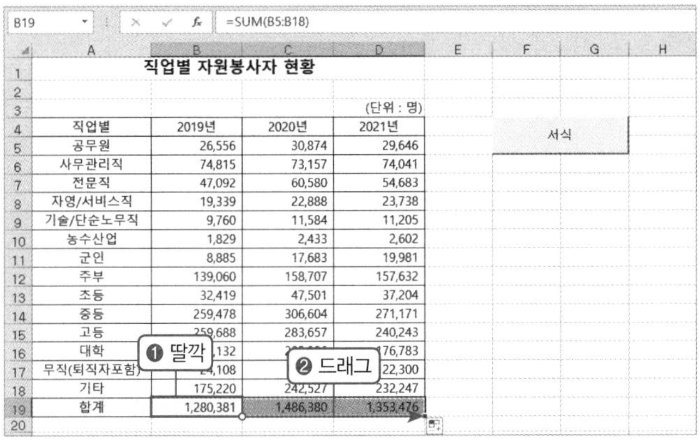

⑤ 매크로 기록을 중지하기 위해 임의의 셀 선택 → **[개발 도구] 탭 – [코드] 그룹 – [기록 중지]**(□ 기록 중지)를 클릭한다.

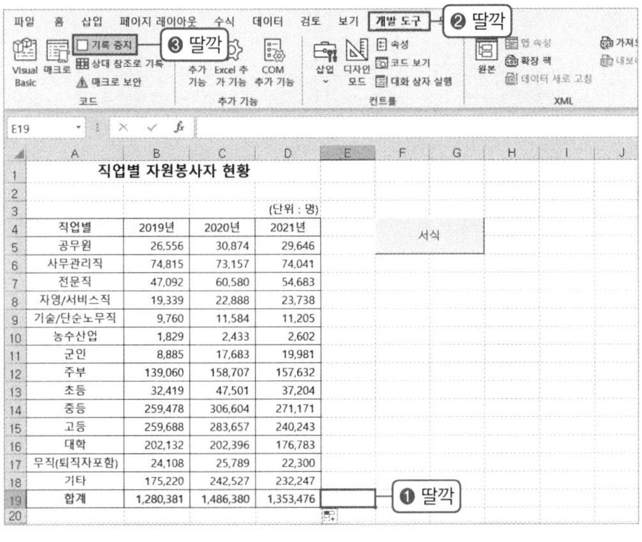

읽는 강의

풀이법을 알면 시간이 단축된다!

합계, 평균 등을 계산하는 매크로를 작성할 때 함수식을 직접 입력해도 되고 [수식] 탭 – [함수 라이브러리] 그룹 – [자동 합계]를 클릭한 후 합계, 평균 등을 선택해도 된다.

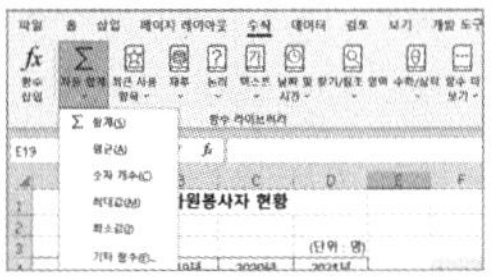

4 합계 도형 작성

① [삽입] 탭 - [일러스트레이션] 그룹 - [도형](🔘도형 ˅)을 클릭한 후 '기본 도형'의 '사각형: 빗면(▱)'을 선택한다.

🗁 읽는 강의

실수가 줄어들면 합격은 빨라진다! '기본 도형'에서 '사각형: 빗면(▱)'과 '액자(▢)'는 모양이 비슷하므로 주의해야 한다. 도형에 마우스를 올려두면 도형의 이름을 확인할 수 있으므로 반드시 확인하고 작성해야 한다.

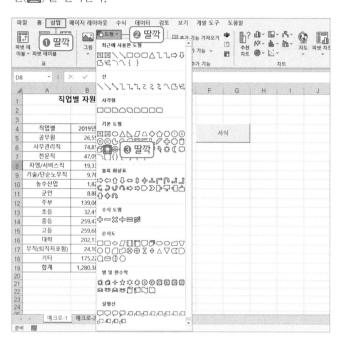

② Alt 를 누른 상태에서 [F7:G8] 영역을 드래그하여 '빗면' 도형을 그린다.

	A	B	C	D	E	F	G	H	I
1		직업별 자원봉사자 현황							
2									
3				(단위 : 명)					
4	직업별	2019년	2020년	2021년					
5	공무원	26,556	30,874	29,646					
6	사무관리직	74,815	73,157	74,041					
7	전문직	47,092	60,580	54,683					
8	자영/서비스직	19,339	22,888	23,738					
9	기술/단순노무직	9,760	11,584	11,205					
10	농수산업	1,829	2,433	2,602					
11	군인	8,885	17,683	19,981					
12	주부	139,060	158,707	157,632					
13	초등	32,419	47,501	37,204					
14	중등	259,478	306,604	271,171					
15	고등	259,688	283,657	240,243					
16	대학	202,132	202,396	176,783					
17	무직(퇴직자포함)	24,108	25,789	22,300					
18	기타	175,220	242,527	232,247					
19	합계	1,280,381	1,486,380	1,353,476					
20									

Alt + 드래그

③ '빗면' 도형을 선택한 상태에서 도형에 합계를 입력 → [홈] 탭 – [맞춤] 그룹에서 세로 [가운데 맞춤]과 가로 [가운데 맞춤]을 클릭한다.

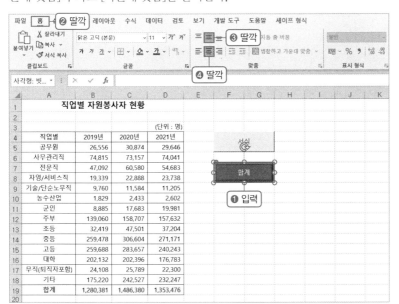

📖 읽는 강의

풀이법을 알면 시간이 단축된다!
도형도 단추와 마찬가지로 선택한 상태에서는 도형에 텍스트를 바로 입력할 수 있다. 도형을 선택하지 않은 상태에서는 도형에서 마우스 오른쪽 단추를 클릭하고 바로 가기 메뉴의 [텍스트 편집]을 이용하여 입력할 수도 있고, 도형을 클릭하면 도형에 입력된 텍스트를 바로 수정할 수 있다.

④ 도형에서 마우스 오른쪽 단추를 클릭한 후 바로 가기 메뉴에서 [매크로 지정]을 선택한다.

풀이법을 알면 시간이 단축된다!
단추를 삽입하면 [매크로 지정] 대화상자가 자동으로 나타나지만 도형을 삽입하면 [매크로 지정] 대화상자가 자동으로 나타나지 않으므로 도형의 바로 가기 메뉴에서 [매크로 지정]을 선택해야 한다.

⑤ [매크로 지정] 대화상자가 나타나면 '매크로 이름'은 '합계' 선택 → [확인] 단추를 클릭한다.

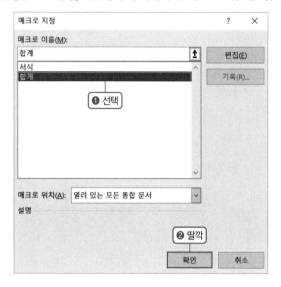

5 매크로 확인

① 매크로가 정상적으로 실행되는지 확인하기 위해 [A4:D4] 영역을 드래그하여 선택 → Ctrl
을 누른 상태에서 [A19:D19] 영역을 드래그하여 선택 → [홈] 탭 – [글꼴] 그룹 – [채우기
색]의 ▾를 클릭한 후 '채우기 없음' 선택 → [B19:D19] 영역을 드래그하여 선택한 후
Delete를 눌러 합계값 삭제 → '서식' 단추와 '합계' 도형을 클릭한다.

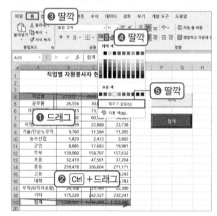

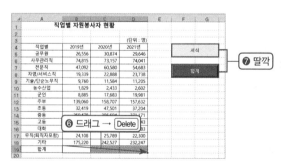

② 결과를 확인한다.

▼ 결과 화면

	A	B	C	D	E	F	G	H
1	직업별 자원봉사자 현황							
2								
3				(단위 : 명)				
4	직업별	2019년	2020년	2021년		서식		
5	공무원	26,556	30,874	29,646				
6	사무관리직	74,815	73,157	74,041				
7	전문직	47,092	60,580	54,683		합계		
8	자영/서비스직	19,339	22,888	23,738				
9	기술/단순노무직	9,760	11,584	11,205				
10	농수산업	1,829	2,433	2,602				
11	군인	8,885	17,683	19,981				
12	주부	139,060	158,707	157,632				
13	초등	32,419	47,501	37,204				
14	중등	259,478	306,604	271,171				
15	고등	259,688	283,657	240,243				
16	대학	202,132	202,396	176,783				
17	무직(퇴직자포함)	24,108	25,789	22,300				
18	기타	175,220	242,527	232,247				
19	합계	1,280,381	1,486,380	1,353,476				
20								

개념 더하기 ⊕ 　매크로 삭제

① [개발 도구] 탭 - [코드] 그룹 - [매크로]를 클릭한다.

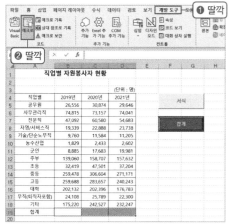

실수가 줄어들면 합격은 빨라진다!

매크로가 정상적으로 실행되지 않는 경우 기록된 일부 과정을 수정할 수 없으므로 해당 매크로를 삭제한 후 새로 작성해야 한다.

② [매크로] 대화상자가 나타나면 삭제할 매크로를 선택 → [삭제] 단추를 클릭한다.

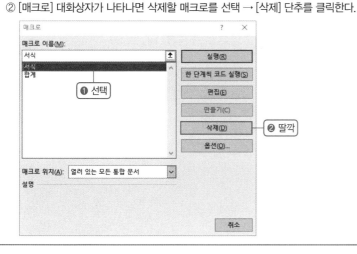

'매크로 – 2' 시트의 [표]에서 다음과 같은 기능을 수행하는 매크로를 현재 통합 문서에 작성하고 실행하시오.

	A	B	C	D	E	F	G	H
1	급 여 명 세 표							
2								
3	성명	직위	근속기간	비율	기본급	상여금	총급여액	
4	김은주	대리	5	35%	2,350,000	822,500	3,172,500	
5	박수빈	과장	7	40%	2,225,000	890,000	3,115,000	
6	이수민	전무	10	50%	2,405,000	1,202,500	3,607,500	
7	강우람	부장	12	50%	2,335,800	1,167,900	3,503,700	
8	최인수	상무	15	55%	2,465,000	1,355,750	3,820,750	
9	박하늘	부장	11	50%	2,280,000	1,140,000	3,420,000	
10	김남수	대리	7	40%	2,379,000	951,600	3,330,600	
11	서민혜	과장	9	40%	2,278,800	911,520	3,190,320	
12	이영현	대표	18	55%	3,175,000	1,746,250	4,921,250	
13								
14								
15						총급여액	테두리	
16								
17								
18								

1 [G4:G12] 영역에 총급여액을 계산하는 매크로를 생성하여 실행하시오.

▶ 매크로 이름: 총급여액

▶ 총급여액=기본급+상여금

▶ [개발 도구] 탭 - [컨트롤] 그룹 - [삽입]에서 '양식 컨트롤'의 '단추(□)'를 동일 시트의 [F15:F17] 영역에 생성하고, 텍스트를 '총급여액'으로 입력한 후 단추를 클릭할 때 '총급여액' 매크로가 실행되도록 설정하시오.

2 [A3:G12] 영역에 '모든 테두리(⊞)'를 지정하는 매크로를 생성하여 실행하시오.

▶ 매크로 이름: 테두리

▶ [삽입] 탭 - [일러스트레이션] 그룹 - [도형]에서 '기본 도형'의 '타원(○)'을 동일 시트의 [G15:G17] 영역에 생성하고, 텍스트를 '테두리'로 입력한 후 텍스트 맞춤을 가로 '가운데', 세로 '가운데'로 설정하며, 도형을 클릭할 때 '테두리' 매크로가 실행되도록 설정하시오.

※ 셀 포인터의 위치에 상관없이 현재 통합 문서에서 매크로가 실행되어야 정답으로 인정됨

1 총급여액 매크로 작성

① [개발 도구] 탭 – [코드] 그룹 – [매크로 기록](📭매크로 기록)을 클릭한다.

② [매크로 기록] 대화상자가 나타나면 '매크로 이름'에 총급여액 입력 → [확인] 단추를 클릭한다.

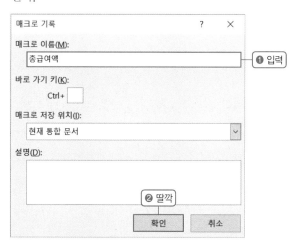

③ [G4] 셀 선택 → 수식 입력줄에 =E4+F4를 입력한 후 Enter 를 누른다.

④ [G4] 셀의 자동 채우기 핸들을 [G12] 셀까지 드래그하여 함수식을 복사한다.

⑤ 매크로 기록을 중지하기 위해 임의의 셀 선택 → [개발 도구] 탭 – [코드] 그룹 – [기록 중 지](□ 기록 중지)를 클릭한다.

2 총급여액 단추 작성

① [개발 도구] 탭 – [컨트롤] 그룹 – [삽입]( )을 클릭한 후 '양식 컨트롤'의 '단추( )'를 선택한다.

읽는 강의

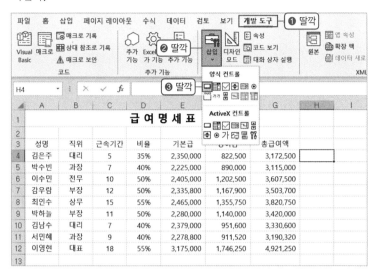

② Alt 를 누른 상태에서 [F15:F17] 영역을 드래그하여 단추를 그린다.

▲	A	B	C	D	E	F	G	H
1				급 여 명 세 표				
2								
3	성명	직위	근속기간	비율	기본급	상여금	총급여액	
4	김은주	대리	5	35%	2,350,000	822,500	3,172,500	
5	박수빈	과장	7	40%	2,225,000	890,000	3,115,000	
6	이수민	전무	10	50%	2,405,000	1,202,500	3,607,500	
7	감우람	부장	12	50%	2,335,800	1,167,900	3,503,700	
8	최인수	상무	15	55%	2,465,000	1,355,750	3,820,750	
9	박하늘	부장	11	50%	2,280,000	1,140,000	3,420,000	
10	김남수	대리	7	40%	2,379,000	951,600	3,330,600	
11	서민혜	과장	9	40%	2,278,800	911,520	3,190,320	
12	이영현	대표	18	55%	3,175,000	1,746,250	4,921,250	
13								
14								
15								
16							Alt + 드래그	
17								
18								

③ [매크로 지정] 대화상자가 나타나면 '매크로 이름'은 '총급여액' 선택 → [확인] 단추를 클릭한다.

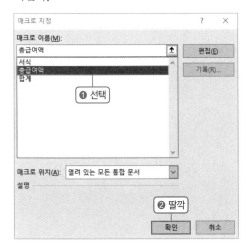

④ 단추를 선택한 상태에서 단추에 입력된 기본 텍스트를 삭제한 후 총급여액 입력 → 임의의 셀을 선택하여 텍스트 편집을 완료한다.

	A	B	C	D	E	F	G	H
1				급 여 명 세 표				
2								
3	성명	직위	근속기간	비율	기본급	상여금	총급여액	
4	김은주	대리	5	35%	2,350,000	822,500	3,172,500	
5	박수빈	과장	7	40%	2,225,000	890,000	3,115,000	
6	이수민	전무	10	50%	2,405,000	1,202,500	3,607,500	
7	감우람	부장	12	50%	2,335,800	1,167,900	3,503,700	
8	최인수	상무	15	55%	2,465,000	1,355,750	3,820,750	
9	박하늘	부장	11	50%	2,280,000	1,140,000	3,420,000	
10	김남수	대리	7	40%	2,379,000	951,600	3,330,600	
11	서민혜	과장	9	40%	2,278,800	911,520	3,190,320	
12	이영현	대표	18	55%	3,175,000	1,746,250	4,921,250	
13								
14								
15					❶ 입력	총급여액		
16								
17							❷ 딸깍	
18								
19								
20								
21								

3 테두리 매크로 작성

① [개발 도구] 탭 – [코드] 그룹 – [매크로 기록](매크로 기록)을 클릭한다.

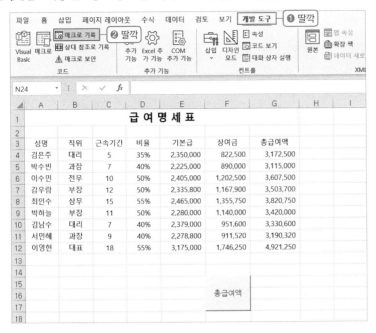

② [매크로 기록] 대화상자가 나타나면 '매크로 이름'은 테두리 입력 → [확인] 단추를 클릭한다.

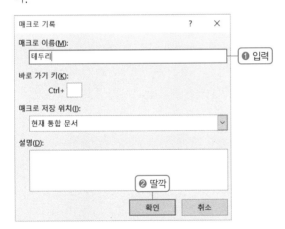

③ [A3:G12] 영역을 드래그하여 선택 → [홈] 탭 – [글꼴] 그룹 – [테두리]의 ▼를 클릭한 후 '모든 테두리'로 선택한다.

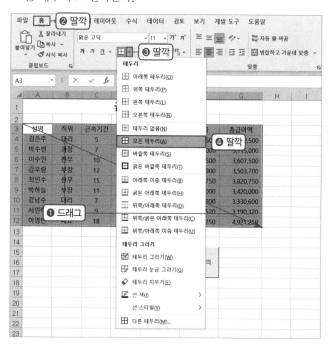

④ 매크로 기록을 중지하기 위해 임의의 셀 선택 → [개발 도구] 탭 – [코드] 그룹 – [기록 중지](☐ 기록 중지)를 클릭한다.

4 테두리 도형 작성

① [삽입] 탭 – [일러스트레이션] 그룹 – [도형](📁도형 ˅)을 클릭한 후 '기본 도형'의 '타원 (◯)'을 선택한다.

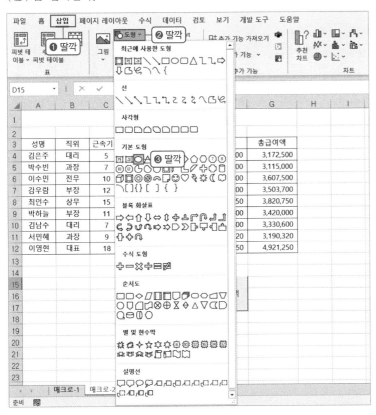

② Alt 를 누른 상태에서 [G15:G17] 영역을 드래그하여 '타원' 도형을 그린다.

	A	B	C	D	E	F	G	H
1				급 여 명 세 표				
2								
3	성명	직위	근속기간	비율	기본급	상여금	총급여액	
4	김은주	대리	5	35%	2,350,000	822,500	3,172,500	
5	박수빈	과장	7	40%	2,225,000	890,000	3,115,000	
6	이수민	전무	10	50%	2,405,000	1,202,500	3,607,500	
7	감우람	부장	12	50%	2,335,800	1,167,900	3,503,700	
8	최인수	상무	15	55%	2,465,000	1,355,750	3,820,750	
9	박하늘	부장	11	50%	2,280,000	1,140,000	3,420,000	
10	김남수	대리	7	40%	2,379,000	951,600	3,330,600	
11	서민혜	과장	9	40%	2,278,800	911,520	3,190,320	
12	이영현	대표	18	55%	3,175,000	1,746,250	4,921,250	
13								
14								
15								
16						총급여액		Alt + 드래그
17								
18								

③ '타원' 도형을 선택한 상태에서 도형에 테두리 입력 → [홈] 탭 – [맞춤] 그룹에서 세로 [가 운데 맞춤]과 가로 [가운데 맞춤]을 클릭한다.

▱ 읽는 강의

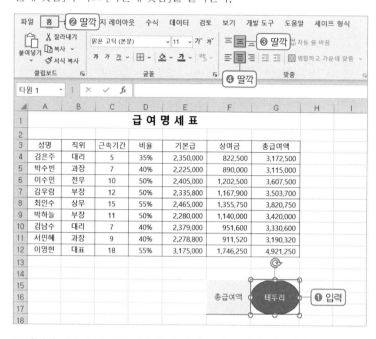

④ 도형에서 마우스 오른쪽 단추를 클릭하고 바로 가기 메뉴에서 [매크로 지정]을 선택한다.

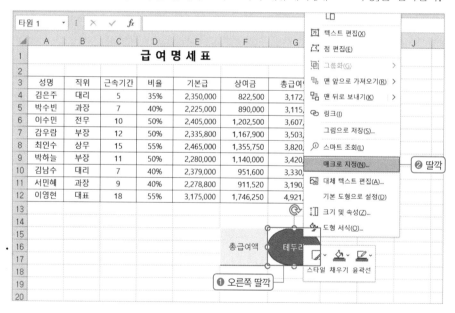

⑤ [매크로 지정] 대화상자가 나타나면 '매크로 이름'은 '테두리' 선택 → [확인] 단추를 클릭한다.

🖾 읽는 강의

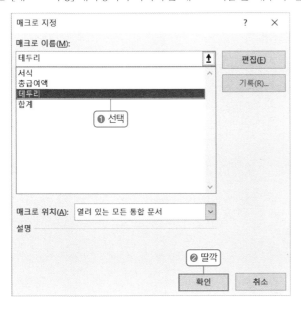

5 매크로 확인

① 매크로가 정상적으로 실행되는지 확인하기 위해 [G4:G12] 영역을 드래그하여 선택한 후
Delete 를 눌러 총급여액값 삭제 → [A3:G12] 영역을 드래그하여 선택 → **[홈] 탭-[글꼴]** 그
룹-[테두리]의 ▾를 클릭한 후 '테두리 없음'으로 선택 → '총급여액' 단추와 '테두리' 도형
을 클릭한다.

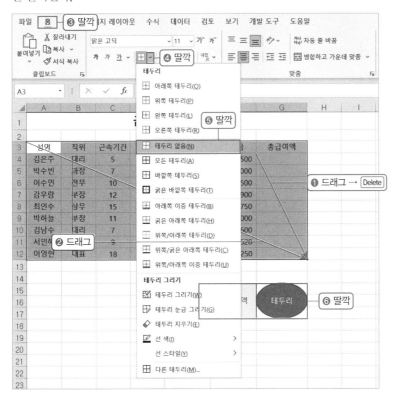

② 결과를 확인한다.

▼ 결과 화면

	A	B	C	D	E	F	G	H
1				급 여 명 세 표				
2								
3	성명	직위	근속기간	비율	기본급	상여금	총급여액	
4	김은주	대리	5	35%	2,350,000	822,500	3,172,500	
5	박수빈	과장	7	40%	2,225,000	890,000	3,115,000	
6	이수민	전무	10	50%	2,405,000	1,202,500	3,607,500	
7	감우람	부장	12	50%	2,335,800	1,167,900	3,503,700	
8	최인수	상무	15	55%	2,465,000	1,355,750	3,820,750	
9	박하늘	부장	11	50%	2,280,000	1,140,000	3,420,000	
10	김남수	대리	7	40%	2,379,000	951,600	3,330,600	
11	서민혜	과장	9	40%	2,278,800	911,520	3,190,320	
12	이영현	대표	18	55%	3,175,000	1,746,250	4,921,250	
13								
14								
15						총급여액	테두리	
16								
17								
18								

출제패턴 ❸

'매크로 – 3' 시트의 [표]에서 다음과 같은 기능을 수행하는 매크로를 현재 통합 문서에 작성하고 실행하시오.

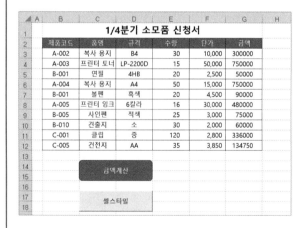

1 [G3:G12] 영역에 금액을 계산하는 매크로를 생성하여 실행하시오.

▷ 매크로 이름: 금액계산

▷ 금액=수량×단가

▷ [삽입] 탭 - [일러스트레이션] 그룹 - [도형]에서 '사각형'의 '사각형: 둥근 모서리(▢)'를 동일 시트의 [C14:D15] 영역에 생성하고, 텍스트를 '금액계산'으로 입력한 후 텍스트 맞춤을 가로 '가운데', 세로 '가운데'로 설정하며, 단추를 클릭할 때 '금액계산' 매크로가 실행되도록 설정하시오.

2 [B2:G2] 영역에 셀 스타일을 '강조색1'로 지정하는 매크로를 생성하여 실행하시오.

▶ 매크로 이름: 셀스타일

▶ [개발 도구] 탭 - [컨트롤] 그룹 - [삽입]에서 '양식 컨트롤'의 '단추(☐)'를 동일 시트의 [C17:D18] 영역에 생성하고, 텍스트를 '셀스타일'로 입력한 후 도형을 클릭할 때 '셀스타일' 매크로가 실행되도록 설정하시오.

※ 셀 포인터의 위치에 상관없이 현재 통합 문서에서 매크로가 실행되어야 정답으로 인정됨

그대로 따라하기 ▶▶

1 금액계산 매크로 작성

① [개발 도구] 탭 – [코드] 그룹 – [매크로 기록](🔲 매크로 기록)을 클릭한다.

② [매크로 기록] 대화상자가 나타나면 '매크로 이름'에 금액계산 입력 → [확인] 단추를 클릭한다.

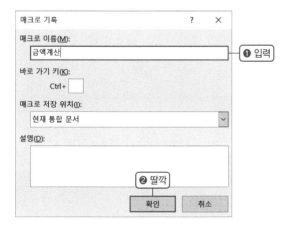

③ [G3] 셀 선택 → 수식 입력줄에 =E3*F3을 입력한 후 Enter 를 누른다.

읽는 강의

④ [G3] 셀의 자동 채우기 핸들을 [G12] 셀까지 드래그하여 함수식을 복사한다.

⑤ 매크로 기록을 중지하기 위해 임의의 셀 선택 → [개발 도구] 탭 – [코드] 그룹 – [기록 중지](□ 기록 중지)를 클릭한다.

2 금액계산 도형 작성

① [삽입] 탭 – [일러스트레이션] 그룹 – [도형](도형 ∨)을 클릭한 후 '사각형'의 '사각형: 둥근 모서리(☐)'를 선택한다.

② Alt 를 누른 상태에서 [C14:D15] 영역을 드래그하여 '사각형: 둥근 모서리' 도형을 그린다.

	A	B	C	D	E	F	G	H
1			1/4분기 소모품 신청서					
2		제품코드	품명	규격	수량	단가	금액	
3		A-002	복사 용지	B4	30	10,000	300000	
4		A-003	프린터 토너	LP-2200D	15	50,000	750000	
5		B-001	연필	4HB	20	2,500	50000	
6		A-004	복사 용지	A4	50	15,000	750000	
7		B-001	볼펜	흑색	20	4,500	90000	
8		A-005	프린터 잉크	6칼라	16	30,000	480000	
9		B-005	사인펜	적색	25	3,000	75000	
10		B-010	견출지	소	30	2,000	60000	
11		C-001	클립	중	120	2,800	336000	
12		C-005	건전지	Alt + 드래그	35	3,850	134750	
13								
14								
15								
16								

③ '모서리가 둥근 직사각형' 도형을 선택한 상태에서 도형에 금액계산 입력 → [홈] 탭 − [맞춤] 그룹에서 세로 [가운데 맞춤]과 가로 [가운데 맞춤]을 클릭한다.

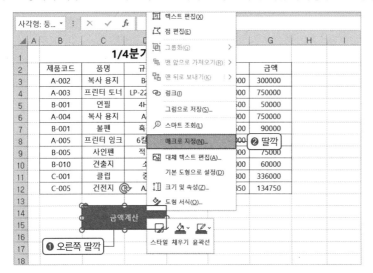

④ 도형에서 마우스 오른쪽 단추를 클릭하고 바로 가기 메뉴에서 [매크로 지정]을 선택한다.

⑤ [매크로 지정] 대화상자가 나타나면 '매크로 이름'은 '금액계산' 선택 → [확인] 단추를 클릭한다.

📑 읽는 강의

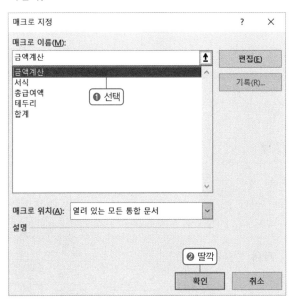

3 셀스타일 매크로 작성

① [개발 도구] 탭 – [코드] 그룹 – [매크로 기록](📖매크로 기록)을 클릭한다.

② [매크로 기록] 대화상자가 나타나면 '매크로 이름'은 셀스타일 입력 → [확인] 단추를 클릭한다.

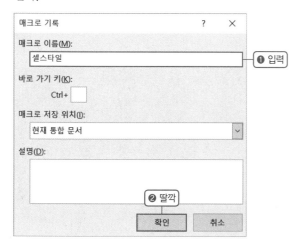

③ [B2:G2] 영역을 드래그하여 선택 → **[홈] 탭 – [스타일] 그룹 – [자세히]** 단추(▼)를 클릭한 후 '테마 셀 스타일'의 '강조색1'을 선택한다.

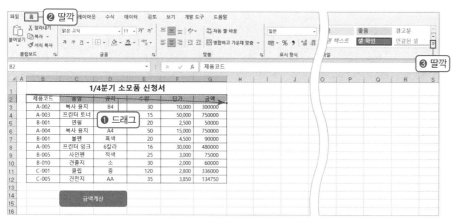

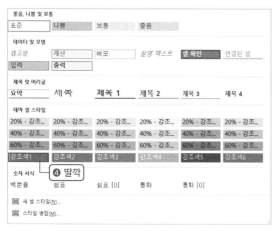

④ 매크로 기록을 중지하기 위해 임의의 셀 선택 → [개발 도구] 탭 – [코드] 그룹 – [기록 중지](□기록중지)를 클릭한다.

읽는 강의

4 셀스타일 단추 작성

① [개발 도구] 탭 – [컨트롤] 그룹 – [삽입](삽입)을 클릭한 후 '양식 컨트롤'의 '단추(□)'를 클릭한다.

② [Alt]를 누른 상태에서 [C17:D18] 영역을 드래그하여 단추를 그린다.

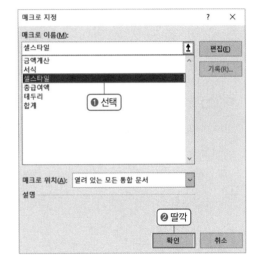

1/4분기 소모품 신청서

제품코드	품명	규격	수량	단가	금액
A-002	복사 용지	B4	30	10,000	300000
A-003	프린터 토너	LP-2200D	15	50,000	750000
B-001	연필	4HB	20	2,500	50000
A-004	복사 용지	A4	50	15,000	750000
B-001	볼펜	흑색	20	4,500	90000
A-005	프린터 잉크	6칼라	16	30,000	480000
B-005	사인펜	적색	25	3,000	75000
B-010	견출지	소	30	2,000	60000
C-001	클립	중	120	2,800	336000
C-005	건전지	AA	35	3,850	134750

금액계산

[Alt] + 드래그

③ [매크로 지정] 대화상자가 나타나면 '매크로 이름'은 '셀스타일' 선택 → [확인] 단추를 클릭한다.

④ 단추를 선택한 상태에서 단추에 입력된 기본 텍스트를 삭제한 후 셀스타일 입력 → 임의의 셀을 선택하여 텍스트 편집을 완료한다.

	B	C	D	E	F	G
1			1/4분기 소모품 신청서			
2	제품코드	품명	규격	수량	단가	금액
3	A-002	복사 용지	B4	30	10,000	300000
4	A-003	프린터 토너	LP-2200D	15	50,000	750000
5	B-001	연필	4HB	20	2,500	50000
6	A-004	복사 용지	A4	50	15,000	750000
7	B-001	볼펜	흑색	20	4,500	90000
8	A-005	프린터 잉크	6칼라	16	30,000	480000
9	B-005	사인펜	적색	25	3,000	75000
10	B-010	견출지	소	30	2,000	60000
11	C-001	클립	중	120	2,800	336000
12	C-005	건전지	AA	35	3,850	134750
13						
14		금액계산				❷ 딸깍
15						
16						
17		셀스타일		❶ 입력		
18						
19						

5 매크로 확인

① 매크로가 정상적으로 실행되는지 확인하기 위해 [B2:G2] 영역을 드래그하여 선택한 후 **[홈] 탭 – [글꼴] 그룹 – [글꼴 색]**의 ▾를 클릭한 후 '테마 색'의 '검정, 텍스트 1'을 선택하고 **[채우기 색]**의 ▾를 클릭한 후 '채우기 없음' 선택 → [G3:G12] 영역을 드래그하여 선택한 후 Delete 를 눌러 금액계산 값 삭제 → '금액계산' 도형과 '셀스타일' 단추를 클릭한다.

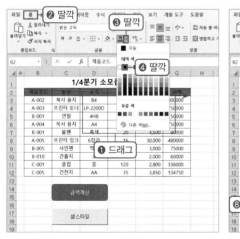
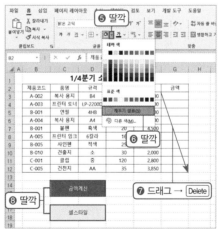

② 결과를 확인한다.

읽는 강의

▼ 결과 화면

	A	B	C	D	E	F	G	H
1		1/4분기 소모품 신청서						
2		제품코드	품명	규격	수량	단가	금액	
3		A-002	복사 용지	B4	30	10,000	300000	
4		A-003	프린터 토너	LP-2200D	15	50,000	750000	
5		B-001	연필	4HB	20	2,500	50000	
6		A-004	복사 용지	A4	50	15,000	750000	
7		B-001	볼펜	흑색	20	4,500	90000	
8		A-005	프린터 잉크	6칼라	16	30,000	480000	
9		B-005	사인펜	적색	25	3,000	75000	
10		B-010	견출지	소	30	2,000	60000	
11		C-001	클립	중	120	2,800	336000	
12		C-005	건전지	AA	35	3,850	134750	
13								
14			금액계산					
15								
16								
17			셀스타일					
18								
19								

- 매크로가 포함된 문서를 열 때 [보안 경고] 메시지가 표시되는 경우

  [보안 경고] 메시지에서 [콘텐츠 사용] 단추를 클릭한다.

- [보안 경고] 메시지 없이 모든 콘텐츠를 사용하는 방법

  ① [개발 도구] 탭 - [코드] 그룹 - [매크로 보안]을 클릭한다.

  ② [보안 센터] 대화상자가 나타나면 '매크로 설정' 범주에서 '매크로 설정'의 VBA 매크로 사용(권장 안 함, 위험한 코드가 시행될 수 있음)' 선택 → [확인] 단추를 클릭한다.

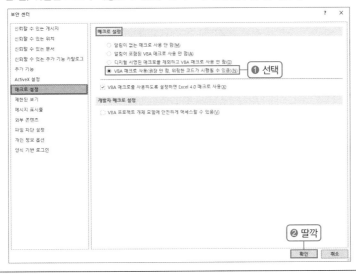

02 차트

① **개념**: 데이터를 막대, 선, 원 등의 시각적인 요소로 표현하여 데이터의 경향과 흐름을 알아보기 쉽게 표현한 기능

② **종류**

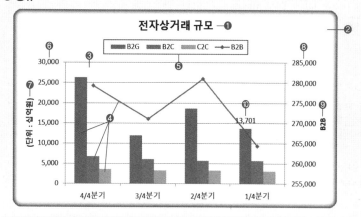

구성 요소		세부 유형
❶ 차트 제목	차트의 제목 표시	차트 제목 추가, 글꼴 크기
❷ 차트 영역	차트의 모든 구성 요소를 포함하는 영역	글꼴, 채우기, 테두리, 그림자
❸ 그림 영역	가로 축과 세로 축으로 구성된 영역으로, 실제 그래프가 표시되는 영역	채우기
❹ 데이터 계열	• 하나의 열로 묶인 데이터로 범례에 표시된 한 가지 종류를 의미 • 데이터 계열 중에 하나를 데이터 요소라고 함	계열 차트 종류 변경, 계열 겹치기, 간격 너비
❺ 범례	차트의 각 색상이나 무늬가 어떤 데이터 계열을 의미하는지 표시	범례 위치, 도형 스타일
❻ 기본 세로 (값) 축	데이터 계열의 값을 표시하는 축으로 왼쪽에 표시	최대, 최소, 주 단위, 표시 형식
❼ 기본 세로 (값) 축 제목	왼쪽 세로 축에 표현되는 숫자의 전체 의미를 나타내는 제목	제목 추가, 맞춤
❽ 보조 세로 (값) 축	데이터 계열의 값을 표시하는 축으로 오른쪽에 표시	보조 축 표시, 최대, 최소, 주 단위, 표시 형식
❾ 보조 세로 (값) 축 제목	오른쪽 세로 축에 표현되는 숫자의 전체 의미를 나타내는 제목	제목 추가, 맞춤
❿ 데이터 레이블	데이터 계열의 값이나 개별 데이터 요소에 대한 세부 정보	데이터 레이블 추가, 위치 지정

📥 **작업 파일명** C:\에듀윌_2025컴활2급실기\그대로 따라하기\04. 기타작업\실습\02_차트.xlsx

'차트 – 1' 시트의 차트를 지시사항에 따라 아래 〈그림〉과 같이 수정하시오.

※ 차트는 반드시 문제에서 제공한 차트를 사용하여야 하며, 신규로 작성 시 0점 처리됨

1 'B2B' 계열의 차트 종류를 '표식이 있는 꺾은선형'으로 변경하고, '보조 축'으로 지정하시오.

2 차트 제목을 '차트 위'로 추가하여 〈그림〉과 같이 입력하고, 글꼴 크기는 '14'pt로 설정하시오.

3 'C2C' 계열의 '1/4분기' 요소에 데이터 레이블의 위치를 '바깥쪽 끝에'로 지정하여 추가하시오.

4 범례 서식을 이용하여 범례 위치를 '위쪽'으로 변경하고, 범례의 도형 스타일을 '색 윤곽선 – 파랑, 강조 5'로 설정하시오.

5 차트 영역에 그림자는 '안쪽 가운데', 테두리 스타일은 '둥근 모서리'로 지정하시오.

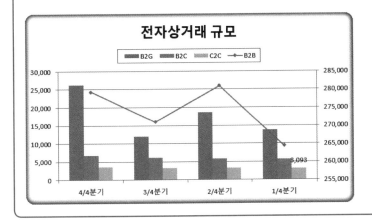

1 'B2B' 계열 차트 종류 변경

① 차트 영역에서 'B2B' 계열 선택 → 마우스 오른쪽 단추를 클릭하고 바로 가기 메뉴에서 [계열 차트 종류 변경]을 선택한다.

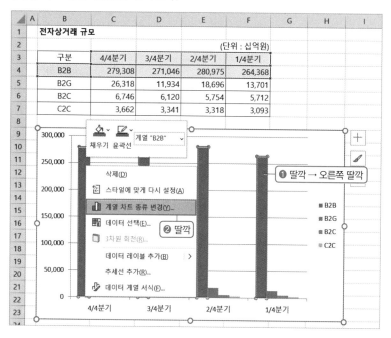

② [차트 종류 변경] 대화상자가 나타나면 [모든 차트] 탭의 '혼합' 범주에서 'B2B' 계열의 '차트 종류'를 '표식이 있는 꺾은선형'(📈)으로 선택하고 '보조 축'에 체크 → [확인] 단추를 클릭한다.

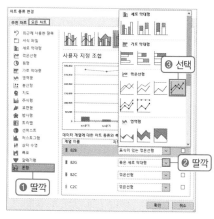

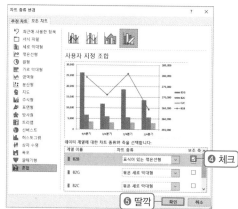

2 차트 제목 추가

① 차트를 선택한 상태에서 [차트 디자인] 탭 – [차트 레이아웃] 그룹 – [차트 요소 추가]

(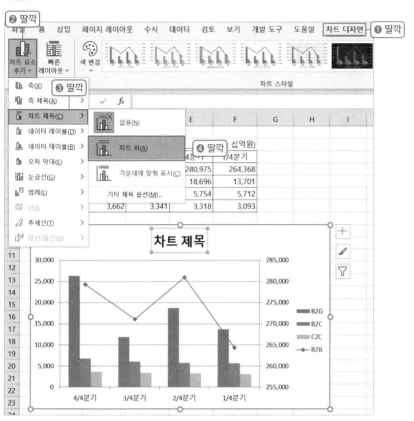) – [차트 제목] – [차트 위]를 선택하여 차트 제목을 추가한다.

② 차트 제목에 전자상거래 규모 입력 → [홈] 탭 – [글꼴] 그룹 – [글꼴 크기]를 '14'pt로 지정한다.

📖 읽는 강의

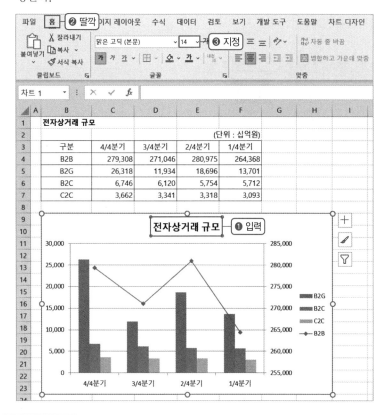

개념 더하기➕ 차트 요소 추가

방법 1 차트 영역 선택 → [차트 디자인] 탭 – [차트 레이아웃] 그룹 – [차트 요소 추가]를 클릭한 후 추가하려는 차트 요소를 선택한다.

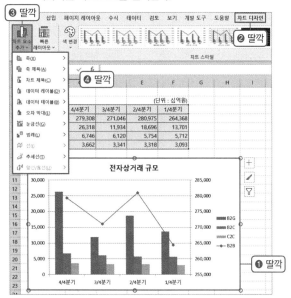

방법 2 차트 영역 선택 → 차트 오른쪽 상단의 차트 요소(➕) 클릭 → 추가하려는 차트 요소를 체크한다.

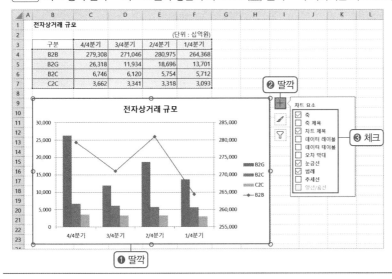

③ 'C2C' 계열 '1/4분기' 요소 데이터 레이블 추가

'C2C' 계열의 '1/4분기' 요소를 천천히 두 번 클릭 → [차트 디자인] 탭 – [차트 레이아웃] 그룹 – [차트 요소 추가]( ) – [데이터 레이블] – [바깥쪽 끝에]를 선택하여 데이터 레이블을 추가한다.

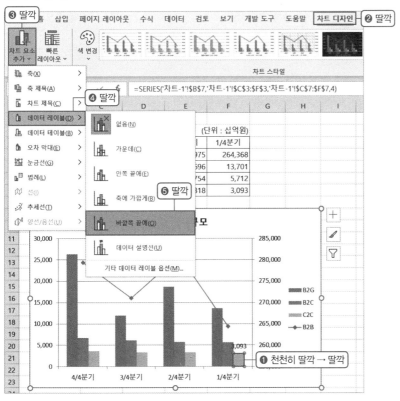

4 범례 서식 지정

① 범례를 더블클릭 → [범례 서식] 창이 나타나면 '범례 옵션'의 '범례 옵션'(▮▮)에서 '범례 옵션'의 '범례 위치'를 '위쪽'으로 선택한다.

📖 읽는 강의

풀이법을 알면 시간이 단축된다!
범례에서 마우스 오른쪽 단추를 클릭하고 바로 가기 메뉴에서 [범례 서식]을 선택해도 [범례 서식] 창이 나타난다.

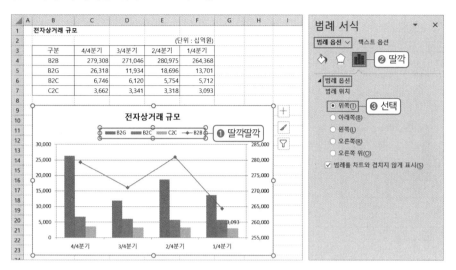

② 범례를 선택한 상태에서 [서식] 탭 – [도형 스타일] 그룹 – [자세히] 단추(▾)를 클릭한다.

③ '테마 스타일'의 '색 윤곽선 – 파랑, 강조 5'를 선택한다.

5 차트 영역 서식 지정

① 차트 영역을 더블클릭 → [차트 영역 서식] 창이 나타나면 '차트 옵션'의 '효과'(⬠)에서 '그림자'의 '미리 설정'을 '안쪽'의 '안쪽: 가운데'로 선택한다.

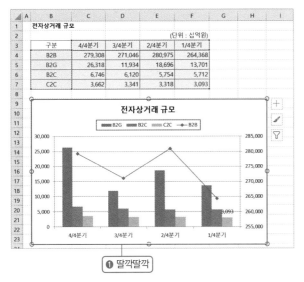

📖 읽는 강의

풀이법을 알면 시간이 단축된다!
차트 영역에서 마우스 오른쪽
단추를 클릭하고 바로 가기 메
뉴에서 [차트 영역 서식]을 선
택해도 [차트 영역 서식] 창이
나타난다.

② [차트 영역 서식] 창에서 '차트 옵션'의 '채우기 및 선'()에서 '테두리'의 '둥근 모서리' 체크 → [닫기] 단추(✖)를 클릭한다.

③ 결과를 확인한다.

▼ 결과 화면

	A	B	C	D	E	F	G	H	I
1		전자상거래 규모							
2						(단위 : 십억원)			
3		구분	4/4분기	3/4분기	2/4분기	1/4분기			
4		B2B	279,308	271,046	280,975	264,368			
5		B2G	26,318	11,934	18,696	13,701			
6		B2C	6,746	6,120	5,754	5,712			
7		C2C	3,662	3,341	3,318	3,093			

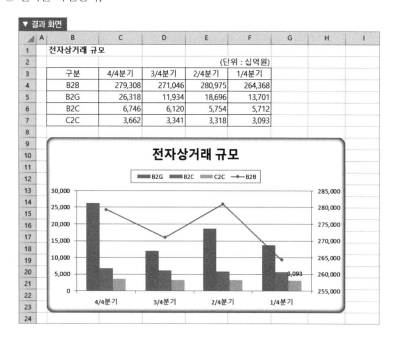

출제패턴 ❷

'차트 – 2' 시트의 차트를 지시사항에 따라 아래 〈그림〉과 같이 작성하시오.

1 2019년~2021년의 '서비스이용자수', '서비스이용률', '서비스가입자수' 데이터를 이용하여 동일 시트의 [B9:H21] 영역에 차트를 작성하시오.

2 '서비스이용률'은 '표식이 있는 꺾은선형'으로 변경하고, '보조 축'으로 지정하시오.

3 차트 제목은 [B1] 셀과 연동되도록 설정하시오.

4 각 축의 제목을 〈그림〉과 같이 설정하고 텍스트의 방향은 '스택형'으로 설정하시오.

5 차트 영역은 '차트 스타일 3'을 지정하시오.

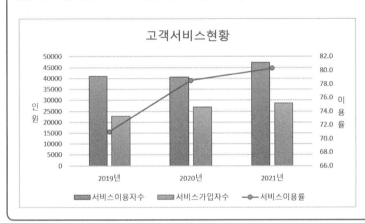

그대로 따라하기 ▶▶

1 차트 작성

① [B3:B6] 영역을 드래그하여 선택 → Ctrl을 누른 상태에서 [D3:F6] 영역을 드래그하여 선택 → [삽입] 탭 – [차트] 그룹 – [세로 또는 가로 막대형 차트 삽입](📊▾)을 클릭한 후 '2차원 세로 막대형'의 '묶은 세로 막대형'(📊)을 선택한다.

풀이법을 알면 시간이 단축된다!
차트 삽입 바로 가기 키:
Alt + F1

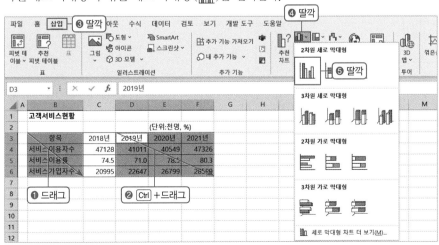

② Alt를 누른 상태에서 차트의 조절점을 드래그하여 [B9:H21] 영역에 맞게 차트의 크기를 조절한다.

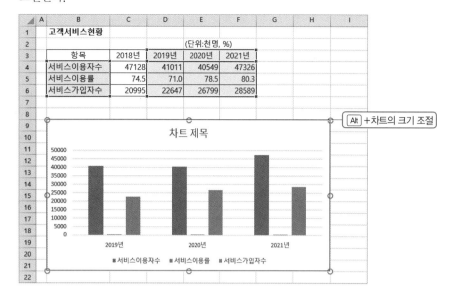

2 '서비스이용률' 계열 차트 종류 변경

① 차트를 선택한 상태에서 [서식] 탭 – [현재 선택 영역] 그룹 – [차트 요소]의 ▾를 클릭한 후 '계열 "서비스이용률"'을 선택한다.

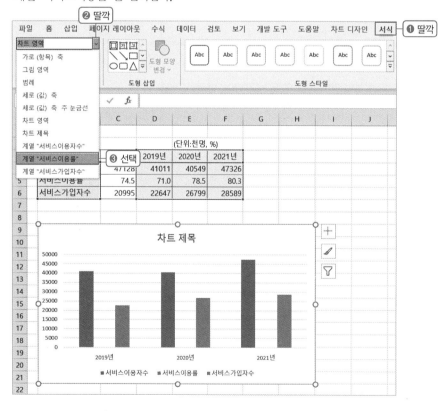

풀이법을 알면 시간이 단축된다!

차트에서 계열을 선택할 때 '서비스이용자수'나 '서비스가입자수' 계열과 같이 차트에서 바로 선택할 수 있는 크기의 계열은 차트에서 바로 선택하면 된다. 하지만 '서비스이용률' 계열과 같이 크기가 작아 차트에서 바로 선택하기 어려운 계열은 [서식] 탭 – [현재 선택 영역] 그룹 – [차트 요소]에서 선택하면 편리하다.

② '서비스이용률' 계열을 선택한 상태에서 **[차트 디자인] 탭 – [종류] 그룹 – [차트 종류 변**
경](![img](차트 종류 변경))을 선택한다.

☞ **읽는 강의**

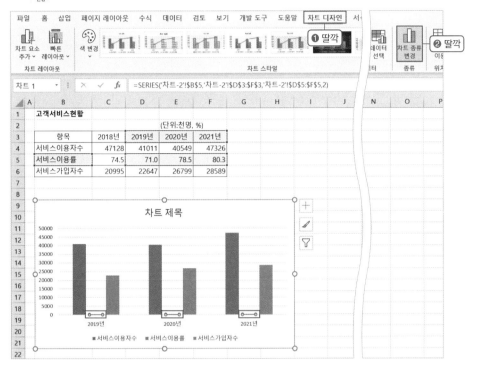

③ [차트 종류 변경] 대화상자가 나타나면 [모든 차트] 탭의 '혼합' 범주에서 '서비스이용률'의
'차트 종류'를 '표식이 있는 꺾은선형'( )으로 선택하고 '보조 축' 체크 → [확인] 단추
를 클릭한다.

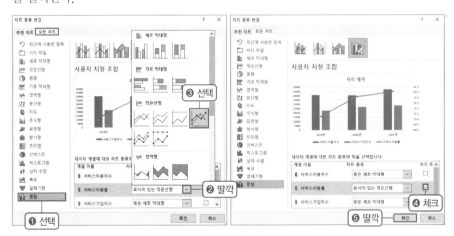

3 차트 제목 연동

차트 제목 선택 → 수식 입력줄에 =을 입력한 후 [B1] 셀을 선택하고 Enter 를 누른다.

📖 읽는 강의

풀이법을 알면 시간이 단축된다!
차트 제목을 셀과 연동하면 셀
의 내용이 변경될 때 차트 제목
도 함께 변경된다.

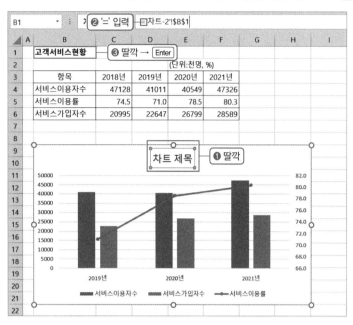

4 축 제목 지정

① 차트 영역 선택 → [차트 디자인] 탭–[차트 레이아웃] 그룹–[차트 요소 추가](🔳 차트 요소 추가 ∨)–[축 제목]–[기본 세로]를 선택하여 기본 세로 (값) 축 제목을 추가한다.

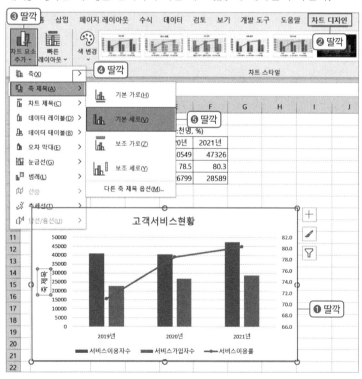

② 차트 영역을 선택한 상태에서 **[차트 디자인] 탭 - [차트 레이아웃] 그룹 - [차트 요소 추가]** (차트 요소 추가) **- [축 제목] - [보조 세로]**를 선택하여 보조 세로 (값) 축 제목을 추가한다.

☞ 읽는 강의

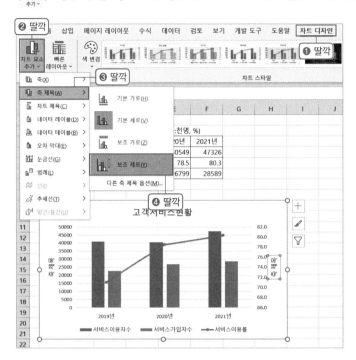

③ 기본 세로 (값) 축 제목에 인원, 보조 세로 (값) 축 제목에 이용률 입력 → 기본 세로 (값) 축 제목을 더블클릭한다.

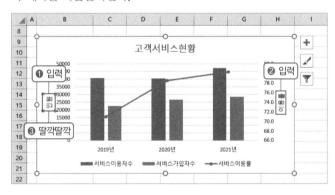

④ [축 제목 서식] 창이 나타나면 '제목 옵션'의 '크기 및 속성'(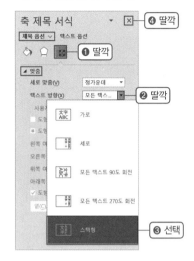)에서 '맞춤'의 '텍스트 방향'을 '스택형'으로 선택 → 이와 같은 방법으로 보조 세로 (값) 축 제목도 '스택형'으로 선택 → [닫기] 단추(✖)를 클릭한다.

개념 더하기⊕　　**텍스트 방향**

• 세로	• 스택형
50000	50000
45000	45000
40000	40000
35000	35000
인원 30000	인원 30000
25000	25000
20000	20000
15000	15000
10000	10000
5000	5000
0	0

5 차트 스타일 지정

① 차트 영역 선택 → [차트 디자인] 탭 – [차트 스타일] 그룹에서 '스타일 3'을 선택한다.

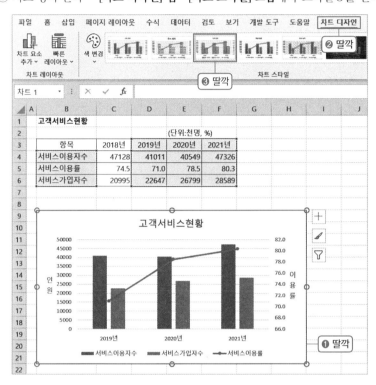

② 결과를 확인한다.

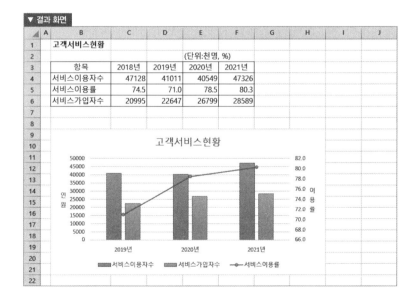

출제패턴 ❸

'차트 – 3' 시트의 차트를 지시사항에 따라 아래 〈그림〉과 같이 수정하시오.

※ 차트는 반드시 문제에서 제공한 차트를 사용하여야 하며, 신규로 작성 시 0점 처리됨

1 '문구 판매현황' 정보에서 '품목'별로 '판매가'와 '판매량'이 표시되도록 데이터 범위를 수정하시오.

2 세로 (값) 축의 최소값은 0, 최대값은 2,400, 주 단위는 400으로 지정하시오.

3 세로 (값) 축의 가로 축 교차를 1,000으로 지정하시오.

4 '판매가'의 데이터 계열 서식의 옵션에서 '계열 겹치기'를 50%, '간격 너비'를 100%로 지정하시오.

5 차트 영역에 '데이터 표'를 표시하시오.

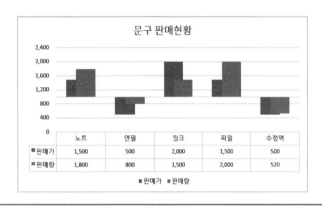

1 데이터 범위 수정

① 차트 영역에서 마우스 오른쪽 단추를 클릭하고 바로 가기 메뉴에서 [데이터 선택]을 선택한다.

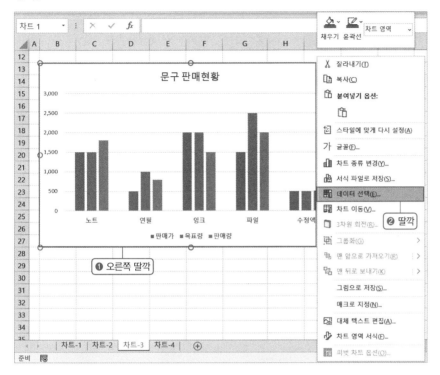

② [데이터 원본 선택] 대화상자가 나타나면 '범례 항목(계열)'에서 '목표량'을 선택하고 [제거] 단추 클릭 → [확인] 단추를 클릭한다.

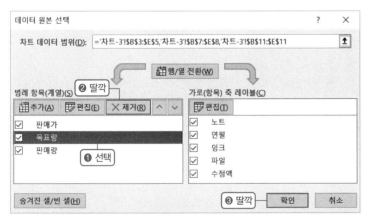

2 축 서식 지정

① 기본 세로 (값) 축에서 마우스 오른쪽 단추를 클릭하고 바로 가기 메뉴에서 [축 서식]을 선택한다.

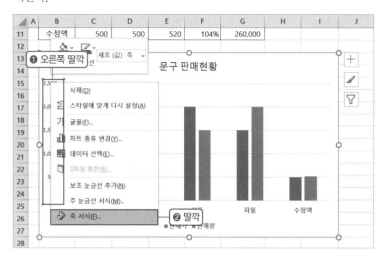

② [축 서식] 창이 나타나면 '축 옵션'의 '축 옵션'(📊)에서 '축 옵션'의 '경계'를 '최소값'은 0, '최대값'은 2400, '단위'에서 '기본'은 400으로 입력한다.

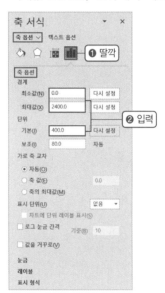

3 가로 축 교차 지정

[축 서식] 창에서 '축 옵션'의 '축 옵션'(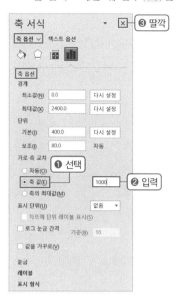)에서 '축 옵션'의 '가로 축 교차'는 '축 값'을 선택하고 1000을 입력 → [닫기] 단추(✖)를 클릭한다.

4 계열 겹치기와 간격 너비 지정

① '판매가' 계열에서 마우스 오른쪽 단추를 클릭하고 바로 가기 메뉴에서 [데이터 계열 서식]을 선택한다.

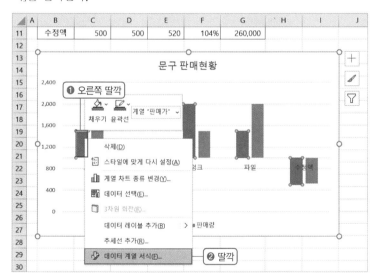

② [데이터 계열 서식] 창이 나타나면 '계열 옵션'의 '계열 옵션'(📊)에서 '계열 옵션'의 '계열 겹치기'는 50%, '간격 너비'는 100%로 입력 → [닫기] 단추(✖)를 클릭한다.

📖 **읽는 강의**

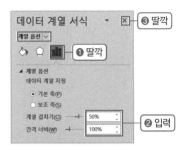

개념 더하기 ➕ | **계열 겹치기 및 간격 너비**

• **계열 겹치기**: 숫자값이 클수록 겹쳐지는 부분이 커짐(−100~100%)

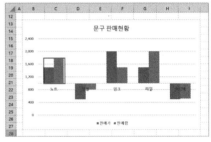

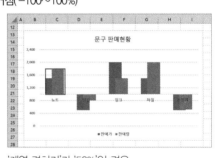

'계열 겹치기'가 '0%'인 경우   '계열 겹치기'가 '50%'인 경우

• **간격 너비**: 숫자값이 클수록 항목 사이의 공백이 커짐(0~500%)

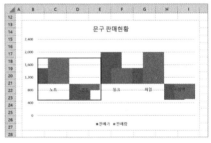

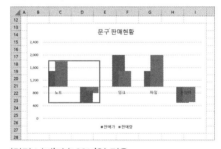

'간격 너비'가 '0%'인 경우   '간격 너비'가 '100%'인 경우

---

5 데이터 표 표시

① 차트 영역 선택 → [차트 디자인] 탭 – [차트 레이아웃] 그룹 – [차트 요소 추가]( ) – [데이터 테이블] – [범례 표지 포함]을 선택하여 데이터 표를 추가한다.

읽는 강의

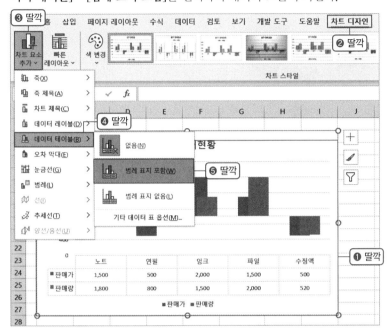

개념 더하기 ➕   범례 표지

• 범례 표지 포함

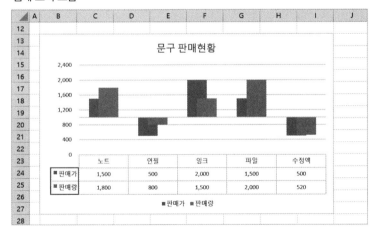

• 범례 표지 없음

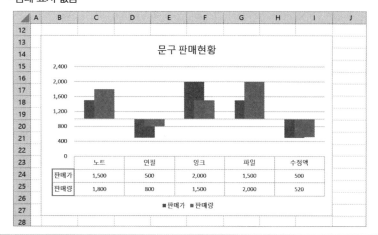

② 결과를 확인한다.

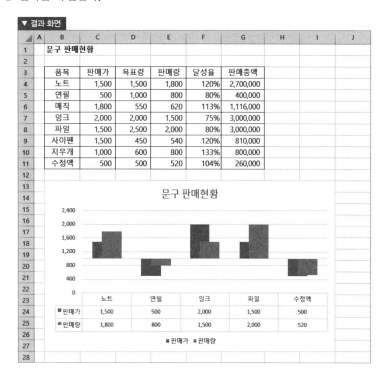

'차트 – 4' 시트의 차트를 지시사항에 따라 아래 〈그림〉과 같이 수정하시오.

※ 차트는 반드시 문제에서 제공한 차트를 사용하여야 하며, 신규로 작성 시 0점 처리됨

1 '이익금액' 계열만 차트에 표시되도록 데이터 범위를 지정하시오.

2 차트 종류를 '원형'으로 변경하시오.

3 차트 제목을 '차트 위'로 추가하여 〈그림〉과 같이 입력하고, 글꼴 색 '표준 색 – 노랑', 채우기 색 '표준색 – 파랑'으로 지정하시오.

4 차트에 데이터 레이블 '값'과 '항목 이름'을 표시하고, 레이블의 위치를 '바깥쪽 끝에'로 지정하시오.

5 첫째 조각의 각을 45°로 지정하시오.

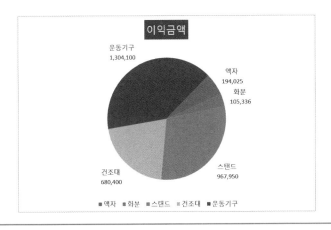

📇 읽는 강의

출제패턴을 알면 시험이 쉬워진다!
원형 차트는 하나의 데이터 계열만을 표시할 수 있는 차트로, 각 데이터 요소는 전체 데이터에 대한 비율로 표시된다. 원형 차트에서는 데이터 레이블 표시, 첫째 조각의 각을 지정하는 문제가 주로 출제된다.

1 데이터 범위 수정

① 차트 영역에서 마우스 오른쪽 단추를 클릭하고 바로 가기 메뉴에서 [데이터 선택]을 선택한다.

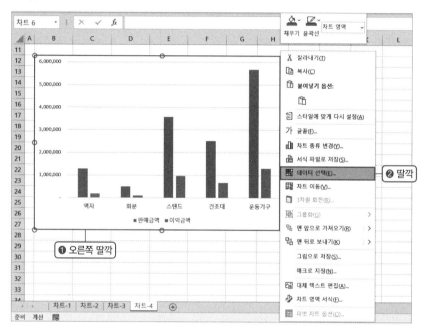

② [데이터 원본 선택] 대화상자가 나타나면 '범례 항목(계열)'에서 '판매금액'을 선택하고 [제거] 단추 클릭 → [확인] 단추를 클릭한다.

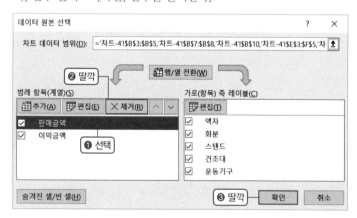

2 차트 종류 변경

① 차트 영역에서 마우스 오른쪽 단추를 클릭하고 바로 가기 메뉴에서 [차트 종류 변경]을 선택한다.

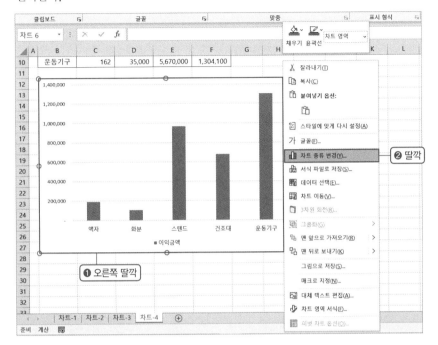

② [차트 종류 변경] 대화상자가 나타나면 [모든 차트] 탭의 '원형' 범주에서 '원형' 선택 → [확인] 단추를 클릭한다.

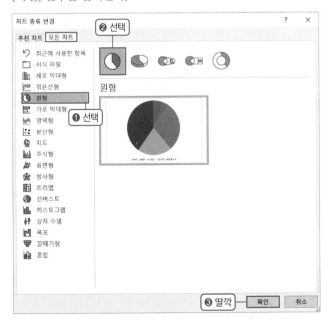

③ 차트 제목 추가

① 차트를 선택한 상태에서 [차트 디자인] 탭 – [차트 레이아웃] 그룹 – [차트 요소 추가]

(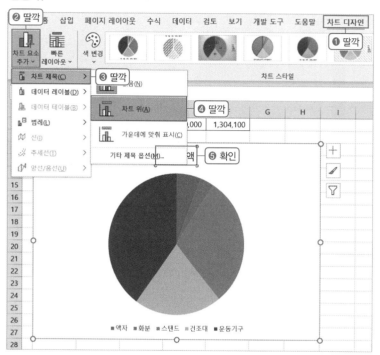) – [차트 제목] – [차트 위]를 선택 → 차트 제목이 '이익금액'으로 지정되었는지 확

인한다.

② 차트 제목을 선택한 상태에서 [홈] 탭 – [글꼴] 그룹 – [채우기 색]의 ▾를 클릭한 후 '표준
색'의 '파랑'을 선택하고 [글꼴 색]의 ▾를 클릭한 후 '표준 색'의 '노랑'으로 선택한다.

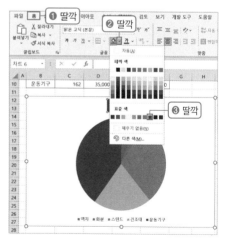

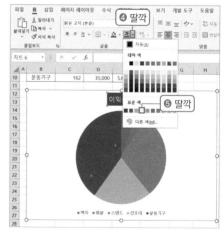

4 데이터 레이블 추가

① 차트 영역 선택 → [차트 디자인] 탭 – [차트 레이아웃] 그룹 – [차트 요소 추가]( ) – [데이터 레이블] – [기타 데이터 레이블 옵션]을 선택한다.

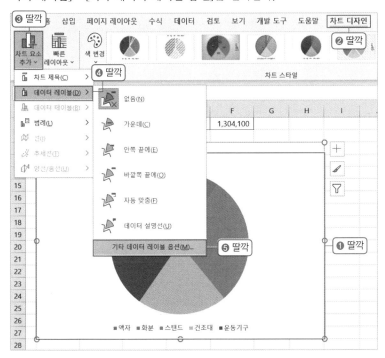

② [데이터 레이블 서식] 창이 나타나면 '레이블 옵션'의 '레이블 옵션( )'에서 '레이블 옵션'의 '레이블 내용'은 '항목 이름', '값' 체크 → '구분 기호'에서 '줄 바꿈' 선택 → '레이블 위치'에서 '바깥쪽 끝에'를 선택 → [닫기] 단추( )를 클릭한다.

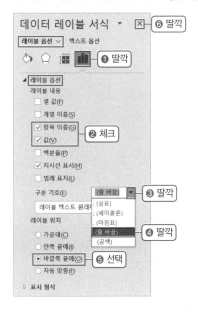

5 첫째 조각의 각 지정

① '이익금액' 계열에서 마우스 오른쪽 단추를 클릭하고 바로 가기 메뉴에서 [데이터 계열 서식]을 선택한다.

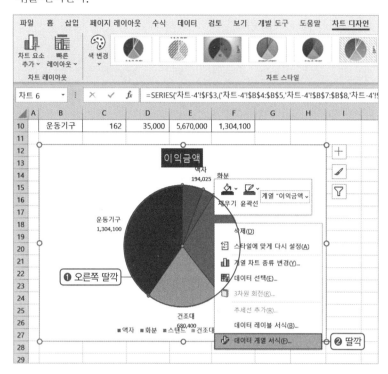

② [데이터 계열 서식] 창이 나타나면 '계열 옵션'의 '계열 옵션'(▊▊)에서 '계열 옵션'의 '첫째 조각의 각'을 '45°'로 지정 → [닫기] 단추(✖)를 클릭한다.

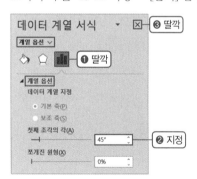

③ 결과를 확인한다.

▼ 결과 화면

	A	B	C	D	E	F	G	H	I
1		생활용품 판매현황							
2									
3		제품명	수량	단가	판매금액	이익금액			
4		액자	199	6,500	1,293,500	194,025			
5		화분	132	3,800	501,600	105,336			
6		가습기	160	20,000	3,200,000	768,000			
7		스탠드	239	15,000	3,585,000	967,950			
8		건조대	144	17,500	2,520,000	680,400			
9		주방저울	122	5,600	683,200	95,648			
10		운동기구	162	35,000	5,670,000	1,304,100			
11									

이익금액

운동기구
1,304,100

액자
194,025

화분
105,336

건조대
680,400

스탠드
967,950

■액자 ■화분 ■스탠드 ■건조대 ■운동기구

끝이 좋아야 시작이 빛난다.

– 마리아노 리베라(Mariano Rivera)

IT자격증 단기 합격!
에듀윌 EXIT 시리즈

컴퓨터활용능력

- **필기 초단기끝장(1/2급)**
  문제은행 최적화, 이론은 가볍게 기출은 무한반복!
- **필기 기본서(1/2급)**
  기초부터 제대로, 한권으로 한번에 합격!
- **실기 기본서(1/2급)**
  출제패턴 집중훈련으로 한번에 확실한 합격!

ADsP

- **데이터분석 준전문가 ADsP**
  이론부터 탄탄하게! 한번에 확실한 합격!

ITQ/GTQ

- **ITQ 엑셀/파워포인트/한글 ver.2016**
  독학러도 초단기 A등급 보장!
- **ITQ OA Master ver.2016**
  한번에 확실하게 OA Master 합격!
- **GTQ 포토샵 1급 ver.CC**
  노베이스 포토샵 합격 A to Z

실무 엑셀

- **회사에서 엑셀을 검색하지 마세요**
  자격증은 있지만 실무가 어려운 직장인을 위한
  엑셀 꿀기능 모음 zip

꿈을 현실로 만드는
에듀윌

DREAM

공무원 교육
- 선호도 1위, 신뢰도 1위!
  브랜드만족도 1위!
- 합격자 수 2,100% 폭등시킨
  독한 커리큘럼

자격증 교육
- 8년간 아무도 깨지 못한 기록
  합격자 수 1위
- 가장 많은 합격자를 배출한
  최고의 합격 시스템

직영학원
- 직영학원 수 1위
- 표준화된 커리큘럼과 호텔급 시설
  자랑하는 전국 22개 학원

종합출판
- 온라인서점 베스트셀러 1위!
- 출제위원급 전문 교수진이
  직접 집필한 합격 교재

어학 교육
- 토익 베스트셀러 1위
- 토익 동영상 강의 무료 제공

콘텐츠 제휴 · B2B 교육
- 고객 맞춤형 위탁 교육 서비스 제공
- 기업, 기관, 대학 등 각 단체에 최적화된
  고객 맞춤형 교육 및 제휴 서비스

부동산 아카데미
- 부동산 실무 교육 1위!
- 상위 1% 고소득 창업/취업 비법
- 부동산 실전 재테크 성공 비법

학점은행제
- 99%의 과목이수율
- 16년 연속 교육부 평가 인정 기관 선정

대학 편입
- 편입 교육 1위!
- 최대 200% 환급 상품 서비스

국비무료 교육
- '5년우수훈련기관' 선정
- K-디지털, 산대특 등 특화 훈련과정
- 원격국비교육원 오픈

에듀윌 교육서비스 **공무원 교육** 9급공무원/7급공무원/소방공무원/계리직공무원 **자격증 교육** 공인중개사/주택관리사/감정평가사/노무사/전기기사/경비지도사/검정고시/소방설비기사/소방시설관리사/사회복지사1급/건축기사/토목기사/직업상담사/전기기능사/산업안전기사/위험물산업기사/위험물기능사/유통관리사/물류관리사/행정사/한국사능력검정/한경TESAT/매경TEST/KBS한국어능력시험/실용글쓰기/IT자격증/국제무역사/무역영어 **어학 교육** 토익 교재/토익 동영상 강의 **세무/회계** 회계사/세무사/전산세무회계/ERP정보관리사/재경관리사 **대학 편입** 편입 교재/편입 영어·수학/경찰대/의치대/편입 컨설팅·면접 **직영학원** 공무원학원/소방학원/공인중개사 학원/주택관리사 학원/전기기사 학원/세무사·회계사 학원/편입학원 **종합출판** 공무원·자격증 수험교재 및 단행본 **학점은행제** 교육부 평가인정기관 원격평생교육원(사회복지사2급/경영학/CPA)/교육부 평가인정기관 원격 사회교육원(사회복지사2급/심리학) **콘텐츠 제휴·B2B 교육** 교육 콘텐츠 제휴/기업 맞춤 자격증 교육/대학 취업역량 강화 교육 **부동산 아카데미** 부동산 창업CEO/부동산 경매 마스터/부동산 컨설팅 **국비무료 교육 (국비교육원)** 전기기능사/전기(산업)기사/소방설비(산업)기사/IT(빅데이터/자바프로그램/파이썬)/게임그래픽/3D프린터/실내건축디자인/웹퍼블리셔/그래픽디자인/영상편집(유튜브)디자인/온라인 쇼핑몰광고 및 제작(쿠팡, 스마트스토어)/전산세무회계/컴퓨터활용능력/ITQ/GTQ/직업상담사

교육
문의 **1600-6700** www.eduwill.net

업계 최초 대통령상 3관왕,
정부기관상 19관왕 달성!

2010 대통령상   2019 대통령상   2019 대통령상

대한민국 브랜드대상   국무총리상   문화체육관광부   농림축산식품부   과학기술정보통신부   여성가족부장관상
국무총리상   장관상   장관상   장관상

서울특별시장상   과학기술부장관상   정보통신부장관상   산업자원부장관상   고용노동부장관상   미래창조과학부장관상   법무부장관상

2004
서울특별시장상 우수벤처기업 대상

2006
부총리 겸 과학기술부장관 표창 국가 과학 기술 발전 유공

2007
정보통신부장관상 디지털콘텐츠 대상
산업자원부장관 표창 대한민국 e비즈니스대상

2010
대통령 표창 대한민국 IT 이노베이션 대상

2013
고용노동부장관 표창 일자리 창출 공로

2014
미래창조과학부장관 표창 ICT Innovation 대상

2015
법무부장관 표창 사회공헌 유공

2017
여성가족부장관상 사회공헌 유공
2016 합격자 수 최고 기록 KRI 한국기록원 공식 인증

2018
2017 합격자 수 최고 기록 KRI 한국기록원 공식 인증

2019
대통령 표창 범죄예방대상
대통령 표창 일자리 창출 유공
과학기술정보통신부장관상 대한민국 ICT 대상

2020
국무총리상 대한민국 브랜드대상
2019 합격자 수 최고 기록 KRI 한국기록원 공식 인증

2021
고용노동부장관상 일·생활 균형 우수 기업 공모전 대상
문화체육관광부장관 표창 근로자휴가지원사업 우수 참여 기업
농림축산식품부장관상 대한민국 사회공헌 대상
문화체육관광부장관 표창 여가친화기업 인증 우수 기업

2022
국무총리 표창 일자리 창출 유공
농림축산식품부장관상 대한민국 ESG 대상

에듀윌 컴퓨터활용능력
2급 실기 기본서

Eduwill XIT자격증
EXIT 무료 합격 서비스!

EXIT
바로가기

저자에게 바로 묻는
실시간 질문답변

핵심만 모은
무료강의

더 공부하고 싶다면?
PDF 학습자료

내가 만든 파일로 학습하는
자동 채점 프로그램

직접 따라하며 공부하는
실습파일

바로 확인하는
정오표

2023 대한민국 브랜드만족도 IT자격증 교육 1위 (한경비즈니스)

고객의 꿈, 직원의 꿈, 지역사회의 꿈을 실현한다

펴낸곳 (주)에듀윌 **펴낸이** 양형남 **출판총괄** 오용철 **에듀윌 대표번호** 1600-6700

주소 서울시 구로구 디지털로 34길 55 코오롱싸이언스밸리 2차 3층 **등록번호** 제25100-2002-000052호

협의 없는 무단 복제는 법으로 금지되어 있습니다.

EXIT 합격 서비스 exit.eduwill.net	• 부가학습자료 및 정오표: EXIT 합격 서비스 > 자료실/정오표 게시판
	• 교재문의: EXIT 합격 서비스 > 실시간 질문답변 게시판(내용)/Q&A 게시판(내용 외)

2025

에듀윌
컴퓨터활용능력
2급 실기 기본서

2권 | 기출변형 모의고사(with 자동 채점 프로그램)

이상미, 양숙희 편저

최신 유형과 난도별 모의고사로 초고속 합격!

1 저자에게 바로 묻는 실시간 질문답변
2 자동 채점 프로그램
3 기출변형 모의고사 5회분(PDF)

eduwill

에듀윌 EXIT

컴퓨터활용능력

2급 실기 기본서

2권 | 기출예제&기출변형문제

에듀윌이
너를
지지할게

ENERGY

풍랑은 영원하지 않습니다.
터널은 무한하지 않습니다.
견디면 다 지나갑니다.

지나고 보면 그 시간이 유익입니다.

- 조정민, 『고난이 선물이다』, 두란노

단기 합격 지원 스터디 플래너
기출유형 약점 파악하기 플래너
[부록] 함수기초/계산작업 마스터

합격을 위한 모든 것! EXIT 합격 서비스
체점 프로그램
시험의 모든 것!
가장 궁금해하는 BEST Q&A
기출 분석의 모든 것!
왜 에듀윌 교재인가?

1권

※실습/정답파일 다운로드
EXIT 합격 서비스(exit.eduwill.net) ▶ 로그인
▶ 자료실 ▶ 컴퓨터활용능력 2급 ▶ 실기 ▶다운로드

출제패턴 그대로 따라하기

2권

※채점 프로그램 다운로드
EXIT 합격 서비스(exit.eduwill.net) ▶ 로그인
▶ 자료실 ▶ 컴퓨터활용능력 2급 ▶ 실기 ▶다운로드

기출예제 & 기출변형문제

[PDF] 기출변형문제 5회분

시험 전 실력을 진단하고 실전 완벽 대비 !

실전 대비 기출예제
& 기출변형문제

※ EXIT 합격 서비스(exit.eduwill.net) ▶ 컴퓨터활용능력 2급 실기 ▶ [자료실] 게시판에서 다운로드

※ 파일별 비밀번호는 목차에서 확인

< 2024년 연습예제 A형 >

제1회 기출예제

프로그램명	제한시간	합격선	외부 데이터 위치
EXCEL 2021	40분	70점	C:\에듀윌_2025컴활2급실기\기출예제_기출변형문제\실습\제1회기출예제.xlsx

---

문제 ❶ 기본작업 (20점)　　주어진 시트에서 다음 과정을 수행하고 저장하시오.

1 '기본작업 – 1' 시트에 다음의 자료를 주어진 대로 입력하시오. (5점)

▲	A	B	C	D	E	F	G
1	교원확보율						
2							
3	학과코드	학과명	전체 학생수	전체교원	정원/전입(겸임)	전입비율	
4	KA-45267	경영정보과	140	6명	6/3(3)	50.00%	
5	SQ-89163	사회복지과	150	7명	7/4(3)	57.14%	
6	TB-37245	유아교육과	210	9명	9/6(3)	66.67%	
7	AV-32896	정보통신과	150	8명	8/3(5)	37.50%	
8	CT-92578	컴퓨터공학과	105	4명	7/3(1)	75.00%	
9	PW-41283	식품생명공학과	120	7명	7/5(2)	71.43%	
10							

2 '기본작업 – 2' 시트에 대하여 다음의 지시사항을 처리하시오. (각 2점)

① [A1:F1] 영역은 '병합하고 가운데 맞춤', 글꼴 '맑은 고딕', 글꼴 크기 '16'pt, 글꼴 스타일 '굵게', 밑줄 '이중 밑줄'으로 지정하시오.

② [A4:A6], [A7:A9], [B4:B6], [F4:F6], [F7:F9] 영역은 '병합하고 가운데 맞춤'을 지정하고, [A3:F3] 영역은 셀 스타일 '파랑, 강조색5'를 적용하시오.

③ [C4:C6] 영역은 사용자 지정 표시 형식을 이용하여 숫자 뒤에 '%'를 [표시 예]와 같이 표시하시오.
[표시 예: 80~90 → 80~90%]

④ [D4:D9] 영역의 이름을 '배점'으로 정의하시오.

⑤ [A3:F9] 영역에 '모든 테두리(⊞)'를 적용한 후 '굵은 바깥쪽 테두리(⊡)'를 적용하여 표시하시오.

3 '기본작업 – 3' 시트에서 다음의 지시사항을 처리하시오. (5점)

[A4:H18] 영역에서 학번이 '2019'로 시작하는 행 전체에 대하여 글꼴 색을 '표준 색 – 빨강'으로 지정하는 조건부 서식을 작성하시오.
▶ LEFT 함수 사용
▶ 단, 규칙 유형은 '수식을 사용하여 서식을 지정할 셀 결정'을 사용하고, 한 개의 규칙으로만 작성하시오.

'계산작업' 시트에서 다음 과정을 수행하고 저장하시오.

1 [표1]에서 응시일[C3:C9]이 월요일부터 금요일이면 '평일', 그 외에는 '주말'로 요일[D3:D9]에 표시하시오. (8점)

> 단, 요일 계산 시 월요일이 1인 유형으로 지정
> IF, WEEKDAY 함수 사용

2 [표2]에서 중간고사[G3:G9], 기말고사[H3:H9]와 학점기준표[G12:K14]를 참조하여 학점[I3:I9]을 계산하시오. (8점)

> 평균은 각 학생의 중간고사와 기말고사로 구함
> AVERAGE, HLOOKUP 함수 사용

3 [표3]에서 학과[A14:A21]가 '경영학과'인 학생들의 평점에 대한 평균을 [D24] 셀에 계산하시오. (8점)

> 평균은 소수점 이하 셋째 자리에서 반올림하여 둘째 자리까지 표시 [표시 예: 3.5623 → 3.56]
> 조건은 [A24:A25] 영역에 입력하시오.
> DAVERAGE, ROUND 함수 사용

4 [표4]에서 커뮤니케이션[B29:B35], 회계[C29:C35], 경영전략[D29:D35]이 모두 70 이상인 학생 수를 [D37] 셀에 계산하시오. (8점)

> COUNT, COUNTIF, COUNTIFS 함수 중 알맞은 함수 사용

5 [표5]에서 학과[F29:F36]의 앞 세 문자와 입학일자[G29:G36]의 연도를 이용하여 입학코드[H29:H36]를 표시하시오. (8점)

> 학과의 첫 글자만 대문자로 표시
> [표시 예: 학과가 'HEALTHCARE', 입학일자가 '2021-03-01'인 경우 → Hea2021]
> LEFT, PROPER, YEAR 함수와 & 연산자 사용

1 '분석작업 – 1' 시트에 대하여 다음의 지시사항을 처리하시오. (10점)

[부분합] 기능을 이용하여 '소양인증포인트 현황' 표에 〈그림〉과 같이 학과별 '합계'의 최대를 계산한 후 '기본영역', '인성봉사', '교육훈련'의 평균을 계산하시오.

▸ 정렬은 '학과'를 기준으로 오름차순으로 처리하시오.

▸ 최대값과 평균은 위에 명시된 순서대로 처리하시오.

〈그림〉

	A	B	C	D	E	F	G
1	소양인증포인트 현황						
2							
3	학과	성명	기본영역	인성봉사	교육훈련	합계	
4	경영정보	정소영	85	75	75	235	
5	경영정보	주경철	85	85	75	245	
6	경영정보	한기철	90	70	85	245	
7	경영정보 평균		87	77	78		
8	경영정보 최대					245	
9	유아교육	강소미	95	65	65	225	
10	유아교육	이주현	100	90	80	270	
11	유아교육	한보미	80	70	90	240	
12	유아교육 평균		92	75	78		
13	유아교육 최대					270	
14	정보통신	김경호	95	75	95	265	
15	정보통신	박주영	85	50	80	215	
16	정보통신	임정민	90	80	60	230	
17	정보통신 평균		90	68	78		
18	정보통신 최대					265	
19	전체 평균		89	73	78		
20	전체 최대값					270	
21							

2 '분석작업 – 2' 시트에 대하여 다음의 지시사항을 처리하시오. (10점)

데이터 도구 [통합] 기능을 이용하여 [표1], [표2], [표3]에 대한 학과별 '정보인증', '국제인증', '전공인증'의 합계를 [표4]의 [G5:I8] 영역에 계산하시오.

주어진 시트에서 다음 작업을 수행하고 저장하시오.

1 '매크로작업' 시트의 [표]에서 다음과 같은 기능을 수행하는 매크로를 현재 통합 문서에 작성하고 실행하시오. (각 5점)

① [E4:E8] 영역에 총점을 계산하는 매크로를 생성하여 실행하시오.
- ▶ 매크로 이름: 총점
- ▶ 총점=소양인증+직무인증
- ▶ [개발 도구] 탭 – [컨트롤] – [삽입] 그룹에서 '양식 컨트롤'의 '단추(☐)'를 동일 시트의 [G3:H4] 영역에 생성하고, 텍스트를 '총점'으로 입력한 후 단추를 클릭할 때 '총점' 매크로가 실행되도록 설정하시오.

② [A3:E3] 영역에 채우기 색으로 '표준 색 – 노랑'을 적용하는 매크로를 생성하여 실행하시오.
- ▶ 매크로 이름: 채우기
- ▶ [삽입] 탭 – [일러스트레이션] 그룹 – [도형]의 '사각형: 빗면(☐)'을 동일 시트의 [G6:H7] 영역에 생성하고, 텍스트를 '채우기'로 입력한 후 도형을 클릭할 때 '채우기' 매크로가 실행되도록 설정하시오.

　※ 셀 포인터의 위치에 상관없이 현재 통합 문서에서 매크로가 실행되어야 정답으로 인정됨

2 '차트작업' 시트의 차트를 지시사항에 따라 아래 〈그림〉과 같이 수정하시오. (각 2점)

　※ 차트는 반드시 문제에서 제공한 차트를 사용하여야 하며, 신규로 작성 시 0점 처리됨

① '합계' 계열과 '2020년' 요소가 제거되도록 데이터 범위를 수정하시오.
② 차트 종류를 '누적 세로 막대형'으로 변경하시오.
③ 차트 제목은 '차트 위'로 지정한 후 [A1] 셀과 연동되도록 설정하시오.
④ '근로장학' 계열에만 데이터 레이블 '값'을 표시하고, 레이블의 위치를 '안쪽 끝에'로 설정하시오.
⑤ 차트 영역의 테두리에는 '둥근 모서리'를 설정하시오.

〈그림〉

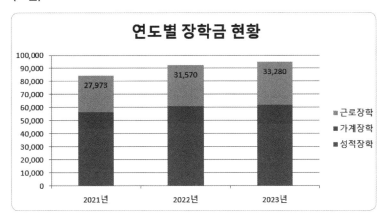

해설 확인하기

➦ 정답 확인하기: EXIT 사이트 → 자료실 → 컴퓨터활용능력 2급
→ 실기 기본서 → 2025 2급 실기 정답

문제 ❶ 기본작업 (20점)

1 데이터 입력('기본작업 – 1' 시트)

[A3:F9] 영역에 문제에서 주어진 내용을 다음과 같이 입력한다.

	A	B	C	D	E	F	G
1	교원확보율						
2							
3	학과코드	학과명	전체 학생수	전체교원	정원/전입(겸임)	전입비율	
4	KA-45267	경영정보과	140	6명	6/3(3)	50.00%	
5	SQ-89163	사회복지과	150	4명	7/4(3)	57.14%	
6	TB-37245	유아교육과	210	9명	9/6(3)	66.67%	
7	AV-32896	정보통신과	150	8명	8/3(5)	37.50%	
8	CT-92578	컴퓨터공학과	105	4명	7/3(1)	75.00%	
9	PW-41283	식품생명공학과	120	7명	7/5(2)	71.43%	
10							

입력

2 데이터 편집('기본작업 – 2' 시트)

① [A1:F1] 영역을 드래그하여 선택 → [홈] 탭 – [맞춤] 그룹 – [병합하고 가운데 맞춤] 클릭 → [글꼴] 그룹에서 '글꼴'은 '맑은 고딕', '글꼴 크기'는 '16'pt로 지정하고 '글꼴 스타일'은 '굵게', '밑줄'의 '이중 밑줄'을 선택한다.

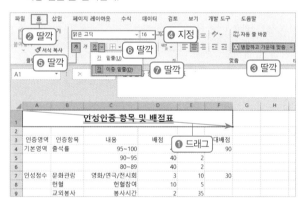

② [A4:A6] 영역을 드래그하여 선택 → Ctrl을 누른 상태에서 [A7:A9], [B4:B6], [F4:F6], [F7:F9] 영역을 차례대로 드래그하여 선택 → [홈] 탭 – [맞춤] 그룹 – [병합하고 가운데 맞춤]을 클릭한다.

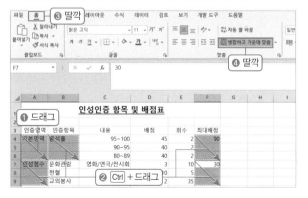

③ [A3:F3] 영역을 드래그하여 선택 → [홈] 탭 – [스타일] 그룹 – [자세히] 단추(▼)를 클릭한다.

④ '테마 셀 스타일'의 '파랑, 강조색5'를 클릭한다.

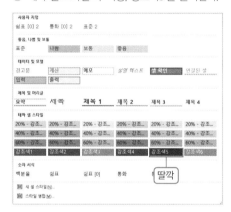

⑤ [C4:C6] 영역을 드래그하여 선택 → 마우스 오른쪽 단추를 클릭하고 바로 가기 메뉴에서 [셀 서식]을 선택한다.

⑥ [셀 서식] 대화상자(바로 가기 키: Ctrl + 1)가 나타나면 [표시 형식] 탭에서 '사용자 지정' 범주를 선택하고 '형식'에 @"%" 입력 → [확인] 단추를 클릭한다.

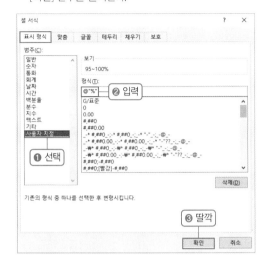

⑦ [D4:D9] 영역을 드래그하여 선택 → [이름 상자]에 배점을 입력한 후 Enter 를 누른다.

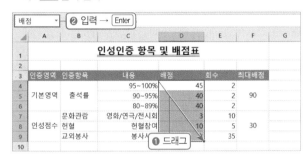

⑧ [A3:F9] 영역을 드래그하여 선택 → [홈] 탭 – [글꼴] 그룹 – [테두리]의 ▾를 클릭한 후 '모든 테두리'와 '굵은 바깥쪽 테두리'를 선택한다.

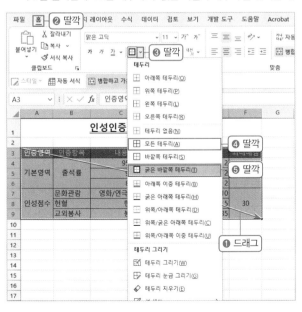

3 조건부 서식('기본작업-3' 시트)

① [A4:H18] 영역을 드래그하여 선택 → [홈] 탭 – [스타일] 그룹 – [조건부 서식] – [새 규칙]을 선택한다.

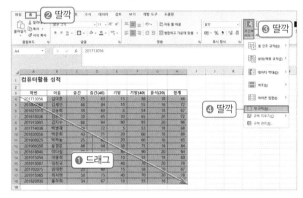

② [새 서식 규칙] 대화상자가 나타나면 '규칙 유형 선택'에서 '수식을 사용하여 서식을 지정할 셀 결정'을 선택 → '다음 수식이 참인 값의 서식 지정'에 =LEFT($A4,4)="2019" 입력 → [서식] 단추를 클릭한다.

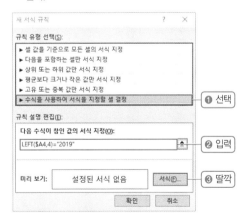

③ [셀 서식] 대화상자가 나타나면 [글꼴] 탭에서 글꼴 '색'을 '표준 색' 의 '빨강' 선택 → [확인] 단추를 클릭한다.

④ [새 서식 규칙] 대화상자로 되돌아오면 '미리 보기'에서 지정한 서식 확인 → [확인] 단추를 클릭한다.

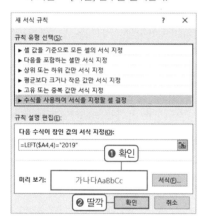

	A	B	C	D	E	F	G	H
1	컴퓨터활용 성적							
2								
3	학번	이름	중간	중간(40)	기말	기말(40)	출석(20)	합계
4	201713056	김대훈	25	63	15	58	18	66
5	201809060	김세인	68	84	10	55	16	72
6	201621010	김송희	38	69	8	54	18	67
7	201618036	김은지	30	65	30	65	20	72
8	201915093	김지수	88	94	90	95	20	96
9	201714036	박병재	44	72	5	53	18	68
10	201830056	박준희	43	71	20	60	16	69
11	201809025	박하늘	25	63	20	60	16	65
12	201906050	윤경문	88	94	50	75	16	84
13	201618046	이다정	88	94	80	90	20	94
14	201915058	이종희	-	50	10	55	18	60
15	201915087	임천규	50	75	40	70	20	78
16	201702075	임태헌	20	60	15	58	20	67
17	201915065	최서현	50	75	40	70	20	78
18	201820030	홍주희	34	67	10	55	16	65

문제 ❷ 계산작업 (40점)

◢ 요일 표시 [D3:D9]

[D3] 셀 선택 → 수식 입력줄에 다음과 같이 함수식을 입력한 후 Enter를 누름 → [D3] 셀의 자동 채우기 핸들을 [D9] 셀까지 드래그하여 함수식을 복사한다.

> [D3] 셀에 =IF(WEEKDAY(C3,2)<=5,"평일","주말") 입력

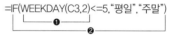

(입력 함수 해설)

$$=IF(WEEKDAY(C3,2)<=5,"평일","주말")$$
         ❶   ❷

❶ WEEKDAY(C3,2): [C3] 셀의 날짜(응시일)에 해당하는 요일 번호(두 번째 인수를 2로 지정하면 월요일(1)~일요일(7)로 반환)를 반환한다.

❷ IF(❶<=5,"평일","주말"): ❶(요일 번호)이 5 이하이면 '평일', 그렇지 않으면 '주말'을 반환한다.

(단기 합격 비법)

자동 채우기 핸들(+) 더블클릭

오른쪽 셀이나 왼쪽 셀에 빈 셀이 없고 데이터가 모두 채워져 있는 경우에는 채우기 핸들을 더블클릭하여 데이터가 있는 곳까지 자동으로 데이터를 채울 수 있다.

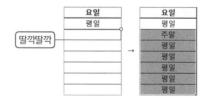

◢ 학점 계산 [I3:I9]

[I3] 셀 선택 → 수식 입력줄에 다음과 같이 함수식을 입력한 후 Enter를 누름 → [I3] 셀의 자동 채우기 핸들을 [I9] 셀까지 드래그하여 함수식을 복사한다.

[I3] 셀에 =HLOOKUP(AVERAGE(G3:H3),$G$12:$K$14,3,TRUE) 입력

입력 함수 해설

=HLOOKUP(AVERAGE(G3:H3),$G$12:$K$14,3,TRUE)
❶
❷

❶ AVERAGE(G3:H3): [G3:H3] 영역(중간고사와 기말고사)의 평균을 반환한다.
❷ HLOOKUP(❶,$G$12:$K$14,3,TRUE): [G12:K14] 영역(학점기준표)의 첫 번째 행(평균)에서 ❶(중간고사와 기말고사의 평균)과 유사 일치(TRUE)하는 값을 찾아 해당 값이 있는 열에서 세 번째 행(학점)에 대응하는 값을 반환한다([G12:K14] 영역은 절대 참조로, 복사해도 수식의 주소가 변경되지 않음).

3 평균 평점 계산 [A24:A25], [D24]

① [A24] 셀에 필드명인 학과를 입력하고 [A25] 셀에 조건인 경영학과를 입력한다.
② [D24] 셀 선택 → 수식 입력줄에 다음과 같이 함수식을 입력한 후 Enter를 누른다.

[D24] 셀에 =ROUND(DAVERAGE(A13:D21,D13,A24:A25),2) 입력

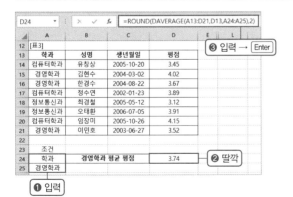

입력 함수 해설

=ROUND(DAVERAGE(A13:D21,D13,A24:A25),2)
❶
❷

❶ DAVERAGE(A13:D21,D13,A24:A25): [A13:D21] 영역에서 조건이 [A24:A25] 영역('학과'가 '경영학과')인 [D13] 필드(평점)의 평균을 반환하면 결과값은 '3.73666…'이다.
❷ ROUND(❶,2): ❶(경영학과 평균 평점)을 소수점 이하 셋째 자리에서 반올림하여 소수점 이하 둘째 자리까지 반환하면 결과값은 '3.74'이다.

4 학생 수 계산 [D37]

[D37] 셀 선택 → 수식 입력줄에 다음과 같이 함수식을 입력한 후 Enter를 누른다.

[D37] 셀에
=COUNTIFS(B29:B35,">=70",C29:C35,">=70",D29:D35,">=70") 입력

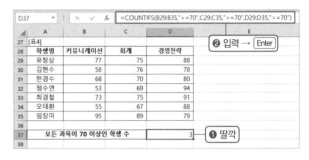

입력 함수 해설

=COUNTIFS(B29:B35,">=70",C29:C35,">=70",D29:D35,">=70")

[B29:B35] 영역(커뮤니케이션)에서 70 이상이고, [C29:C35] 영역(회계)에서 70 이상이면서 [D29:D35] 영역(경영전략)에서 70 이상인 셀의 개수를 반환한다. 즉, 조건을 모두 만족하는 경우의 개수를 반환하면 결과값은 '3'이다.

5 입학코드 표시 [H29:H36]

[H29] 셀 선택 → 수식 입력줄에 다음과 같이 함수식을 입력한 후 Enter를 누름 → [H29] 셀의 자동 채우기 핸들을 [H36] 셀까지 드래그하여 함수식을 복사한다.

[H29] 셀에 =PROPER(LEFT(F29,3))&YEAR(G29) 입력

=PROPER(LEFT(F29,3))&YEAR(G29)

❶ **LEFT(F29,3)**: [F29] 셀 문자열(학과)의 왼쪽에서 세 글자를 추출하여 반환한다.
❷ **PROPER(❶)**: ❶(학과의 왼쪽에서 세 글자)의 첫 글자만 영문자의 대문자로, 나머지는 영문자의 소문자로 반환한다.
❸ **YEAR(G29)**: [G29] 셀의 날짜(입학일자)에서 연도만 반환한다.
❹ **❷&❸**: 문자열 결합연산자(&)에 의해 ❷(학과의 왼쪽에서 세 글자 중 첫 글자만 영문자의 대문자, 나머지는 영문자의 소문자)와 ❸(입학일자의 연도)을 연결하여 표시한다.

문제 ❸ 분석작업 (20점)

1 부분합('분석작업-1' 시트)

① 부분합을 계산하기 전 '학과'를 기준으로 오름차순 정렬하기 위해 학과[A3:A12] 영역에서 임의의 셀을 선택 → [데이터] 탭-[정렬 및 필터] 그룹-[텍스트 오름차순 정렬]을 클릭한다.

정렬 기준이 두 가지 이상일 경우에는 [데이터] 탭-[정렬 및 필터] 그룹-[정렬]을 클릭한 후 [정렬] 대화상자에서 지정해야 한다. 다음과 같이 정렬 기준에서 '세로 막대형', '정렬 기준', '정렬'을 지정한 후 [기준 추가] 단추를 클릭하여 다음 기준을 지정한다.

② 학과별 '합계'의 최대값을 계산하기 위해 [A3:F12] 영역에서 임의의 셀을 선택 → [데이터] 탭-[개요] 그룹-[부분합]을 클릭한다.

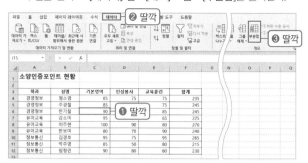

③ [부분합] 대화상자가 나타나면 '그룹화할 항목'은 '학과'로 지정되었는지 확인하고 '사용할 함수'는 '최대' 선택 → '부분합 계산 항목'은 '합계'에 체크되었는지 확인 → [확인] 단추를 클릭한다.

④ 학과별 '기본영역', '인성봉사', '교육훈련'의 평균을 계산하는 부분합을 추가하기 위해 임의의 셀을 선택한 상태에서 [데이터] 탭-[개요] 그룹-[부분합]을 클릭한다.

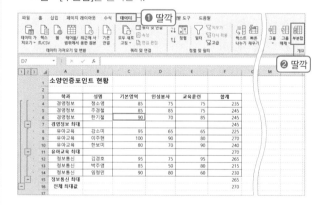

⑤ [부분합] 대화상자가 나타나면 '그룹화할 항목'은 '학과'로 지정되었는지 확인하고 '사용할 함수'는 '평균' 선택 → '부분합 계산 항목'은 '기본영역', '인성봉사', '교육훈련'을 체크하고 '합계'는 체크 해제 → '새로운 값으로 대치'는 체크 해제 → [확인] 단추를 클릭한다.

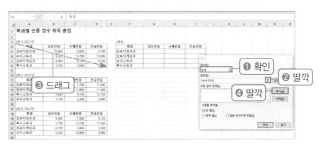

② [통합] 대화상자가 나타나면 '함수'는 '합계'로 지정되었는지 확인하고 '참조'에서 [A4:D8] 영역을 지정 → [추가] 단추를 클릭한다.

단기 합격 비법

부분합 표시 순서

부분합을 중첩해서 적용할 경우 처음 계산한 부분합의 결과가 아래에 표시되고 마지막에 계산한 부분합의 결과가 위에 표시된다.

③ 이와 같은 방법으로 [A11:D15], [A18:D22] 영역을 추가 → '사용할 레이블'에서 '첫 행'과 '왼쪽 열' 체크 → [확인] 단추를 클릭한다.

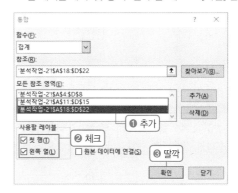

	A	B	C	D	E	F	G	H	I
1	학과별 인증 점수 취득 총점								
2									
3	[표1] 2021년					[표4]			
4	학과	정보인증	국제인증	전공인증		학과	정보인증	국제인증	전공인증
5	컴퓨터정보과	10,800	9,000	9,140		컴퓨터정보과	31,520	21,860	36,200
6	유아교육과	9,200	13,780	13,080		컴퓨터게임과	25,320	26,200	24,000
7	컴퓨터게임과	9,060	9,160	9,140		유아교육과	22,500	32,040	25,600
8	특수교육과	3,780	3,680	2,840		특수교육과	13,440	26,520	34,100
9									
10	[표2] 2022년								
11	학과	정보인증	국제인증	전공인증					
12	컴퓨터정보과	11,360	5,780	17,940					
13	컴퓨터게임과	9,560	13,960	11,560					
14	특수교육과	3,960	9,140	19,700					
15	유아교육과	3,740	3,300	2,840					
16									
17	[표3] 2023년								
18	학과	정보인증	국제인증	전공인증					
19	컴퓨터정보과	9,360	7,080	9,120					
20	특수교육과	5,700	13,700	11,560					
21	컴퓨터게임과	6,700	3,080	3,300					
22	유아교육과	9,560	14,960	9,680					

2 통합('분석작업-2' 시트)

① [F4:I8] 영역을 드래그하여 선택 → [데이터] 탭-[데이터 도구] 그룹-[통합]을 클릭한다.

문제 ④ 기타작업 (20점)

1 매크로 작성('매크로작업' 시트)

1. 총점 매크로 작성

① [개발 도구] 탭-[코드] 그룹-[매크로 기록] 클릭 → [매크로 기록] 대화상자가 나타나면 '매크로 이름'에 총점 입력 → [확인] 단추를 클릭한다.

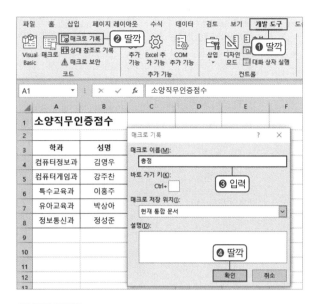

- **[개발 도구] 탭이 화면에 표시되지 않는 경우**

  [파일] 메뉴 – [옵션]을 선택 → [Excel 옵션] 대화상자가 나타나면 [리본 사용자 지정] 탭에서 '기본 탭'의 '개발 도구'를 체크 → [확인] 단추를 클릭한다.

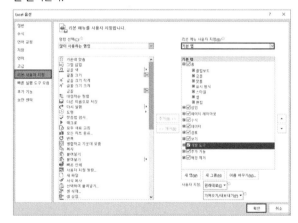

- **도형이나 단추를 셀의 모서리에 정확히 맞추어 그리는 경우**

  Alt 를 누른 상태에서 셀 영역에 도형이나 단추를 드래그하여 그린다.

② [E4:E8] 영역에 총점을 계산하기 위해 [E4] 셀 선택 → [수식] 탭 – [함수 라이브러리] 그룹 – [자동 합계]를 클릭한다.

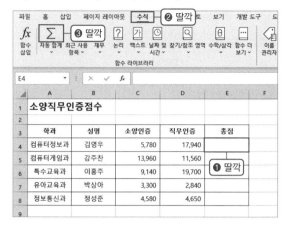

③ SUM 함수의 범위가 [C4:D4] 영역으로 지정되었는지 확인한 후 Enter 를 누른다.

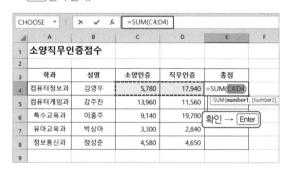

④ [E4] 셀의 자동 채우기 핸들을 [E8] 셀까지 드래그하여 함수식을 복사한다.

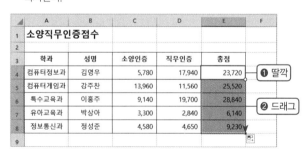

⑤ 매크로 기록을 중지하기 위해 임의의 셀 선택 → [개발 도구] 탭 – [코드] 그룹 – [기록 중지]를 클릭한다.

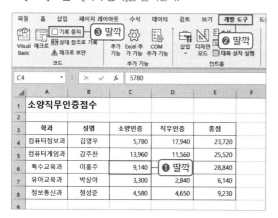

⑥ [개발 도구] 탭 – [컨트롤] 그룹 – [삽입]을 클릭한 후 '양식 컨트롤'의 '단추'(□) 선택 → Alt 를 누른 상태에서 [G3:H4] 영역을 드래그하여 단추를 그린다.

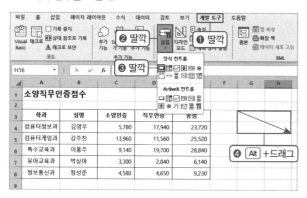

⑦ [매크로 지정] 대화상자가 나타나면 '매크로 이름'은 '총점' 선택 → [확인] 단추를 클릭한다.

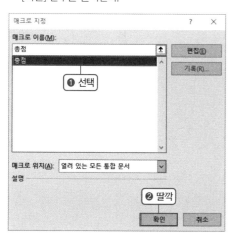

⑧ 단추를 선택한 상태에서 단추에 입력된 기본 텍스트를 삭제한 후 총점 입력 → 임의의 셀을 선택하여 텍스트 편집을 완료한다.

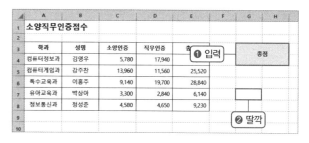

⑨ 매크로가 정상적으로 실행되는지 확인하기 위해 [E4:E8] 영역을 드래그하여 선택한 후 Delete 를 눌러 총점의 값 삭제 → '총점' 단추를 클릭하여 확인한다.

2. 채우기 매크로 작성

① [개발 도구] 탭 – [코드] 그룹 – [매크로 기록] 클릭 → [매크로 기록] 대화상자가 나타나면 '매크로 이름'에 채우기 입력 → [확인] 단추를 클릭한다.

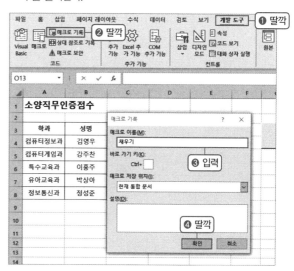

② [A3:E3] 영역을 드래그하여 선택 → [홈] 탭 – [글꼴] 그룹 – [채우기 색]의 ▾을 클릭한 후 '표준 색'의 '노랑'을 선택한다.

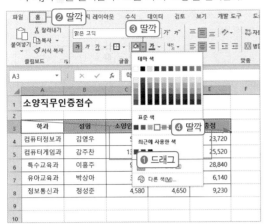

③ 매크로 기록을 중지하기 위해 임의의 셀 선택 → [개발 도구] 탭 – [코드] 그룹 – [기록 중지]를 클릭한다.

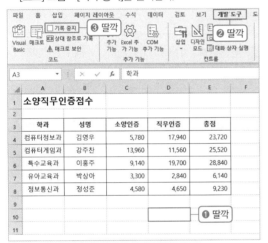

(단기 합격 비법)

매크로 삭제하기

매크로가 정상적으로 실행되지 않는 경우 [개발 도구] 탭 – [코드] 그룹 – [매크로]를 클릭 → [매크로] 대화상자가 나타나면 삭제할 매크로를 선택 → [삭제] 단추를 클릭한다.

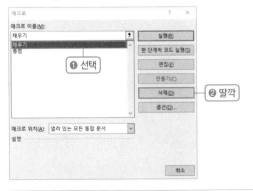

④ [삽입] 탭 – [일러스트레이션] 그룹 – [도형]을 클릭한 후 '기본 도형'의 '사각형: 빗면'(☐)을 클릭한다.

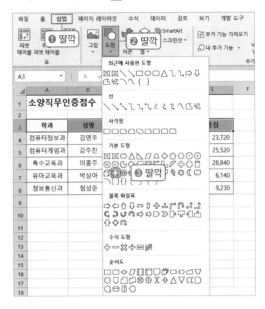

⑤ Alt를 누른 상태에서 [G6:H7] 영역을 드래그하여 '빗면' 도형 그리기 → 도형에 채우기 입력 → 도형을 선택한 상태에서 마우스 오른쪽 단추를 클릭하고 바로 가기 메뉴에서 [매크로 지정]을 클릭한다.

⑥ [매크로 지정] 대화상자가 나타나면 '매크로 이름'은 '채우기' 선택 → [확인] 단추를 클릭한다.

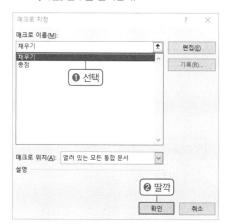

⑦ 매크로가 정상적으로 실행되는지 확인하기 위해 [A3:E3] 영역을 드래그하여 선택 → [홈] 탭 – [글꼴] 그룹 – [채우기 색]의 ▾를 클릭한 후 '채우기 없음'을 클릭 → '채우기' 도형을 클릭하여 확인한다.

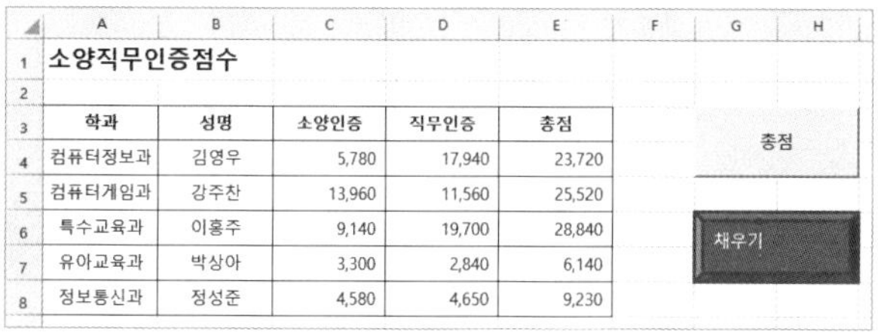

�4	A	B	C	D	E	F	G	H
1	소양직무인증점수							
2								
3	학과	성명	소양인증	직무인증	총점			
4	컴퓨터정보과	김영우	5,780	17,940	23,720		총점	
5	컴퓨터게임과	강주찬	13,960	11,560	25,520			
6	특수교육과	이홍주	9,140	19,700	28,840			
7	유아교육과	박상아	3,300	2,840	6,140		채우기	
8	정보통신과	정성준	4,580	4,650	9,230			

2 차트 작성('차트작업' 시트)

① 차트 영역에서 마우스 오른쪽 단추를 클릭하고 바로 가기 메뉴에서 [데이터 선택]을 클릭한다.

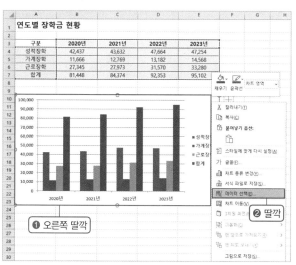

② [데이터 원본 선택] 대화상자가 나타나면 '차트 데이터 범위'에 지정되어 있는 영역을 모두 삭제 → Ctrl 을 누른 상태에서 [A3:A6], [C3:E6] 영역을 차례대로 드래그하여 선택 → [확인] 단추를 클릭한다.

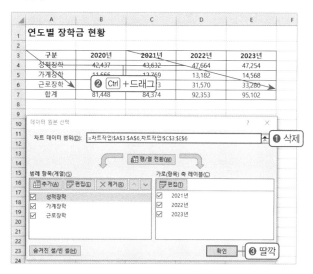

③ 차트를 선택한 상태에서 [차트 디자인] 탭 – [종류] 그룹 – [차트 종류 변경]을 클릭한다.

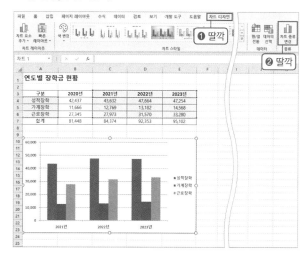

④ [차트 종류 변경] 대화상자가 나타나면 [모든 차트] 탭의 '세로 막대형' 범주에서 '차트 종류'를 '누적 세로 막대형'으로 선택한 후 첫 번째 차트로 선택되었는지 확인 → [확인] 단추를 클릭한다.

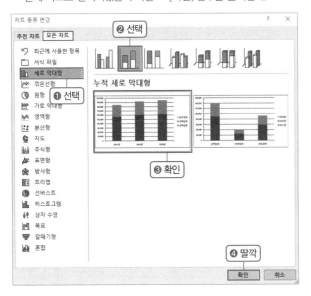

⑤ 차트를 선택한 상태에서 [차트 디자인] 탭 – [차트 레이아웃] 그룹 – [차트 요소 추가] – [차트 제목] – [차트 위]를 클릭하여 차트 제목을 추가한다.

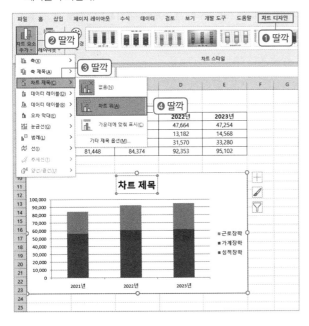

⑥ 차트 제목을 선택한 상태에서 수식 입력줄에 =을 입력 → [A1] 셀을 선택하고 Enter 를 누른다.

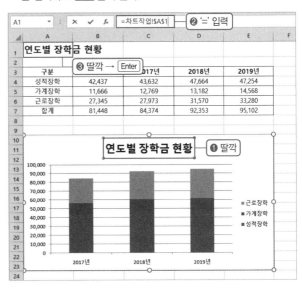

⑦ '근로장학' 계열 선택 → [차트 디자인] 탭 – [차트 레이아웃] 그룹 – [차트 요소 추가] – [데이터 레이블] – [안쪽 끝에]를 선택하여 데이터 레이블을 추가한다.

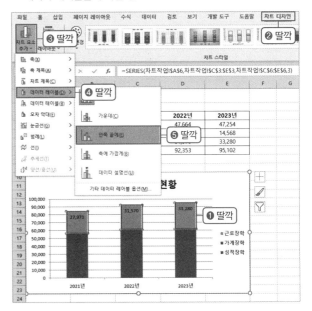

⑧ 차트 영역에서 마우스 오른쪽 단추를 클릭 → 바로 가기 메뉴에서 [차트 영역 서식]을 선택한다.

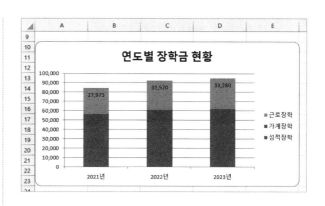

⑨ [차트 영역 서식] 창이 나타나면 '차트 옵션'의 '채우기 및 선'(<svg>)에서 '테두리'의 '둥근 모서리' 체크 → [닫기] 단추(✖)를 클릭한다.

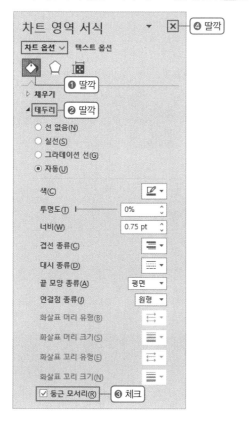

제2회 기출예제

프로그램명	제한시간	합격선	외부 데이터 위치
EXCEL 2021	40분	70점	C:\에듀윌_2025컴활2급실기\기출예제_기출변형문제\실습\제2회기출예제.xlsx

문제 ❶ 기본작업 (20점)   주어진 시트에서 다음 과정을 수행하고 저장하시오.

1 '기본작업-1' 시트에 다음의 자료를 주어진 대로 입력하시오. (5점)

◢	A	B	C	D	E	F	G	H
1	상공마트 인사기록							
2								
3	사번	성명	부서	입사일자	직통번호	주소지	실적	
4	Jmk-3585	김충희	경리부	2015-05-18	02) 302-4915	강북구 삼양동	12,530	
5	Gpc-2273	박선종	식품부	2017-02-18	02) 853-1520	도봉구 쌍문동	35,127	
6	Aud-3927	이국명	총무부	2016-03-01	02) 652-4593	마포구 도화동	65,238	
7	Sbu-4528	최미란	가전부	2018-11-15	02) 526-2694	성북구 돈암동	58,260	
8								

2 '기본작업-2' 시트에 대하여 다음의 지시사항을 처리하시오. (각 2점)

① [A5:A6], [A7:A9], [A10:A12], [A13:B13] 영역은 '병합하고 가운데 맞춤'을 지정하고, [C4:G4] 영역은 글꼴 스타일 '굵게', 채우기 색 '표준 색 – 노랑'으로 지정하시오.

② [C5:H13] 영역은 사용자 지정 표시 형식을 이용하여 천 단위 구분 기호와 숫자 뒤에 '개'를 [표시 예]와 같이 표시하시오. [표시 예: 3456 → 3,456개, 0 → 0개]

③ [A3:H13] 영역에 '모든 테두리(田)'를 적용한 후 '굵은 바깥쪽 테두리(⊞)'를 적용하여 표시하시오.

④ [B5:B12] 영역의 이름을 '제품명'으로 정의하시오.

⑤ [H7] 셀에 '최고인기품목'이라는 메모를 삽입한 후 항상 표시되도록 지정하고, 메모 서식에서 맞춤 '자동 크기'를 지정하시오.

3 '기본작업-3' 시트에서 다음의 지시사항을 처리하시오. (5점)

[A4:G15] 영역에 대하여 직위가 '주임'이면서 총급여가 4,000,000 미만인 행 전체에 대하여 글꼴 스타일을 '굵게', 글꼴 색을 '표준 색 – 파랑'으로 지정하는 조건부 서식을 작성하시오.

▸ AND 함수 사용

▸ 단, 규칙 유형은 '수식을 사용하여 서식을 지정할 셀 결정'을 사용하고, 한 개의 규칙으로만 작성하시오.

1 [표1]에서 지점[A3:A10]이 동부인 매출액[C3:C10]의 합계를 [C13] 셀에 계산하시오. (8점)

> 동부지점 합계는 백의 자리에서 올림하여 천의 자리로 표시 [표시 예: 1,234,123 → 1,235,000]
> 조건은 [A12:A13] 영역에 입력
> DSUM, ROUND, ROUNDUP, ROUNDDOWN 함수 중 알맞은 함수들을 선택하여 사용

2 [표2]에서 상여금[J3:J10]이 1,200,000보다 크면서 기본급이 기본급의 평균 이상인 인원수를 [J12] 셀에 표시하시오. (8점)

> 계산된 인원수 뒤에 '명'을 포함하여 표시 [표시 예: 2명]
> AVERAGE, COUNTIFS 함수와 & 연산자 사용

3 [표3]에서 주민등록번호[C17:C24]의 왼쪽에서 여덟 번째 문자가 '1' 또는 '3'이면 '남', '2' 또는 '4'이면 '여'를 성별[D17:D24]에 표시하시오. (8점)

> CHOOSE, MID 함수 사용

4 [표4]에서 총점[I17:I24]이 첫 번째로 높은 사람은 '최우수', 두 번째로 높은 사람은 '우수', 그렇지 않은 사람은 공백을 순위[J17:J24]에 표시하시오. (8점)

> IF, LARGE 함수 사용

5 [표5]에서 원서번호[A29:A36]의 왼쪽에서 첫 번째 문자와 [B38:D39] 영역을 참조하여 지원학과 [D29:D36]를 표시하시오. (8점)

> 단, 오류 발생 시 지원학과에 '코드오류'로 표시
> IFERROR, HLOOKUP, LEFT 함수 사용

주어진 시트에서 다음 작업을 수행하고 저장하시오.

1 '분석작업-1' 시트에 대하여 다음의 지시사항을 처리하시오. (10점)

[시나리오 관리자] 기능을 이용하여 [표1]에서 집행률계[D10]가 다음과 같이 변동하는 경우 집행액합계[C10]의 변동 시나리오를 작성하시오.

▸ [C10] 셀의 이름은 '집행액합계', [D10] 셀의 이름은 '집행률계'로 정의하시오.

▸ 시나리오1: 시나리오 이름은 '비율인상', 집행률계를 80으로 설정하시오.

▸ 시나리오2: 시나리오 이름은 '비율인하', 집행률계를 50으로 설정하시오.

▸ 시나리오 요약 시트는 '분석작업-1' 시트의 바로 왼쪽에 위치해야 함

※ 시나리오 요약 보고서 작성 시 정답과 일치하여야 하며, 오자로 인한 부분 점수는 인정하지 않음

2 '분석작업-2' 시트에 대하여 다음의 지시사항을 처리하시오. (10점)

[정렬] 기능을 이용하여 [표1]에서 '포지션'을 '투수-포수-내야수-외야수' 순으로 정렬하고, 동일한 포지션인 경우 '가입기간'의 셀 색이 'RGB(219, 219, 219)'인 값이 위에 표시되도록 정렬하시오.

주어진 시트에서 다음 작업을 수행하고 저장하시오.

1 '매크로작업' 시트의 [표1]에서 다음과 같은 기능을 수행하는 매크로를 현재 통합 문서에 작성하고 실행하시오. (각 5점)

① [N4:N14] 영역에 1월부터 12월까지의 평균을 계산하는 매크로를 생성하여 실행하시오.

▶ 매크로 이름: 평균

▶ AVERAGE 함수 사용

▶ [개발 도구] 탭 – [컨트롤] 그룹 – [삽입] – 양식 컨트롤의 '단추'를 동일 시트의 [C17:D19] 영역에 생성하고, 텍스트를 '평균'으로 입력한 후 단추를 클릭할 때 '평균' 매크로가 실행되도록 설정하시오.

② [B3:B14], [D3:D14] 영역에 글꼴 색을 '표준 색 – 빨강'으로 적용하는 매크로를 생성하여 실행하시오.

▶ 매크로 이름: 서식

▶ [삽입] 탭 – [일러스트레이션] 그룹 – [도형]에서 '기본 도형'의 '사각형: 빗면(▱)'을 동일 시트의 [F17:G19] 영역에 생성하고, 텍스트를 '서식'으로 입력한 후 도형을 클릭할 때 '서식' 매크로가 실행되도록 설정하시오.

※ 셀 포인터의 위치에 상관없이 현재 통합 문서에서 매크로가 실행되어야 정답으로 인정됨

2 '차트작업' 시트의 차트를 지시사항에 따라 아래 〈그림〉과 같이 수정하시오. (각 2점)

※ 차트는 반드시 문제에서 제공한 차트를 사용하여야 하며, 신규로 작성 시 0점 처리됨

① '별정통신서비스' 계열이 제거되도록 데이터 범위를 수정하시오.

② 차트 종류를 '누적 세로 막대형'으로 변경하시오.

③ 차트 제목은 '차트 위'로 지정한 후 [A1] 셀과 연동되도록 설정하시오.

④ '부가통신서비스' 계열의 '2023년' 요소에만 데이터 레이블 '값'을 표시하고, 레이블의 위치를 '안쪽 끝에'로 설정하시오.

⑤ 전체 계열의 '계열 겹치기'와 '간격 너비'를 각각 0%로 설정하시오.

〈그림〉

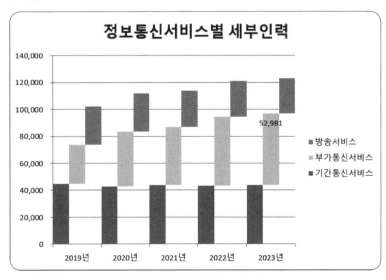

해설 확인하기

➡ 정답 확인하기: EXIT 사이트 → 자료실 → 컴퓨터활용능력 2급
→ 실기 기본서 → 2025 2급 실기 정답

문제 ❶ 기본작업 (20점)

1 데이터 입력('기본작업-1' 시트)

[A3:G7] 영역에 문제에서 주어진 내용을 다음과 같이 입력한다.

	A	B	C	D	E	F	G
1	상공마트 인사기록				입력		
2							
3	사번	성명	부서	입사일자	직통번호	주소지	실적
4	Jmk-3585	김충희	경리부	2015-05-18	02) 302-4915	강북구 삼양동	12,530
5	Gpc-2273	박선종	식품부	2017-02-18	02) 853-1520	도봉구 쌍문동	35,127
6	Aud-3927	이국명	총무부	2016-03-01	02) 652-4593	마포구 도화동	65,238
7	Sbu-4528	최미란	가전부	2018-11-15	02) 526-2694	성북구 돈암동	58,260
8							

2 데이터 편집('기본작업-2' 시트)

① [A5:A6] 영역을 드래그하여 선택 → Ctrl을 누른 상태에서 [A7:A9], [A10:A12], [A13:B13] 영역을 차례대로 드래그하여 선택 → [홈] 탭-[맞춤] 그룹-[병합하고 가운데 맞춤]을 클릭한다.

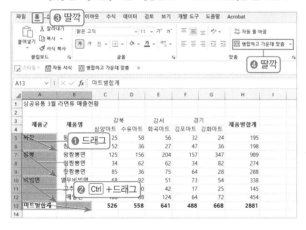

② [C3:G4] 영역을 드래그하여 선택 → [홈] 탭-[글꼴] 그룹에서 '글꼴 스타일'은 '굵게'를 클릭하고 [채우기 색]의 ▾을 클릭한 후 '표준 색'의 '노랑'을 선택한다.

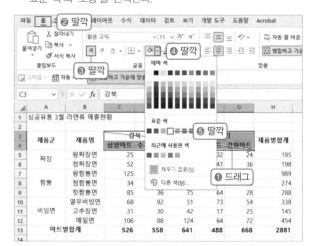

③ [C5:H13] 영역을 드래그하여 선택 → 마우스 오른쪽 단추를 클릭하고 바로 가기 메뉴에서 [셀 서식]을 선택한다.

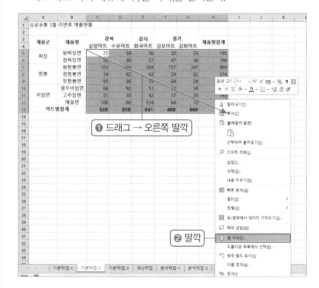

④ [셀 서식] 대화상자(바로 가기 키: [Ctrl]+[1])가 나타나면 [표시 형식] 탭에서 '사용자 지정' 범주를 선택하고 '형식'에 #,##0"개" 입력 → [확인] 단추를 클릭한다.

⑤ [A3:H13] 영역을 드래그하여 선택 → [홈] 탭 – [글꼴] 그룹 – [테두리]의 ﹀를 클릭한 후 '모든 테두리'와 '굵은 바깥쪽 테두리'를 선택한다.

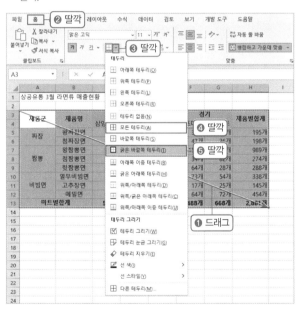

⑥ [B5:B12] 영역을 드래그하여 선택 → [이름 상자]에 제품명을 입력한 후 [Enter]를 누른다.

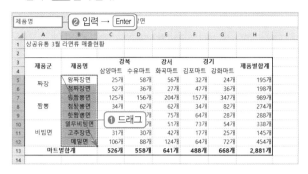

⑦ [H7] 셀 선택 → 마우스 오른쪽 단추를 클릭하고 바로 가기 메뉴에서 [메모 삽입]을 선택한다.

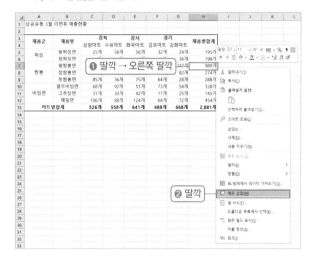

⑧ 메모에 자동으로 작성된 사용자 이름은 삭제하고 최고인기품목 입력 → [H7] 셀을 다시 선택하여 텍스트 편집을 완료한다.

⑨ 메모를 항상 표시하기 위해 [H7] 셀에서 마우스 오른쪽 단추를 클릭하고 바로 가기 메뉴에서 [메모 표시/숨기기]를 선택한다.

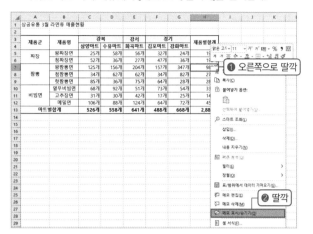

⑩ 메모 상자의 경계선에서 마우스 오른쪽 단추를 클릭하고 바로 가기 메뉴에서 [메모 서식]을 선택한다.

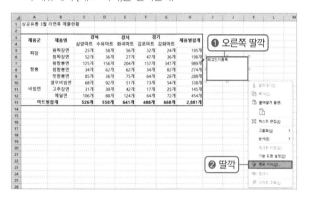

⑪ [메모 서식] 대화상자가 나타나면 [맞춤] 탭에서 '자동 크기' 체크 → [확인] 단추를 클릭한다.

③ 조건부 서식('기본작업-3' 시트)

① [A4:G15] 영역을 드래그하여 선택 → [홈] 탭 − [스타일] 그룹 − [조건부 서식] − [새 규칙]을 선택한다.

② [새 서식 규칙] 대화상자가 나타나면 '규칙 유형 선택'에서 '수식을 사용하여 서식을 지정할 셀 결정'을 선택하고 '다음 수식이 참인 값의 서식 지정'에 =AND($C4="주임",$G4<4000000) 입력 → [서식] 단추를 클릭한다.

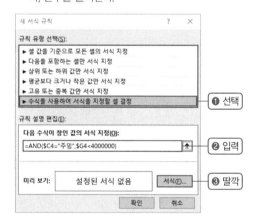

③ [셀 서식] 대화상자가 나타나면 [글꼴] 탭에서 '글꼴 스타일'을 '굵게', 글꼴 '색'을 '표준 색'의 '파랑'으로 선택 → [확인] 단추를 클릭한다.

④ [새 서식 규칙] 대화상자로 되돌아오면 '미리 보기'에서 지정한 서식 확인 → [확인] 단추를 클릭한다.

	A	B	C	D	E	F	G
1	상공상사 3월분 급여지급명세서						
2							
3	사번	성명	직위	기본급	제수당	상여금	총급여
4	SJ01-023	민제필	부장	4,273,000	882,000	1,068,250	6,223,250
5	SJ04-012	나일형	과장	3,697,000	724,000	924,250	5,345,250
6	SJ11-002	제선영	주임	2,856,000	430,000	714,000	4,000,000
7	SJ10-021	박민준	대리	3,047,000	524,000	761,750	4,332,750
8	SJ09-015	최세연	대리	3,140,000	480,000	785,000	4,405,000
9	SJ13-007	장태현	사원	2,510,000	320,000	627,500	3,457,500
10	SJ06-019	추양선	과장	3,506,000	542,000	876,500	4,924,500
11	SJ08-004	피종현	대리	3,200,000	360,000	800,000	4,360,000
12	SJ12-031	김나리	주임	2,734,000	324,000	683,500	3,741,500
13	SJ12-012	이정선	사원	2,473,000	268,000	618,250	3,359,250
14	SJ13-003	박청국	주임	2,810,000	302,000	702,500	3,814,500
15	SJ09-001	김평순	대리	2,980,000	347,000	745,000	4,072,000
16							

1 합계 계산 [A12:A13], [C13]

① [A12] 셀에 필드명인 지점을 입력하고 [A13] 셀에 조건인 동부를 입력한다.

② [C13] 셀 선택 → 수식 입력줄에 다음과 같이 함수식을 입력한 후 Enter 를 누른다.

[C13] 셀에 =ROUNDUP(DSUM(A2:D10,C2,A12:A13),-3) 입력

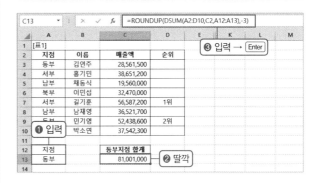

입력 함수 해설

=ROUNDUP(DSUM(A2:D10,C2,A12:A13),-3)

❶ DSUM(A2:D10,C2,A12:A13): [A2:D10] 영역에서 조건이 [A12:A13] 영역('지점'이 '동부')인 [C2] 필드(매출액)의 합계를 반환한다.

❷ ROUNDUP(❶,-3): ❶(동부지점 매출액 합계)을 백의 자리에서 올림하여 천의 자리로 반환한다.

2 인원수 표시 [J12]

[J12] 셀 선택 → 수식 입력줄에 다음과 같이 함수식을 입력한 후 Enter 를 누른다.

[J12] 셀에
=COUNTIFS(J3:J10,">1200000",I3:I10,">="&AVERAGE(I3:I10))&"명" 입력

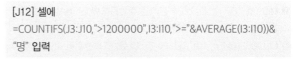

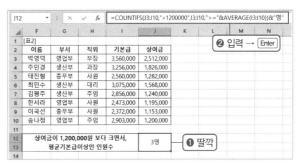

=COUNTIFS(J3:J10,">1200000",I3:I10,">="&AVERAGE(I3:I10))&"명"
　　　　　　　　　　❷
　　　　　　　　　　❸
　　　　　　　❶

❶ AVERAGE(I3:I10): [I3:I10] 영역(기본급)의 평균을 반환한다.

❷ COUNTIFS(J3:J10,">1200000",I3:I10,">="&❶): [J3:J10] 영역(상 여금)에서 1,200,000보다 크고 [I3:I10] 영역(기본급)에서 ❶(기본급 의 평균) 이상인 셀의 개수를 반환한다. 즉, 조건을 모두 만족하는 경 우의 개수를 반환한다.

❸ ❷&"명": 문자열 결합연산자(&)에 의해 ❷(상여금이 1,200,000보다 크고 기본급이 기본급의 평균 이상인 경우의 개수)와 '명'을 연결하 여 표시한다.

3 성별 표시 [D17:D24]

[D17] 셀 선택 → 수식 입력줄에 다음과 같이 함수식을 입력한 후 Enter를 누름 → [D17] 셀의 자동 채우기 핸들을 [D24] 셀까지 드래그 하여 함수식을 복사한다.

[D17] 셀에 =CHOOSE(MID(C17,8,1),"남","여","남","여") **입력**

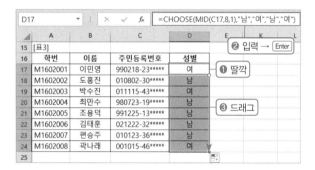

입력 함수 해설

=CHOOSE(MID(C17,8,1),"남","여","남","여")
　　　　　　　　❶
　　　　　　　　　❷

❶ MID(C17,8,1): [C17] 셀 문자열(주민등록번호)의 여덟 번째부터 한 글자를 추출하여 반환한다.

❷ CHOOSE(❶,"남","여","남","여"): ❶(주민등록번호의 여덟 번째부터 한 글자)이 1이면 '남', 2이면 '여', 3이면 '남', 4이면 '여'를 반환한다.

4 순위 표시 [J17:J24]

[J17] 셀 선택 → 수식 입력줄에 다음과 같이 함수식을 입력한 후 Enter를 누름 → [J17] 셀의 자동 채우기 핸들을 [D24] 셀까지 드래그 하여 함수식을 복사한다.

[J17] 셀에
=IF(LARGE($I$17:$I$24,1)=I17,"최우수",IF(LARGE($I$17:$I$24,2)=I17,
"우수","")) **입력**

입력 함수 해설

=IF(LARGE($I$17:$I$24,1)=I17,"최우수",IF(LARGE($I$17:$I$24,2)=I17,"우수",""))
　　　　　❶　　　　　　　　　　　　　❷
　　　　　　　　　　❸

❶ LARGE($I$17:$I$24,1): [I17:I24] 영역(총점)에서 첫 번째로 큰 값 ([I21])을 반환한다.
　([I17:I24] 영역은 절대 참조로, 복사해도 수식의 주소가 변경되지 않음)

❷ LARGE($I$17:$I$24,2): [I17:I24] 영역(총점)에서 두 번째로 큰 값 ([I17])을 반환한다.
　([I17:I24] 영역은 절대 참조로, 복사해도 수식의 주소가 변경되지 않음)

❸ IF(❶=I17,"최우수",IF(❷=I17,"우수","")): ❶(총점이 첫 번째로 큰 값)이 [I17] 셀 값(총점)과 같으면 '최우수', ❷(총점이 두 번째로 큰 값)가 [I17] 셀 값(총점)과 같으면 '우수', 그렇지 않으면 공백으로 반환한다.

5 지원학과 표시 [D29:D36]

[D29] 셀 선택 → 수식 입력줄에 다음과 같이 함수식을 입력한 후 Enter를 누름 → [D29] 셀의 자동 채우기 핸들을 [D36] 셀까지 드래그 하여 함수식을 복사한다.

[D29] 셀에
=IFERROR(HLOOKUP(LEFT(A29,1),$B$38:$D$39,2,FALSE),"코드오 류") **입력**

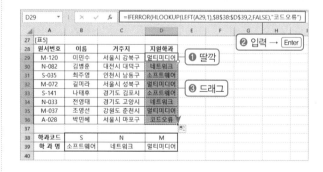

=IFERROR(HLOOKUP(LEFT(A29,1),$B$38:$D$39,2,FALSE),"코드오류")

❶ LEFT(A29,1): [A29] 셀 문자열(원서번호)의 왼쪽에서 한 글자를 추출하여 반환한다.

❷ HLOOKUP(**❶**,$B$38:$D$39,2,FALSE): [B38:D39] 영역(학과코드/학과명 표)의 첫 번째 행(학과코드)에서 **❶**(원서번호의 왼쪽에서 한 글자)과 정확히 일치(FALSE)하는 값을 찾아 해당 값이 있는 열에서 두 번째 행(학과명)에 대응하는 값을 반환한다.

([B38:D39] 영역은 절대 참조로, 복사해도 수식의 주소가 변경되지 않음)

❸ IFERROR(**❷**,"코드오류"): **❷**에 오류(정확히 일치하는 학과코드가 없음)가 발생하면 '코드오류'를 반환한다.

문제 ❸ 분석작업 (20점)

1 시나리오('분석작업-1' 시트)

① [C10] 셀 선택 → 이름 상자에 집행액합계를 입력한 후 Enter 를 누른다.

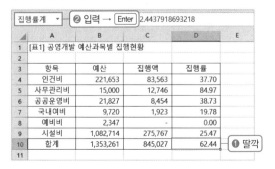

② 이와 같은 방법으로 [D10] 셀은 집행률계로 이름 상자에 입력한다.

③ [D10] 셀을 선택한 상태에서 [데이터] 탭 - [예측] 그룹 - [가상 분석] - [시나리오 관리자]를 선택한다.

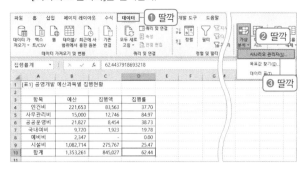

④ [시나리오 관리자] 대화상자가 나타나면 [추가] 단추를 클릭한다.

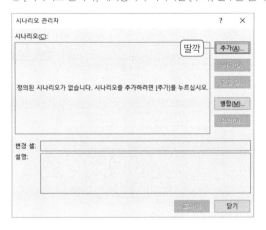

⑤ [시나리오 추가] 대화상자가 나타나면 '시나리오 이름'에 비율인상을 입력하고 '변경 셀'이 'D10'으로 지정되었는지 확인 → [확인] 단추를 클릭한다.

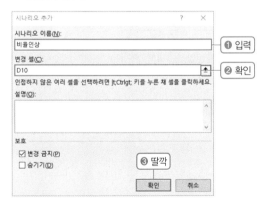

⑥ [시나리오 값] 대화상자가 나타나면 '집행률계'에 80 입력 → [추가] 단추를 클릭한다.

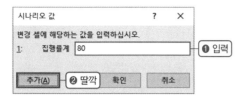

⑦ [시나리오 추가] 대화상자로 되돌아오면 '시나리오 이름'에 비율인하를 입력하고 '변경 셀'이 'D10'으로 지정되었는지 확인 → [확인] 단추를 클릭한다.

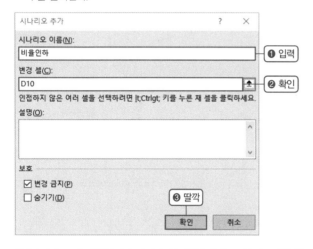

⑧ [시나리오 값] 대화상자가 나타나면 '집행률계'에 50 입력 → [확인] 단추를 클릭한다.

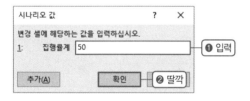

⑨ [시나리오 관리자] 대화상자로 되돌아오면 '시나리오'에 '비율인상'과 '비율인하'가 추가되었는지 확인 → [요약] 단추를 클릭한다.

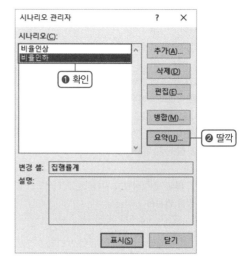

⑩ [시나리오 요약] 대화상자가 나타나면 '보고서 종류'에서 '시나리오 요약'으로 선택되었는지 확인하고 '결과 셀'에 [C10] 셀 지정 → [확인] 단추를 클릭한다.

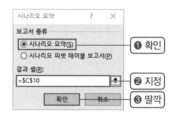

⑪ '시나리오 요약' 시트가 '분석작업-1' 시트 바로 왼쪽에 위치되었는지 확인한 후 결과를 확인한다.

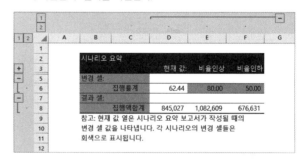

2 정렬('분석작업-2' 시트)

① [A3:G17] 영역에서 임의의 셀 선택 → [데이터] 탭 – [정렬 및 필터] 그룹 – [정렬]을 클릭한다.

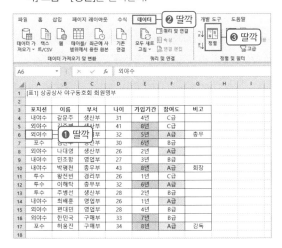

② [정렬] 대화상자가 나타나면 정렬 기준의 '세로 막대형'에서 '포지션', '정렬 기준'에서 '셀 값', '정렬'에서 '사용자 지정 목록'을 선택한다.

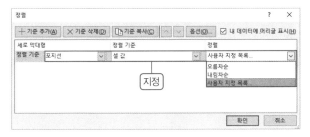

③ [사용자 지정 목록] 대화상자가 나타나면 '목록 항목'에 투수를 입력한 후 Enter 를 누름 → 이와 같은 방법으로 포수, 내야수, 외야수를 차례로 입력한 후 [추가] 단추 클릭 → [확인] 단추를 클릭한다.

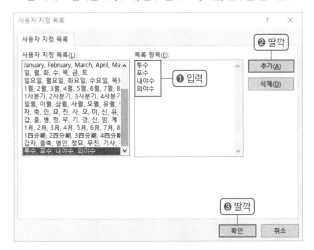

④ [정렬] 대화상자로 되돌아오면 [기준 추가] 단추 클릭 → 다음 기준의 '세로 막대형'에서 '가입기간', '정렬 기준'에서 '셀 색', '정렬'에서 'RGB(219, 219, 219)'와 '위에 표시'를 선택하여 두 번째 정렬 기준 지정 → [확인] 단추를 클릭한다.

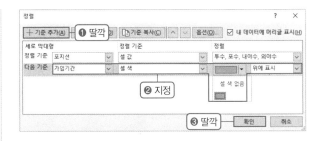

	A	B	C	D	E	F	G
1	[표1] 상공상사 야구동호회 회원명부						
2							
3	포지션	이름	부서	나이	가입기간	참여도	비고
4	투수	이해탁	총무부	32	6년	A급	
5	투수	왕전빈	경리부	26	1년	C급	
6	투수	주병선	생산부	28	2년	B급	
7	포수	김신수	생산부	30	6년	B급	
8	포수	허웅진	구매부	34	8년	A급	감독
9	내야수	박평천	총무부	43	8년	A급	회장
10	내야수	갈문주	생산부	31	4년	C급	
11	내야수	민조항	영업부	27	3년	B급	
12	내야수	최배훈	영업부	26	1년	A급	
13	외야수	길주병	생산부	41	8년	C급	
14	외야수	김빈우	경리부	32	5년	A급	총무
15	외야수	한민국	구매부	33	7년	B급	
16	외야수	나대영	생산부	26	2년	A급	
17	외야수	편대민	영업부	28	4년	B급	
18							

문제 ④ 기타작업 (20점)

1 매크로 작성('매크로작업' 시트)

1. 평균 매크로 작성

① [개발 도구] 탭 – [코드] 그룹 – [매크로 기록] 클릭 → [매크로 기록] 대화상자가 나타나면 '매크로 이름'에 평균 입력 → [확인] 단추를 클릭한다.

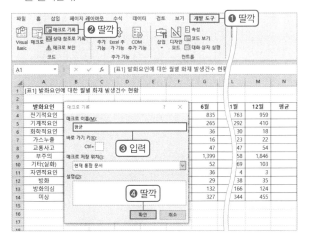

② [N4:N14] 영역에 평균을 계산하기 위해 [N4] 셀 선택 → [수식] 탭 – [함수 라이브러리] 그룹 – [자동 합계]를 클릭한 후 '평균'을 선택한다.

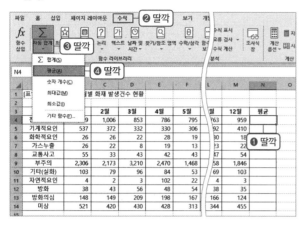

③ AVERAGE 함수의 범위가 [B4:M4] 영역으로 지정되었는지 확인한 후 [Enter]를 누른다.

④ [N4] 셀의 자동 채우기 핸들을 [N14] 셀까지 드래그하여 함수식을 복사한다.

⑤ 매크로 기록을 중지하기 위해 임의의 셀 선택 → [개발 도구] 탭 – [코드] 그룹 – [기록 중지]를 클릭한다.

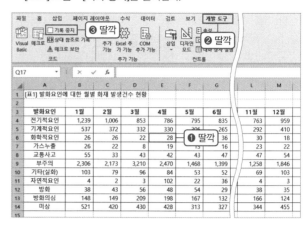

⑥ [개발 도구] 탭 – [컨트롤] 그룹 – [삽입]을 클릭한 후 '양식 컨트롤'의 '단추'(☐) 선택 → [Alt]를 누른 상태에서 [C17:D19] 영역을 드래그하여 단추를 그린다.

⑦ [매크로 지정] 대화상자가 나타나면 '매크로 이름'은 '평균' 선택 → [확인] 단추를 클릭한다.

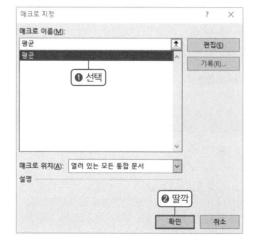

⑧ 단추를 선택한 상태에서 단추에 입력된 기본 텍스트를 삭제한 후
평균 입력 → 임의의 셀을 선택하여 텍스트 편집을 완료한다.

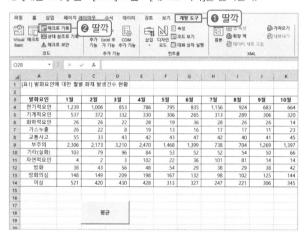

⑨ 매크로가 정상적으로 실행되는지 확인하기 위해 [N4:N14] 영역을
드래그하여 선택한 후 Delete를 눌러 평균값 삭제 → '평균' 단추를
클릭하여 확인한다.

2. 글꼴 색 매크로 작성

① [개발 도구] 탭 – [코드] 그룹 – [매크로 기록]을 클릭한다.

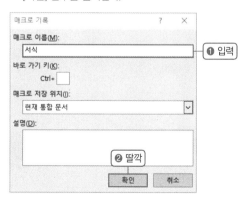

② [매크로 기록] 대화상자가 나타나면 '매크로 이름'에 서식 입력 →
[확인] 단추를 클릭한다.

③ [B3:B14] 영역을 드래그하여 선택 → Ctrl 을 누른 상태에서
[D3:D14] 영역을 드래그하여 선택 → [홈] 탭 – [글꼴] 그룹 – [글꼴
색]의 ▾을 클릭한 후 '표준 색'의 '빨강'을 선택한다.

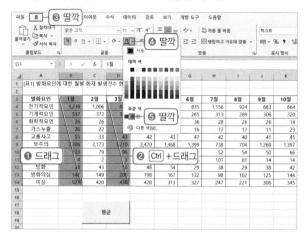

④ 매크로 기록을 중지하기 위해 임의의 셀 선택 → [개발 도구] 탭 –
[코드] 그룹 – [기록 중지]를 클릭한다.

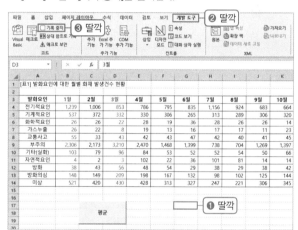

⑤ [삽입] 탭 – [일러스트레이션] 그룹 – [도형]을 클릭한 후 '기본 도형'의 '사각형: 빗면'(▢)을 선택한다.

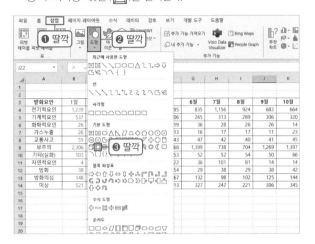

⑥ Alt 를 누른 상태에서 [F17:G19] 영역을 드래그하여 '사각형: 빗면' 도형 그리기 → 도형에 서식 입력 → 도형을 선택한 상태에서 마우스 오른쪽 단추를 클릭하고 바로 가기 메뉴에서 [매크로 지정]을 선택한다.

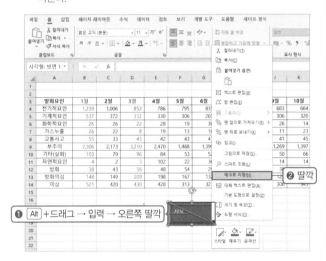

⑦ [매크로 지정] 대화상자가 나타나면 '매크로 이름'은 '서식' 선택 → [확인] 단추를 클릭한다.

⑧ 매크로가 정상적으로 실행되는지 확인하기 위해 [B3:B14] 영역을 드래그하여 선택 → Ctrl 을 누른 상태에서 [D3:D14] 영역을 드래그하여 선택 → [홈] 탭 – [글꼴] 그룹 – [글꼴 색]의 ▾를 클릭한 후 '테마 색'의 '검정, 텍스트 1' 선택 → '서식' 도형을 클릭하여 확인한다.

2 차트 작성('차트작업' 시트)

① 차트 영역에서 '별정통신서비스' 계열을 선택한 후 Delete 를 눌러 삭제한다.

② 차트를 선택한 상태에서 [차트 디자인] 탭 – [종류] 그룹 – [차트 종류 변경]을 클릭한다.

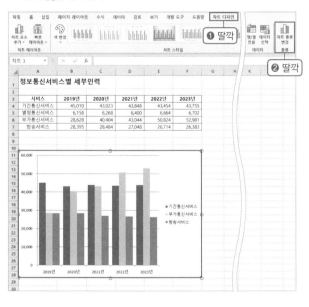

③ [차트 종류 변경] 대화상자가 나타나면 [모든 차트] 탭의 '세로 막대형' 범주에서 '차트 종류'를 '누적 세로 막대형'으로 선택한 후 첫번째 차트로 선택되었는지 확인 → [확인] 단추를 클릭한다.

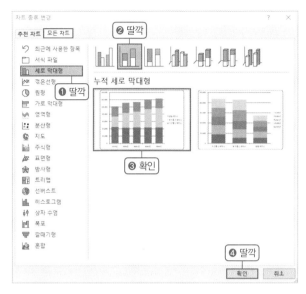

④ 차트를 선택한 상태에서 [차트 디자인] 탭 – [차트 레이아웃] 그룹 – [차트 요소 추가] – [차트 제목] – [차트 위]를 선택하여 차트 제목을 추가한다.

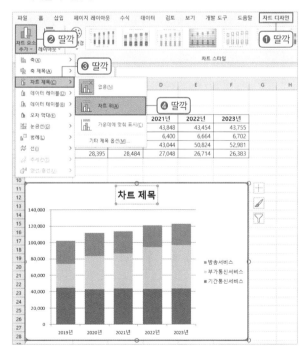

⑤ 차트 제목을 선택한 상태에서 수식 입력줄에 =을 입력 → [A1] 셀을 선택하고 Enter 를 누른다.

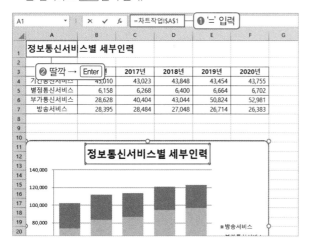

⑥ '부가통신서비스' 계열의 '2023년' 요소만 천천히 두 번 클릭하여 선택 → [차트 디자인] 탭-[차트 레이아웃] 그룹-[차트 요소 추가]-[데이터 레이블]-[안쪽 끝에]를 선택하여 데이터 레이블을 추가한다.

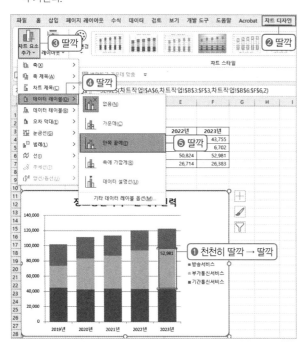

⑦ 임의의 데이터 계열 선택 → 마우스 오른쪽 단추를 클릭하고 바로 가기 메뉴에서 [데이터 계열 서식]을 선택한다.

⑧ [데이터 계열 서식] 창이 나타나면 '계열 옵션'의 '계열 옵션'(ⅲ)에서 '계열 옵션'의 '계열 겹치기'와 '간격 너비'를 각각 0%로 입력 → [닫기] 단추(✖)를 클릭한다.

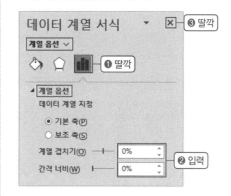

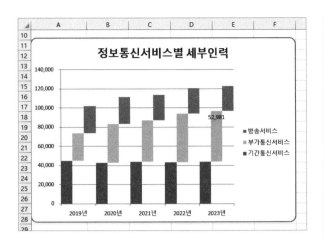

제3회 기출변형문제

난도
하 — 중 — 상

프로그램명	제한시간	합격선	외부 데이터 위치
EXCEL 2021	40분	70점	C:\에듀윌_2025컴활2급실기\기출예제_기출변형문제\실습\제3회기출변형문제.xlsx

문제 ❶ 기본작업 (20점)   주어진 시트에서 다음 과정을 수행하고 저장하시오.

1 '기본작업-1' 시트에 다음의 자료를 주어진 대로 입력하시오. (5점)

	A	B	C	D	E	F	G	H	I
1	E-월드 문화센터 수강생 모집 현황(강좌기간: 2022년1월4일~2022년5월31일까지)								
2									
3	지점명	코드	강좌명	수강대상	요일/시간	강의실	수강료	비고	
4	강남	L23	오감테마놀이	유아	[월] 11:00-11:40	다목적홀1	50,000	재료비포함	
5	송파	F14	프랑스 요리 배우기	성인	[화] 10:00-12:00	요리실1	100,000	재료비포함	
6	부천	A10	홈 헤어 컷트	성인	[수] 10:00-12:00	다목적홀2	80,000		
7	부천	B11	유럽회화	전체	[화] 15:00-17:00	강의실1	100,000		
8	송파	E6	라인 전신 트레이닝	성인	[목] 10:00-12:00	다목적홀3	120,000		
9	강남	E14	자신감 있는 영어회화	전체	[금] 10:00-12:00	강의실2	150,000		
10	잠실	F20	시를 통한 생활의 발견	성인	[수] 15:00-17:00	강의실3	100,000		
11	잠실	K74	서예교실	중학생	[수] 15:00-17:00	다목적홀4	100,000	재료비포함	
12	강남	K77	홈스타일링 컨설팅	성인	[화] 10:00-12:00	강의실4	120,000		
13									

2 '기본작업-2' 시트에 대하여 다음의 지시사항을 처리하시오. (각 2점)

① [A1:H1] 영역은 '병합하고 가운데 맞춤', 셀 스타일 '제목 1', 행의 높이를 30으로 지정하시오.

② [A3:H3] 영역은 셀 스타일 '20%-강조색4'와 '가로 가운데 맞춤'으로 지정하시오.

③ [H16] 셀에 '합계 지급액 총액'이라는 메모를 삽입한 후 항상 표시되도록 지정하시오.

④ [E4:H16] 영역은 사용자 지정 표시 형식을 이용하여 천 단위 구분 기호와 숫자 뒤에 '원'을 [표시 예]와 같이 표시하시오. [표시 예: 1000 → 1,000원, 0 → 0원]

⑤ [A3:H16] 영역은 '모든 테두리(⊞)'를 적용하고, [B16:D16] 영역은 '대각선(⧅) 모양'을 적용하여 표시하시오.

3 '기본작업-3' 시트에서 다음의 지시사항을 처리하시오. (5점)

'AI센터 합격 현황' 표에서 성별이 '남'이면서 총점이 270 이상인 데이터를 고급 필터를 사용하여 검색하시오.

▸ 고급 필터 조건은 [A21:C23] 영역 내에 알맞게 입력하시오.

▸ 고급 필터 결과 복사 위치는 동일 시트의 [A25] 셀에서 시작하시오.

'계산작업' 시트에서 다음 과정을 수행하고 저장하시오.

1 [표1]에서 엑셀[C3:C12]이 엑셀의 평균 이상이고, 파워포인트[D3:D12]가 파워포인트의 평균 이상이면 '합격'을, 그렇지 않으면 공백을 결과[E3:E12]에 표시하시오. (8점)

  ▹ IF, AND, AVERAGE 함수 사용

2 [표2]의 수강기수[J3:J11]에서 가장 높은 빈도를 가진 합격자들의 환급금[K3:K11] 합계를 [K12] 셀에 계산하시오. (8점)

  ▹ SUMIF와 MODE.SNGL 함수 사용

3 [표3]에서 지역[A16:A25]이 '성남'이거나 '구리'인 지역의 비용[D16:D25]의 합계를 계산하여 [D26] 셀에 표시하시오. (8점)

  ▹ 조건은 [E24:E26] 영역에 입력하시오.
  ▹ 비용의 합계는 백의 자리에서 올림하여 천의 자리로 표시 [표시 예: 123,456 → 124,000]
  ▹ DSUM과 ROUNDUP 함수 사용

4 [표4]에서 직위[I16:I24]가 '사원'이 아닌 직원수를 [J24] 셀에 계산하시오. (8점)

  ▹ 계산된 직원수 뒤에 '명'을 포함하여 표시 [표시 예: 2명]
  ▹ SUMIF, COUNTIF, AVERAGEIF 함수 중 알맞은 함수와 & 연산자 사용

5 [표5]에서 메일주소[D31:D40]를 이용하여 아이디[E31:E40]를 표시하시오. (8점)

  ▹ 아이디는 메일주소에서 '@' 앞의 문자열만 추출하여 표시 [표시 예: abc123@n****.*** → abc123]
  ▹ SEARCH와 MID 함수 사용

1 '분석작업-1' 시트에 대하여 다음의 지시사항을 처리하시오. (10점)

[부분합] 기능을 이용하여 '프로그래밍 등록 현황' 표에서 〈그림〉과 같이 구분별로 '등록비'의 평균과 '등록인원'의 합계를 계산하시오.

　▶ 정렬은 '구분'을 기준으로 오름차순으로 하시오.

　▶ 평균과 합계는 위에 명시된 순서대로 처리하시오.

〈그림〉

	A	B	C	D	E	F	G
1			프로그래밍 등록 현황				
2							
3	구분	과정명	강사명	등록비	등록인원	교육요일	
4	일반	R 기초	박소현	70,000	20	화	
5	일반	자바 심화	선경희	90,000	20	수, 금	
6	일반	자바 프로젝트	오경선	100,000	25	토	
7	일반	JS	유하나	60,000	30	화, 목	
8	일반	R 심화	정혜진	85,000	20	토	
9	일반 요약				115		
10	일반 평균			81,000			
11	직업	C 기초	백수진	70,000	18	화, 목	
12	직업	파이썬 심화	신윤희	95,000	30	화, 목	
13	직업	JSP	장은실	80,000	20	월, 화	
14	직업 요약				68		
15	직업 평균			81,667			
16	학생	자바 기초	김경숙	90,000	20	화, 목	
17	학생	JS 심화	김경아	90,000	30	토	
18	학생	파이썬 기초	연문숙	80,000	25	월, 수, 금	
19	학생	HTML/CSS	최진	90,000	25	수, 목	
20	학생 요약				100		
21	학생 평균			87,500			
22	총합계				283		
23	전체 평균			83,333			
24							

2 '분석작업-2' 시트에 대하여 다음의 지시사항을 처리하시오. (10점)

[목표값 찾기] 기능을 이용하여 '대리점별 판매 실적' 표에서 서울의 판매실적[E4]이 100,000,000이 되려면 판매대수[D4]가 얼마가 되어야 하는지 계산하시오.

문제 ❹ 기타작업 (20점)   **주어진 시트에서 다음 작업을 수행하고 저장하시오.**

1 '매크로작업' 시트의 [표]에서 다음과 같은 기능을 수행하는 매크로를 현재 통합 문서에 작성하고 실행하시오. (각 5점)

① [G4:G11] 영역에 평균을 계산하는 매크로를 생성하여 실행하시오.

▶ 매크로 이름: 평균

▶ AVERAGE 함수 사용

▶ [개발 도구] 탭 – [컨트롤] 그룹 – [삽입]에서 '양식 컨트롤'의 '단추(▭)'를 동일 시트의 [B14:C15] 영역에 생성하고, 텍스트를 '평균'으로 입력한 후 단추를 클릭할 때 '평균' 매크로가 실행되도록 설정하시오.

② [A3:G3] 영역에 채우기 색 '표준 색 – 주황'으로 적용하는 매크로를 생성하여 실행하시오.

▶ 매크로 이름: 서식

▶ [삽입] 탭 – [일러스트레이션] 그룹 – [도형]에서 '기본 도형'의 '사각형: 둥근 모서리(▢)'를 동일 시트의 [E14:F15] 영역에 생성하고, 텍스트를 '서식'으로 입력한 후 도형을 클릭할 때 '서식' 매크로가 실행되도록 설정하시오.

※ 셀 포인터의 위치에 상관없이 현재 통합 문서에서 매크로가 실행되어야 정답으로 인정됨

2 '차트작업' 시트의 차트를 지시사항에 따라 아래 〈그림〉과 같이 수정하시오. (각 2점)

※ 차트는 반드시 문제에서 제공한 차트를 사용하여야 하며, 신규로 작성 시 0점 처리됨

① '진찰료'와 '검사비' 계열만 차트에 표시되도록 데이터 범위를 수정하시오.

② 차트 제목은 '차트 위'로 지정한 후 [A1] 셀과 연동되도록 지정하시오.

③ '검사비' 계열에만 데이터 레이블 '값'을 표시하고, 레이블의 위치를 '바깥쪽 끝에'로 지정하시오.

④ 차트 영역에 '데이터 표'를 '범례 표지 없음'으로 지정하시오.

⑤ 차트 영역의 테두리 스타일은 '너비'는 '2'pt와 '둥근 모서리'로 지정하시오.

〈그림〉

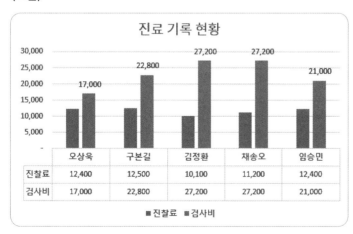

해설 확인하기

↪ 정답 확인하기: EXIT 사이트 → 자료실 → 컴퓨터활용능력 2급
→ 실기 기본서 → 2025 2급 실기 정답

문제 ① 기본작업 (20점)

1 데이터 입력('기본작업-1' 시트)

[A3:H12] 영역에 문제에서 주어진 내용을 다음과 같이 입력한다.

2 데이터 편집('기본작업-2' 시트)

① [A1:H1] 영역을 드래그하여 선택 → [홈] 탭-[맞춤] 그룹-[병합하고 가운데 맞춤]을 클릭한다.

② [A1:H1] 영역을 선택한 상태에서 [홈] 탭-[스타일] 그룹-[자세히] 단추(▼)를 클릭한다.

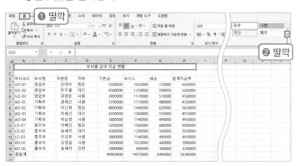

③ '제목 및 머리글'의 '제목 1'을 선택한다.

④ 1행 머리글에서 마우스 오른쪽 단추를 클릭하고 바로 가기 메뉴에서 [행 높이]를 선택한다.

⑤ [행 높이] 대화상자가 나타나면 '행 높이'에 30 입력 → [확인] 단추를 클릭한다.

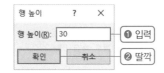

⑥ [A3:H3] 영역을 드래그하여 선택 → [홈] 탭 – [스타일] 그룹 – [자세히] 단추(▼)를 클릭한다.

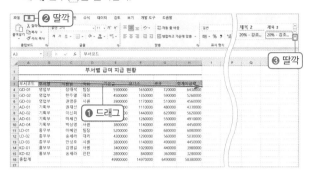

⑦ '테마 셀 스타일'의 '20% – 강조색4'를 선택한다.

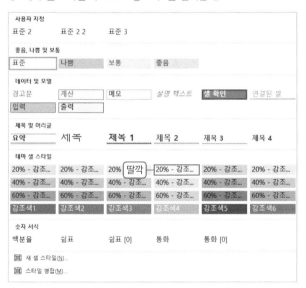

⑧ [A3:H3] 영역을 선택한 상태에서 [홈] 탭 – [맞춤] 그룹 – [가로 가운데 맞춤]을 클릭한다.

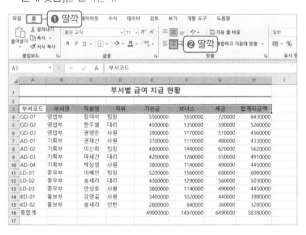

⑨ [H16] 셀 선택 → 마우스 오른쪽 단추를 클릭하고 바로 가기 메뉴에서 [메모 삽입]을 선택한다.

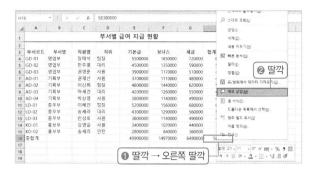

⑩ 메모에 자동으로 작성된 사용자 이름은 삭제하고 합계 지급액 총액 입력 → [H16] 셀을 다시 선택하여 텍스트 편집을 완료한다.

⑪ [H16] 셀에서 마우스 오른쪽 단추를 클릭 → 바로 가기 메뉴에서 [메모 표시/숨기기]를 선택한다.

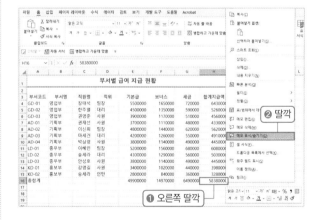

⑫ [E4:H16] 영역을 드래그하여 선택 → 마우스 오른쪽 단추를 클릭하고 바로 가기 메뉴에서 [셀 서식]을 선택한다.

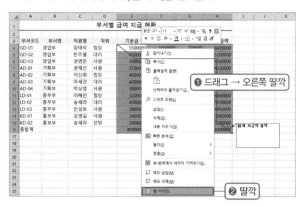

⑬ [셀 서식] 대화상자(바로 가기 키: Ctrl + 1)가 나타나면 [표시 형식] 탭에서 '사용자 지정' 범주를 선택하고 '형식'에 #,##0"원" 입력 → [확인] 단추를 클릭한다.

⑭ [A3:H16] 영역을 드래그하여 선택 → [홈] 탭 – [글꼴] 그룹 – [테두리]의 ▾를 클릭한 후 '모든 테두리'를 선택한다.

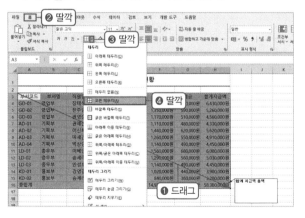

⑮ [B16:D16] 영역을 드래그하여 선택 → [홈] 탭 – [글꼴] 그룹 – [테두리]의 ▾를 클릭한 후 '다른 테두리'를 선택한다.

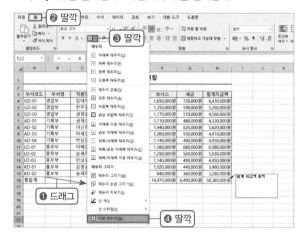

⑯ [셀 서식] 대화상자가 나타나면 [테두리] 탭에서 '테두리'에 아래와 같은 방향의 대각선을 지정 → [확인] 단추를 클릭한다.

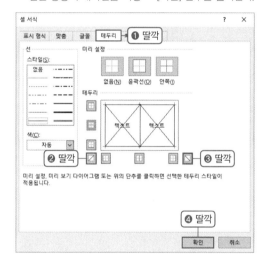

3 고급 필터('기본작업-3' 시트)

① [A21:B21] 영역에 필드명인 성별과 총점을 입력하고 [A22:B22] 영역에 조건인 남과 >=270을 입력한다.

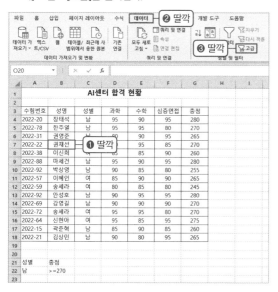

② [A3:G18] 영역에서 임의의 셀 선택 → [데이터] 탭 – [정렬 및 필터] 그룹 – [고급]을 클릭한다.

③ [고급 필터] 대화상자가 나타나면 '결과'에서 '다른 장소에 복사'를 선택 → '목록 범위'는 [A3:G18] 영역을, '조건 범위'는 [A21:B22] 영역을, '복사 위치'는 [A25] 셀 지정 → [확인] 단추를 클릭한다.

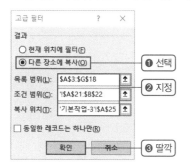

	A	B	C	D	E	F	G
20							
21	성별	총점					
22	남	>=270					
23							
24							
25	수험번호	성명	성별	과학	수학	심층면접	총점
26	2022-20	장태석	남	95	90	95	280
27	2022-78	한주열	남	95	95	80	270
28	2022-22	권재선	남	90	95	85	270
29	2022-88	마세건	남	95	90	95	280
30	2022-92	안성호	남	90	95	95	280
31	2022-69	강영길	남	90	90	90	270
32							

문제 ② 계산작업 (40점)

1 결과 표시 [E3:E12]

[E3] 셀 선택 → 수식 입력줄에 다음과 같이 함수식을 입력한 후 Enter 를 누름 → [E3] 셀의 자동 채우기 핸들을 [E12] 셀까지 드래그하여 함수식을 복사한다.

> **[E3] 셀에**
> =IF(AND(C3>=AVERAGE($C$3:$C$12),D3>=AVERAGE($D$3:$D$12)), "합격","") **입력**

> 입력 함수 해설

❶ AVERAGE($C$3:$C$12): [C3:C12] 영역(엑셀)의 평균을 반환한다. ([C3:C12] 영역은 절대 참조로, 복사해도 수식의 주소가 변경되지 않음)

❷ AVERAGE($D$3:$D$12): [D3:D12] 영역(파워포인트)의 평균을 반환한다. ([D3:D12] 영역은 절대 참조로, 복사해도 수식의 주소가 변경되지 않음)

❸ AND(C3>=❶,D3>=❷): [C3] 셀의 값(엑셀)이 ❶(엑셀 평균) 이상이고 [D3] 셀의 값(파워포인트)이 ❷(파워포인트 평균) 이상이면 TRUE, 그렇지 않으면 FALSE를 반환한다.

❹ IF(❸,"합격",""): ❸(엑셀이 엑셀 평균 이상이고 파워포인트가 파워포인트 평균 이상)이 TRUE이면 '합격', FALSE이면 공백을 반환한다.

2 환급금 합계 계산 [K12]

[K12] 셀 선택 → 수식 입력줄에 다음과 같이 함수식을 입력한 후 Enter 를 누른다.

[K12] 셀에 =SUMIF(J3:J11,MODE.SNGL(J3:J11),K3:K11) **입력**

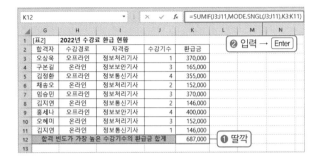

입력 함수 해설

=SUMIF(J3:J11,MODE.SNGL(J3:J11),K3:K11)

❶ MODE.SNGL(J3:J11): [J3:J11] 영역(수강기수)에서 빈도가 가장 높은 값(3)을 반환한다.

❷ SUMIF(J3:J11,❶,K3:K11): [J3:J11] 영역(수강기수)에서 ❶(빈도가 가장 높은 수강기수)에 해당하는 [K3:K11] 영역(환급금)의 합계를 반환한다.

---

3 비용 합계 표시 [D26], [E24:E26]

① [E24] 셀에 필드명인 지역을 입력하고 [E25:E26] 영역에 조건인 성남과 구리를 입력한다.

② [D26] 셀 선택 → 수식 입력줄에 다음과 같이 함수식을 입력한 후 Enter 를 누른다.

[D26] 셀에 =ROUNDUP(DSUM(A15:D25,4,E24:E26),-3) **입력**

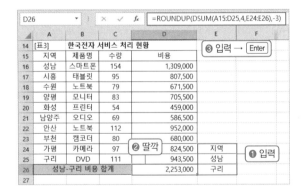

입력 함수 해설

=ROUNDUP(DSUM(A15:D25,4,E24:E26),-3)

❶ DSUM(A15:D25,4,E24:E26): [A15:D25] 영역에서 [E24:E26] 영역의 조건('지역'이 '성남' 또는 '구리')을 만족하는 네 번째 필드(비용)의 합계를 반환한다.

❷ ROUNDUP(❶,-3): ❶(성남 또는 구리 지역의 비용 합계)을 백의 자리에서 올림하여 천의 자리로 반환한다.

---

4 직원수 계산 [J24]

[J24] 셀 선택 → 수식 입력줄에 다음과 같이 함수식을 입력한 후 Enter 를 누른다.

[J24] 셀에 =COUNTIF(I16:I24,"<>사원")&"명" **입력**

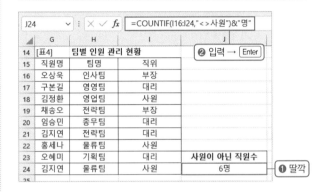

입력 함수 해설

=COUNTIF(I16:I24,"<>사원")&"명"

❶ COUNTIF(I16:I24,"<>사원"): [I16:I24] 영역(직위)에서 '사원이 아닌' 셀의 개수(직원수)를 반환한다.

❷ ❶&"명": 문자열 결합연산자(&)에 의해 ❶(직위가 사원이 아닌 직원수)과 '명'을 연결하여 표시한다.

5 아이디 표시 [E31:E40]

[E31] 셀 선택 → 수식 입력줄에 다음과 같이 함수식을 입력한 후 Enter를 누름 → [E31] 셀의 자동 채우기 핸들을 [E40] 셀까지 드래그 하여 함수식을 복사한다.

> [E31] 셀에 =MID(D31,1,SEARCH("@",D31)-1) 입력

입력 함수 해설

$$=MID(D31,1,SEARCH("@",D31)-1)$$

❶ SEARCH("@",D31): [D31] 셀의 문자열(메일주소)에서 '@'를 찾아 시작 위치를 반환한다.

❷ MID(D31,1,❶-1): [D31] 셀 문자열(메일주소)의 첫 번째부터 ❶-1 개의 글자('@' 앞 부분까지)를 추출하여 반환한다.

문제 ❸ 분석작업 (20점)

1 부분합('분석작업-1' 시트)

① 부분합을 계산하기 전 '구분'을 기준으로 오름차순 정렬하기 위해 구분[A3:A15] 영역에서 임의의 셀 선택 → [데이터] 탭 – [정렬 및 필터] 그룹 – [텍스트 오름차순 정렬]을 클릭한다.

② 구분별 '등록비'의 평균을 계산하기 위해 [A3:F15] 영역에서 임의의 셀 선택 → [데이터] 탭 – [개요] 그룹 – [부분합]을 클릭한다.

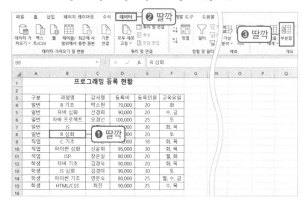

③ [부분합] 대화상자가 나타나면 '그룹화할 항목'은 '구분'으로 선택되었는지 확인하고 '사용할 함수'는 '평균'을 선택 → '부분합 계산 항목'은 '등록비'를 체크하고 '교육요일'은 체크 해제 → [확인] 단추를 클릭한다.

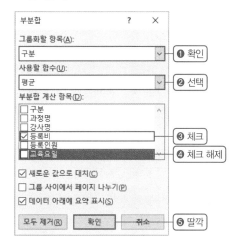

④ 구분별 '등록인원'의 합계를 계산하는 부분합을 추가하기 위해 임의의 셀을 선택한 상태에서 [데이터] 탭 – [개요] 그룹 – [부분합]을 클릭한다.

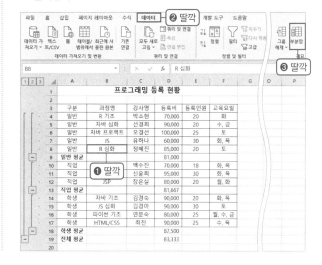

⑤ [부분합] 대화상자가 나타나면 '그룹화할 항목'은 '구분'으로 선택되었는지 확인하고 '사용할 함수'는 '합계'를 선택 → '부분합 계산 항목'에서 '등록비'는 체크 해제하고 '등록인원'은 체크 → '새로운 값으로 대치'는 체크 해제 → [확인] 단추를 클릭한다.

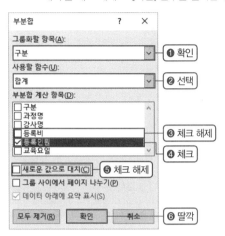

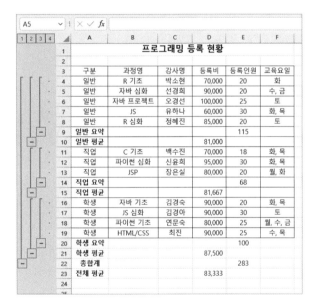

2 목표값 찾기('분석작업-2' 시트)

① [E4] 셀 선택 → [데이터] 탭 – [예측] 그룹 – [가상 분석] – [목표값 찾기]를 선택한다.

② [목표값 찾기] 대화상자가 나타나면 '찾는 값'에는 100000000을 입력하고 '값을 바꿀 셀'에는 서울의 판매대수가 있는 [D4] 셀 지정 → [확인] 단추를 클릭한다.

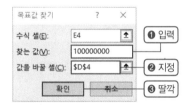

③ [목표값 찾기 상태] 대화상자가 나타나면 [확인] 단추 클릭 → 결과를 확인한다.

1 매크로 작성('매크로작업' 시트)

1. 평균 매크로 작성

① [개발 도구] 탭 – [코드] 그룹 – [매크로 기록] 클릭 → [매크로 기록] 대화상자가 나타나면 '매크로 이름'에 평균 입력 → [확인] 단추를 클릭한다.

② [G4:G11] 영역에 평균을 계산하기 위해 [G4] 셀 선택 → [수식] 탭 – [함수 라이브러리] 그룹 – [자동 합계]를 클릭한 후 '평균'을 선택한다.

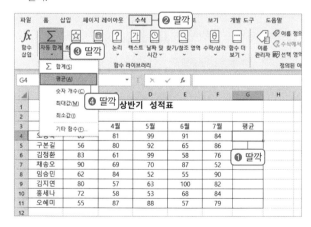

③ AVERAGE 함수의 범위가 [B4:F4] 영역으로 지정되었는지 확인한 후 Enter 를 누른다.

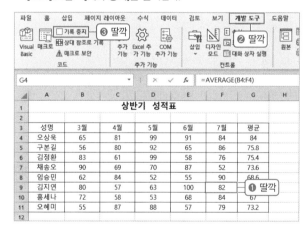

④ [G4] 셀의 자동 채우기 핸들을 [G11] 셀까지 드래그하여 함수식을 복사한다.

⑤ 매크로 기록을 중지하기 위해 임의의 셀 선택 → [개발 도구] 탭 – [코드] 그룹 – [기록 중지]를 클릭한다.

⑥ [개발 도구] 탭 – [컨트롤] 그룹 – [삽입]을 클릭한 후 '양식 컨트롤'의 '단추(□)' 선택 → Alt 를 누른 상태에서 [B14:C15] 영역을 드래그하여 단추를 그린다.

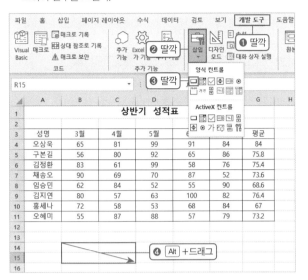

⑦ [매크로 지정] 대화상자가 나타나면 '매크로 이름'은 '평균' 선택 → [확인] 단추를 클릭한다.

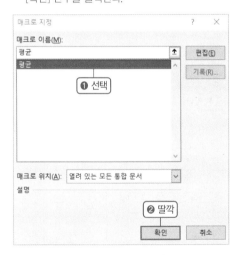

⑧ 단추를 선택한 상태에서 단추에 입력된 기본 텍스트를 삭제한 후 평균 입력 → 임의의 셀을 선택하여 텍스트 편집을 완료한다.

	A	B	C	D	E	F	G	H
1				상반기 성적표				
2								
3	성명	3월	4월	5월	6월	7월	평균	
4	오상욱	65	81	99	91	84	84	
5	구본길	56	80	92	65	86	75.8	
6	김정환	83	61	99	58	76	75.4	
7	채송오	90	69	70	87	52	73.6	
8	임승민	62	84	52	55	90	68.6	
9	김지연	80	57	63	100	82	76.4	
10	홍세나	72	58	53	68	84	67	
11	오혜미	55	87	88	57	79	73.2	
12								
13								
14			평균					
15								
16								

❶ 입력 ❷ 딸깍

⑨ 매크로가 정상적으로 실행되는지 확인하기 위해 [G4:G11] 영역을 드래그하여 선택한 후 Delete 를 눌러 평균값 삭제 → '평균' 단추를 클릭하여 확인한다.

2. 채우기 색 매크로 작성

① [개발 도구] 탭 – [코드] 그룹 – [매크로 기록] 클릭 → [매크로 기록] 대화상자가 나타나면 '매크로 이름'에 서식 입력 → [확인] 단추를 클릭한다.

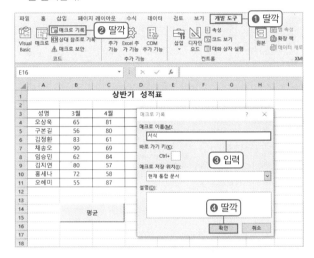

② [A3:G3] 영역을 드래그하여 선택 → [홈] 탭 – [글꼴] 그룹 – [채우기 색]의 ▾ 를 클릭한 후 '표준 색'의 '주황'을 선택한다.

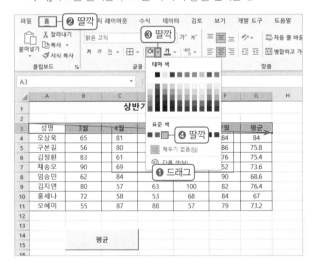

③ 매크로 기록을 중지하기 위해 임의의 셀 선택 → [개발 도구] 탭 – [코드] 그룹 – [기록 중지]를 클릭한다.

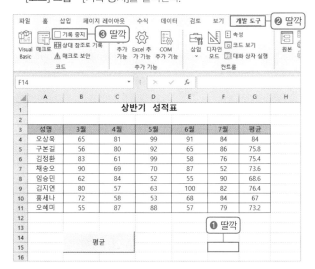

④ [삽입] 탭 – [일러스트레이션] 그룹 – [도형]을 클릭한 후 '사각형'의 '사각형: 둥근 모서리(◻)'를 선택한다.

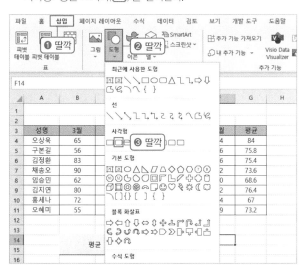

⑤ Alt 를 누른 상태에서 [E14:F15] 영역을 드래그하여 '모서리가 둥근 직사각형' 도형 그리기 → 도형에 서식 입력 → 도형을 선택한 상태에서 마우스 오른쪽 단추를 클릭하고 바로 가기 메뉴에서 [매크로 지정]을 선택한다.

⑥ [매크로 지정] 대화상자가 나타나면 '매크로 이름'은 '서식' 선택 → [확인] 단추를 클릭한다.

⑦ 매크로가 정상적으로 실행되는지 확인하기 위해 [A3:G3] 영역을 드래그하여 선택 → [홈] 탭 – [글꼴] 그룹 – [채우기 색]의 ▾ 을 클릭한 후 '채우기 없음'으로 선택 → '서식' 도형을 클릭하여 확인한다.

	A	B	C	D	E	F	G
1				상반기 성적표			
2							
3	성명	3월	4월	5월	6월	7월	평균
4	오상욱	65	81	99	91	84	84
5	구본길	56	80	92	65	86	75.8
6	김정환	83	61	99	58	76	75.4
7	채송오	90	69	70	87	52	73.6
8	임승민	62	84	52	55	90	68.6
9	김지연	80	57	63	100	82	76.4
10	홍세나	72	58	53	68	84	67
11	오혜미	55	87	88	57	79	73.2
12							
13							
14			평균		서식		
15							
16							

2 차트 작성('차트작업' 시트)

① 차트 영역에서 '총액' 계열을 선택한 후 Delete 를 눌러 삭제한다.

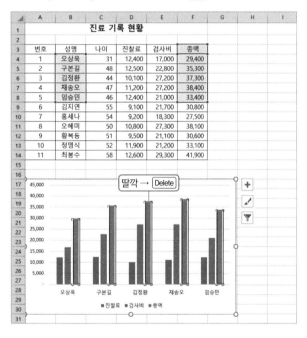

② 차트를 선택한 상태에서 [차트 디자인] 탭 – [차트 레이아웃] 그룹 – [차트 요소 추가] – [차트 제목] – [차트 위]를 선택하여 차트 제목을 추가한다.

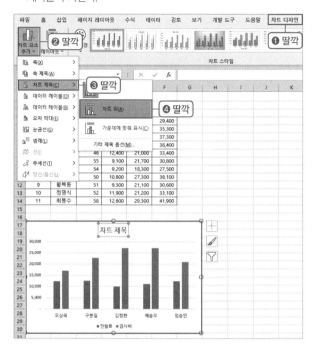

③ 차트 제목을 선택한 상태에서 수식 입력줄에 =을 입력 → [A1] 셀을 선택하고 Enter 를 누른다.

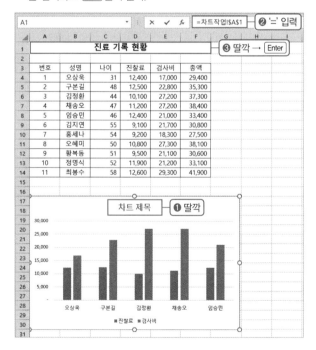

④ '검사비' 계열 선택 → [차트 디자인] 탭 – [차트 레이아웃] 그룹 – [차트 요소 추가] – [데이터 레이블] – [바깥쪽 끝에]를 선택하여 데이터 레이블을 추가한다.

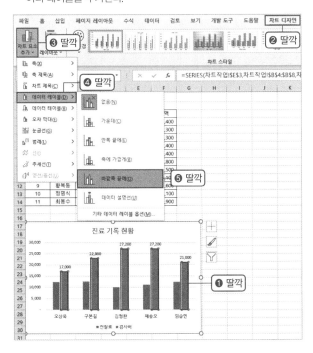

⑤ 차트를 선택한 상태에서 [차트 디자인] 탭 – [차트 레이아웃] 그룹 – [차트 요소 추가] – [데이터 테이블] – [범례 표지 없음]을 선택하여 데이터 표를 추가한다.

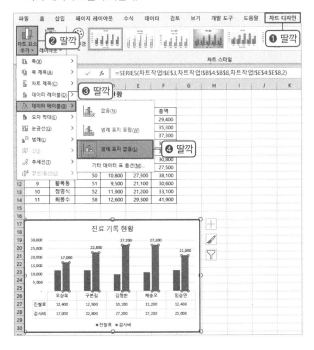

⑥ 차트 영역에서 마우스 오른쪽 단추를 클릭하고 바로 가기 메뉴에서 [차트 영역 서식]을 선택한다.

⑦ [차트 영역 서식] 창이 나타나면 '차트 옵션'의 '채우기 및 선(🎨)'에서 '테두리'의 '너비'를 '2pt'로 지정하고 '둥근 모서리' 체크 → [닫기] 단추(✖)를 클릭한다.

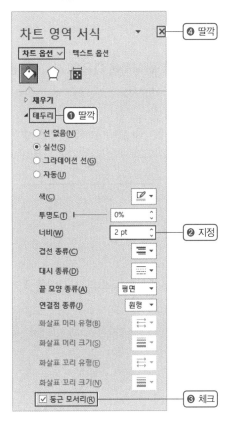

제4회 기출변형문제

프로그램명	제한시간	합격선	외부 데이터 위치
EXCEL 2021	40분	70점	C:\에듀윌_2025컴활2급실기\기출예제_기출변형문제\실습\제4회기출변형문제.xlsx

문제 ❶ 기본작업 (20점)　　주어진 시트에서 다음 과정을 수행하고 저장하시오.

1 '기본작업-1' 시트에 다음의 자료를 주어진 대로 입력하시오. (5점)

	A	B	C	D	E	F	G	H
1	2023학년도 한국대학교 정시 모집(일반전형) 입시결과							
2								
3	학과 코드	모집 단위	모집 인원	지원 인원	최초 경쟁률	최종 합격인원	최종 경쟁률 (추가합격반영)	충원율
4	EN-4578	경제학	36	191	5.31:1	74	2.69:1	97.20%
5	ET-1352	전자공학	67	281	4.19:1	144	1.95:1	114.90%
6	CS-7586	컴퓨터공학	105	580	5.52:1	222	2.61:1	114.40%
7	CB-1258	화생명공학	48	248	5.17:1	94	2.64:1	95.80%
8	SS-8921	사회과학	42	254	6.05:1	124	2.05:1	195.20%
9	BS-2841	경영학	38	255	6.71:1	140	1.82:1	268.40%
10	VC-8425	영상콘텐츠	38	227	5.97:1	111	2.05:1	192.10%

2 '기본작업-2' 시트에 대하여 다음의 지시사항을 처리하시오. (각 2점)

① [A1:G1] 영역은 '병합하고 가운데 맞춤', 글꼴 'HY견명조', 글꼴 크기 '16'pt, 글꼴 스타일 '굵게', 행 높이 '25'로 지정하시오.

② [D3:E3], [F3:G3] 영역은 '병합하고 가운데 맞춤'을 지정하고, 셀 스타일 '파랑, 강조색5'를 적용하시오.

③ [C5:C12] 영역은 사용자 지정 표시 형식을 이용하여 문자 뒤에 '상사'를 [표시 예]와 같이 표시하시오.
　　[표시 예: 한국 → 한국상사]

④ [G5:G12] 영역은 사용자 지정 표시 형식을 이용하여 천 단위를 절사하고, 숫자 뒤에 '천원'을 표시하시오.
　　[표시 예: 150000 → 150천원]

⑤ [A4:G12] 영역에 '모든 테두리(⊞)'를 적용한 후 '굵은 바깥쪽 테두리(⊡)'를 적용하여 표시하시오.

3 '기본작업-3' 시트에서 다음의 지시사항을 처리하시오. (5점)

[A3:G17] 영역에 대하여 고등학교가 '일반고'이면서 진학률이 70% 이상인 행 전체에 대하여 글꼴 스타일을 '굵게', 글꼴 색을 '표준색 − 빨강'으로 지정하는 조건부 서식을 작성하시오.

▸ AND 함수 사용

▸ 단, 규칙 유형은 '수식을 사용하여 서식을 지정할 셀 결정'을 사용하고, 한 개의 규칙으로만 작성하시오.

1 [표1]에서 [D3:D12] 셀에 입력된 평가 등급이 'S'이면 '탁월', 'A'이면 '우수', 'B'이면 '보통', 'C'이면 '미흡', 'D'이면 '부진'으로 [E3:E12]에 표시하시오. (8점)

　▸ SWITCH 함수 사용

2 [표2]에서 고객코드[G3:G12]의 여섯 번째 문자가 "1"이면 "다이아몬드", "2"이면 "플래티넘", "3"이면 "골드", "4"이면 "블랙", 그 외에는 "코드오류"를 분류[J3:J12]에 표시하시오. (8점)

　▸ IFERROR, CHOOSE, MID 함수 사용

3 [표3]에서 성적[B16:B25]이나 봉사[C16:C25]가 80 이상이면서 외국어[D16:D25]가 90 이상이면 "교환학생", 그렇지 않으면 "해당없음"을 결과[E16:E25]에 표시하시오. (8점)

　▸ IF, AND, OR 함수 사용

4 [표4]에서 제품코드[G16:G25]와 수량[H16:H25], 제품단가표[K16:L20]를 이용하여 판매액[I16:I25]을 계산하시오. (8점)

　▸ 판매액=수량×단가
　▸ 제품단가표의 의미: 제품코드의 앞 두 자리가 "SS"이면 단가는 13,000, "AA"이면 15,000, "BB"이면 17,000, "GG"이면 18,000임
　▸ VLOOKUP과 LEFT 함수 사용

5 [표5]에서 학과[B29:B38]가 "인공지능"이 아니면서 전공[C29:C38]이 30 이상인 학생들의 총점 [E29:E38] 평균을 계산하여 [E39] 셀에 표시하시오. (8점)

　▸ 총점 평균은 소수점 둘째 자리에서 반올림하여 첫째 자리까지 표시 [표시 예: 66.37 → 66.4]
　▸ ROUND와 AVERAGEIFS 함수 사용

1 '분석작업-1' 시트에 대하여 다음의 지시사항을 처리하시오. (10점)

데이터 도구 [통합] 기능을 이용하여 [표1], [표2], [표3]에 대한 제품명별 '1월 생산량', '2월 생산량', '3월 생산량'의 합계를 '1분기 아이스크림 생산 현황' 표의 [G13:I19] 영역에 계산하시오.

2 '분석작업-2' 시트에 대하여 다음의 지시사항을 처리하시오. (10점)

[피벗 테이블] 기능을 이용하여 '택배 배송 현황' 표의 '배송시간대'는 '보고서 필터', '배송지역'은 '행 레이블', '물품종류'는 '열 레이블'로 처리하고, '값'에 '거리(m)'의 평균과 '배송료'의 최대를 계산한 후 '값'을 '행 레이블'로 설정하는 피벗 테이블을 작성하시오.

  ▷ 피벗 테이블 보고서는 동일 시트의 [A21] 셀에 시작하시오.
  ▷ 피벗 테이블 보고서는 행의 총합계만 설정하시오.

1 '매크로작업' 시트의 [표]에서 다음과 같은 기능을 수행하는 매크로를 현재 통합 문서에 작성하고 실행하시오. (각 5점)

① [E6:E15] 영역에 합계를 계산하는 매크로를 생성하여 실행하시오.

　▶ 매크로 이름: 합계

　▶ 평균＝출석×출석 반영비율＋중간고사×중간고사 반영비율＋기말고사×기말고사 반영비율

　▶ [개발 도구] 탭 – [컨트롤] 그룹 – [삽입] – '양식 컨트롤'의 '단추'를 동일 시트의 [G5:H6] 영역에 생성하고, 텍스트를 '합계'로 입력한 후 단추를 클릭할 때 '합계' 매크로가 실행되도록 설정하시오.

② [A5:E15] 영역에 '모든 테두리(⊞)'를 적용하는 매크로를 생성하고 실행하시오.

　▶ 매크로 이름: 서식

　▶ [삽입] 탭 – [일러스트레이션] 그룹 – [도형]의 '사각형: 둥근 모서리(▢)'를 동일 시트의 [G8:H9] 영역에 생성하고, 텍스트를 '서식'으로 입력한 후 도형을 클릭할 때 '서식' 매크로가 실행되도록 설정하시오.

※ 셀 포인터의 위치에 상관없이 현재 통합 문서에서 매크로가 실행되어야 정답으로 인정됨

2 '차트작업' 시트에서 다음 지시사항에 따라 아래 〈그림〉과 같이 차트를 수정하시오. (각 2점)

※ 차트는 반드시 문제에서 제공한 차트를 사용하여야 하며, 신규로 작성 시 0점 처리됨

① 성명별로 '필기'와 '면접' 계열만 차트에 표시되도록 데이터 범위를 수정하시오.
② '면접' 계열의 차트 종류를 '영역형'으로 변경하시오.
③ 세로(값) 축의 표시 형식은 범주의 '숫자', 소수 자릿수는 '1'로 지정하시오.
④ '필기' 계열의 선 스타일은 '완만한 선'으로, 표식 옵션의 모양은 '■'으로 지정하시오.
⑤ 범례는 위쪽에 배치되도록 설정하시오.

〈그림〉

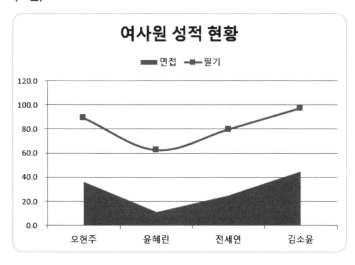

해설 확인하기

☞ 정답 확인하기: EXIT 사이트 → 자료실 → 컴퓨터활용능력 2급
→ 실기 기본서 → 2025 2급 실기 정답

문제 ❶ 기본작업 (20점)

1 데이터 입력('기본작업-1' 시트)

[A3:H10] 영역에 문제에서 주어진 내용을 다음과 같이 입력한다.

	학과 코드	모집 단위	모집 인원	지원 인원	최초 경쟁률	최종 합격인원	경쟁률 (추가합격반영)	충원율
	EN-4578	경제학	36	191	5.31:1	74	2.69:1	97.20%
	ET-1352	전자공학	67	281	4.19:1	144	1.95:1	114.90%
	CS-7586	컴퓨터공학	105	580	5.52:1	222	2.61:1	114.40%
	CB-1258	화생명공학	48	248	5.17:1	94	2.64:1	95.80%
	SS-8921	사회과학	42	254	6.05:1	124	2.05:1	195.20%
	BS-2841	경영학	38	255	6.71:1	140	1.82:1	268.40%
	VC-8425	영상콘텐츠	38	227	5.97:1	111	2.05:1	192.10%

1행: 2023학년도 한국대학교 경시모집(일반전형) 입시결과

2 데이터 편집('기본작업-2' 시트)

① [A1:G1] 영역을 드래그하여 선택 → [홈] 탭-[맞춤] 그룹-[병합하고 가운데 맞춤] 클릭 → [글꼴] 그룹에서 '글꼴'은 'HY견명조', '글꼴 크기'는 '16'pt로 지정하고 '글꼴 스타일'은 '굵게'를 선택한다.

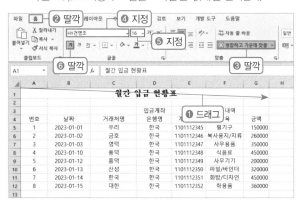

② 1행 머리글에서 마우스 오른쪽 단추 클릭 [행 높이]를 선택한 후 [행 높이] 대화상자가 나타나면 25 입력 → [확인] 단추를 클릭한다.

③ [D3:E3] 영역을 드래그하여 선택 → Ctrl 을 누른 상태에서 [F3:G3] 영역을 드래그하여 선택 → [홈] 탭-[맞춤] 그룹-[병합하고 가운데 맞춤]을 클릭한다.

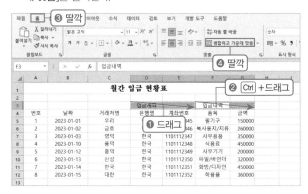

④ [D3:G3] 영역을 드래그하여 선택 → [홈] 탭-[스타일] 그룹-[자세히] 단추(▽)를 클릭한다.

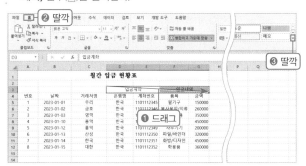

⑤ '테마 셀 스타일'의 '파랑, 강조색5'를 선택한다.

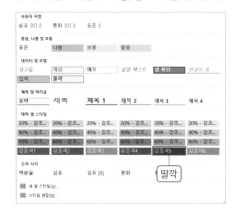

⑥ [C5:C12] 영역을 드래그하여 선택 → 마우스 오른쪽 단추를 클릭하고 바로 가기 메뉴에서 [셀 서식]을 선택한다.

⑦ [셀 서식] 대화상자(바로 가기 키: Ctrl+1)가 나타나면 [표시 형식] 탭에서 '사용자 지정' 범주를 선택하고 '형식'에 @"상사" 입력 → [확인] 단추를 클릭한다.

⑧ [G5:G12] 영역을 드래그하여 선택 → 마우스 오른쪽 단추를 클릭하고 바로 가기 메뉴에서 [셀 서식]을 선택한다.

⑨ [셀 서식] 대화상자(바로 가기 키: Ctrl+1)가 나타나면 [표시 형식] 탭에서 '사용자 지정' 범주를 선택하고 '형식'에 #,"천원" 입력 → [확인] 단추를 클릭한다.

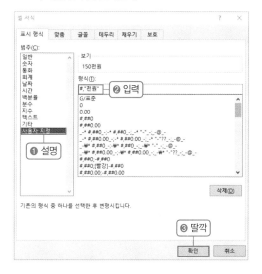

⑩ [A4:G12] 영역을 드래그하여 선택 → [홈] 탭 - [글꼴] 그룹 - [테두리]의 ▾를 클릭한 후 '모든 테두리'와 '굵은 바깥쪽 테두리'를 선택한다.

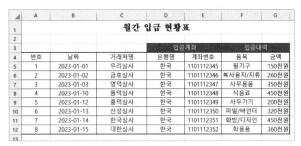

3 조건부 서식('기본작업-3' 시트)

① [A3:G17] 영역을 드래그하여 선택 → [홈] 탭 - [스타일] 그룹 - [조건부 서식] - [새 규칙]을 선택한다.

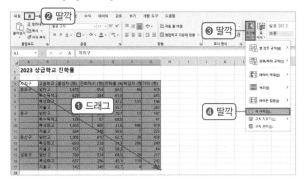

② [새 서식 규칙] 대화상자가 나타나면 '규칙 유형 선택'에서 '수식을 사용하여 서식을 지정할 셀 결정'을 선택 → '다음 수식이 참인 값의 서식 지정'에 =AND($B3="일반고",$E3>=70) 입력 → [서식] 단추를 클릭한다.

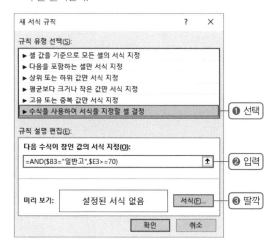

③ [셀 서식] 대화상자가 나타나면 [글꼴] 탭에서 '글꼴 스타일'은 '굵게', 글꼴 '색'은 '표준 색'의 '빨강'을 선택한다.

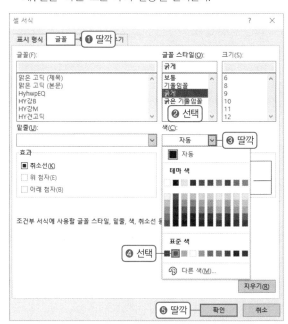

④ [새 서식 규칙] 대화상자로 되돌아오면 '미리 보기'에서 지정한 서식 확인 → [확인] 단추를 클릭한다.

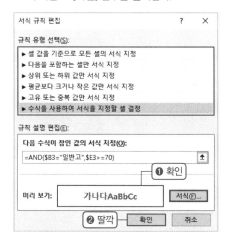

1 등급 표시 [E3:E12]

[E3] 셀 선택 → 수식 입력줄에 다음과 같이 함수식을 입력한 후 Enter 를 누름 → [E3] 셀의 자동 채우기 핸들을 [E12] 셀까지 드래그하여 함수식을 복사한다.

[E3] 셀에
=SWITCH(D3,"S","탁월","A","우수","B","보통","C","미흡","D","부진")
입력

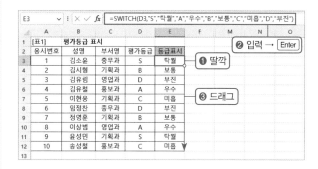

입력 함수 해설

=SWITCH(D3,"S","탁월","A","우수","B","보통","C","미흡","D","부진")

[D3] 셀에 입력된 값이 'S'이면 '탁월', 'A'이면 '우수', 'B'이면 '보통', 'C'이면 '미흡', 'D'이면 '부진'을 반환한다.

---

2 고객분류 표시 [J3:J12]

[J3] 셀 선택 → 수식 입력 줄에 다음과 같이 함수식을 입력한 후 Enter 를 누름 → [J3] 셀의 자동 채우기 핸들을 [J12] 셀까지 드래그하여 함수식을 복사한다.

[J3] 셀에
=IFERROR(CHOOSE(MID(G3,6,1),"다이아몬드","플래티넘","골드","블랙"),"코드오류") 입력

=IFERROR(CHOOSE(MID(G3,6,1),"다이아몬드","플래티넘","골드","블랙"),"코드오류")

❶ MID(G3,6,1): [G3] 셀에 입력된 문자열의 여섯 번째 위치에서 한 글 자를 추출한다.
❷ CHOOSE(❶,"다이아몬드","플래티넘","골드","블랙"): ❶의 값이 1이면 "다이아몬드", 2이면 "플래티넘", 3이면 "골드", 4이면 "블랙"이 입력 된다.
❸ IFERROR(❷,"코드오류"): ❷ 오류 발생 시 "코드오류"를 표시한다.

③ 결과 표시 [E16:E25]

[E16] 셀 선택 → 수식 입력 줄에 다음과 같이 함수식을 입력한 후 Enter 를 누름 → [E16] 셀의 자동 채우기 핸들을 [E25] 셀까지 드래그 하여 함수식을 복사한다.

[E16] 셀에
=IF(AND(OR(B16>=80,C16>=80),D16>=90),"교환학생","해당없음")
입력

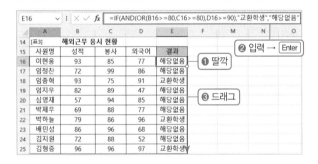

=IF(AND(OR(B16>=80,C16>=80),D16>=90),"교환학생","해당없음")

❶ OR(B16>=80,C16>=80): [B16] 셀의 값(성적)이 80점 이상이거나 [C16] 셀의 값(봉사)이 80점 이상이면 TRUE, 그렇지 않으면 FALSE 를 반환한다.
❷ AND(❶,D16>=90): ❶이 TRUE이고 [D16] 셀의 값(외국어)이 90점 이상이면 TRUE, 그렇지 않으면 FALSE를 반환한다.
❸ IF(❷,"교환학생","해당없음"): ❷(성적 또는 봉사가 80 이상이면서 외국어가 90점 이상)가 TRUE이면 "교환학생", FALSE이면 "해당없 음"을 반환한다.

④ 판매액 계산 [I16:I25]

[I16] 셀 선택 → 수식 입력줄에 다음과 같이 함수식을 입력한 후 Enter 를 누름 → [I16] 셀의 자동 채우기 핸들을 [I25] 셀까지 드래그하여 함수식 을 복사한다.

[I16] 셀에
=H16*VLOOKUP(LEFT(G16,2),$K$17:$L$20,2,FALSE) 입력

=H16*VLOOKUP(LEFT(G16,2),$K$17:$L$20,2,FALSE)

❶ LEFT(G16,2): [G16] 셀에 입력된 문자열의 왼쪽에서부터 2개의 문 자를 추출한다.
❷ VLOOKUP(❶,$K$17:$L$20,2,FALSE): [K17:L20] 영역의 첫 번째 열에서 ❶과 정확히 일치하는 값을 찾은 다음, ❶이 있는 행에서 2열 에 있는 값을 찾아 반환한다.
❸ H16*❷: [H16] 셀 값과 ❷의 곱셈 결과를 표시한다.

⑤ 총점 평균 계산 [E39]

[E39] 셀 선택 → 수식 입력줄에 다음과 같이 함수식을 입력한 후 Enter 를 누른다.

[E39] 셀에
=ROUND(AVERAGEIFS(E29:E38,B29:B38,"<>인공지능",C29:C38, ">=30"),1) 입력

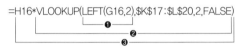

=ROUND(AVERAGEIFS(E29:E38,B29:B38,"<>인공지능",C29:C38,">=30"),1)

❶ AVERAGEIFS(E29:E38,B29:B38,"<>인공지능",C29:C38,">=30"): [B29:B38] 영역에서 '인공지능'이 아니면서 [C29:C38] 영역에서 '30 이상'에 해당하는 [E29:E38] 영역의 평균을 반환한다.

❷ ROUND(❶,1): ❶의 셀 값을 소수점 이하 둘째 자리에서 반올림하여 첫째 자리까지 표시한다.

[표1]					[표]			
	생산1팀 생산량					생산3팀 생산량		
제품명	1월생산량	2월생산량	3월생산량		제품명	1월생산량	2월생산량	3월생산량
보석콘	17,526	19,748	13,575		보석콘	18,870	21,262	14,616
고래바	16,583	17,432	13,564		고래바	17,855	18,770	14,604
씽씽바	12,465	16,974	14,853		씽씽바	13,421	18,276	15,992
돼지콘	19,846	19,871	11,857		돼지콘	21,368	21,395	12,766
누구바	16,548	13,574	16,784		누구바	17,817	14,615	18,071
메롱바	18,958	16,593	15,846		메롱바	20,412	17,865	17,061
두두콘	17,856	16,488	16,541		두두콘	19,225	17,753	17,810
[표2]					[표]			
	생산2팀 생산량					1분기 아이스크림 생산 현황		
제품명	1월생산량	2월생산량	3월생산량		제품명	1월생산량	2월생산량	3월생산량
보석콘	19,454	21,920	15,068		보석콘	55,850	62,930	43,259
고래바	18,407	19,350	15,056		고래바	52,845	55,552	43,224
씽씽바	13,836	18,841	16,487		씽씽바	39,722	54,091	47,332
돼지콘	22,029	22,057	13,161		돼지콘	63,243	63,323	37,784
누구바	18,368	15,067	18,630		누구바	52,733	43,256	53,485
메롱바	21,043	18,418	17,589		메롱바	60,413	52,876	50,496
두두콘	19,820	18,302	18,361		두두콘	56,901	52,543	52,712

문제 ❸ 분석작업 (20점)

1 데이터 통합('분석작업-1' 시트)

① [F12:I19] 영역을 드래그하여 선택 → [데이터] 탭 – [데이터 도구] 그룹 – [통합]을 클릭한다.

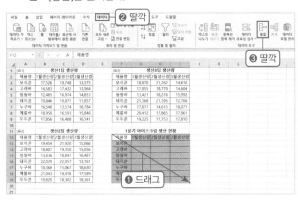

② [통합] 대화상자가 나타나면 '함수'에서 '합계'을 선택하고 '참조'에서 [A2:D9] 영역을 지정 → [추가] 단추를 클릭한다. 이와 같은 방법으로 [A12:D19], [F2:I9] 영역을 추가하고 '사용할 레이블'에서 '첫 행'과 '왼쪽 열'을 체크 → [확인]을 클릭한다.

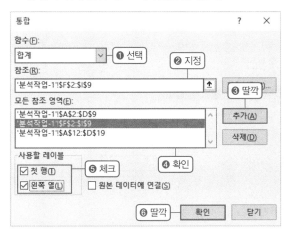

2 피벗 테이블('분석작업-2' 시트)

① [A3:F15] 영역에서 임의의 셀 선택 → [삽입] 탭 – [표] 그룹 – [피벗 테이블]을 클릭한다.

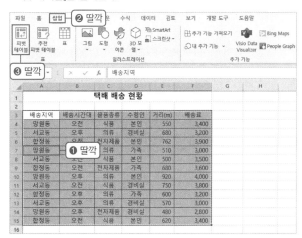

② [피벗 테이블 만들기] 대화상자가 나타나면 '표 또는 범위 선택'의 '표/범위'가 데이터가 입력된 모든 셀인 'A3:F15'인지 확인 → 피벗 테이블 보고서를 넣을 위치를 '기존 워크시트'로 선택하고 '위치'를 [A21] 셀 지정 → [확인] 단추를 클릭한다.

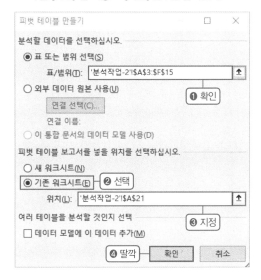

③ [피벗 테이블 필드] 창이 나타나면 '배송시간대'는 '필터' 영역으로, '물품종류'는 '열' 영역으로 '배송지역'은 '행' 영역으로 '거리(m)', '배송료'는 '값' 영역으로 드래그 → '열' 영역에 있는 'Σ 값'을 '행' 영역으로 드래그한다.

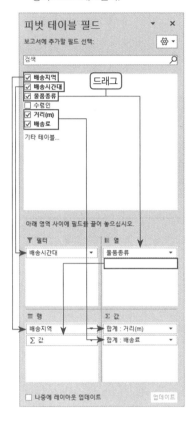

④ '값' 영역에서 '합계 : 거리(m)'를 클릭한 후 [값 필드 설정]을 클릭한다.

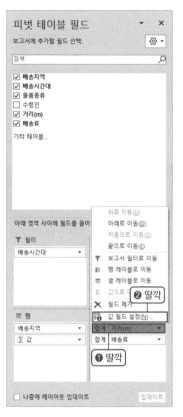

⑤ [값 필드 설정] 대화상자가 나타나면 [값 요약 기준] 탭의 '선택한 필드의 데이터'에서 '평균' 선택 → [확인] 단추를 클릭한다.

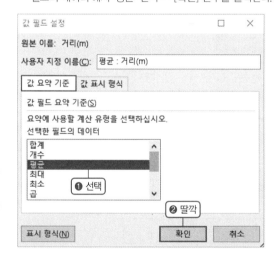

⑥ '값' 영역에서 '합계 : 배송료'를 클릭한 후 [값 필드 설정]을 클릭한다.

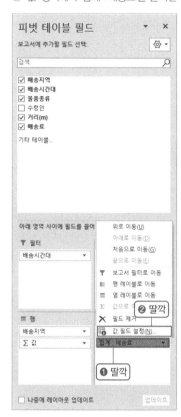

⑦ [값 필드 설정] 대화상자가 나타나면 [값 요약 기준] 탭의 '선택한 필드의 데이터'에서 '최대' 선택 → [확인] 단추를 클릭한다.

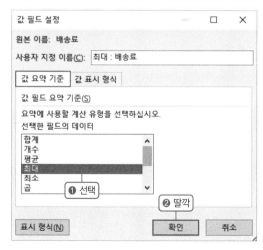

⑧ 행의 총합계만 설정하기 위해 피벗 테이블의 임의의 셀 선택 → 마우스 오른쪽 단추를 클릭 → 바로 가기 메뉴에서 [피벗 테이블 옵션]을 선택한다.

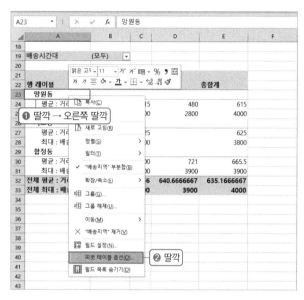

⑨ [피벗 테이블 옵션] 대화상자가 나타나면 [요약 및 필터] 탭의 '총합계'에서 '열 총합계 표시' 체크 해제 → [확인] 단추를 클릭한다.

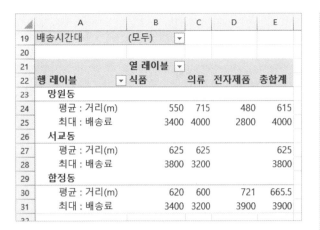

	A	B	C	D	E
19	배송시간대	(모두) ▼			
20					
21		열 레이블 ▼			
22	행 레이블 ▼	식품	의류	전자제품	총합계
23	망원동				
24	평균 : 거리(m)	550	715	480	615
25	최대 : 배송료	3400	4000	2800	4000
26	서교동				
27	평균 : 거리(m)	625	625		625
28	최대 : 배송료	3800	3200		3800
29	합정동				
30	평균 : 거리(m)	620	600	721	665.5
31	최대 : 배송료	3400	3200	3900	3900

문제 ❹ 기타작업 (20점)

1 매크로 작업('매크로작업' 시트)

1. 합계 매크로 작성

① [개발 도구] 탭 – [코드] 그룹 – [매크로 기록] 클릭 → [매크로 기록] 대화상자가 나타나면 '매크로 이름'에 합계 입력 → [확인] 단추를 클릭한다.

② [E6:E15] 영역에 합계를 계산하기 위해 [E6] 셀에 아래와 같이 함수식을 입력하고 Enter를 누른 후 [E6] 셀의 자동 채우기 핸들을 [E15] 셀까지 드래그하여 함수식을 복사한다.

[E6] 셀에

=B6*$B$3+C6*$C$3+D6*$D$3 입력

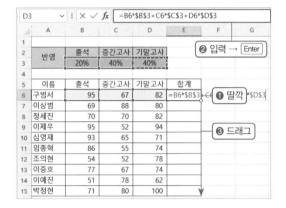

③ 매크로 기록을 중지하기 위해 임의의 셀 선택 → [개발 도구] 탭 – [코드] 그룹 – [기록 중지]를 클릭한다.

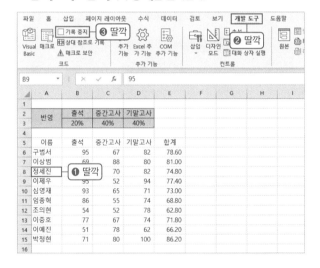

④ [개발 도구] 탭 – [컨트롤] 그룹 – [삽입]을 클릭한 후 '양식 컨트롤'의 '단추'(□) 선택 → Alt 를 누른 상태에서 [G5:H6] 영역을 드래그하여 단추를 그린다.

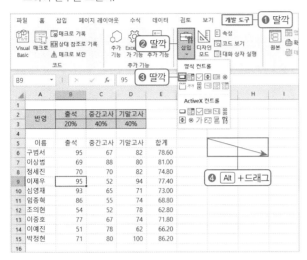

⑤ [매크로 지정] 대화상자가 나타나면 '매크로 이름'은 '합계' 선택 → [확인] 단추를 클릭한다.

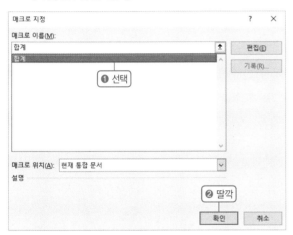

⑥ 단추를 선택한 상태에서 단추에 입력된 기본 텍스트를 삭제한 후 합계 입력 → 임의의 셀을 선택하여 텍스트 편집을 완료한다.

⑦ 매크로가 정상적으로 실행되는지 확인하기 위해 [E6:E15] 영역을 드래그하여 선택한 후 Delete 를 눌러 합계값 삭제 → '합계' 도형을 클릭하여 확인한다.

2. 서식 매크로 작성

① [개발도구] 탭 – [코드] 그룹 – [매크로 기록]을 클릭한 후 [매크로 기록] 대화상자가 나타나면 '매크로 이름'에 서식 입력 → [확인] 단추를 클릭한다.

② [A5:E15] 영역을 드래그하여 선택 → [홈] – [글꼴] 그룹 – [테두리]의 ▼ 를 클릭한 후 '모든 테두리'를 선택한다.

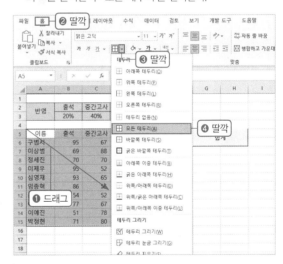

③ 매크로 기록을 중지하기 위해 임의의 셀 선택 → [개발도구] 탭 – [코드] 그룹 – [기록 중지]를 클릭한다.

④ [삽입] 탭 – [일러스트레이션] 그룹 – [도형]을 클릭한 후 '사각형'의 '사각형: 둥근 모서리'를 선택한다.

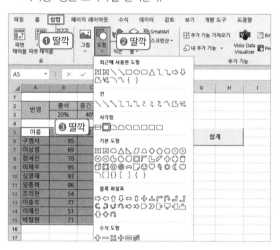

⑤ Alt 를 누른 상태에서 [G8:H9]영역을 드래그하여 '사각형: 둥근 모서리' 도형 그리기 → 도형에 서식 입력 → 도형을 선택한 상태에서 마우스 오른쪽 단추를 클릭하고 바로 가기 메뉴에서 [매크로 지정]을 선택한다.

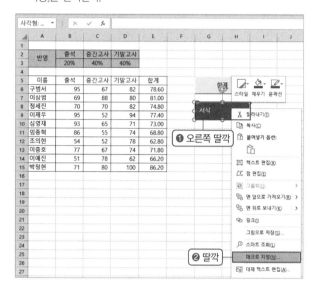

⑥ [매크로 지정] 대화상자가 나타나면 '매크로 이름'에 '서식' 선택 – [확인] 단추를 클릭한다.

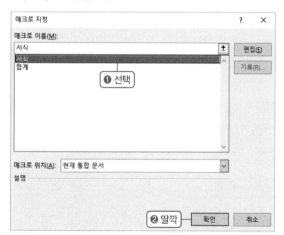

⑦ 매크로가 정상적으로 실행되는지 확인하기 위해 [A5:E15] 영역을 드래그하여 선택 → [홈] 탭 – [글꼴] 그룹 – [테두리]의 ▼를 클릭한 후 '테두리 없음' 선택 → '서식' 도형을 클릭하여 확인한다.

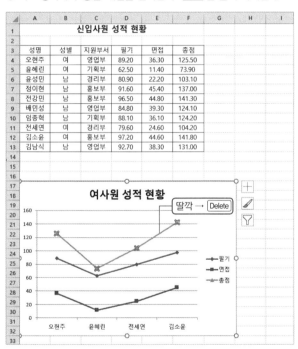

2 차트 작성('차트작업' 시트)

① 차트 영역에서 '총점' 계열을 선택한 후 Delete를 눌러 삭제한다.

② '면접' 계열에서 마우스 오른쪽 단추를 클릭하고 바로 가기 메뉴에서 [계열 차트 종류 변경]을 선택한다.

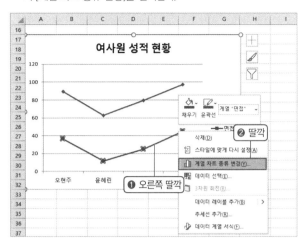

③ [차트 종류 변경] 대화상자가 나타나면 [모든 차트] 탭의 '혼합' 범주에서 '면접'의 차트 종류를 '영역형'을 선택 → [확인] 단추를 클릭한다.

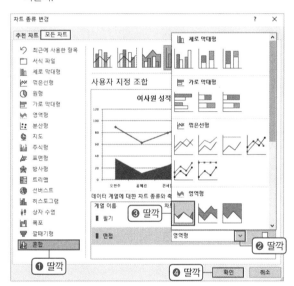

④ 세로 (값) 축에서 마우스 오른쪽 단추를 클릭하고 바로 가기 메뉴에서 [축 서식]을 선택한다.

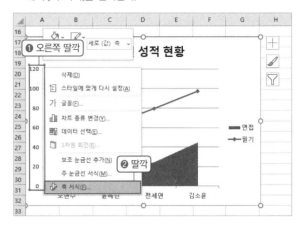

⑤ [축 서식] 창이 나타나면 '축 옵션'의 '축 옵션(■)'에서 '표시 형식'의 '범주'는 '숫자'를 선택하고 '소수 자릿수'는 1 입력 → [닫기] 단추(✕)를 클릭한다.

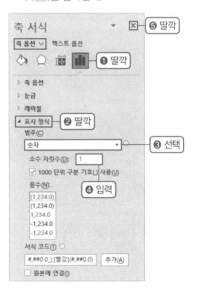

⑥ '필기' 계열에서 마우스 오른쪽 단추를 클릭하고 바로 가기 메뉴에서 [데이터 계열 서식]을 선택한다.

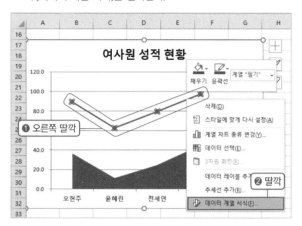

⑦ [데이터 계열 서식] 창이 나타나면 '계열 옵션'의 '채우기 및 선'(◆)에서 '선'을 선택한 후 '완만한 선'에 체크한다.

⑧ 다음으로 '표식'을 선택한 후 '표식 옵션'의 '기본 제공'을 선택하고 '형식'의 '■' 선택 → [닫기] 단추(✖)를 클릭한다.

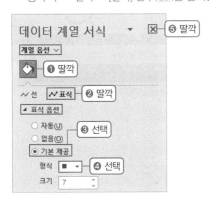

⑨ 그래프의 '범례'에서 마우스 오른쪽 단추를 클릭하고 [범례 서식]을 선택한다.

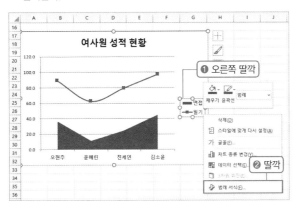

⑩ [범례 서식] 창이 나타나면 '범례 옵션'의 '범례 위치'에서 '위쪽'을 선택 → [닫기] 단추(✖)를 클릭한다.

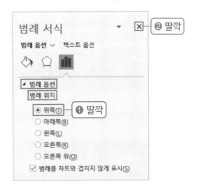

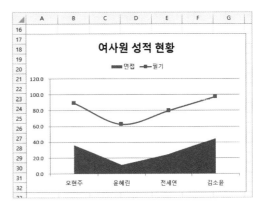

제5회 기출변형문제

난도
하···중···상

프로그램명	제한시간	합격선	외부 데이터 위치
EXCEL 2021	40분	70점	C:\에듀윌_2025컴활2급실기\기출예제_기출변형문제\실습\제5회기출변형문제.xlsx

문제 ❶ 기본작업 (20점)   주어진 시트에서 다음 과정을 수행하고 저장하시오.

1 '기본작업-1' 시트에 다음의 자료를 주어진 대로 입력하시오. (5점)

▲	A	B	C	D	E	F	G
1	주변 맛집 메뉴와 가격표						
2							
3	구분	음식점	영업시작	평점	거리	매장식사가능여부	
4	한식	우해정	오전 10시	★★★	100M	매장식사, 포장(배달) 모두 가능	
5	한식	오복식당	오전 11시	★★★★	50M	포장(배달)만 가능	
6	중식	북경짜장	오전 11시	★★★★★	200M	포장(배달)만 가능	
7	중식	북경나라	오전 11시	★★★★	300M	포장(배달)만 가능	
8	일식	스시좋아	오후 12시	★★★★	150M	매장식사, 포장(배달) 모두 가능	
9	일식	스시나라	오후 1시	★★★	120M	포장(배달)만 가능	
10	중식	천향	오후 12시	★★★	150M	포장(배달)만 가능	
11	분식	분식나라	오전 11시	★★★★★	100M	매장식사, 포장(배달) 모두 가능	
12	분식	골목떡볶이	오전 11시	★★★	200M	매장식사, 포장(배달) 모두 가능	
13	분식	루비떡볶이	오전 11시	★★★★	130M	매장식사, 포장(배달) 모두 가능	
14							

2 '기본작업-2' 시트에 대하여 다음의 지시사항을 처리하시오. (각 2점)

① [A1:H1] 영역은 '병합하고 가운데 맞춤', 글꼴 '휴먼옛체', 글꼴 크기 '20'pt, 글꼴 스타일 '굵게', 밑줄 '이중 밑줄'로 지정하시오.

② [G3] 셀의 '판매량'을 한자 '販賣量'으로 변환하시오.

③ [F8] 셀에 '최대혜택가'라는 메모를 삽입한 후 항상 표시되도록 지정하고, 메모 서식에서 맞춤 '자동 크기' 를 지정하시오.

④ [D4:D15], [F4:F15] 영역은 사용자 지정 표시 형식을 이용하여 천 단위 구분 기호와 숫자 뒤에 '원'을 표시하 되, 셀 값이 0일 경우에는 '0원'으로 [표시 예]와 같이 표시하시오. [표시 예: 19000 → 19,000원, 0 → 0원]

⑤ [A3:H15] 영역은 '모든 테두리(⊞)'를 적용한 후 '굵은 바깥쪽 테두리(▣)'로 적용하여 표시하시오.

3 '기본작업-3' 시트에서 다음의 지시사항을 처리하시오. (5점)

'상반기 아트나라 판매 현황' 표에서 입고일이 '2021-07-01'이면서 브랜드명이 '광'으로 시작하는 데이터를 사용자 지정 필터를 사용하여 검색하시오.

▶ 사용자 지정 필터의 결과는 [A4:I18] 영역의 데이터를 이용하여 추출하시오.

'계산작업' 시트에서 다음 과정을 수행하고 저장하시오.

1 [표1]에서 전체 인원의 영어점수 평균[C3:D12]을 활용해서 개인별 영어점수의 평균차[E3:E12]를 계산하시오. (8점)

- ▷ 영어점수=독해+청취
- ▷ AVERAGE, DAVERAGE, SUMIF 중 알맞은 함수를 선택하여 사용

2 [표2]에서 입학코드[G3:G12]의 여섯 번째 문자가 '1'이면 '학생부우수자', '2'이면 '지역균형', '3'이면 '기회균형', 그 외에는 '기타'를 전형[J3:J12]에 표시하시오. (8점)

- ▷ IFERROR, CHOOSE, MID 함수 사용

3 [표3]에서 거주지[A16:A24]가 도시인 청소년의 평균 체중[C27]을 표시하시오. (8점)

- ▷ 조건은 [B26:B27] 영역에 입력하시오.
- ▷ 평균 체중은 소수점 이하 첫째 자리에서 내림하고, 숫자 뒤에 'KG'을 표시 [표시 예: 58.2 → 58KG]
- ▷ DSUM, DAVERAGE, ROUND, ROUNDUP, ROUNDDOWN 중 알맞은 함수와 & 연산자 사용

4 [표4]에서 직위코드[H16:H26]와 보너스[I16:I26], 직위별 지급표[L17:M20]를 이용하여 총지급액[J16:J26]을 계산하시오. (8점)

- ▷ 총지급액=보너스+성과금
- ▷ 직위별 지급표의 의미: 직위코드의 앞 두 자리가 'AA'이면 성과금은 500,000, 'BB'이면 600,000, 'CC'이면 700,000, 'DD'이면 1,000,000임
- ▷ VLOOKUP과 LEFT 함수 사용

5 [표5]에서 소속사[B31:B40]가 'JYS'이면서 판매량[C31:C40]이 120 이상인 앨범들의 판매총액[E31:E40] 합계를 계산하여 [F40] 셀에 표시하시오. (8점)

- ▷ 숫자 뒤에 '원'을 표시 [표시 예: 123000 → 123000원]
- ▷ COUNTIFS, SUMIFS, AVERAGEIFS 중 알맞은 함수와 & 연산자 사용

1 '분석작업-1' 시트에 대하여 다음의 지시사항을 처리하시오. (10점)

[피벗 테이블] 기능을 이용하여 '판매 실적 현황' 표의 품목코드는 '필터', 지점명은 '행', 품목명은 '열'로 처리하고, '값'에 판매단가(만원)의 평균과 매출액(만원)의 최대값을 계산한 후 'Σ 값'을 '행'으로 설정하시오.

　▷ 피벗 테이블 보고서는 동일 시트의 [A21] 셀에서 시작하시오.

　▷ 피벗 테이블 보고서는 행의 총합계만 설정하시오.

2 '분석작업-2' 시트에 대하여 다음의 지시사항을 처리하시오. (10점)

데이터 도구 [통합] 기능을 이용하여 [표1], [표2], [표3]에 대한 프로그램별 '첫째주', '둘째주', '셋째주', '넷째주' 시청률의 평균을 '4/4분기 드라마 시청률(%)' 표의 [H15:K23] 영역에 계산하시오.

1 '매크로작업' 시트의 [표]에서 다음과 같은 기능을 수행하는 매크로를 현재 통합 문서에 작성하고 실행하시오.

(각 5점)

① [E14] 셀에 총판매액의 평균을 계산하는 매크로를 생성하여 실행하시오.

▸ 매크로 이름: 평균

▸ AVERAGE 함수 사용

▸ [개발 도구] 탭 – [컨트롤] 그룹 – [삽입]에서 '양식 컨트롤'의 '단추(▭)'를 동일 시트의 [G3:H5] 영역에 생성하고, 텍스트를 '평균'으로 입력한 후 단추를 클릭할 때 '평균' 매크로가 실행되도록 설정하시오.

② [D4:D13], [E4:E14] 영역에 '통화 표시 형식(₩)'을 지정하는 매크로를 생성하여 실행하시오.

▸ 매크로 이름: 통화

▸ [삽입] 탭 – [일러스트레이션] 그룹 – [도형]에서 '사각형'의 '사각형: 둥근 모서리(▢)'를 동일 시트의 [G8:H10] 영역에 생성하고, 텍스트를 '통화'로 입력한 후 도형을 클릭할 때 '통화' 매크로가 실행되도록 설정하시오.

※ 셀 포인터의 위치에 상관없이 현재 통합 문서에서 매크로가 실행되어야 정답으로 인정됨

2 '차트작업' 시트의 차트를 지시사항에 따라 아래 〈그림〉과 같이 수정하시오. (각 2점)

※ 차트는 반드시 문제에서 제공한 차트를 사용하여야 하며, 신규로 작성 시 0점 처리됨

① 성명별로 '필기'와 '실기' 계열만 차트에 표시되도록 데이터 범위를 수정하시오.

② '필기' 계열의 차트 종류를 '묶은 세로 막대형'으로 변경하고, '보조축'으로 지정하시오.

③ 차트에 '레이아웃 3'을 지정하시오

④ 기본 세로 (값) 축, 보조 세로 (값) 축의 표시 형식은 범주의 '숫자', 소수 자릿수는 1로 지정하시오.

⑤ '실기' 계열의 표식 옵션의 모양은 '◆'으로 지정하시오.

〈그림〉

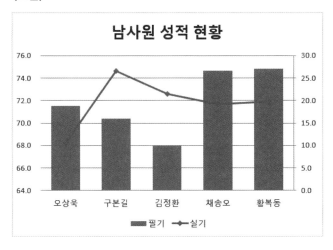

해설 확인하기

↪ 정답 확인하기: EXIT 사이트 → 자료실 → 컴퓨터활용능력 2급
→ 실기 기본서 → 2025 2급 실기 정답

문제 ❶ 기본작업 (20점)

1 데이터 입력('기본작업-1' 시트)

① [A3:C13] 영역과 [D3:F3] 영역에 데이터를 주어진 대로 입력 → [D4] 셀을 더블클릭(또는 [D4] 셀을 선택하고 F2 를 누름) → 셀 편집 상태에서 한글 자음 미음(ㅁ)을 입력하고 한자 를 누름 → '★' 특수문자 선택 → 이와 같은 방법으로 각 셀에 해당하는 '★' 특수문자의 개수만큼 각각 입력한다.

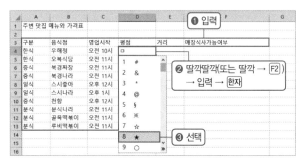

② [E4:F13] 영역에 데이터를 주어진 대로 입력한다.

	A	B	C	D	E	F	G
1	주변 맛집 메뉴와 가격표					입력	
2							
3	구분	음식점	영업시작	평점	거리	매장식사가능여부	
4	한식	우해정	오전 10시	★★★	100M	매장식사, 포장(배달) 모두 가능	
5	한식	오복식당	오전 11시	★★★★	50M	포장(배달)만 가능	
6	중식	북경짜장	오전 11시	★★★★★	200M	포장(배달)만 가능	
7	중식	북경나라	오전 11시	★★★★	300M	포장(배달)만 가능	
8	일식	스시츌아	오후 12시	★★★★	150M	매장식사, 포장(배달) 모두 가능	
9	일식	스시나라	오후 1시	★★★	120M	포장(배달)만 가능	
10	중식	천향	오후 12시	★★★	150M	포장(배달)만 가능	
11	분식	분식나라	오전 11시	★★★★★	100M	매장식사, 포장(배달) 모두 가능	
12	분식	골목떡볶이	오전 11시	★★★	200M	매장식사, 포장(배달) 모두 가능	
13	분식	루비떡볶이	오전 11시	★★★★	130M	매장식사, 포장(배달) 모두 가능	
14							

2 셀 서식 지정('기본작업-2' 시트)

① [A1:H1] 영역을 드래그하여 선택 → [홈] 탭−[맞춤] 그룹−[병합하고 가운데 맞춤] 클릭 → [홈] 탭−[글꼴] 그룹에서 '글꼴'은 '휴먼옛체', '글꼴 크기'는 '20'pt로 지정하고 '글꼴 스타일'은 '굵게', '밑줄'의 '이중 밑줄'을 선택한다.

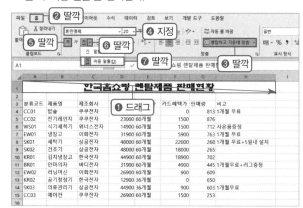

② [G3] 셀을 더블클릭한 후 입력 모드에서 한자 를 누름 → [한글/한자 변환] 대화상자가 나타나면 다음의 한자를 선택 → [변환] 단추를 클릭한다.

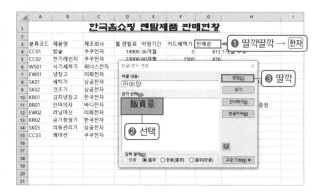

③ [F8] 셀 선택 → 마우스 오른쪽 단추를 클릭하고 바로 가기 메뉴에서 [메모 삽입]을 선택한다.

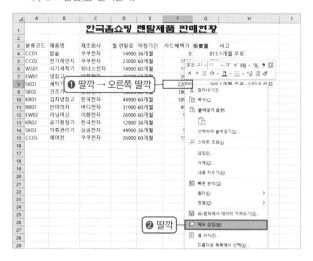

④ 메모에 자동으로 작성된 사용자 이름은 삭제하고 최대혜택가를 입력 → [F8] 셀을 다시 선택하여 텍스트 편집을 완료한다.

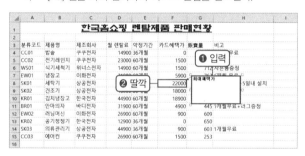

⑤ [F8] 셀에서 마우스 오른쪽 단추를 클릭 → 바로 가기 메뉴에서 [메모 표시/숨기기]를 선택한다.

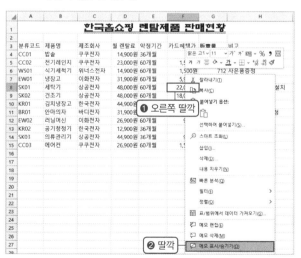

⑥ 메모 상자의 경계선에서 마우스 오른쪽 단추를 클릭하고 바로 가기 메뉴에서 [메모 서식]을 선택한다.

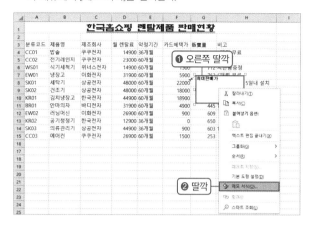

⑦ [메모 서식] 대화상자가 나타나면 [맞춤] 탭에서 '자동 크기' 체크 → [확인] 단추를 클릭한다.

⑧ [D4:D15] 영역을 드래그하여 선택 → Ctrl 을 누른 상태에서
[F4:F15] 영역을 드래그하여 선택 → 마우스 오른쪽 단추를 클릭
하고 바로 가기 메뉴에서 [셀 서식]을 선택한다.

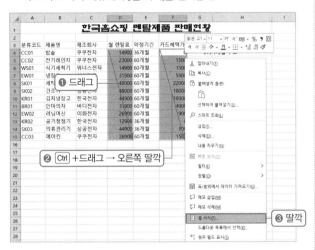

⑨ [셀 서식] 대화상자(바로 가기 키: Ctrl + 1)가 나타나면 [표시 형
식] 탭에서 '사용자 지정' 범주를 선택하고 '형식'에 #,##0"원" 입력
→ [확인] 단추를 클릭한다.

⑩ [A3:H15] 영역을 드래그하여 선택 → [홈] 탭 – [글꼴] 그룹 – [테두
리]의 ▾ 를 클릭한 후 '모든 테두리'와 '굵은 바깥쪽 테두리'를 선택
한다.

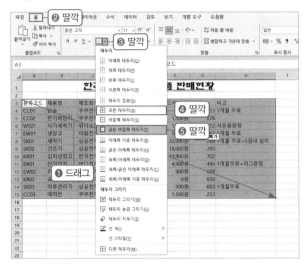

3 자동 필터('기본작업-3' 시트)

① [A3:I18] 영역에서 임의의 셀 선택 → [데이터] 탭-[정렬 및 필터] 그룹-[필터]를 클릭한다.

② 필터 단추(▼)가 표시되면 [D3] 셀('입고일' 필드)의 필터 단추(▼) 클릭 → [날짜 필터]-[같음]을 선택한다.

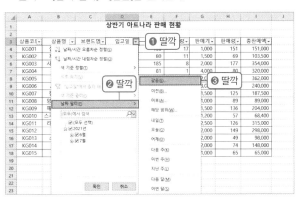

③ [사용자 지정 자동 필터] 대화상자가 나타나면 '날짜 선택(📅)' 클릭 → '2021년 7월 1일' 선택 → [확인] 단추를 클릭한다.

④ [C3] 셀('브랜드명' 필드)의 필터 단추(▼) 클릭 → [텍스트 필터]-[시작 문자]를 선택한다.

⑤ [사용자 지정 자동 필터] 대화상자가 나타나면 다음과 같이 조건이 '시작문자'로 지정됐는지 확인한 후 광 입력 → [확인] 단추를 클릭한다.

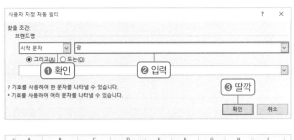

문제 ❷ 계산작업 (40점)

1 평균차 계산 [E3:E12]

[E3] 셀 선택 → 수식 입력줄에 다음과 같이 함수식을 입력한 후 Enter를 누름 → [E3] 셀의 자동 채우기 핸들을 [E12] 셀까지 드래그하여 함수식을 복사한다.

[E3] 셀에 =AVERAGE($C$3:$D$12)-AVERAGE(C3:D3) 입력

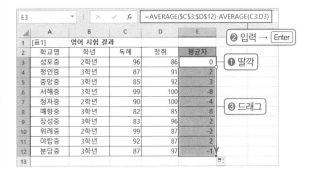

(입력 함수 해설)

$$=AVERAGE(\$C\$3:\$D\$12)-AVERAGE(C3:D3)$$
과정: **①** ... **②** ... **③**

❶ AVERAGE($C$3:$D$12): [C3:D12] 영역(전체 인원의 영어점수(독해+청취))의 평균을 반환한다.

([C3:D12] 영역은 절대 참조로, 복사해도 수식의 주소가 변경되지 않음)

❷ AVERAGE(C3:D3): [C3:D3] 영역(개인의 영어점수(독해+청취))의 평균을 반환한다.

❸ ❶−❷: ❶(전체 인원의 영어점수 평균)에서 ❷(개인의 영어점수 평균)를 뺀 값(평균차)을 표시한다.

2 전형 표시 [J3:J12]

[J3] 셀 선택 → 수식 입력줄에 다음과 같이 함수식을 입력한 후 Enter 를 누름 → [J3] 셀의 자동 채우기 핸들을 [J12] 셀까지 드래그하여 함수식을 복사한다.

> **[J3] 셀에**
> =IFERROR(CHOOSE(MID(G3,6,1),"학생부우수자","지역균형","기회균형"),"기타") **입력**

(입력 함수 해설)

=IFERROR(CHOOSE(MID(G3,6,1),"학생부우수자","지역균형","기회균형"),"기타")
과정: **①** ... **②** ... **③**

❶ MID(G3,6,1): [G3] 셀 문자열(입학코드)의 여섯 번째부터 한 글자를 추출하여 반환한다.

❷ CHOOSE(❶,"학생부우수자","지역균형","기회균형"): ❶(입학코드의 여섯 번째부터 한 글자)이 '1'이면 '학생부우수자', '2'이면 '지역균형', '3'이면 '기회균형'을 반환한다.

❸ IFERROR(❷,"기타"): ❷에 오류(입학코드의 여섯 번째부터 한 글자에 해당하는 반환값이 없음)가 발생하면 '기타'를 반환한다.

3 체중 평균 표시 [B26:B27], [C27]

① [B26] 셀에 필드명인 거주지를 입력하고 [B27] 셀에 조건인 도시를 입력한다.

② [C27] 셀 선택 → 수식 입력줄에 다음과 같이 함수식을 입력한 후 Enter 를 누른다.

> **[C27] 셀에** =ROUNDDOWN(DAVERAGE(A15:E24,5,B26:B27),0)&"KG" **입력**

(입력 함수 해설)

=ROUNDDOWN(DAVERAGE(A15:E24,5,B26:B27),0)&"KG"
과정: **①** ... **②** ... **③**

❶ DAVERAGE(A15:E24,5,B26:B27): [A15:E24] 영역에서 조건이 [B26:B27] 영역('거주지'가 '도시')인 다섯 번째 필드(체중)의 평균을 반환한다.

❷ ROUNDDOWN(❶,0): ❶(도시의 체중 평균)을 소수점 이하 첫째 자리에서 내림하여 정수로 반환한다.

❸ ❷&"KG": 문자열 결합연산자(&)에 의해 ❷(도시의 체중 평균의 정수값)와 'KG'을 연결하여 표시한다.

4 총지급액 계산 [J16:J26]

[J16] 셀 선택 → 수식 입력줄에 다음과 같이 함수식을 입력한 후 Enter 를 누름 → [J16] 셀의 자동 채우기 핸들을 [J26] 셀까지 드래그하여 함수식을 복사한다.

[J16] 셀에 =I16+VLOOKUP(LEFT(H16,2),$L$17:$M$20,2,FALSE) 입력

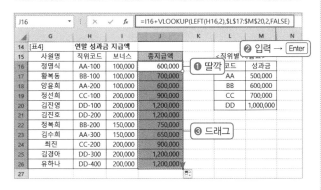

입력 함수 해설

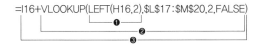

❶ LEFT(H16,2): [H16] 셀 문자열(직위코드)의 왼쪽에서 두 글자를 추출하여 반환한다.

❷ VLOOKUP(❶,$L$17:$M$20,2,FALSE): [L17:M20] 영역(직위별 지급표)의 첫 번째 열(코드)에서 ❶(직위코드의 왼쪽에서 두 글자)과 정확히 일치(FALSE)하는 값을 찾아 해당 값이 있는 행에서 두 번째 열(성과금)에 대응하는 값을 반환한다.

([L17:M20] 영역은 절대 참조로, 복사해도 수식의 주소가 변경되지 않음)

❸ I16+❷: [I16] 셀 값(보너스)과 ❷(직위코드의 왼쪽에서 두 글자와 정확히 일치하는 코드의 성과금)를 더한 값(총지급액)을 표시한다.

5 판매총액 합계 표시 [F40]

[F40] 셀 선택 → 수식 입력줄에 다음과 같이 함수식을 입력한 후 Enter 를 누른다.

[F40] 셀에
=SUMIFS(E31:E40,B31:B40,"JYS",C31:C40,">=120")&"원" 입력

입력 함수 해설

❶ SUMIFS(E31:E40,B31:B40,"JYS",C31:C40,">=120"): [B31:B40] 영역(소속사)에서 'JYS'이고 [C31:C40] 영역(판매량)에서 120 이상에 해당하는 [E31:E40] 영역(판매총액)의 합계를 반환한다.

❷ ❶&"원": 문자열 결합연산자(&)에 의해 ❶(소속사가 JYS이고 판매량이 120 이상인 판매총액의 합계)과 '원'을 연결하여 표시한다.

문제 ❸ 분석작업 (20점)

1 피벗 테이블('분석작업-1' 시트)

① [A3:F15] 영역에서 임의의 셀 선택 → [삽입] 탭-[표] 그룹-[피벗 테이블]을 클릭한다.

② [피벗 테이블 만들기] 대화상자가 나타나면 '표 또는 범위 선택'의 '표/범위'가 데이터가 입력된 모든 셀인 '$A$3:$F$15'인지 확인 → 피벗 테이블 보고서를 넣을 위치를 '기존 워크시트'로 선택하고 '위치'에 [A21] 셀 지정 → [확인] 단추를 클릭한다.

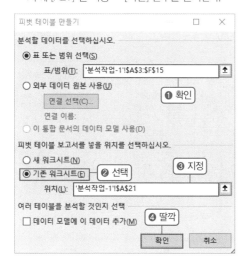

③ [피벗 테이블 필드] 창이 나타나면 '지점명'은 '행' 영역으로, '품목코드'는 '필터' 영역으로, '품목명'은 '열' 영역으로, '판매단가(만원)'와 '매출액(만원)'은 '값' 영역으로 드래그 → '열' 영역에 있는 'Σ 값'을 '행' 영역으로 드래그한다.

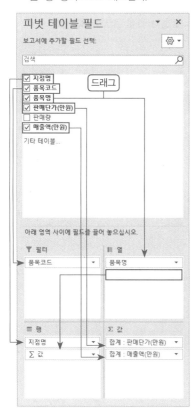

④ '값' 영역에서 '합계 : 판매단가(만원)'을 클릭한 후 [값 필드 설정]을 선택한다.

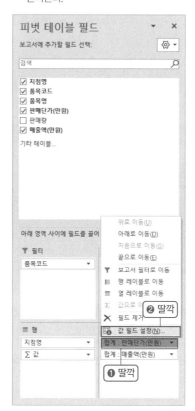

⑤ [값 필드 설정] 대화상자가 나타나면 [값 요약 기준] 탭의 '선택한 필드의 데이터'에서 '평균' 선택 → [확인] 단추를 클릭한다

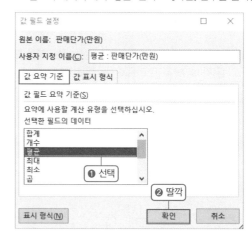

⑥ '값' 영역에서 '합계 : 매출액(만원)'을 클릭한 후 [값 필드 설정]을 선택한다.

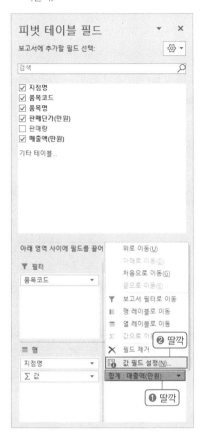

⑦ [값 필드 설정] 대화상자가 나타나면 [값 요약 기준] 탭의 '선택한 필드의 데이터'에서 '최대' 선택 → [확인] 단추를 클릭한다.

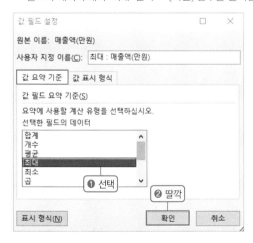

⑧ 행의 총합계만 설정하기 위해 피벗 테이블에서 임의의 셀 선택 → 마우스 오른쪽 단추를 클릭하고 바로 가기 메뉴에서 [피벗 테이블 옵션]을 선택한다.

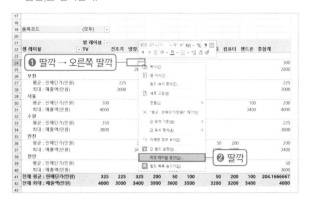

⑨ [피벗 테이블 옵션] 대화상자가 나타나면 [요약 및 필터] 탭의 '총합계'에서 '열 총합계 표시' 체크 해제 → [확인] 단추를 클릭한다.

⑩ C열, D열, F열의 너비를 조정하기 위해 C열 머리글의 경계선을 오른쪽으로 드래그하거나 더블클릭 → 이와 같은 방법으로 D열과 F열의 너비를 조정한다.

2 통합('분석작업-2' 시트)

① [G14:K23] 영역을 드래그하여 선택 → [데이터] 탭 – [데이터 도구] 그룹 – [통합]을 클릭한다.

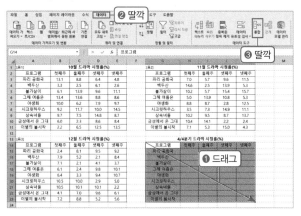

② [통합] 대화상자가 나타나면 '함수'에서 '평균'으로 지정되었는지 확인하고 '참조'에서 [A2:E11] 영역을 지정 → [추가] 단추를 클릭한다.

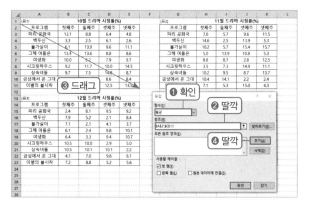

③ 이와 같은 방법으로 [G2:K11], [A14:E23] 영역을 추가 → '사용할 레이블'에서 '첫 행'과 '왼쪽 열' 체크 → [확인] 단추를 클릭한다.

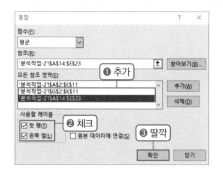

[표1]	10월 드라마 시청률(%)					[표2]	11월 드라마 시청률(%)			
프로그램	첫째주	둘째주	셋째주	넷째주		프로그램	첫째주	둘째주	셋째주	넷째주
파리 공화국	13.1	8.8	6.4	4.8		파리 공화국	7.0	5.7	9.6	11.5
백두산	3.3	2.5	6.1	2.6		백두산	14.6	2.5	13.9	5.3
불가살이	6.1	13.9	9.6	11.1		불가살이	10.2	5.7	15.4	15.7
그해 여름은	13.4	13.6	8.8	8.6		그해 여름은	5.0	13.9	10.8	5.3
야생화	10.0	6.2	7.9	9.7		야생화	8.8	8.7	2.8	12.5
시크릿하우스	9.2	11.7	10.0	14.5		시크릿하우스	3.5	7.3	14.9	11.1
상속녀들	9.7	7.5	14.8	8.7		상속녀들	10.2	9.5	8.7	13.7
금성에서 온 그대	6.0	2.3	8.6	8.4		금성에서 온 그대	10.4	14.1	2.2	2.4
이별의 불시착	2.2	6.5	12.5	13.5		이별의 불시착	7.1	5.3	15.0	4.3
[표3]	12월 드라마 시청률(%)					[표4]	4/4분기 드라마 시청률(%)			
프로그램	첫째주	둘째주	셋째주	넷째주		프로그램	첫째주	둘째주	셋째주	넷째주
파리 공화국	2.4	8.1	9.5	9.2		파리 공화국	7.5	7.5	8.5	8.5
백두산	7.9	5.2	2.1	8.4		백두산	8.6	3.4	7.4	5.4
불가살이	7.1	2.1	4.1	3.7		불가살이	7.8	7.2	9.7	10.2
그해 여름은	6.1	2.4	9.8	10.1		그해 여름은	8.2	10.0	9.8	8.0
야생화	6.4	3.3	9.4	10.7		야생화	8.4	6.1	6.7	11.0
시크릿하우스	10.5	10.0	2.9	5.0		시크릿하우스	7.7	9.7	9.3	10.2
상속녀들	10.5	10.1	10.1	2.2		상속녀들	10.1	9.0	11.2	8.2
금성에서 온 그대	4.1	7.0	9.6	6.1		금성에서 온 그대	6.8	7.8	6.8	5.6
이별의 불시착	7.2	8.8	5.2	5.6		이별의 불시착	5.5	6.9	10.9	7.8

■ 매크로 작성('매크로작업' 시트)

1. 평균 매크로 작성

① [개발 도구] 탭–[코드] 그룹–[매크로 기록] 클릭 → [매크로 기록] 대화상자가 나타나면 '매크로 이름'에 평균 입력 → [확인] 단추를 클릭한다.

② [E14] 셀에 평균을 계산하기 위해 [E14] 셀 선택 → [수식] 탭–[함수 라이브러리] 그룹–[자동 합계]를 클릭한 후 '평균'을 선택한다.

③ AVERAGE 함수의 범위가 [E4:E13] 영역으로 지정되었는지 확인한 후 Enter 를 누른다.

④ 매크로 기록을 중지하기 위해 임의의 셀 선택 → [개발 도구] 탭–[코드] 그룹–[기록 중지]를 클릭한다.

⑤ [개발 도구] 탭–[컨트롤] 그룹–[삽입]을 클릭한 후 '양식 컨트롤'의 '단추(□)' 선택 → Alt 를 누른 상태에서 [G3:H5] 영역을 드래그하여 단추를 그린다.

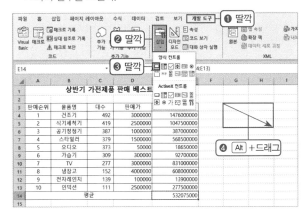

⑥ [매크로 지정] 대화상자가 나타나면 '매크로 이름'은 '평균' 선택 →
  [확인] 단추를 클릭한다.

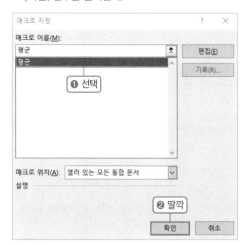

⑦ 단추를 선택한 상태에서 단추에 입력된 기본 텍스트를 삭제한 후
  평균을 입력 → 임의의 셀을 선택하여 텍스트 편집을 완료한다.

⑧ 매크로가 정상적으로 실행되는지 확인하기 위해 [E14] 셀을 선택
  한 후 Delete 를 눌러 평균값 삭제 → '평균' 단추를 클릭하여 확인
  한다.

2. 통화 매크로 작성

① [개발 도구] 탭 – [코드] 그룹 – [매크로 기록]을 클릭한다.

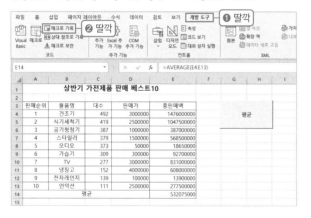

② [매크로 기록] 대화상자가 나타나면 '매크로 이름'에 통화 입력 →
  [확인] 단추를 클릭한다.

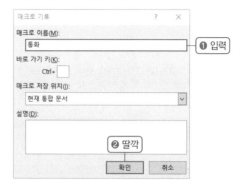

③ [D4:D13] 영역을 드래그하여 선택 → Ctrl 을 누른 상태에서
  [E4:E14] 영역을 드래그하여 선택 → [홈] 탭 – [표시 형식] 그
  룹 – [표시 형식]의 ▾을 클릭한 후 '통화'를 선택한다.

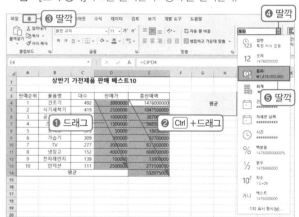

④ 매크로 기록을 중지하기 위해 임의의 셀 선택 → [개발 도구] 탭 –
  [코드] 그룹 – [기록 중지]를 클릭한다.

⑤ [삽입] 탭 – [일러스트레이션] 그룹 – [도형]을 클릭한 후 '사각형'의 '사각형: 둥근 모서리(⬜)'를 선택한다.

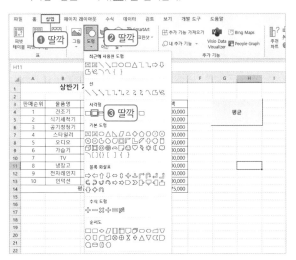

⑥ Alt 를 누른 상태에서 [G8:H10] 영역을 드래그하여 '모서리가 둥근 직사각형' 도형 그리기 → 도형에 통화 입력 → 도형을 선택한 상태에서 마우스 오른쪽 단추를 클릭하고 바로 가기 메뉴에서 [매크로 지정]을 선택한다.

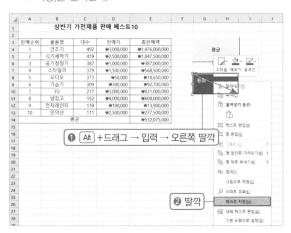

⑦ [매크로 지정] 대화상자가 나타나면 '매크로 이름'에 '통화' 선택 → [확인] 단추를 클릭한다.

⑧ 매크로가 정상적으로 실행되는지 확인하기 위해 [D4:D13] 영역을 드래그하여 선택 → Ctrl 을 누른 상태에서 [E4:E14] 영역을 드래그하여 선택 → [홈] 탭 – [표시 형식] 그룹 – [표시 형식]의 ⌄을 클릭한 후 '일반' 선택 → '통화' 도형을 클릭하여 확인한다.

2 차트 작성('차트작업' 시트)

① 차트 영역에서 '총점' 계열을 선택한 후 Delete 를 눌러 삭제한다.

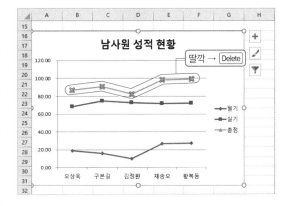

② '필기' 계열에서 마우스 오른쪽 단추를 클릭하고 바로 가기 메뉴에서 [계열 차트 종류 변경]을 선택한다.

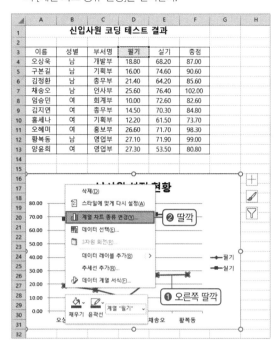

③ [차트 종류 변경] 대화상자가 나타나면 [모든 차트] 탭의 '혼합' 범주에서 '필기'의 차트 종류를 '묶은 세로 막대형'으로 선택하고 '보조 축' 체크 → [확인] 단추를 클릭한다.

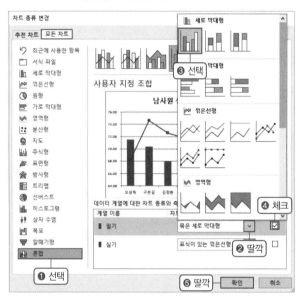

④ 차트를 선택한 상태에서 [차트 디자인] 탭 – [차트 레이아웃] 그룹 – [빠른 레이아웃]을 클릭한 후 '레이아웃 3'을 선택한다.

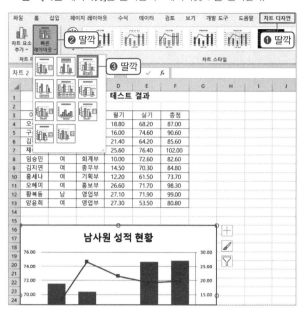

⑤ 기본 세로 (값) 축에서 마우스 오른쪽 단추를 클릭하고 바로 가기 메뉴에서 [축 서식]을 선택한다.

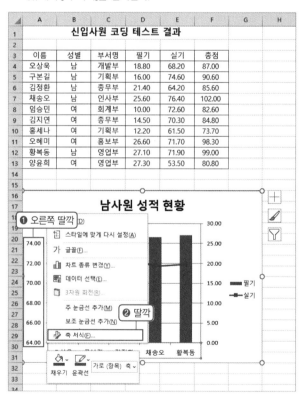

⑥ [축 서식] 창이 나타나면 '축 옵션'의 '축 옵션(▯▮▯)'에서 '표시 형식'
의 '범주'는 '숫자'를 선택하고 '소수 자릿수'는 1 입력 → [닫기] 단
추(✖) 클릭 → 이와 같은 방법으로 보조 세로 (값) 축의 [축 서식]도
동일하게 지정한다.

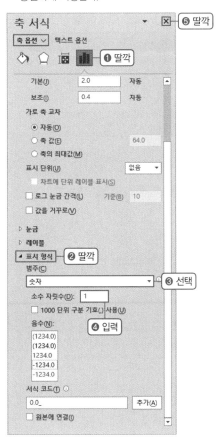

⑦ '실기' 계열에서 마우스 오른쪽 단추를 클릭하고 바로 가기 메뉴에
서 [데이터 계열 서식]을 선택한다.

⑧ [데이터 계열 서식] 창이 나타나면 '계열 옵션'의 '채우기 및 선(◇)'
에서 '표식'을 선택한 후 '표식 옵션'의 '기본 제공'을 선택하고 '형
식'의 '◆' 선택 → [닫기] 단추(✖)를 클릭한다.

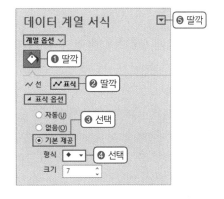

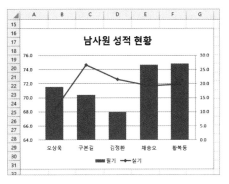

제6회 기출변형문제

프로그램명	제한시간	합격선	외부 데이터 위치
EXCEL 2021	40분	70점	C:\에듀윌_2025컴활2급실기\기출예제_기출변형문제\실습\제6회기출변형문제.xlsx

문제 ❶ 기본작업 (20점) 주어진 시트에서 다음 과정을 수행하고 저장하시오.

1 '기본작업-1' 시트에 다음의 자료를 주어진 대로 입력하시오. (5점)

▲	A	B	C	D	E	F	G
1	주거래처 현황표						
2							
3	거래처명	대표이사	업종	전화번호	거래기간	거래처코드	
4	상공출판사	황복동	출판인쇄	02)6111-3267	1년	SG-001	
5	상공유통시스템	양숙희	도소매	031)444-8463	5년	SG-002	
6	보험공제조합	정명식	비영리	031)684-6718	3년	BH-003	
7	한국은행	최봉수	금융	02)6464-5162	4년	HK-004	
8	유명정보통신	김진영	정보서비스	02)541-8143	8년	YM-005	
9	명신출판사	김진호	출판인쇄	02)841-1311	1년	MS-006	
10	금호유통	김선희	도소매	02)570-6148	2년	KH-007	
11	신성광고기획	장윤희	광고	02)571-2184	1년	SS-008	
12	믿음은행	김복희	금융	031)397-1846	4년	ME-009	
13	미디어시스템	양수희	정보서비스	02)817-1474	10년	MD-010	
14							

2 '기본작업-2' 시트에 대하여 다음의 지시사항을 처리하시오. (각 2점)

① [A1:H1] 영역은 '병합하고 가운데 맞춤', 글꼴 '궁서체', 글꼴 크기 '17'pt, 글꼴 스타일 '굵게', 밑줄 '이중 밑줄'로 지정하시오.

② [A3:A4], [B3:B4], [C3:E3], [F3:F4], [G3:G4], [H3:H4] 영역은 '병합하고 가운데 맞춤'을, [A3:H4] 영역은 글꼴 크기 '12'pt, 글꼴 색 '표준 색 – 파랑'으로 지정하시오.

③ [C5:E15] 영역은 사용자 지정 표시 형식을 이용하여 천 단위 구분 기호와 숫자 뒤에 '개'를 [표시 예]와 같이 표시하시오. [표시 예: 1234 → 1,234개, 0 → 0개]

④ [H5] 셀에 '4분기 최대 매출 품목'이라는 메모를 삽입한 후 항상 표시되도록 지정하고, 메모 서식에서 맞춤 '자동 크기'를 지정하시오.

⑤ [A3:H15] 영역은 '모든 테두리(⊞)'를 적용한 후 '굵은 바깥쪽 테두리(▣)'로 적용하여 표시하시오.

3 '기본작업-3' 시트에서 다음의 지시사항을 처리하시오. (5점)

다음의 텍스트 파일을 열어 생성된 데이터를 '기본작업-3' 시트의 [B4:J14] 영역에 붙여넣으시오.

▶ 외부 데이터 파일명은 '퀴즈점수.txt'임

▶ 외부 데이터는 공백으로 구분되어 있음

▶ 열 너비는 조정하지 않음

'계산작업' 시트에서 다음 과정을 수행하고 저장하시오.

1 [표1]에서 [B3:E6] 영역과 지역코드표[B9:E10]를 이용하여 천안에서 광주까지의 요금을 [G10:H10] 영역을 기준으로 구하여 [I10] 셀에 표시하시오. (8점)

▸ INDEX와 HLOOKUP 함수 사용

2 [표2]에서 주민등록번호[D14:D21]의 앞에서 2자리를 이용하여 나이[E14:E21]를 계산하시오. (8점)

▸ 나이 = 현재 연도 − 출생년도 − 1900
▸ TODAY, YEAR, LEFT 함수 사용

3 [표3]에서 총점[J14:J21]을 기준으로 순위를 구하여 1위는 '최우수입사', 2위는 '우수입사', 나머지는 공백으로 평가[K14:K21]에 표시하시오. (8점)

▸ 순위는 총점이 높은 사원이 1위임
▸ IF, COUNTIF, RANK.EQ, SUMIF 중 알맞은 함수를 선택하여 사용

4 [표4]에서 문구명별 총개수[C25:C36]를 박스당개수[D25:D36]로 나눠 박스수(몫)와 나머지를 구하여 박스(나머지)[E25:E36]에 표시하시오. (8점)

▸ 박스수(몫)와 나머지 표시 방법: 박스수(몫)가 10이고, 나머지가 4 → 10(4)
▸ INT, MOD 함수와 & 연산자 사용

5 [표5]에서 학과[H26:H34]가 '빅데이터학과'인 학생들의 등록금 납부자수를 구하여 [I35] 셀에 표시하시오. (8점)

▸ DCOUNT, DCOUNTA, DSUM 중 알맞은 함수를 선택하여 사용

1 '분석작업-1' 시트에 대하여 다음의 지시사항을 처리하시오. (10점)

[시나리오 관리자] 기능을 이용하여 '캠핑용 텐트 렌탈 현황' 표에서 할인율[B19]이 다음과 같이 변동하는 경우 실결제가평균[F17]의 변동 시나리오를 작성하시오.

▷ [B19] 셀의 이름은 '할인율', [F17] 셀의 이름은 '실결제가평균'으로 정의하시오.

▷ 시나리오1: 시나리오 이름은 '할인율인상', 할인율을 30%로 설정하시오.

▷ 시나리오2: 시나리오 이름은 '할인율인하', 할인율을 10%로 설정하시오.

▷ 시나리오 요약 시트는 '분석작업-1' 시트의 바로 왼쪽에 위치해야 함

※ 시나리오 요약 보고서 작성 시 정답과 일치하여야 하며, 오자로 인한 부분 점수는 인정하지 않음

2 '분석작업-2' 시트에 대하여 다음의 지시사항을 처리하시오. (10점)

'급여 인상률' 표는 기본수당[C3], 근무년도[C4], 상여금[C5]을 이용하여 급여합계[C6]를 계산한 것이다. [데이터 표] 기능을 이용하여 기본수당과 근무년도의 변동에 따른 급여합계의 변화를 [D11:I17] 영역에 계산하시오.

1 '매크로작업' 시트의 [표]에서 다음과 같은 기능을 수행하는 매크로를 현재 통합 문서에 작성하고 실행하시오. (각 5점)

① [F3:F11] 영역에 승점을 계산하는 매크로를 생성하여 실행하시오.

　▶ 매크로 이름: 승점

　▶ 승점 = 승 × 3 + 무

　▶ [개발 도구] 탭 – [컨트롤] 그룹 – [삽입]에서 '양식 컨트롤'의 '단추(□)'를 동일 시트의 [H3:I5] 영역에 생성하고, 텍스트를 '승점'으로 입력한 후 단추를 클릭할 때 '승점' 매크로가 실행되도록 설정하시오.

② [A2:F2] 영역에 대하여 글꼴 색 '표준 색 – 파랑', 채우기 색 '표준 색 – 노랑'을 적용하는 매크로를 생성하여 실행하시오.

　▶ 매크로 이름: 서식

　▶ [삽입] 탭 – [일러스트레이션] 그룹 – [도형]에서 '사각형'의 '직사각형(▭)'을 동일 시트의 [H7:I9] 영역에 생성하고, 텍스트를 '서식'으로 입력한 후 도형을 클릭할 때 '서식' 매크로가 실행되도록 설정하시오.

※ 셀 포인터의 위치에 상관없이 현재 통합 문서에서 매크로가 실행되어야 정답으로 인정됨

2 '차트작업' 시트의 차트를 지시사항에 따라 아래 〈그림〉과 같이 수정하시오. (각 2점)

※ 차트는 반드시 문제에서 제공한 차트를 사용하여야 하며, 신규로 작성 시 0점 처리됨

① '국가'별 '동메달'의 데이터가 차트에 표시되도록 데이터 범위를 추가하시오.

② 차트 제목은 '차트 위'로 지정한 후 [A1] 셀과 연동되도록 지정하시오.

③ 세로 (값) 축의 최대값을 40, 기본 단위를 10, 가로 축 교차를 20으로 지정하시오.

④ '금메달' 계열의 '대한민국' 요소에만 데이터 레이블 '값'을 표시하고, 레이블의 위치를 '바깥쪽 끝에'로 지정하시오.

⑤ 범례는 '아래쪽'에 배치하시오.

〈그림〉

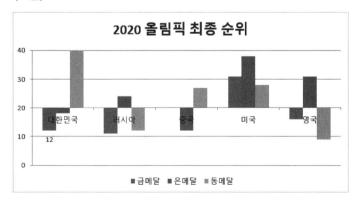

해설 확인하기

↗ 정답 확인하기: EXIT 사이트 → 자료실 → 컴퓨터활용능력 2급
→ 실기 기본서 → 2025 2급 실기 정답

문제 ❶ 기본작업 (20점)

1 데이터 입력('기본작업-1' 시트)

[A3:F13] 영역에 문제에서 주어진 내용을 다음과 같이 입력한다.

2 데이터 편집('기본작업-2' 시트)

① [A1:H1] 영역을 드래그하여 선택 → [홈] 탭 – [맞춤] 그룹 – [병합하고 가운데 맞춤] 클릭 → [홈] 탭 – [글꼴] 그룹에서 '글꼴'은 '궁서체', '글꼴 크기'는 '17'pt로 지정하고 '글꼴 스타일'은 '굵게', '밑줄'의 '이중 밑줄'을 선택한다.

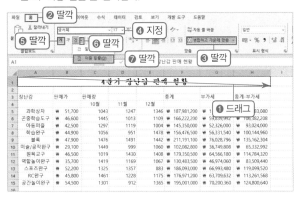

② [A3:A4] 영역을 드래그하여 선택 → Ctrl 을 누른 상태에서 [B3:B4], [C3:E3], [F3:F4], [G3:G4], [H3:H4] 영역을 차례대로 드래그하여 선택 → [홈] 탭 – [맞춤] 그룹 – [병합하고 가운데 맞춤]을 클릭한다.

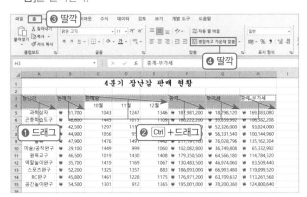

③ [A3:H4] 영역을 드래그하여 선택 → [홈] 탭 – [글꼴] 그룹에서 '글꼴 크기'는 '12'pt로 지정하고 '글꼴 색'은 '표준 색'의 '파랑'을 선택한다.

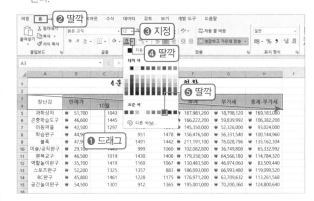

④ [C5:E15] 영역을 드래그하여 선택 → 마우스 오른쪽 단추를 클릭하고 바로 가기 메뉴에서 [셀 서식]을 선택한다.

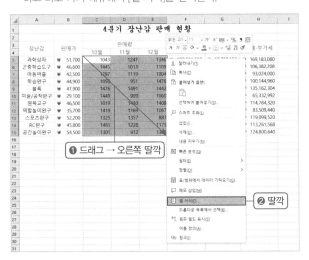

⑤ [셀 서식] 대화상자(바로 가기 키: Ctrl + 1)가 나타나면 [표시 형식] 탭에서 '사용자 지정' 범주를 선택하고 '형식'에 #,##0"개" 입력 → [확인] 단추를 클릭한다.

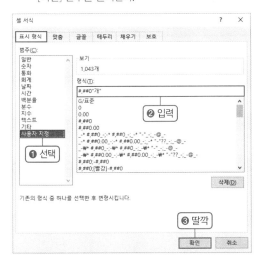

⑥ [H5] 셀 선택 → 마우스 오른쪽 단추를 클릭하고 바로 가기 메뉴에서 [메모 삽입]을 선택한다.

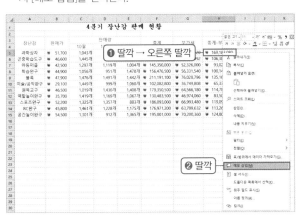

⑦ 메모에 자동으로 작성된 사용자 이름은 삭제하고 4분기 최대 매출 품목 입력 → [H5] 셀을 다시 선택한다.

⑧ [H5] 셀에서 마우스 오른쪽을 클릭 → 바로 가기 메뉴에서 [메모 표시/숨기기]를 클릭한다.

⑨ 메모 상자의 경계선에서 마우스 오른쪽 단추를 클릭하고 바로 가기 메뉴에서 [메모 서식]을 선택한다.

⑩ [메모 서식] 대화상자가 나타나면 [맞춤] 탭에서 '자동 크기' 체크
→ [확인] 단추를 클릭한다.

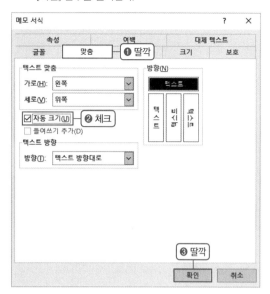

⑪ [A3:H15] 영역을 드래그하여 선택 → [홈] 탭 – [글꼴] 그룹 – [테두
리]의 ▾를 클릭한 후 '모든 테두리'와 '굵은 바깥쪽 테두리'를 선택
한다.

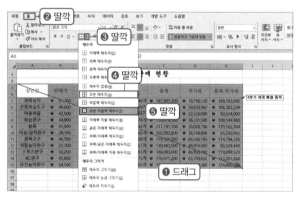

3 외부 데이터 가져오기('기본작업-3' 시트)

① [B4] 셀 선택 → [데이터] 탭 – [데이터 가져오기 및 변환] 그룹 – [텍
스트/CSV]를 선택한다.

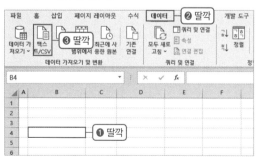

② [텍스트 파일 가져오기] 대화상자가 나타나면 'C:\에듀윌_2025컴
활2급실기\기출예제_기출변형문제\실습' 경로에서 '퀴즈점수.txt'
파일을 선택 → [가져오기] 단추를 클릭한다.

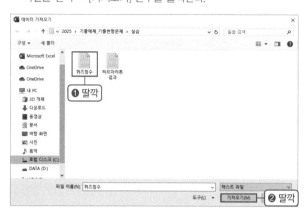

③ 다음과 같은 대화상자가 열리면 '구분 기호'로 '공백' 클릭 → [로드]
단추의 ▾를 클릭 → [다음으로 로드]를 클릭한다.

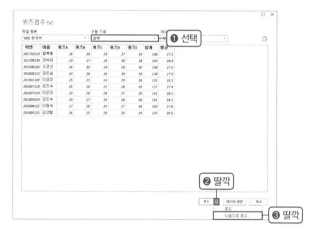

④ [데이터 가져오기] 대화상자가 나타나면 '현재 통합 문서에서 이 데
이터를 표시할 방법을 선택하십시오.'에서 '표'를 선택 → '데이터가
들어갈 위치를 선택하십시오.'의 '기존 워크시트'에 [B4] 셀을 선택
→ [확인] 단추를 클릭한다.

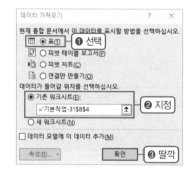

⑤ [테이블 디자인] 탭 – [표 스타일] 그룹 – [자세히] 단추(⤓)를 클릭
→ '없음'을 선택한다.

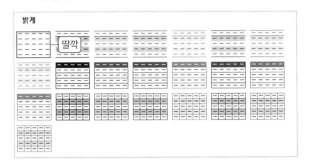

⑥ [테이블 디자인] 탭 – [도구] 그룹 – [범위로 변환]을 클릭한다.

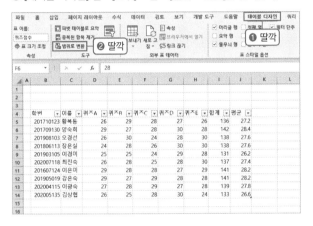

⑦ 표가 정상 범위로 변환된다는 메시지가 표시되면 [확인] 단추를 클
릭한다.

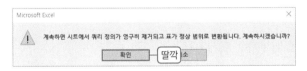

	A	B	C	D	E	F	G	H	I	J
3										
4	학번	이름	퀴즈A	퀴즈B	퀴즈C	퀴즈D	퀴즈E	합계	평균
5	201710123	황복동	26	29	28	27	26	136	27.2
6	201709130	양숙희	29	27	28	30	28	142	28.4
7	201908103	오경선	26	30	24	28	30	138	27.6
8	201806113	장은실	24	28	26	30	30	138	27.6
9	201903105	이경미	25	25	24	29	28	131	26.2
10	202007118	최진숙	26	28	25	28	30	137	27.4
11	201607124	이은미	29	28	28	27	29	141	28.2
12	201905019	강은숙	29	27	29	28	28	141	28.2
13	202004115	이광숙	27	28	29	27	28	139	27.8
14	202005135	김상협	26	25	28	30	24	133	26.6
15										

1 요금 표시 [I10]

[I10] 셀 선택 → 수식 입력줄에 다음과 같이 함수식을 입력한 후
Enter를 누른다.

[I10] 셀에
=INDEX(B3:E6,HLOOKUP(G10,B9:E10,2,FALSE),HLOOKUP(H10
,B9:E10,2,FALSE)) 입력

입력 함수 해설

=INDEX(B3:E6,HLOOKUP(G10,B9:E10,2,FALSE),HLOOKUP(H10,B9:E10,2,FALSE))
                    ❶   ❷
                                  ❸

❶ HLOOKUP(G10,B9:E10,2,FALSE): [B9:E10] 영역(지역코드표)의
첫 번째 행(지역명)에서 [G10] 셀 값(출발지-천안)과 정확히 일치
(FALSE)하는 값을 찾아 해당 값이 있는 열에서 두 번째 행(코드)에
대응하는 값을 반환한다.

❷ HLOOKUP(H10,B9:E10,2,FALSE): [B9:E10] 영역(지역코드표)의
첫 번째 행(지역명)에서 [H10] 셀 값(도착지-광주)과 정확히 일치
(FALSE)하는 값을 찾아 해당 값이 있는 열에서 두 번째 행(코드)에
대응하는 값을 반환한다.

❸ INDEX(B3:E6,❶,❷): [B3:E6] 영역에서 ❶(천안 코드)행과 ❷(광주
코드)열의 교차값을 반환한다.

2 나이 계산 [E14:E21]

[E14] 셀 선택 → 수식 입력줄에 다음과 같이 함수식을 입력한 후
Enter를 누름 → [E14] 셀의 자동 채우기 핸들을 [E21] 셀까지 드래그
하여 함수식을 복사한다. (현재 날짜에 따라 결과값이 달라질 수 있
다.)

[E14] 셀에 =YEAR(TODAY( ))-LEFT(D14,2)-1900 입력

	A	B	C	D	E	F
12	[표2]	고객 관리 현황				
13	고객코드	성명	성별	주민등록번호	나이	
14	SK11	민진윤	남	800611-1******	44	❶ 딸깍
15	AK15	김해소	여	810101-2******	43	
16	BJ71	유성심	여	920403-2******	32	
17	RR41	이문혁	남	890424-1******	35	
18	JJ24	하태선	남	850815-1******	39	❷ 드래그
19	HS05	강신영	여	811112-2******	43	
20	KK12	최소한	여	880814-2******	36	
21	CO53	이운명	남	850518-1******	39	
22						

$$=YEAR(TODAY(\ ))-LEFT(D14,2)-1900$$

❶ TODAY( ): 현재 날짜를 반환한다.

❷ YEAR(❶): ❶(현재 날짜)의 연도를 반환한다.

❸ LEFT(D14,2): [D14] 셀 문자열(주민등록번호)의 왼쪽에서 두 글자를 추출하여 반환한다.

❹ ❷-❸-1900: ❷(현재 연도)에서 ❸(주민등록번호의 왼쪽에서 두 글자=출생 년도 뒤 두 자리)을 뺀 값에 1,900을 뺀 값(나이)을 표시한다.

3 평가 표시 [K14:K21]

[K14] 셀 선택 → 수식 입력줄에 다음과 같이 함수식을 입력한 후 Enter 를 누름 → [K14] 셀의 자동 채우기 핸들을 [K21] 셀까지 드래그하여 함수식을 복사한다.

[K14] 셀에
=IF(RANK.EQ(J14,$J$14:$J$21)=1,"최우수입사",IF(RANK.EQ(J14,$J$14:$J$21)=2,"우수입사","")) 입력

입력 함수 해설

=IF(RANK.EQ(J14,$J$14:$J$21)=1,"최우수입사",IF(RANK.EQ(J14,$J$14:$J$21)

=2,"우수입사",""))

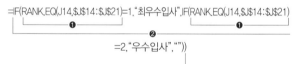

❶ RANK.EQ(J14,$J$14:$J$21): [J14:J21] 영역(총점)에서 [J14] 셀(총점)의 순위를 내림차순(세 번째 인수 생략)으로 반환한다.

([J14:J21] 영역은 절대 참조로, 복사해도 수식의 주소가 변하지 않음)

❷ IF(❶=1,"최우수입사",IF(❶=2,"우수입사","")): ❶(총점의 순위)이 '1'이면 '최우수입사', '2'이면 '우수입사', 그렇지 않으면 공백으로 반환한다.

4 박스(나머지) 표시 [E25:E36]

[E25] 셀 선택 → 수식 입력줄에 다음과 같이 함수식을 입력한 후 Enter 를 누름 → [E25] 셀의 자동 채우기 핸들을 [E36] 셀까지 드래그하여 함수식을 복사한다.

[E25] 셀에 =INT(C25/D25)&"("&MOD(C25,D25)&")" 입력

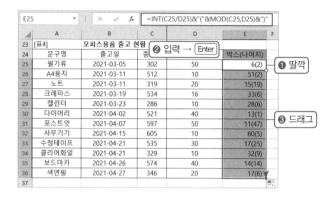

입력 함수 해설

$$=INT(C25/D25)\&"("\&MOD(C25,D25)\&")"$$

❶ INT(C25/D25): [C25] 셀 값(총개수)을 [D25] 셀 값(박스당개수)으로 나눈 값보다 크지 않은 가장 가까운 정수를 반환한다.

❷ MOD(C25,D25): [C25] 셀 값(총개수)을 [D25] 셀 값(박스당개수)으로 나눈 나머지를 반환한다.

❸ ❶&"("&❷&")": 문자열 결합연산자(&)에 의해 ❶(박스수(몫)), '(', ❷(나머지), ')'를 모두 연결하여 표시한다.

5 납부자수 표시 [I35]

[I35] 셀 선택 → 수식 입력줄에 다음과 같이 함수식을 입력한 후 Enter 를 누른다.

[I35] 셀에 =DCOUNTA(G25:I34,I25,H25:H26) 입력

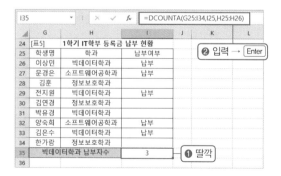

=DCOUNTA(G25:I34,I25,H25:H26)

[G25:I34] 영역에서 조건이 [H25:H26] 영역('학과'가 '빅데이터학과'인) [I25] 필드(납부여부)에서 공백이 아닌 셀의 개수(납부자수)를 표시한다.

문제 ❸ 분석작업 (20점)

1 시나리오('분석작업-1' 시트)

① [B19] 셀 선택 → 이름 상자에 할인율을 입력한 후 Enter 를 누른다.

② 이와 같은 방법으로 [F17] 셀은 실결제가평균으로 이름 상자에 입력한다.

③ [B19] 셀 선택 → [데이터] 탭-[예측] 그룹-[가상 분석]-[시나리오 관리자]를 선택한다.

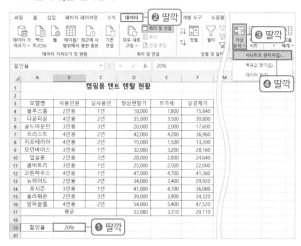

④ [시나리오 관리자] 대화상자가 나타나면 [추가] 단추를 클릭한다.

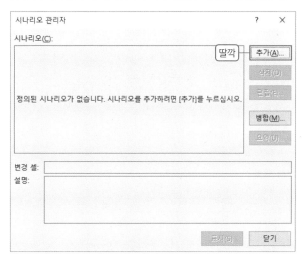

⑤ [시나리오 추가] 대화상자가 나타나면 '시나리오 이름'에 할인율인상을 입력하고 '변경 셀'에 'B19'로 지정되었는지 확인 → [확인] 단추를 클릭한다.

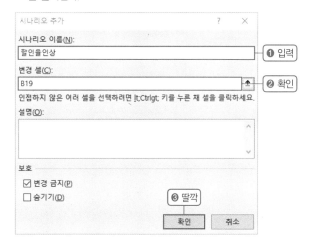

⑥ [시나리오 값] 대화상자가 나타나면 '할인율'에 0.3 입력 → [추가] 단추를 클릭한다.

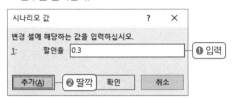

⑦ [시나리오 추가] 대화상자로 되돌아오면 '시나리오 이름'에 할인율 인하를 입력하고 '변경 셀'에 'B19'로 지정되었는지 확인 → [확인] 단추를 클릭한다.

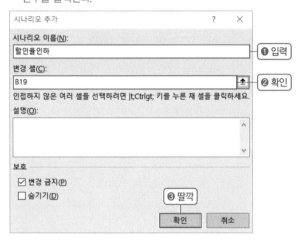

⑧ [시나리오 값] 대화상자가 나타나면 '할인율'에 0.1 입력 → [확인] 단추를 클릭한다.

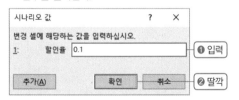

⑨ [시나리오 관리자] 대화상자로 되돌아오면 '시나리오'에 '할인율인상'과 '할인율인하'가 추가되었는지 확인 → [요약] 단추를 클릭한다.

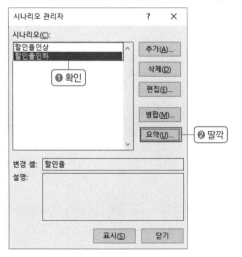

⑩ [시나리오 요약] 대화상자가 나타나면 '보고서 종류'에서 '시나리오 요약'으로 지정되었는지 확인하고 '결과 셀'에 [F17] 셀 지정 → [확인] 단추를 클릭한다.

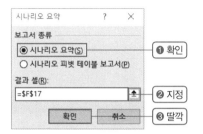

⑪ '시나리오 요약' 시트가 '분석작업-1' 시트 바로 왼쪽에 위치되었는지 확인한 후 결과를 확인한다.

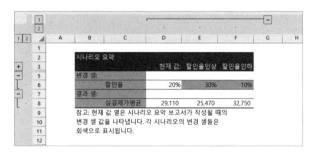

2 데이터 표('분석작업-2' 시트)

① '급여합계'인 [C6] 셀 선택 → 수식 입력줄의 수식을 드래그하여 선택한 후 Ctrl + C 를 눌러 복사하고 Enter 를 누름 → [C10] 셀을 선택한 후 Ctrl + V 를 눌러 수식을 붙여넣는다.

② [C10:I17] 영역을 드래그하여 선택 → [데이터] 탭 – [예측] 그룹 –
[가상 분석] – [데이터 표]를 선택한다.

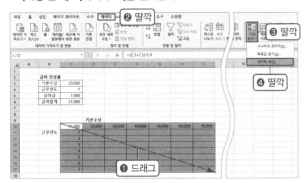

③ [데이터 테이블] 대화상자가 나타나면 '행 입력 셀'은 '기본수당'인
[C3] 셀, '열 입력 셀'은 '근무년도'인 [C4] 셀 지정 → [확인] 단추를
클릭한다.

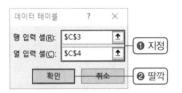

1 매크로 작성('매크로작업' 시트)

1. 승점 매크로 작성

① [개발 도구] 탭 – [코드] 그룹 – [매크로 기록] 클릭 → [매크로 기
록] 대화상자가 나타나면 '매크로 이름'에 승점 입력 → [확인] 단추
를 클릭한다.

② [F3:F11] 영역에 승점을 계산하기 위해 [F3] 셀 선택 → 수식 입력
줄에 =C3*3+D3을 입력 → [F3] 셀의 자동 채우기 핸들을 [F11]
셀까지 드래그하여 수식을 복사한다.

③ 매크로 기록을 중지하기 위해 임의의 셀 선택 → [개발 도구] 탭 – [코드] 그룹 – [기록 중지]를 클릭한다.

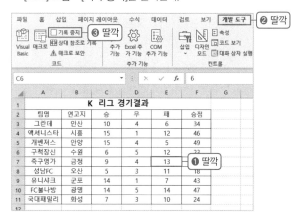

④ [개발 도구] 탭 – [컨트롤] 그룹 – [삽입]을 클릭한 후 '양식 컨트롤'의 '단추(□)' 선택 → [H3:I5] 영역을 드래그하여 단추를 그린다.

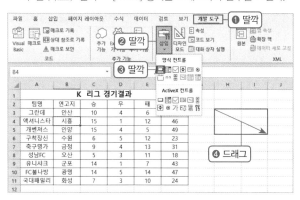

⑤ [매크로 지정] 대화상자가 나타나면 '매크로 이름'은 '승점' 선택 → [확인] 단추를 클릭한다.

⑥ 단추를 선택한 상태에서 단추에 입력된 기본 텍스트를 삭제한 후 승점을 입력 → 임의의 셀을 선택하여 텍스트 편집을 완료한다.

⑦ 매크로가 정상적으로 실행되는지 확인하기 위해 [F3:F11] 영역을 드래그하여 선택한 후 Delete 를 눌러 승점값 삭제 → '승점' 단추를 클릭하여 확인한다.

2. 서식 매크로 작성

① [개발 도구] 탭 – [코드] 그룹 – [매크로 기록]을 클릭한다.

② [매크로 기록] 대화상자가 나타나면 '매크로 이름'에 서식 입력 → [확인] 단추를 클릭한다.

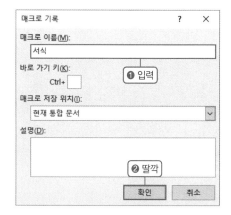

③ [A2:F2] 영역을 드래그하여 선택 → [홈] 탭 - [글꼴] 그룹에서 '글꼴 색'은 '표준 색'의 '파랑'을 선택한다.

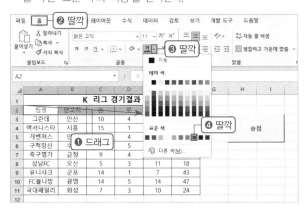

④ '채우기 색'은 '표준 색'의 '노랑'을 선택한다.

⑤ 매크로 기록을 중지하기 위해 임의의 셀 선택 → [개발 도구] 탭 - [코드] 그룹 - [기록 중지]를 클릭한다.

⑥ [삽입] 탭 - [일러스트레이션] 그룹 - [도형]을 클릭한 후 '사각형'의 '직사각형(□)'을 선택한다.

⑦ Alt 를 누른 상태에서 [H7:I9] 영역을 드래그하여 '직사각형' 도형 그리기 → 도형에 서식 입력 → 도형을 선택한 상태에서 마우스 오른쪽 단추를 클릭하고 바로 가기 메뉴에서 [매크로 지정]을 선택한다.

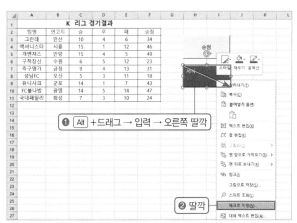

⑧ [매크로 지정] 대화상자가 나타나면 '매크로 이름'에 '서식' 선택 → [확인] 단추를 클릭한다.

⑨ 매크로가 정상적으로 실행되는지 확인하기 위해 [A2:F2] 영역을 드래그하여 선택 → [홈] 탭 – [글꼴] 그룹에서 '글꼴 색'은 '테마 색'의 '검정, 텍스트 1'을, '채우기 색'은 '채우기 없음' 선택 → '서식' 도형을 클릭하여 확인한다.

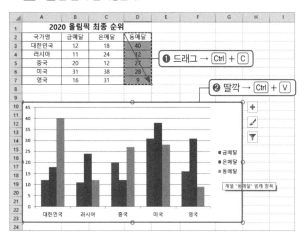

2 차트 작성('차트작업' 시트)

① 차트에 '동메달' 계열을 추가하기 위해 [D2:D7] 영역을 드래그하여 선택한 후 Ctrl + C 를 눌러 복사 → 차트 영역을 선택하고 Ctrl + V 를 눌러 붙여넣는다.

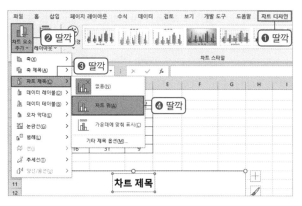

② 차트를 선택한 상태에서 [차트 디자인] 탭 – [차트 레이아웃] 그룹 – [차트 요소 추가] – [차트 제목] – [차트 위]를 선택하여 차트 제목을 추가한다.

③ 차트 제목을 선택한 상태에서 수식 입력줄에 =을 입력 → [A1] 셀을 선택하고 Enter 를 누른다.

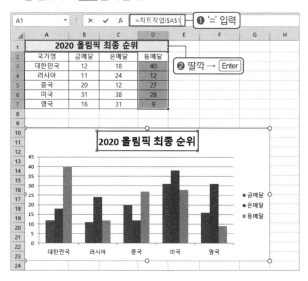

④ 세로 (값) 축에서 마우스 오른쪽 단추를 클릭하고 바로 가기 메뉴에서 [축 서식]을 선택한다.

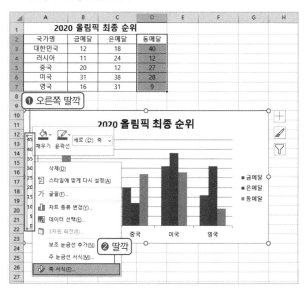

⑤ [축 서식] 창이 나타나면 '축 옵션'의 '축 옵션(📊)'에서 '축 옵션'의 '경계'의 '최대값'에 40을, '단위'의 '기본'에 10을 입력하고 '가로 축 교차'의 '축 값'을 선택한 후 20 입력 → [닫기] 단추(❌)를 클릭한다.

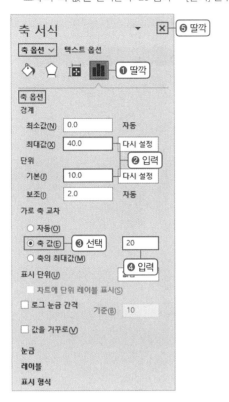

⑥ '금메달' 계열의 '대한민국' 요소만 천천히 두 번 클릭하여 선택 → [차트 디자인] 탭 – [차트 레이아웃] 그룹 – [차트 요소 추가] – [데이터 레이블] – [바깥쪽 끝에]를 선택하여 데이터 레이블을 추가한다.

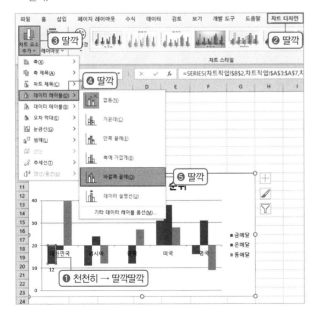

⑦ 차트를 선택한 상태에서 [차트 디자인] 탭 – [차트 레이아웃] 그룹 – [차트 요소 추가] – [범례] – [아래쪽]을 선택하여 범례를 수정한다.

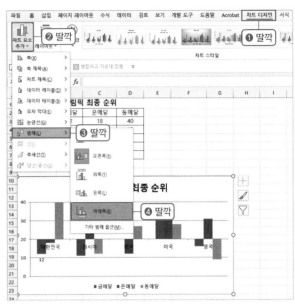

제7회 기출변형문제

프로그램명	제한시간	합격선	외부 데이터 위치
EXCEL 2021	40분	70점	C:\에듀윌_2025컴활2급실기\기출예제_기출변형문제\실습\제7회기출변형문제.xlsx

문제 ❶ 기본작업 (20점) 주어진 시트에서 다음 과정을 수행하고 저장하시오.

1 '기본작업-1' 시트에 다음의 자료를 주어진 대로 입력하시오. (5점)

▲	A	B	C	D	E	F	G
1	대학교 수시모집 전형 현황						
2							
3	대학교명	지역	전형	성적	면접	모집정원	
4	한국대학교	서울	학종우수자	80%	20%	120명	
5	배전대학교	대전	학교장추천	75%	25%	80명	
6	동산대학교	부산	특기자	85%	15%	90명	
7	아신대학교	경기	일반	85%	15%	150명	
8	백화대학교	충남	특기자	85%	15%	110명	
9	한영대학교	서울	일반	75%	25%	100명	
10	대남대학교	광주	실기우수자	80%	20%	80명	
11	인산대학교	인천	일반	75%	25%	120명	
12	부영대학교	부산	실기우수자	75%	25%	90명	
13	건신대학교	대전	학교장추천	80%	20%	100명	
14							

2 '기본작업-2' 시트에 대하여 다음의 지시사항을 처리하시오. (각 2점)

① [A1:F1] 영역은 '병합하고 가운데 맞춤', 글꼴 '바탕체', 글꼴 크기 '20'pt, 글꼴 스타일 '기울임꼴'로 지정하시오.

② [A3:F3] 영역은 셀 스타일 '강조색1'과 '가로 가운데 맞춤'을 지정하고, [C4:D15] 영역은 '쉼표 스타일(,)'로 지정하시오.

③ [B4:B15] 영역의 이름을 '판매메뉴'로 정의하시오.

④ [E4:E15] 영역은 사용자 지정 표시 형식을 이용하여 천 단위 구분 기호와 1000의 배수를, 숫자 뒤에 '천원' 을 [표시 예]와 같이 표시하시오. [표시 예: 1234000 → 1,234천원, 123 → 0천원]

⑤ [A3:F15] 영역에 '모든 테두리(⊞)'를 적용한 후 '굵은 바깥쪽 테두리(⊡)'를 적용하여 표시하시오.

3 '기본작업-3' 시트에서 다음의 지시사항을 처리하시오. (5점)

[F4:F16] 영역에서 총점이 200 미만인 셀에는 '진한 녹색 텍스트가 있는 녹색 채우기'를, [C4:E16] 영역에서 평균을 초과하는 셀에는 글꼴 색 '표준 색-빨강', 채우기 색 '표준 색-노랑'을 지정하는 조건부 서식을 작성하시오.

▶ 단, 규칙 유형은 '셀 강조 규칙'과 '상위/하위 규칙'을 이용하시오.

1 [표1]에서 점수[C3:C10]와 가산비율표[B13:E14]를 이용하여 총점[E3:E10]을 계산하시오. (8점)

- ▷ 총점: 점수×(1+가산비율)
- ▷ 총점은 소수점 이하 둘째 자리에서 반올림하여 첫째 자리까지 표시 [표시 예: 87.56 → 87.6]
- ▷ 가산비율표의 의미: 등급이 'A'이면 가산비율이 3%, 'B'이면 4%, 'C'이면 5%, 'D'이면 6%임
- ▷ HLOOKUP과 ROUND 함수 사용

2 [표2]에서 하프 마라톤 기록[I3:I11]이 빠른 2명은 '입상'을, 그 외에는 공백을 결과[J3:J11]에 표시하시오. (8점)

- ▷ IF와 SMALL 함수 사용

3 [표3]에서 최초가입일[C18:C26]의 연도가 2023년이나 2025년이면 '기초코스'를, 그 외에는 공백을 비고[D18:D26]에 표시하시오. (8점)

- ▷ IF, OR, YEAR 함수 사용

4 [표4]의 출석부[H18:K26] 영역에 'X'로 결석을 체크했다. 'X'의 개수가 1개이면 '25%', 2개이면 '50%', 3개이면 '75%', 4개이면 '100%'로 결석률[L18:L26] 영역에 표시하시오. (8점)

- ▷ CHOOSE와 COUNTA 함수 사용

5 [표5]에서 지점[A30:A39]이 '강남'이면서 판매량[C30:C39]이 400 이상인 사원들의 판매총액 [D30:D39] 평균을 [D40] 셀에 계산하시오. (8점)

- ▷ 조건은 [E39:F40] 영역에 입력하시오.
- ▷ DSUM, DCOUNT, DAVERAGE 중 알맞은 함수를 선택하여 사용

주어진 시트에서 다음 작업을 수행하고 저장하시오.

1 '분석작업–1' 시트에 대하여 다음의 지시사항을 처리하시오. (10점)

[목표값 찾기] 기능을 이용하여 '자동차 판매 현황' 표에서 엘로라도의 월납입금[F9]이 700,000이 되려면 상환기간(월)[E9]이 얼마가 되어야 하는지 계산하시오.

2 '분석작업–2' 시트에 대하여 다음의 지시사항을 처리하시오. (10점)

'학자금 대출액 상환' 표는 대출금액[C3], 상환기간(개월)[C4], 이율[C5]을 이용하여 월상환액[C6]을 계산한 것이다. [데이터 표] 기능을 이용하여 상환기간(개월)과 이율의 변동에 따른 월상환액의 변화를 [D11:H15] 영역에 계산하시오.

주어진 시트에서 다음 작업을 수행하고 저장하시오.

1 '매크로작업' 시트의 [표]에서 다음과 같은 기능을 수행하는 매크로를 현재 통합 문서에 작성하고 실행하시오. (각 5점)

① [B5:F16] 영역에 '쉼표 스타일(,)'을 지정하는 매크로를 생성하여 실행하시오.

▸ 매크로 이름: 쉼표

▸ [개발 도구] 탭 – [컨트롤] 그룹 – [삽입]에서 '양식 컨트롤'의 '단추(☐)'를 동일 시트의 [H7:I8] 영역에 생성하고, 텍스트를 '쉼표'로 입력한 후 단추를 클릭할 때 '쉼표' 매크로가 실행되도록 설정하시오.

② [F5:F16] 영역에 판매량 최대값을 계산하는 매크로를 생성하여 실행하시오.

▸ 매크로 이름: 최대값

▸ MAX 함수 사용

▸ [삽입] 탭 – [일러스트레이션] 그룹 – [도형]에서 '기본 도형'의 '사각형: 빗면(☐)'을 동일 시트의 [H11:I12] 영역에 생성하고, 텍스트를 '최대값'으로 입력한 후 도형을 클릭할 때 '최대값' 매크로가 실행되도록 설정하시오.

※ 셀 포인터의 위치에 상관없이 현재 통합 문서에서 매크로가 실행되어야 정답으로 인정됨

2 '차트작업' 시트의 차트를 다음 지시사항에 따라 아래 〈그림〉과 같이 수정하시오. (각 2점)

※ 차트는 반드시 문제에서 제공한 차트를 사용하여야 하며, 신규로 작성 시 0점 처리됨

① '재고량' 계열의 차트 종류를 '표식이 있는 꺾은선형'으로 변경하고, '보조 축'으로 지정하시오.

② 차트 제목은 '차트 위'로 지정한 후 [A1] 셀과 연동되도록 설정하시오.

③ 기본 세로 (값) 축의 주 단위는 200,000, 보조 세로 (값) 축의 주 단위는 60으로 지정하시오.

④ 범례는 위쪽에 배치하시오.

⑤ 차트 영역의 테두리 스타일은 '너비' '2'pt와 '둥근 모서리'로 지정하시오.

〈그림〉

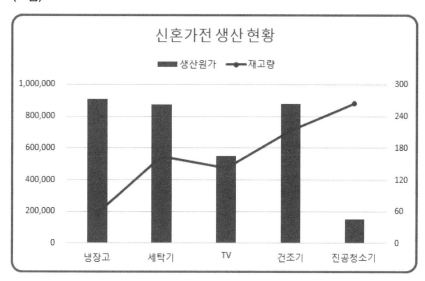

해설 확인하기

☞ 정답 확인하기: EXIT 사이트 → 자료실 → 컴퓨터활용능력 2급
→ 실기 기본서 → 2025 2급 실기 정답

문제 ❶ 기본작업 (20점)

1 데이터 입력('기본작업-1' 시트)

[A3:F13] 영역에 문제에서 주어진 내용을 다음과 같이 입력한다.

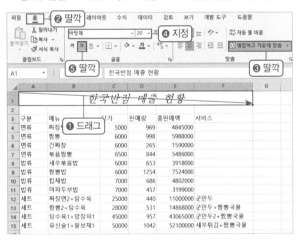

2 데이터 편집('기본작업-2' 시트)

① [A1:F1] 영역을 드래그하여 선택 → [홈] 탭 – [맞춤] 그룹 – [병합하고 가운데 맞춤] 클릭 → [홈] 탭 – [글꼴] 그룹에서 '글꼴'은 '바탕체', '글꼴 크기'는 '20'pt로 지정하고 '기울임꼴(카)'을 클릭한다.

② [A3:F3] 영역을 드래그하여 선택 → [홈] 탭 – [스타일] 그룹 – [자세히] 단추(▾)를 클릭한 후 '테마 셀 스타일'의 '강조색1'을 선택한다.

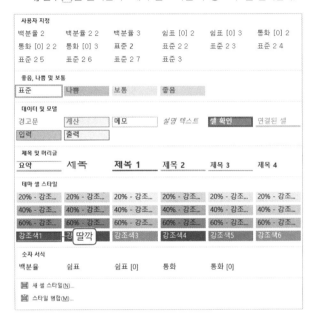

③ [A3:F3] 영역을 선택한 상태에서 [홈] 탭 – [맞춤] 그룹 – [가로 가운데 맞춤]을 클릭한다.

④ [C4:D15] 영역을 드래그하여 선택 → [홈] 탭 – [표시 형식] 그룹의 '쉼표 스타일(,)'을 클릭한다.

⑤ [B4:B15] 영역을 드래그하여 선택 → 이름 상자에 판매메뉴를 입력한다.

⑥ [E4:E15] 영역을 드래그하여 선택 → 마우스 오른쪽 단추를 클릭하고 바로 가기 메뉴에서 [셀 서식]을 선택한다.

⑦ [셀 서식] 대화상자(바로 가기 키: Ctrl + 1)가 나타나면 [표시 형식] 탭에서 '사용자 지정' 범주를 선택하고 '형식'에 #,##0,"천원" 입력 → [확인] 단추를 클릭한다.

⑧ [A3:F15] 영역을 드래그하여 선택 → [홈] 탭 – [글꼴] 그룹 – [테두리]의 ▾를 클릭한 후 '모든 테두리'와 '굵은 바깥쪽 테두리'를 선택한다.

⫶	A	B	C	D	E	F
1			한국반점 매출 현황			
2						
3	구분	메뉴	단가	판매량	총판매액	서비스
4	면류	짜장면	5,000	969	4,845천원	
5	면류	짬뽕	6,000	998	5,988천원	
6	면류	간짜장	6,000	265	1,590천원	
7	면류	볶음짬뽕	6,500	844	5,486천원	
8	밥류	새우볶음밥	6,000	653	3,918천원	
9	밥류	짬뽕밥	6,000	1254	7,524천원	
10	밥류	잡채밥	7,000	686	4,802천원	
11	밥류	마파두부밥	7,000	457	3,199천원	
12	세트	짜장면2+탕수육	25,000	440	11,000천원	군만두
13	세트	짬뽕2+탕수육	28,000	531	14,868천원	군만두+짬뽕국물
14	세트	탕수육1+양장피1	45,000	957	43,065천원	군만두2+짬뽕국물
15	세트	유산슬1+팔보채1	50,000	1042	52,100천원	새우튀김+짬뽕국물
16						

3 조건부 서식('기본작업-3' 시트)

① 총점이 200 미만인 셀에 조건부 서식을 지정하기 위해 [F4:F16] 영역을 드래그하여 선택 → [홈] 탭 – [스타일] 그룹 – [조건부 서식] – [셀 강조 규칙] – [보다 작음]을 선택한다.

② [보다 작음] 대화상자가 나타나면 '다음 값보다 작은 셀의 서식 지정'에 200을 입력하고 '적용할 서식'은 '진한 녹색 텍스트가 있는 녹색 채우기' 선택 → [확인] 단추를 클릭한다.

③ 평균을 초과하는 셀에 조건부 서식을 지정하기 위해 [C4:E16] 영역을 드래그하여 선택 → [홈] 탭 – [스타일] 그룹 – [조건부 서식] – [상위/하위 규칙] – [평균 초과]를 선택한다.

④ [평균 초과] 대화상자가 나타나면 '선택한 범위에서 평균 초과인 셀의 서식 지정'에 '적용할 서식'은 '사용자 지정 서식'을 선택한다.

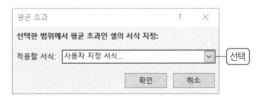

⑤ [셀 서식] 대화상자가 나타나면 [글꼴] 탭에서 글꼴 '색'은 '표준 색'의 '빨강'을 선택한다.

⑥ [채우기] 탭에서 '배경 색'은 '표준 색'의 '노랑' 선택 → [확인] 단추를 클릭한다.

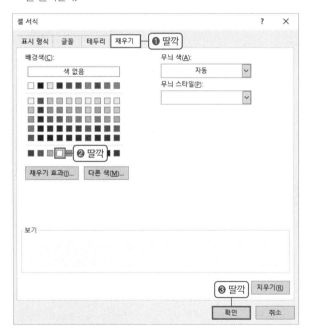

⑦ [평균 초과] 대화상자로 되돌아오면 [확인] 단추를 클릭한다.

	A	B	C	D	E	F
1	프로젝트 경진 대회 수상 현황					
2						
3	프로젝트명	수상	창의성	실용성	경제성	총점
4	계정창고	총장상	90	95	95	280
5	청춘타로	학부장상	93	91	90	274
6	스타일나다	SW 학장상	66	85	80	231
7	목마른그녀들	우수상	75	73	75	223
8	기가스터디	우수상	71	75	76	222
9	오늘도남남	우수상	69	86	67	222
10	발명유명	우수상	75	64	80	219
11	시간표부탁해	우수상	75	73	70	218
12	하트시그널	장려상	72	67	71	210
13	범인은 바로 너	장려상	68	70	72	210
14	이때 뭐 볼까?	장려상	69	71	70	210
15	무날 타로	장려상	60	70	65	195
16	전공타파	장려상	71	70	50	191
17						

문제 ❷ 계산작업 (40점)

1 총점 계산 [E3:E10]

[E3] 셀 선택 → 수식 입력줄에 다음과 같이 함수식을 입력한 후 Enter 를 누름 → [E3] 셀의 자동 채우기 핸들을 [E10] 셀까지 드래그하여 함수식을 복사한다.

[E3] 셀에 =ROUND(C3*(1+HLOOKUP(B3,$B$13:$E$14,2,FALSE)),1) 입력

E3		× ✓ fx	=ROUND(C3*(1+HLOOKUP(B3,$B$13:$E$14,2,FALSE)),1)		
	A	B	C	D	E
1	[표1]	과학경시대회 결과			
2	응시번호	등급	점수	항목	총점
3	A001	B	85	B-5-1	88.4
4	A002	C	76	A-7-2	79.8
5	A003	D	66	C-6-3	70.0
6	A004	C	73	D-4-4	76.7
7	A005	B	88	C-5-5	91.5
8	A006	D	65	A-6-6	68.9
9	A007	C	79	B-8-7	83.0
10	A008	A	93	D-4-8	95.8
11					
12	<가산비율표>				
13	등급	A	B	C	D
14	가산비율	3%	4%	5%	6%
15					

❷ 입력 → Enter
❶ 딸깍
❸ 드래그

$$=ROUND(C3*(1+HLOOKUP(B3,\$B\$13:\$E\$14,2,FALSE)),1)$$

❶ **HLOOKUP(B3,$B$13:$E$14,2,FALSE):** [B13:E14] 영역(가산비율표)의 첫 번째 행(등급)에서 [B3] 셀의 값(등급)과 정확히 일치(FALSE)하는 값을 찾아 해당 값이 있는 열에서 두 번째 행(가산비율)에 대응하는 값을 반환한다.

([B13:E14] 영역은 절대 참조로, 복사해도 수식의 주소가 변경되지 않음)

❷ **C3*(1+❶):** [C3] 셀의 값(점수)에 1+❶(가산비율)을 곱한 값(총점)을 반환한다.

❸ **ROUND(❷,1):** ❷(총점)를 소수점 이하 둘째 자리에서 반올림하여 소수점 첫째 자리까지 반환한다.

2 결과 표시 [J3:J11]

[J3] 셀 선택 → 수식 입력줄에 다음과 같이 함수식을 입력한 후 Enter 를 누름 → [J3] 셀의 자동 채우기 핸들을 [J11] 셀까지 드래그하여 함수식을 복사한다.

[J3] 셀에 =IF(I3<=SMALL($I$3:$I$11,2),"입상","") **입력**

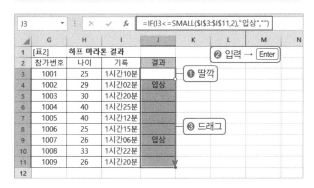

$$=IF(I3<=SMALL(\$I\$3:\$I\$11,2),"입상","")$$

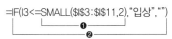

❶ **SMALL($I$3:$I$11,2):** [I3:I11] 영역(기록)에서 두 번째로 작은 값을 반환한다.

([I3:I11] 영역은 절대 참조로, 복사해도 수식의 주소가 변경되지 않음)

❷ **IF(I3<=❶,"입상",""):** [I3] 셀의 값(기록)이 ❶(두 번째로 빠른 기록)보다 작거나 같으면 '입상'을, 그렇지 않으면 공백으로 반환한다.

3 비고 표시 [D18:D26]

[D18] 셀 선택 → 수식 입력줄에 다음과 같이 함수식을 입력한 후 Enter 를 누름 → [D18] 셀의 자동 채우기 핸들을 [D26] 셀까지 드래그하여 함수식을 복사한다.

[D18] 셀에 =IF(OR(YEAR(C18)=2023,YEAR(C18)=2025),"기초코스","") **입력**

$$=IF(OR(YEAR(C18)=2023,YEAR(C18)=2025),"기초코스","")$$

❶ **YEAR(C18):** [C18] 셀의 날짜(최초가입일)에서 연도를 반환한다.

❷ **OR(❶=2023,❶=2025):** ❶(최초가입일의 연도)이 2023이거나 2025인 경우 TRUE, 그렇지 않으면 FALSE를 반환한다.

❸ **IF(❷,"기초코스",""):** ❷(최초가입일 연도가 2023년이나 2025년)의 값이 TRUE이면 '기초코스'를, 그렇지 않으면 공백으로 반환한다.

4 결석률 표시 [L18:L26]

[L18] 셀 선택 → 수식 입력줄에 다음과 같이 함수식을 입력한 후 Enter 를 누름 → [L18] 셀의 자동 채우기 핸들을 [L26] 셀까지 드래그하여 함수식을 복사한다.

[L18] 셀에
=CHOOSE(COUNTA(H18:K18),"25%","50%","75%","100%") **입력**

=CHOOSE(COUNTA(H18:K18),"25%","50%","75%","100%")

❶ COUNTA(H18:K18): [H18:K18] 영역에서 공백이 아닌 셀의 개수(결석 횟수)를 반환한다.

❷ CHOOSE(❶,"25%","50%","75%","100%"): ❶(결석 횟수)의 값이 '1'이면 '25%', '2'이면 '50%', '3'이면 '75%', 4이면 '100%'를 반환한다.

5 판매총액 평균 계산 [D40], [E39:F40]

① [E39:F39] 영역에 필드명인 지점과 판매량을 각각 입력하고 [E40:F40] 영역에 조건인 강남과 >=400을 각각 입력한다.

② [D40] 셀 선택 → 수식 입력줄에 다음과 같이 함수식을 입력한 후 Enter 를 누른다.

[D40] 셀에 =DAVERAGE(A29:D39,4,E39:F40) 입력

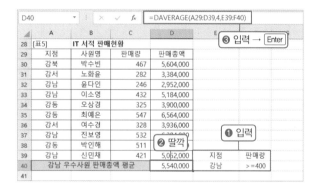

=DAVERAGE(A29:D39,4,E39:F40)

[A29:D39] 영역에서 조건이 [E39:F40] 영역('지점'이 '강남'이고 '판매량'이 '400 이상')인 네 번째 필드(판매총액)의 평균을 반환한다.

문제 ❸ 분석작업 (20점)

1 목표값 찾기('분석작업-1' 시트)

① [F9] 셀 선택 → [데이터] 탭-[예측] 그룹-[가상 분석]-[목표값 찾기]를 선택한다.

② [목표값 찾기] 대화상자가 나타나면 '찾는 값'에는 700000을 입력하고 '값을 바꿀 셀'에는 엘로라도의 상환기간(월)이 있는 [E9] 셀 지정 → [확인] 단추를 클릭한다.

③ [목표값 찾기 상태] 대화상자가 나타나면 [확인] 단추를 클릭 → 결과를 확인한다.

2 데이터 표('분석작업-2' 시트)

① '월상환액'인 [C6] 셀 선택 → 수식 입력줄의 수식을 드래그하여 선택한 후 Ctrl + C 를 눌러 복사하고 Enter 를 누름 → [C10] 셀을 선택한 후 Ctrl + V 를 눌러 수식을 붙여넣는다.

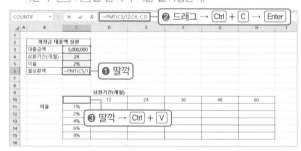

② [C10:H15] 영역을 드래그하여 선택 → [데이터] 탭-[예측] 그룹-[가상 분석]-[데이터 표]를 선택한다.

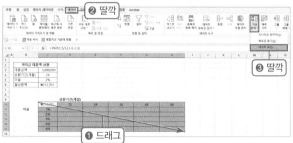

③ [데이터 테이블] 대화상자가 나타나면 '행 입력 셀'은 '상환기간(개월)'인 [C4] 셀, '열 입력 셀'은 '이율'인 [C5] 셀 지정 → [확인] 단추를 클릭한다.

❶ 지정
❷ 딸깍

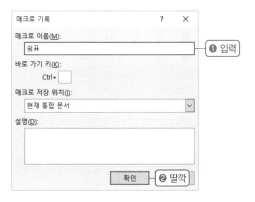

문제 ❹ 기타작업 (20점)

1 매크로 작성('매크로작업' 시트)

1. 쉼표 매크로 작성

① [개발 도구] 탭 – [코드] 그룹 – [매크로 기록] 클릭 → [매크로 기록] 대화상자가 나타나면 '매크로 이름'에 쉼표 입력 → [확인] 단추를 클릭한다.

❶ 입력
❷ 딸깍

② [B5:F16] 영역을 드래그하여 선택 → [홈] 탭 – [표시 형식] 그룹에서 '쉼표 스타일'을 클릭한다.

❷ 딸깍
❸ 딸깍
❶ 드래그

③ 매크로 기록을 중지하기 위해 임의의 셀 선택 → [개발 도구] 탭 – [코드] 그룹 – [기록 중지]를 클릭한다.

④ [개발 도구] 탭 – [컨트롤] 그룹 – [삽입]을 클릭한 후 '양식 컨트롤'의 '단추(□)' 선택 → Alt를 누른 상태에서 [H7:I8] 영역을 드래그하여 단추를 그린다.

⑤ [매크로 지정] 대화상자가 나타나면 '매크로 이름'은 '쉼표' 선택 → [확인] 단추를 클릭한다.

❶ 선택
❷ 딸깍

⑥ 단추를 선택한 상태에서 단추에 입력된 기본 텍스트를 삭제한 후 쉼표 입력 → 임의의 셀을 선택하여 텍스트 편집을 완료한다.

⑦ 매크로가 정상적으로 실행되는지 확인하기 위해 [B5:F16] 영역을 드래그하여 선택 → [홈] 탭 – [표시 형식] 그룹 – [표시 형식]의 ▾을 클릭한 후 '일반' 선택 → '쉼표' 단추를 클릭하여 확인한다.

2. 최대값 매크로 작성

① [개발 도구] 탭 – [코드] 그룹 – [매크로 기록]을 클릭한다.

② [매크로 기록] 대화상자가 나타나면 '매크로 이름'에 최대값 입력 → [확인] 단추를 클릭한다.

③ [F5:F16] 영역에 최대값을 계산하기 위해 [F5] 셀 선택 → 수식 입력줄에 =MAX(B5:E5)를 입력한 후 Enter 를 누름 → [F5] 셀의 자동 채우기 핸들을 [F16] 셀까지 드래그하여 함수식을 복사한다.

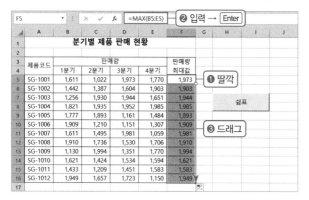

④ 매크로 기록을 중지하기 위해 임의의 셀 선택 → [개발 도구] 탭 – [코드] 그룹 – [기록 중지]를 클릭한다.

⑤ [삽입] 탭 – [일러스트레이션] 그룹 – [도형]을 클릭한 후 '기본 도형'의 '사각형: 빗면(☐)'을 선택한다.

⑥ Alt 를 누른 상태에서 [H11:I12] 영역을 드래그하여 '빗면' 도형 그리기 → 도형에 최대값 입력 → 도형을 선택한 상태에서 마우스 오른쪽 단추를 클릭하고 바로 가기 메뉴에서 [매크로 지정]을 선택한다.

⑦ [매크로 지정] 대화상자가 나타나면 '매크로 이름'에 '최대값' 선택 → [확인] 단추를 클릭한다.

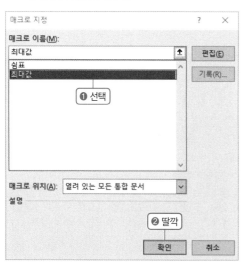

⑧ 매크로가 정상적으로 실행되는지 확인하기 위해 [F5:F16] 영역을 드래그하여 선택한 후 Delete 를 눌러 최대값 삭제 → '최대값' 도형을 클릭하여 확인한다.

	분기별 제품 판매 현황							
제품코드	판매량				판매량			
	1분기	2분기	3분기	4분기	최대값			
SG-1001	1,611	1,022	1,973	1,770	1,973			
SG-1002	1,442	1,387	1,604	1,903	1,903		쉼표	
SG-1003	1,256	1,930	1,944	1,651	1,944			
SG-1004	1,821	1,935	1,952	1,985	1,985			
SG-1005	1,777	1,893	1,161	1,484	1,893			
SG-1006	1,909	1,210	1,151	1,307	1,909			
SG-1007	1,611	1,495	1,981	1,059	1,981		최대값	
SG-1008	1,910	1,736	1,530	1,706	1,910			
SG-1009	1,130	1,994	1,351	1,770	1,994			
SG-1010	1,621	1,424	1,534	1,594	1,621			
SG-1011	1,433	1,209	1,451	1,583	1,583			
SG-1012	1,949	1,657	1,723	1,150	1,949			

2 차트 작성('차트작업' 시트)

① 차트 영역에서 마우스 오른쪽 단추를 클릭하고 바로 가기 메뉴에서 [차트 종류 변경]을 선택한다.

② [차트 종류 변경] 대화상자가 나타나면 [모든 차트] 탭의 '혼합' 범주에서 '재고량'의 차트 종류를 '표식이 있는 꺾은선형'으로 선택하고 '보조 축' 체크 → [확인] 단추를 클릭한다.

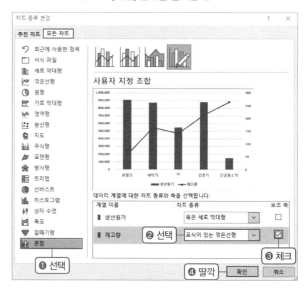

③ 차트를 선택한 상태에서 [차트 디자인] 탭 – [차트 레이아웃] 그룹 – [차트 요소 추가] – [차트 제목] – [차트 위]를 선택하여 차트 제목을 추가한다.

④ 차트 제목을 선택한 상태에서 수식 입력줄에 =을 입력한 후 [A1] 셀을 선택하고 Enter 를 누른다.

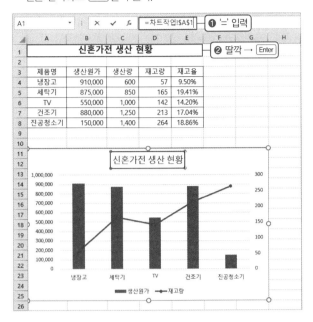

⑤ 기본 세로 (값) 축에서 마우스 오른쪽 단추를 클릭하고 바로 가기 메뉴에서 [축 서식]을 선택한다.

⑥ [축 서식] 창이 나타나면 '축 옵션'의 '축 옵션(📊)'에서 '축 옵션'의 '단위'의 '기본'에 200000 입력 → [닫기] 단추(✖)를 클릭한다.

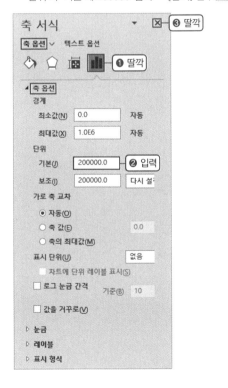

⑦ 이와 같은 방법으로 보조 세로 (값) 축의 '단위'의 '기본'에 60을 입력한다.

⑧ 차트를 선택한 상태에서 [차트 디자인] 탭 – [차트 레이아웃] 그룹 – [차트 요소 추가] – [범례] – [위쪽]을 선택하여 범례를 수정한다.

⑨ 차트 영역에서 마우스 오른쪽 단추를 클릭하고 바로 가기 메뉴에서 [차트 영역 서식]을 선택한다.

⑩ [차트 영역 서식] 창이 나타나면 '차트 옵션'의 '채우기 및 선(🖌)'에서 '테두리'의 '너비'에 '2'pt를 입력하고 '둥근 모서리' 체크 → [닫기] 단추(✖)를 클릭한다.

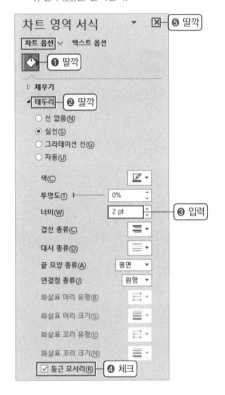

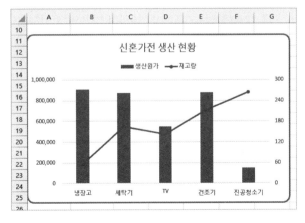

제8회 기출변형문제

프로그램명	제한시간	합격선	외부 데이터 위치
EXCEL 2021	40분	70점	C:\에듀윌_2025컴활2급실기\기출예제_기출변형문제\스프레드시트실무\실습\제8회기출변형문제.xlsm

문제 ❶ 기본작업 (20점) **주어진 시트에서 다음 과정을 수행하고 저장하시오.**

1 '기본작업-1' 시트에 다음의 자료를 주어진 대로 입력하시오. (5점)

◢	A	B	C	D	E
1	어린이날 행사 프로그램				
2					
3	구분	프로그램명	장소	시간	담당자
4	체험	동물 페이스 페인팅	동물원 북문	10:00~16:00	김시현
5	체험	내 꿈은 방울방울	동물원 남문	10:00~13:00	박서진
6	경연	동물박사 퀴즈왕	동물원 북문	14:00~14:30	설윤아
7	경연	명랑 운동회	잔디밭	14:30~16:30	박주호
8	경연	댄싱키즈 선발대회	중앙무대	16:30~17:00	이지웅
9	공연	마술공연	잔디밭	17:00~18:00	황민재
10	교육	어린이날 꽃잔치	중앙무대	10:00~12:00 14:00~16:00	전해온
11	교육	동물원 행복투유	식물원 앞	10:00~11:30 13:00~14:30	황아연
12					

2 '기본작업-2' 시트에 대하여 다음의 지시사항을 처리하시오. (각 2점)

① [A1:G1] 영역은 '선택 영역의 가운데로', 글꼴 '맑은 고딕', 글꼴 크기 '14'pt, 글꼴 스타일 '굵은 기울임꼴', 밑줄 '이중 실선'으로 지정하시오.

② [A4:A6], [A7:A8], [A9:A10], [A11:A12], [E4:E5], [E6:E10] 영역은 '병합하고 가운데 맞춤'을 지정하고, [A3:G3] 영역은 셀 스타일 '파랑, 강조색5'를 적용하시오.

③ [D4:D12], [F4:F12] 영역은 사용자 지정 표시 형식을 이용하여 천 단위 구분 기호를 [표시 예]와 같이 표시하시오.
   [표시 예: 25000 → 25,000, 0 → 0]

④ [F4] 셀에 '예매량 1위'라는 메모를 삽입한 후 항상 표시되도록 지정하고, 메모 서식에서 맞춤 '자동 크기'를 지정하시오.

⑤ [A3:G12] 영역에 '모든 테두리(⊞)'를 적용한 후 '굵은 바깥쪽 테두리(⊡)'를 적용하여 표시하시오.

3 '기본작업-3' 시트에서 다음의 지시사항을 처리하시오. (5점)

'지역단위 계열별 인원수' 표에서 '의과계열'이 '400 이상'이거나 '인문계열'이 '200 미만'인 데이터를 고급 필터를 사용하여 검색하시오.

▷ 고급 필터 조건은 [A15:B17] 영역 내에 알맞게 입력하시오.
▷ 고급 필터 결과는 '지역', '의과계열', '인문계열'만 순서대로 표시하시오.
▷ 고급 필터 결과 복사 위치는 동일 시트의 [A20] 셀에서 시작하시오.

문제 ❷ 계산작업 (40점)   '계산작업' 시트에서 다음 과정을 수행하고 저장하시오.

1 [표1]에서 코드번호[A3:A11]의 첫 번째 문자가 'A'이면 '성적우수자', 'B'이면 '지역균형', 'C'이면 '기회균형'으로 입학전형[D3:D11]에 표시하시오. (8점)

▷ IFS, LEFT 함수 사용

2 [표2]에서 평균[J3:J11]을 기준으로 순위를 구하여 1위는 '1위', 2위는 '2위', 3위는 '3위', 그 외는 공백을 비고[K3:K11]에 표시하시오. (8점)

▷ 순위는 평균점수가 높으면 1위
▷ IF, RANK.EQ, CHOOSE 함수 사용

3 [표3]에서 판매량[D15:D23]이 '10' 이상 '20' 미만인 제품들의 판매 건수 비율을 [E24] 셀에 계산하시오. (8점)

▷ COUNT, COUNTIFS 함수 사용

4 [표4]에서 성별[H15:H23]이 '남'인 점수[I15:I23] 합계와 성별이 '여'인 점수 합계 차이를 절대값으로 [I24] 셀에 계산하시오. (8점)

▷ SUMIF, ABS 함수 사용

5 [표5]에서 회원코드[A28:A37]의 세 번째 문자와 지역코드표[G36:I37]를 이용하여 지역[D28:D37]을 표시하시오. (8점)

▷ HLOOKUP, MID 함수 사용

1 '분석작업-1' 시트에 대하여 다음의 지시사항을 처리하시오. (10점)

　　[피벗 테이블] 기능을 이용하여 '제품 생산현황' 표의 지검코드는 '필터', '지점명'은 '행'으로 처리하고, '값'에는 '재고수량'의 '합계'와 '총수량', '판매수량'의 '평균'을 계산하시오.

　　▶ 피벗 테이블 보고서는 동일 시트의 [A22] 셀에서 시작하시오.

　　▶ 값 영역의 총수량과 판매수량의 평균은 '셀 서식' 대화상자에서 '숫자' 범주의 천 단위 구분 기호와 소수 자릿수를 이용하여 소수점 이하 2자리까지 지정하시오.

　　▶ 피벗 테이블에 '연한 파랑, 피벗 스타일 보통 16' 서식을 지정하시오

2 '분석작업-2' 시트에 대하여 다음의 지시사항을 처리하시오. (10점)

　　[시나리오 관리자] 기능을 이용하여 '상반기 가전제품 판매편황' 표에서 순이익률[I4]이 다음과 같이 변동되는 경우 순이익합계[G16]의 변동 시나리오를 작성하시오.

　　▶ [I4] 셀의 이름은 '순이익률', [G16] 셀의 이름은 '순이익합계'로 정의하시오.

　　▶ 시나리오1: 시나리오 이름은 '순이익률증가', 순이익률은 20%로 설정하시오.

　　▶ 시나리오2: 시나리오 이름은 '순이익률감소', 순이익률은 5%로 설정하시오.

　　▶ 시나리오 요약 시트는 '분석작업-2' 시트 바로 왼쪽에 위치해야 함

　　※ 시나리오 요약 보고서 작성 시 정답과 일치하여야 하며, 오자로 인한 부분 점수는 인정하지 않음

문제 ④ 기타작업 (20점)　주어진 시트에서 다음 작업을 수행하고 저장하시오.

1 '매크로작업' 시트의 [표]에서 다음과 같은 기능을 수행하는 매크로를 현재 통합 문서에 작성하고 실행하시오. (각 5점)

① [H4:H9] 영역에 1월부터 6월의 평균을 계산하는 매크로를 생성하여 실행하시오.

▷ 매크로 이름: 평균

▷ [개발 도구] 탭 – [컨트롤] 그룹 – [삽입]의 '양식 컨트롤'의 '단추(□)'를 동일 시트의 [B11:C12] 영역에 생성하고, 텍스트를 '평균'으로 입력한 후 단추를 클릭할 때 '평균' 매크로가 실행되도록 설정하시오.

② [A3:H3] 영역에 채우기 색으로 '표준 색 – 노랑'을 적용하는 매크로를 생성하여 실행하시오.

▷ 매크로 이름: 채우기

▷ [삽입] 탭 – [일러스트레이션] 그룹 – [도형]에서 '기본 도형'의 '사각형: 빗면(▱)'을 동일 시트의 [E11:F12] 영역에 생성하고, 텍스트를 '채우기'로 입력한후 도형을 클릭할 때 '채우기' 매크로가 실행되도록 설정하시오.

※ 셀 포인터의 위치에 상관없이 현재 통합문서에서 매크로가 실행되어야 정답으로 인정됨

2 '차트작업' 시트의 차트를 지시사항에 따라 아래 〈그림〉과 같이 수정하시오. (각 2점)

※ 차트는 반드시 문제에서 제공한 차트를 사용하여야 하며, 신규로 작성 시 0점 처리됨

① '2021년' 계열과 '합계' 요소가 제거되도록 데이터 범위를 수정하시오.

② 세로(값) 축의 최대값은 4,000, 기본 단위는 1,000으로 지정하시오.

③ '2024년' 계열에만 데이터 레이블 '값'을 표시하고, 레이블의 위치를 '바깥쪽 끝에' 지정하시오.

④ 범례는 '위쪽'에 배치한 후 도형 스타일을 '색 채우기 – 파랑, 강조1'로 지정하시오.

⑤ 차트 영역에 그림자는 '안쪽: 가운데', 테두리는 '둥근 모서리'를 지정하시오.

〈그림〉

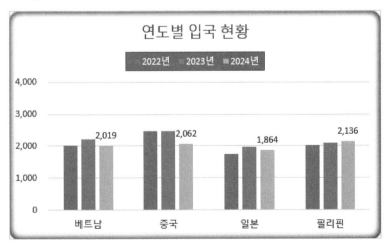

해설 확인하기

➤ 정답 확인하기: EXIT 사이트 → 자료실 → 컴퓨터활용능력 2급
→ 실기 기본서 → 2025 2급 실기 정답

문제 ❶ 기본작업 (20점)

1 데이터 입력('기본작업-1' 시트)

① [A1:E11] 영역에 문제에서 주어진 내용을 아래와 같이 입력한다.

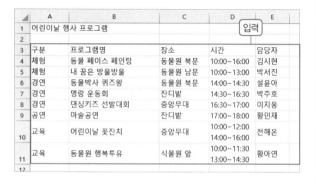

2 데이터 편집('기본작업-2' 시트)

① [A1:G1] 영역을 드래그하여 선택 → 마우스 오른쪽 단추를 클릭하고 바로 가기 메뉴에서 [셀 서식]을 선택한다.

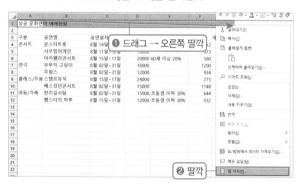

② [셀 서식] 대화상자(바로 가기 키: Ctrl + 1)가 나타나면 [맞춤] 탭의 '텍스트 맞춤'에서 '가로'의 '선택 영역의 가운데로'를 선택한다.

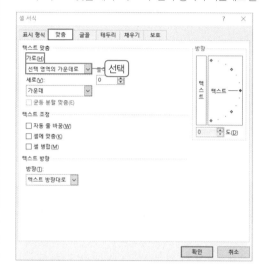

③ 다음으로 [글꼴] 탭에서 글꼴은 '맑은 고딕', 글꼴 스타일은 '굵은 기울임꼴', 크기는 '14'pt, 밑줄은 '이중 실선'을 선택 → [확인] 단추를 클릭한다.

④ [A4:A6] 영역을 드래그하여 선택 → Ctrl을 누른 상태에서 [A7:A8], [A9:A10], [A11:A12], [E4:E5], [E6:E10] 영역을 드래그 하여 선택 → [홈] 탭 – [맞춤] 그룹 – [병합하고 가운데 맞춤]을 클릭한다.

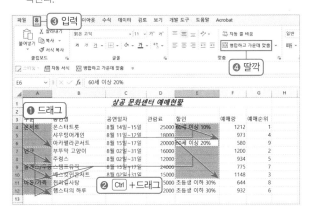

⑤ [A3:G3] 영역을 드래그하여 선택 → [홈] 탭 – [스타일] 그룹 – [자세히] 단추(▼)를 클릭한 후 '테마 셀 스타일'의 '파랑, 강조색5'를 선택한다.

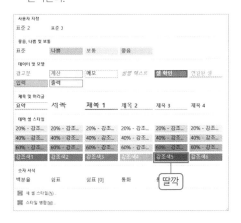

⑥ [D4:D12] 영역을 드래그하여 선택한 후 Ctrl을 누른 상태에서 [F4:F12] 영역을 드래그하여 선택 → 마우스 오른쪽 단추를 클릭하고 바로 가기 메뉴에서 [셀 서식]을 선택한다.

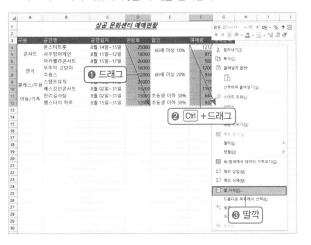

⑦ [셀 서식] 대화상자(바로 가기 키: Ctrl + 1)가 나타나면 [표시 형식] 탭에서 '사용자 지정' 범주를 선택하고 '형식'에 #,##0 입력 → [확인] 단추를 클릭한다.

⑧ [F4] 셀 선택 → 마우스 오른쪽 단추를 클릭 → 바로 가기 메뉴에서 [메모 삽입]을 선택한다.

⑨ 메모에 자동으로 작성된 사용자 이름은 삭제하고 예매량 1위 입력 → [F4] 셀을 다시 선택하여 텍스트 편집을 완료한다.

⑩ [F4] 셀에서 마우스 오른쪽 단추를 클릭 → 바로 가기 메뉴에서 [메모 표시/숨기기]를 선택한다.

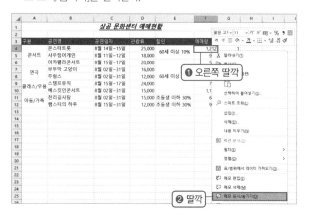

⑪ 메모 상자의 경계선에서 마우스 오른쪽 단추를 클릭 → 바로 가기 메뉴에서 [메모 서식]을 선택한다.

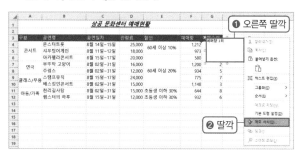

⑫ [메모 서식] 대화상자가 나타나면 [맞춤] 탭에서 '자동 크기'에 체크 → [확인] 단추를 클릭한다.

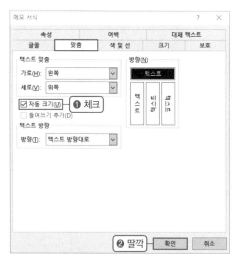

⑬ [A3:G12] 영역을 드래그하여 선택 → [홈] 탭 – [글꼴] 그룹 – [테두리]의 [자세히] 단추(⌄)를 클릭한 후 '모든 테두리'와 '굵은 바깥쪽 테두리'를 선택한다.

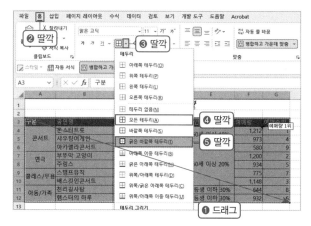

A	B	C	D	E	F	G
		상공 문화센터 예매현황				
구분	공연명	공연일자	관람료	할인	예매량	예매순위
콘서트	몬스터트롯	8월 14일~15일	25,000	60세 이상 10%	1,212	예매량 1위
	샤우팅어게인	8월 11일~12일	18,000		973	4
	아카펠라콘서트	8월 15일~17일	20,000		580	9
연극	부뚜막 고양이	8월 02일~31일	16,000		1,200	2
	주링스	8월 02일~31일	12,000	60세 이상 20%	934	5
클래스/무용	스탬프뮤직	8월 15일~17일	24,000		775	7
	베스킷언콘서트	8월 02일~31일	15,000		1,148	3
아동/가족	천리길사탕	8월 02일~31일	15,000	초등생 이하 30%	644	8
	햄스터의 하루	8월 15일~31일	12,000	초등생 이하 30%	932	6

3 고급 필터('기본작업-3' 시트)

① [A15:B15] 영역에 필드명인 의과계열과 인문계열을 입력하고 [A16] 셀에 >=400을 [B17] 셀에 <200을 입력한다.

A	A	B	C	D	E	F
1	단위 계열별 인원수					
2						
3	지역	의과계열	공과계열	사범계열	인문계열	사회계열
4	서울	445	449	484	462	496
5	경기	462	301	272	267	178
6	인천	373	468	400	260	375
7	대전	359	396	132	298	469
8	충청	359	396	262	173	418
9	대구	328	404	151	200	283
10	경상	399	468	142	194	126
11	광주	188	181	397	178	270
12	강원	147	275	405	150	311
13	제주	123	308	251	225	458
14						
15	의과계열	인문계열	입력			
16	>=400					
17		<200				

② [A3:F13] 영역에서 임의의 셀을 선택 → [데이터] 탭 – [정렬 및 필터] 그룹 – [고급]을 클릭한다.

③ [고급 필터] 대화상자가 나타나면 '결과'에서 '다른 장소에 복사'를 체크 → '목록 범위'는 [A3:F13] 영역을, '조건 범위'는 [A15:B17] 영역을, '복사 위치'는 [A20] 셀 지정 → [확인] 단추를 클릭한다.

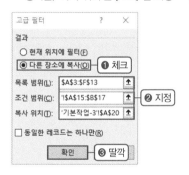

④ 고급 필터 결과는 '지역', '의과계열', '인문계열'만 순서대로 표시하기 위해 [C20:D26], [F20:F26] 영역을 드래그한 후 마우스 오른쪽 단추 클릭 → 바로 가기 메뉴에서 [삭제]를 선택한다.

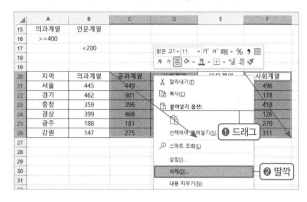

⑤ [삭제] 대화상자에서 '셀을 왼쪽으로 밀기'에 체크 → [확인] 단추를 클릭한다.

	A	B	C	D	E	F	G
1	단위 계열별 인원수						
2							
3	지역	의과계열	공과계열	사범계열	인문계열	사회계열	
4	서울	445	449	484	462	496	
5	경기	462	301	272	267	178	
6	인천	373	468	400	260	375	
7	대전	359	396	132	298	469	
8	충청	359	396	262	173	418	
9	대구	328	404	151	200	283	
10	경상	399	468	142	194	126	
11	광주	188	181	397	178	270	
12	강원	147	275	405	150	311	
13	제주	123	308	251	225	458	
14							
15	의과계열	인문계열					
16	>=400						
17		<200					
18							
19							
20	지역	의과계열	인문계열				
21	서울	445	462				
22	경기	462	267				
23	충청	359	173				
24	경상	399	194				
25	광주	188	178				
26	강원	147	150				
27							

1 입학전형 표시 [D3:D11]

[D3] 셀 선택 → 수식 입력줄에 다음과 같이 함수식을 입력한 후 Enter 를 누름 → [D3] 셀의 자동 채우기 핸들을 [D11] 셀까지 드래그 하여 함수식을 복사한다.

[D3] 셀에

=IFS(LEFT(A3,1)="A","성적우수자",LEFT(A3,1)="B","지역균형",LEFT(A3,1)="C","기회균형")

입력

D3			fx	=IFS(LEFT(A3,1)="A","성적우수자",LEFT(A3,1)="B","지역균형",LEFT(A3,1)="C","기회균형")		
	A	B	C	D	E	F
1	[표1]	입학 관련 정보				
2	코드번호	이름	전공	입학전형		
3	A-1500	김가람	국문	성적우수자		
4	A-6000	손민정	수학	성적우수자		
5	B-3500	조하연	컴퓨터	지역균형		
6	C-1000	박민서	생명공학	기회균형		
7	B-4500	송혜림	디자인	지역균형		
8	C-3510	박지현	영어영문	기회균형		
9	B-8500	박혜원	디자인	지역균형		
10	A-3450	김건용	컴퓨터	성적우수자		
11	A-0500	석근호	사회복지	성적우수자		

❷ 입력 → Enter
❶ 딸깍
❸ 드래그

입력 함수 해설

LEFT(A3,1)
❶

❶ LEFT(A3,1): [A3] 셀 문자열(코드번호)의 왼쪽에서 한 글자를 반환한다.

=IFS(❶="A","성적우수자",❶="B","지역균형",❶="C","기회균형")
❷

❷ IFS(❶="A","성적우수자",❶="B","지역균형",❶="C","기회균형"): ❶의 값이 A이면 '성적우수자', B이면 '지역균형', C이면 '기회균형'이 입력된다.

2 결과 표시 [K3:K11]

[K3] 셀 선택 → 수식 입력줄에 다음과 같이 함수식을 입력한 후 Enter 를 누름 → [K3] 셀의 자동 채우기 핸들을 [K11] 셀까지 드래그 하여 함수식을 복사한다.

[K3] 셀에

=IF(RANK.EQ(J3,$J$3:$J$11,1)<=3,CHOOSE(RANK.EQ(J3,$J$3:$J$11,1),"1등","2등","3등"),"")

입력

K3			fx	=IF(RANK.EQ(J3,$J$3:$J$11,1)<=3,CHOOSE(RANK.EQ(J3,$J$3:$J$11,1),"1등","2등","3등"),"")				
	G	H	I	J	K	L	M	N	O
1	[표2]	100M 달리기 결과						
2	성명	1차	2차	평균	비고			
3	권현민	17	15	16.0	2등			
4	김다운	18	20	19.0				
5	김세연	19	18	18.5				
6	이중권	19	16	17.5				
7	전승우	17	19	18.0				
8	정민준	17	16	16.5	3등			
9	황우영	17	18	17.5				
10	김다솜	17	14	15.5	1등			
11	조예원	17	22	19.5				

❷ 입력 → Enter
❶ 딸깍
❸ 드래그

입력 함수 해설

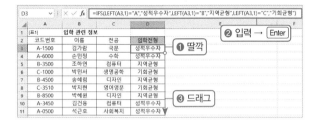

=IF(RANK.EQ(J3,$J$3:$J$11,1)<=3,
❸ ❶
CHOOSE(RANK.EQ(J3,$J$3:$J$11,1),"1등","2등","3등"),"")
❷

❶ RANK.EQ(J3,$J$3:$J$11,1): [J3:J11] 영역(평균)에서 [J3] 셀(평균)의 순위를 오름차순(세번째 인수 1)으로 반환한다.
([J3:J11] 영역은 절대 참조로, 복사해도 수식의 주소가 변하지 않음)

❷ CHOOSE(❶,"1등","2등","3등"): ❶의 값이 1이면 '1등', 2이면 '2등', 3이면 '3등'을 반환한다.

❸ IF(❶<=3,❷,""): ❶(평균의 순위)이 3 이하이면 ❷의 결과를 반환하고 그렇지 않으면 공백을 반환한다.

3 결과 표시 [E24]

[E24] 셀 선택 → 수식 입력줄에 다음과 같이 함수식을 입력한 후 Enter 를 누른다.

[E24] 셀에

=COUNTIFS(D15:D23,">=10",D15:D23,"<20")/COUNT(D15:D23)

입력

E24			fx	=COUNTIFS(D15:D23,">=10",D15:D23,"<20")/COUNT(D15:D23)	
	A	B	C	D	E
13	[표3]	서적판매현황			
14	지점	교재명	정가	판매량	총판매액
15	서울	파이썬기초	25,000	30	750,000
16	경기	자바기초	30,000	20	600,000
17	인천	R기초	28,000	21	588,000
18	부산	파이썬기초	25,000	30	750,000
19	대구	자바기초	30,000	17	510,000
20	대전	자바기초	30,000	22	660,000
21	광주	파이썬기초	25,000	14	350,000
22	제주	파이썬기초	25,000	28	700,000
23	충남	R기초	28,000	10	280,000
24	판매량 10 이상 20 미만인 판매 건수 비율				33%

❷ 입력 → Enter
❶ 딸깍

입력 함수 해설

=COUNTIFS(D15:D23,">=10",D15:D23,"<20")/COUNT(D15:D23)
❶ ❸ ❷

❶ COUNTIFS(D15:D23,">=10",D15:D23,"<20"): [D15:D23] 영역(판매량)에서 10 이상이고, [D15:D23] 영역(판매량)에서 20 미만인 셀의 개수를 반환한다. 즉, 조건을 모두 만족하는 경우의 개수(3)를 반환한다.

❷ COUNT(D15:D23): [D15:D23] 영역(판매량)의 전체 셀의 개수(9)를 반환한다.

❸ ❶/❷: ❶/❷의 결과(판매 건수 비율)를 반환한다.

4 점수 차이 계산 [I24]

[I24] 셀 선택 → 수식 입력줄에 다음과 같이 함수식을 입력한 후 Enter 를 누른다.

[I24] 셀에
=ABS(SUMIF(H15:H23,"남",I15:I23)-SUMIF(H15:H23,"여",I15:I23))
입력

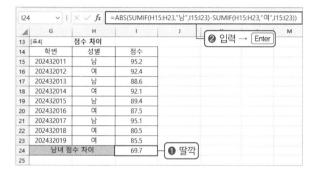

=ABS(SUMIF(H15:H23,"남",I15:I23)−SUMIF(H15:H23,"여",I15:I23))

❶ SUMIF(H15:H23,"남",I15:I23): [H15:H23] 영역(성별)에서 '남'에 해당하는 [I15:I23] 영역(점수)의 합계를 반환한다.

❷ SUMIF(H15:H23,"여",I15:I23): [H15:H23] 영역(성별)에서 '여'에 해당하는 [I15:I23] 영역(점수)의 합계를 반환한다.

❸ ABS(❶−❷): ❶−❷ 결과의 절대값을 반환한다.

5 지역 표시 [D28:D37]

[D28] 셀 선택 → 수식 입력줄에 다음과 같이 함수식을 입력한 후 Enter 를 누름 → [D28] 셀의 자동 채우기 핸들을 [D37] 셀까지 드래그하여 함수식을 복사한다.

[I16] 셀에
=HLOOKUP(MID(A28,3,1),$G$36:$I$37,2,FALSE)
입력

=HLOOKUP(MID(A28,3,1),$G$36:$I$37,2,FALSE)

❶ MID(A28,3,1): [A28] 셀 문자열(회원코드)의 세 번째부터 1개의 글자를 추출하여 반환한다.

❷ HLOOKUP(❶,$G$36:$I$37,2,FALSE): [G36:I37] 영역(지역코드표)의 첫 번째 행(코드)에서 ❶과 정확히 일치하는 값을 찾아 해당 값이 있는 열에서 두 번째 행(지역)에 대응하는 값을 반환한다.
([G36:I37] 영역은 절대 참조로, 복사해도 수식의 주소가 변경되지 않음.)

문제 ❸ 분석작업 (20점)

1 피벗 테이블('분석작업-1' 시트)

① [A3:F19] 영역에서 임의의 셀 선택 → [삽입] 탭 – [표] 그룹 – [피벗 테이블]을 클릭한다.

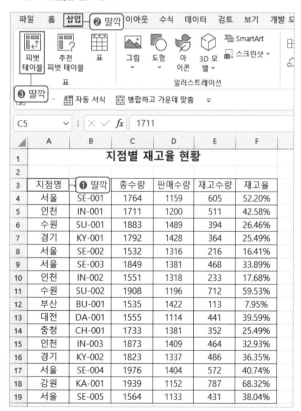

② [피벗 테이블 만들기] 대화상자가 나타나면 '표 또는 범위 선택'의 '표/범위'가 데이터가 입력된 모든 셀인 'A3:F19'인지 확인 → 피벗 테이블 보고서를 넣을 위치를 '기존 워크시트'로 체크하고 '위치'에 [A22] 셀 지정 → [확인] 단추를 클릭한다.

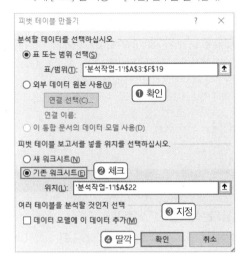

③ [피벗 테이블 필드] 창이 나타나면 '지점코드'는 '필터' 영역으로, '지점명'은 '행' 영역으로 '재고수량', '총수량', '판매수량' 영역은 'Σ 값' 영역으로 드래그한다.

④ 'Σ 값' 영역에서 '합계 : 총수량'을 클릭한 후 [값 필드 설정]을 선택한다.

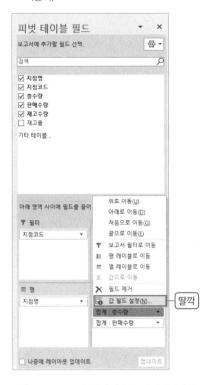

⑤ [값 필드 설정] 대화상자가 나타나면 [값 요약 기준] 탭의 '선택한 필드의 데이터'에서 '평균'을 선택 → [확인] 단추를 클릭한다. 마찬가지로 '판매수량'의 평균을 구한다.

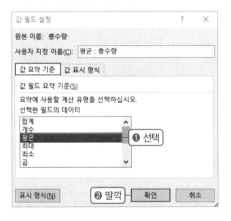

⑥ '평균 : 총수량'의 천 단위 구분 기호와 소수점 이하 2자리까지를 지정하기 위해 [C23] 셀을 선택 → 마우스 오른쪽 단추를 클릭 → 바로 가기 메뉴에서 [필드 표시 형식]을 클릭한다.

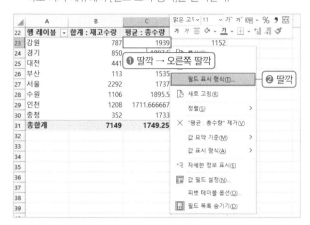

⑦ [셀 서식] 대화상자가 나타나면 [표시 형식] 탭에서 '숫자' 범주를 선택 → '소수 자릿수'에 2 입력 → '1000 단위 구분 기호(,) 사용'에 체크 → [확인] 단추를 클릭한다. 이와 같은 방법으로 '판매수량'도 '평균'으로 지정하고 '소수 자릿수'를 2, '1000 단위 구분 기호(,) 사용'에 체크한다.

⑧ [A22:D31] 영역의 임의의 셀을 선택 → [디자인] 탭 – [피벗 테이블 스타일] 그룹에서 자세히 단추(▾)를 클릭 → '중간'의 '연한 파랑, 피벗 스타일 보통 16'을 클릭한다.

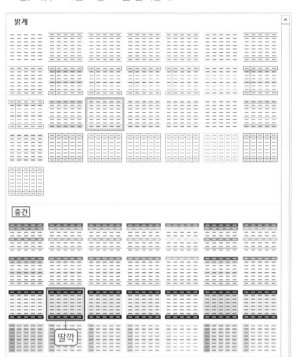

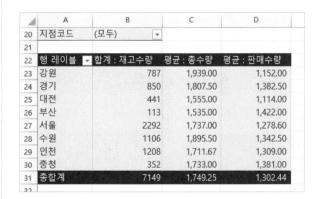

	A	B	C	D
20	지점코드	(모두)		
21				
22	행 레이블 ▾	합계 : 재고수량	평균 : 총수량	평균 : 판매수량
23	강원	787	1,939.00	1,152.00
24	경기	850	1,807.50	1,382.50
25	대전	441	1,555.00	1,114.00
26	부산	113	1,535.00	1,422.00
27	서울	2292	1,737.00	1,278.60
28	수원	1106	1,895.50	1,342.50
29	인천	1208	1,711.67	1,309.00
30	충청	352	1,733.00	1,381.00
31	총합계	7149	1,749.25	1,302.44

2 시나리오('분석작업-2' 시트)

① [I4] 셀 선택 → 이름 상자에 순이익률을 입력한 후 Enter 를 누른다. 이와 같은 방법으로 [G16] 셀은 순이익합계를 이름 상자에 입력한다.

② [I4] 셀 선택 → [데이터] 탭 – [예측] 그룹 – [가상 분석] – [시나리오 관리자]를 선택한다.

③ [시나리오 관리자] 대화상자가 나타나면 [추가] 단추를 클릭한다.

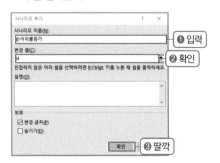

④ [시나리오 추가] 대화상자가 나타나면 '시나리오 이름'에 순이익률 증가를 입력 → '변경 셀'에 'I4'로 지정되었는지 확인 → [확인] 단추를 클릭한다.

⑤ [시나리오 값] 대화상자가 나타나면 '순이익률'은 0.2 입력 → [추가] 단추를 클릭한다.

⑥ [시나리오 추가] 대화상자로 되돌아오면 시나리오 이름에 순이익률 감소 입력 → '변경 셀'에 'I4'로 지정되었는지 확인 → [확인] 단추를 클릭한다.

⑦ [시나리오 값] 대화상자가 나타나면 '순이익률'은 0.05 입력 → [확인] 단추를 클릭한다.

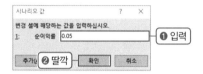

⑧ [시나리오 관리자] 대화상자로 되돌아오면 '시나리오'에 '순이익률 증가'와 '순이익률감소'가 추가되었는지 확인 → [요약] 단추를 클릭한다.

⑨ [시나리오 요약] 대화상자가 나타나면 '보고서 종류'에서 '시나리오 요약'이 선택되었는지를 확인 → 결과 셀에 [G16] 셀을 지정 → [확인] 단추를 클릭한다.

⑩ '시나리오 요약' 시트가 '분석작업-2' 시트 바로 왼쪽에 위치되었는 지 확인한 후 결과를 확인한다.

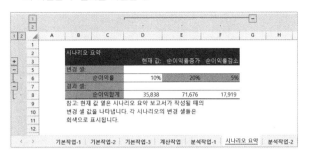

문제 ④ 기타작업 (20점)

1 매크로 작성('매크로작업' 시트)

1. 평균 매크로 작성

① [개발 도구] 탭 – [코드] 그룹 – [매크로 기록] 클릭 → [매크로 기록] 대화상자가 나타나면 '매크로 이름'에 평균 입력 → [확인] 단추를 클릭한다.

② [H4:H9] 영역에 평균을 계산하기 위해 [H4] 셀 선택 → 수식 입력 줄에 =AVERAGE(B4:G4) 입력 후 Enter 를 누름 → [H4] 셀의 자동 채우기 핸들을 [H9] 셀까지 드래그하여 함수식을 복사한다.

③ 매크로 기록을 중지하기 위해 임의의 셀 선택 → [개발 도구] 탭 – [코드] 그룹 – [기록 중지]를 클릭한다.

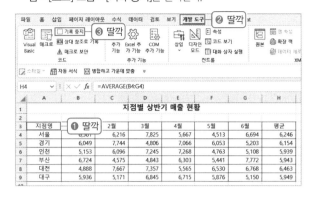

④ [개발 도구] 탭 – [컨트롤] 그룹 – [삽입]을 클릭한 후 '양식 컨트롤' 의 '단추'(□) 선택 → Alt 를 누른 상태에서 [B11:C12] 영역을 드래그하여 단추를 그린다.

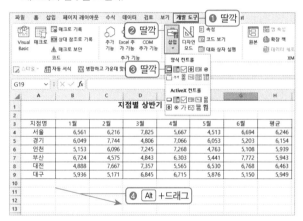

⑤ [매크로 지정] 대화상자가 나타나면 '매크로 이름'은 '평균' 선택 → [확인] 단추를 클릭한다.

⑥ 단추를 선택한 상태에서 단추에 입력된 기본 텍스트를 삭제한 후 평균을 입력 → 임의의 셀을 선택하여 텍스트 편집을 완료한다.

⑦ 매크로가 정상적으로 실행되는지 확인하기 위해 [H4:H9] 영역을 드래그하여 선택한 후 Delete를 눌러 평균값을 삭제 → '평균' 단추를 클릭하여 확인한다.

2. 채우기 매크로 작성

① [개발 도구] 탭 – [코드] 그룹 – [매크로 기록]을 클릭한 후 [매크로 기록] 대화상자가 나타나면 '매크로 이름'에 채우기 입력 → [확인] 단추를 클릭한다.

② [A3:H3] 영역을 드래그하여 선택 → [홈] 탭 – [글꼴] 그룹 – [채우기]의 자세히 단추(▾)를 클릭한 후 '표준 색 – 노랑'을 선택한다.

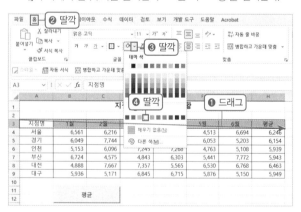

③ 매크로 기록을 중지하기 위해 임의의 셀 선택 → [개발 도구] 탭 – [코드] 그룹 – [기록 중지]를 클릭한다.

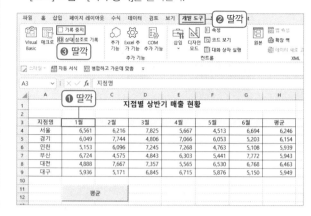

④ [삽입] 탭 – [일러스트레이션] 그룹 – [도형]을 클릭한 후 '기본 도형'의 '사각형: 빗면(□)'을 선택한다.

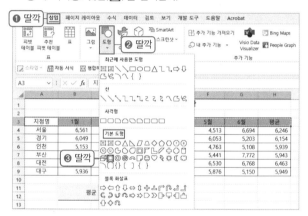

⑤ Alt를 누른 상태에서 [E11:F12] 영역을 드래그하여 '사각형: 빗면' 도형 그리기 → 도형에 채우기 입력 → 도형을 선택한 상태에서 마우스 오른쪽 단추를 클릭 → 바로 가기 메뉴에서 [매크로 지정]을 선택한다.

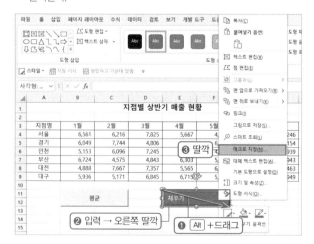

⑥ [매크로 지정] 대화상자가 나타나면 '매크로 이름'에 '채우기' 선택 → [확인] 단추를 클릭한다.

⑦ 매크로가 정상적으로 실행되는지 확인하기 위해 [A3:H3] 영역을 드래그하여 선택 → [홈] 탭–[글꼴] 그룹–[채우기 색]의 자세히 단추(▾)를 클릭한 후 '채우기 없음' 선택 → '채우기' 도형을 클릭하여 확인한다.

	A	B	C	D	E	F	G	H
1	지점별 상반기 매출 현황							
2								
3	지점명	1월	2월	3월	4월	5월	6월	평균
4	서울	6,561	6,216	7,825	5,667	4,513	6,694	6,246
5	경기	6,049	7,744	4,806	7,066	6,053	5,203	6,154
6	인천	5,153	6,096	7,245	7,268	4,763	5,108	5,939
7	부산	6,724	4,575	4,843	6,303	5,441	7,772	5,943
8	대전	4,888	7,667	7,357	5,565	6,530	6,768	6,463
9	대구	5,936	5,171	6,845	6,715	5,876	5,150	5,949
10								
11		평균			채우기			
12								

② 차트 작성('차트작업' 시트)

① 차트 영역에서 [차트 필터] 선택 → 계열에서 '2021년', 범주에서 '합계'의 체크를 해제한 후 [적용] 단추를 클릭한다.

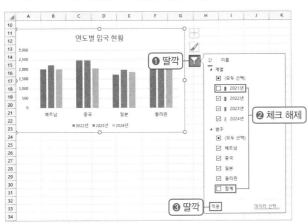

② '세로 값 (축)' 축에서 마우스 오른쪽 단추를 클릭하고 바로 가기 메뉴에서 [축 서식]을 선택한다.

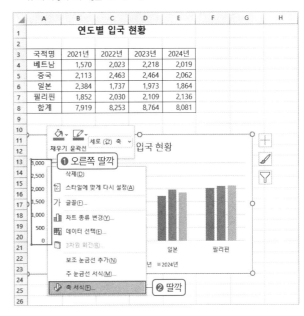

③ [축 서식] 창이 나타나면 '축 옵션'에서 '축 옵션'의 '경계'의 '최대'에 4000을, '단위'의 '기본'에 1000 입력 → [닫기] 단추(✖)를 클릭한다.

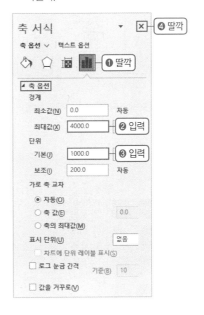

④ '2024년' 계열을 선택 → [차트 요소]의 [데이터 레이블]에서 '바깥쪽 끝에'를 선택한다.

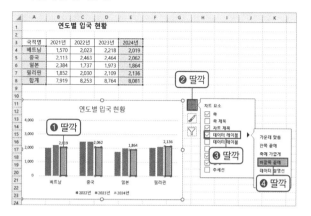

⑤ 차트 영역을 선택 → [차트 요소]의 [범례]에서 '위쪽'를 선택한다.

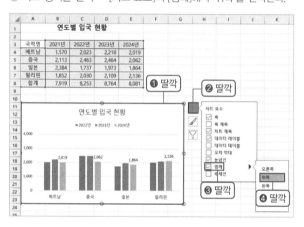

⑥ 범례를 선택한 후 → [서식] 탭 – [도형 스타일] 그룹에서 자세히 단추(▽) 클릭 → '색 채우기 – 파랑, 강조1'을 선택한다.

⑦ 차트 영역에서 마우스 오른쪽 단추를 클릭 → 바로 가기 메뉴에서 [차트 영역 서식]을 선택한다.

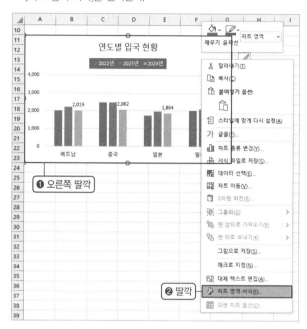

⑧ [차트 영역 서식] 창이 나타나면 '차트 옵션'의 '채우기 및 선'에서 '테두리'의 '둥근 모서리'에 체크한다.

⑨ '차트 옵션'의 '효과'에서 '그림자'의 '미리 설정'의 '안쪽 – 가운데'를
선택한다.

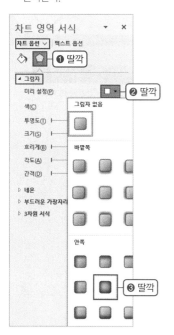

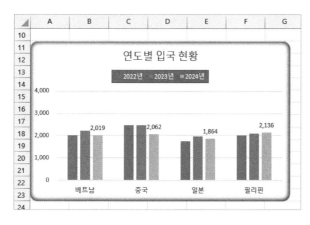

프로그램명	제한시간	합격선	외부 데이터 위치
EXCEL 2021	40분	70점	C:\에듀윌_2025컴활2급실기\기출예제_기출변형문제\실습\제9회기출변형문제.xlsx

문제 ❶ 기본작업 (20점)　　**주어진 시트에서 다음 과정을 수행하고 저장하시오.**

1 '기본작업-1' 시트에 다음의 자료를 주어진 대로 입력하시오. (5점)

▲	A	B	C	D	E	F	G	H
1	상공 문화센터 예매현황							
2								
3	구분	공연명	공연일자	관람료	할인	예매량	예매순위	
4	콘서트	몬스터트롯	8월 14일~15일	25000	60세 이상 10%	1212	1	
5	콘서트	샤우팅어게인	8월 11일~12일	18000		973	4	
6	콘서트	아카펠라콘서트	8월 15일~17일	20000	60세 이상 20%	580	9	
7	연극	부뚜막 고양이	8월 02일~31일	16000		1200	2	
8	연극	주렁스	8월 02일~31일	12000		934	5	
9	클래스/무용	스탬프뮤직	8월 15일~17일	24000		775	7	
10	클래스/무용	배스킷인콘서트	8월 02일~31일	15000		1148	3	
11	아동/가족	천리길사탕	8월 02일~31일	15000	초등생 이하 30%	644	8	
12	아동/가족	햄스터의 하루	8월 15일~31일	12000	초등생 이하 30%	932	6	
13								

2 '기본작업-2' 시트에 대하여 다음의 지시사항을 처리하시오. (각 2점)

① [A1:H1] 영역은 '병합하고 가운데 맞춤', 글꼴 '궁서체', 글꼴 크기 '18'pt, 글꼴 스타일 '굵게', 밑줄 '이중 밑줄'로 지정하시오.

② 제목 '컴퓨터활용능력 시험 결과'의 앞, 뒤에 특수문자 '♥'를 삽입하시오.

③ [A3:A4], [B3:B4], [C3:E3], [F3:G3], [H3:H4] 영역은 '병합하고 가운데 맞춤'으로, [A3:H4] 영역은 셀 스타일에서 '강조색5'로 지정하시오.

④ [C5:G16] 영역은 사용자 지정 표시 형식을 이용하여 숫자 뒤에 '점'을 표시하되, 셀 값이 0일 경우에는 '0점'으로 [표시 예]와 같이 표시하시오. [표시 예: 0 → 0점]

⑤ [A3:H16] 영역은 '모든 테두리(⊞)'를 적용한 후 '굵은 바깥쪽 테두리(⬚)'로 적용하여 표시하시오.

3 '기본작업-3' 시트에서 다음의 지시사항을 처리하시오. (5점)

'지점별 컴퓨터 판매 현황' 표에서 직위가 '부장'이거나 지점이 '강남'인 데이터를 고급 필터를 사용하여 검색하시오.

▸ 고급 필터 조건은 [A21:D24] 영역 내에 알맞게 입력하시오.

▸ 고급 필터 결과 복사 위치는 동일 시트의 [A25] 셀에서 시작하시오.

1 [표1]에서 평가점수[C3:C12] 중 세 번째로 높은 평가점수를 3위평가점수[D3]에 표시하시오. (8점)

　▷ 숫자 뒤에 '점'을 표시 [표시 예: 90 → 90점]
　▷ LARGE, MAX, SMALL, MIN 중 알맞은 함수와 & 연산자 사용

2 [표2]에서 휴가출발일[H3:H12]과 휴가일수[I3:I12]를 이용하여 회사출근일[J3:J12]을 표시하시오. (8점)

　▷ 주말(토, 일요일)은 제외
　▷ EDATE, DAYS, WORKDAY 중 알맞은 함수를 선택하여 사용

3 [표3]에서 최저층[C16:C24]과 최고층[D16:D24]을 이용하여 당첨자별 당첨층[E16:E24]을 계산하시오. (8점)

　▷ 당첨층수 뒤에 '층'을 표시 [표시 예: 11 → 11층]
　▷ RANDBETWEEN 함수와 & 연산자 사용

4 [표4]의 지역별 3~5월 초미세먼지농도의 표준 편차가 전체 초미세먼지농도[H17:J26]의 표준 편차보다 크면 '미세먼지농도높음'을, 이 외는 공백을 결과[K17:K26]에 표시하시오. (8점)

　▷ IF와 STDEV.S 함수 사용

5 [표5]에서 성별[B31:B40]이 '여'인 학생들의 실기[D31:D40] 점수 평균을 계산하여 [G31] 셀에 표시하시오. (8점)

　▷ 평균점수는 소수점 이하 첫째 자리에서 반올림하여 정수로 표시하고 숫자 뒤에 '점'을 표시
　　[표시 예: 84.8 → 85점]
　▷ ROUND, ROUNDUP, ROUNDDOWN, TRUNC, AVERAGEIF 중 알맞은 함수와 & 연산자 사용

1 '분석작업-1' 시트에 대하여 다음의 지시사항을 처리하시오. (10점)

[부분합] 기능을 이용하여 '상공대학교 성적 현황' 표에 〈그림〉과 같이 학과별로 '중간', '기말', '과제', '출석'의 평균을 계산한 후 '총점'의 최대를 계산하시오.

▷ 정렬은 '학과'를 기준으로 오름차순으로 처리하시오.

▷ 부분합에 표 서식을 '표 스타일 밝게 2'로 적용하시오.

▷ 평균과 최대값은 위에 명시된 순서대로 처리하시오.

〈그림〉

1 2 3 4		A	B	C	D	E	F	G	H	I
	1			상공대학교 성적 현황						
	2									
	3	학번 ▼	학과 ▼	성명 ▼	중간 ▼	기말 ▼	과제 ▼	출석 ▼	총점 ▼	
	4	1940253	경영과	강서연	34	21	19	8	82	
	5	2019412	경영과	노을	32	26	14	8	80	
	6		경영과 최대						82	
	7		경영과 평균		33	23.5	16.5	8		
	8	2191453	경제과	김윤경	28	25	18	9	80	
	9		경제과 최대						80	
	10		경제과 평균		28	25	18	9		
	11	2014654	경찰행정과	김예진	25	27	12	8	72	
	12		경찰행정과 최대						72	
	13		경찰행정과 평균		25	27	12	8		
	14	2013474	국문과	주진영	38	34	13	8	93	
	15		국문과 최대						93	
	16		국문과 평균		38	34	13	8		
	17	2014458	무용과	박동현	34	36	11	9	90	
	18		무용과 최대						90	
	19		무용과 평균		34	36	11	9		
	20	2065521	사회복지과	조선희	28	23	15	9	75	
	21		사회복지과 최대						75	
	22		사회복지과 평균		28	23	15	9		
	23	2165741	수학과	이슬민	40	26	19	8	93	
	24		수학과 최대						93	
	25		수학과 평균		40	26	19	8		
	26	2061546	영문과	신용준	40	35	11	9	95	
	27	2035776	영문과	김유림	28	33	14	9	84	
	28		영문과 최대						95	
	29		영문과 평균		34	34	12.5	9		
	30	2015202	컴공과	유한주	23	36	13	10	82	
	31		컴공과 최대						82	
	32		컴공과 평균		23	36	13	10		
	33		전체 최대값						95	
	34		전체 평균		31.81818182	29.27272727	14.45454545	8.636363636		
	35									

2 '분석작업-2' 시트에 대하여 다음의 지시사항을 처리하시오. (10점)

[피벗 테이블] 기능을 이용하여 '지점별 4/4분기 직급별 판매 현황' 표의 지점은 '행', 직급은 '열'로 처리하고, '값'에 10월, 11월, 12월 판매량의 평균을 계산한 후 'Σ 값'을 '행'으로 설정하시오.

▷ 피벗 테이블 보고서는 동일 시트의 [A23] 셀에서 시작하시오.

1 '매크로작업' 시트의 [표]에서 다음과 같은 기능을 수행하는 매크로를 현재 통합 문서에 작성하고 실행하시오. (각 5점)

① [A3:A4], [B3:B4], [C3:D3], [E3:F3], [G3:H3], [A11:B11]을 '병합하고 가운데 맞춤'으로 지정하는 매크로를 생성하여 실행하시오.

▶ 매크로 이름: 병합

▶ [개발 도구] 탭 – [컨트롤] 그룹 – [삽입]에서 '양식 컨트롤'의 '단추(☐)'를 동일 시트의 [B13:C14] 영역에 생성하고, 텍스트를 '병합'으로 입력한 후 단추를 클릭할 때 '병합' 매크로가 실행되도록 설정하시오.

② [C11:H11] 영역에 합계를 계산하는 매크로를 생성하여 실행하시오.

▶ 매크로 이름: 합계

▶ SUM 함수 사용

▶ [삽입] 탭 – [일러스트레이션] 그룹 – [도형]에서 '사각형'의 '사각형: 둥근 모서리(☐)'를 동일 시트의 [E13:F14] 영역에 생성하고, 텍스트를 '합계'로 입력한 후 도형을 클릭할 때 '합계' 매크로가 실행되도록 설정하시오.

※ 셀 포인터의 위치에 상관없이 현재 통합 문서에서 매크로가 실행되어야 정답으로 인정됨

2 '차트작업' 시트의 차트를 지시사항에 따라 아래 〈그림〉과 같이 수정하시오. (각 2점)

※ 차트는 반드시 문제에서 제공한 차트를 사용하여야 하며, 신규로 작성 시 0점 처리됨

① '성명'별 '자료구조'의 데이터가 차트에 표시되도록 데이터 범위를 추가하고, 행/열 전환을 수행하시오.
② 차트 제목과 축 제목은 〈그림〉과 같이 입력하시오.
③ 모든 데이터 계열에 데이터 레이블 '값'을 표시하고, 레이블의 위치를 '바깥쪽 끝에'로 지정하시오.
④ 범례는 '아래쪽'에 배치하고, 도형 스타일을 '색 윤곽선 – 주황, 강조6'으로 지정하시오.
⑤ 차트 영역의 테두리 스타일은 '둥근 모서리'로 지정하시오.

〈그림〉

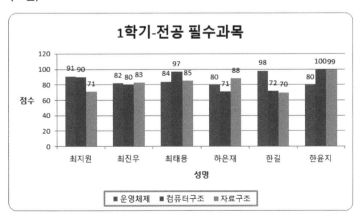

해설 확인하기

↪ 정답 확인하기: EXIT 사이트 → 자료실 → 컴퓨터활용능력 2급
→ 실기 기본서 → 2025 2급 실기 정답

문제 ❶ 기본작업 (20점)

1 데이터 입력('기본작업-1' 시트)

[A3:G12] 영역에 문제에서 주어진 내용을 다음과 같이 입력한다.

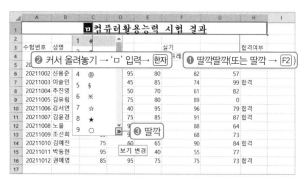

2 데이터 편집('기본작업-2' 시트)

① [A1:H1] 영역을 드래그하여 선택 → [홈] 탭 – [맞춤] 그룹 – [병합하고 가운데 맞춤] 클릭 → [홈] 탭 – [글꼴] 그룹에서 '글꼴'은 '궁서체', '글꼴 크기'는 '18'pt로 지정하고 '글꼴 스타일'은 '굵게', '밑줄'의 '이중 밑줄'을 선택한다.

② [A1] 셀을 더블클릭(또는 [A1] 셀을 선택하고 F2를 누름) → 셀 편집 상태에서 '컴퓨터활용능력 시험 결과' 문자열의 맨 앞에 커서 올려놓기 → 한글 자음 미음(ㅁ)을 입력한 후 한자를 누름 → [특수문자 선택 상자]가 나타나면 오른쪽 하단의 '보기 변경(»)' 단추를 클릭한다.

③ '♥' 특수문자를 선택하여 입력한다.

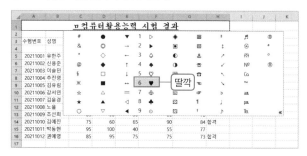

④ '컴퓨터활용능력 시험 결과' 문자열의 맨 앞에 삽입한 특수문자를 드래그하여 선택한 후 Ctrl + C를 눌러 복사 → 문자열의 맨 뒤에서 Ctrl + V를 눌러 붙여넣는다.

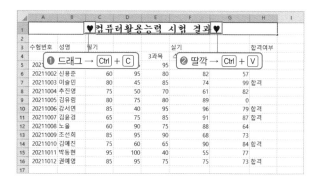

⑤ [A3:A4] 영역을 드래그하여 선택 → Ctrl 을 누른 상태에서 [B3:B4], [C3:E3], [F3:G3], [H3:H4] 영역을 차례대로 드래그하여 선택 → [홈] 탭 – [맞춤] 그룹 – [병합하고 가운데 맞춤]을 클릭한다.

⑥ [A3:H4] 영역을 드래그하여 선택 → [홈] 탭 – [스타일] 그룹 – [자세히] 단추(▼)를 클릭한 후 '테마 셀 스타일'의 '강조색5'를 선택한다.

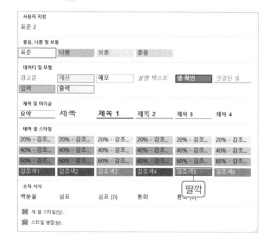

⑦ [C5:G16] 영역을 드래그하여 선택 → 마우스 오른쪽 단추를 클릭하고 바로 가기 메뉴에서 [셀 서식]을 선택한다.

⑧ [셀 서식] 대화상자(바로 가기 키: Ctrl + 1)가 나타나면 [표시 형식] 탭에서 '사용자 지정' 범주를 선택하고 '형식'에 0"점" 입력 → [확인] 단추를 클릭한다.

⑨ [A3:H16] 영역을 드래그하여 선택 → [홈] 탭 – [글꼴] 그룹 – [테두리]의 ▼를 클릭한 후 '모든 테두리'와 '굵은 바깥쪽 테두리'를 선택한다.

3 고급 필터('기본작업-3' 시트)

① [A21:B21] 영역에 필드명인 직위와 지점을 각각 입력하고 [A22] 셀과 [B23] 셀에 조건인 부장과 강남을 각각 입력한다.

② [A3:D16] 영역에서 임의의 셀 선택 → [데이터] 탭 – [정렬 및 필터] 그룹 – [고급]을 클릭한다.

③ [고급 필터] 대화상자가 나타나면 '결과'에서 '다른 장소에 복사'를 선택 → '목록 범위'는 [A3:D16] 영역, '조건 범위'는 [A21:B23] 영역, '복사 위치'는 [A25] 셀 지정 → [확인] 단추를 클릭한다.

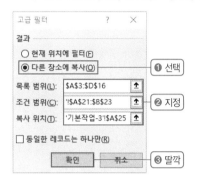

	A	B	C	D
25	지점	성명	직위	판매량
26	강동	장현동	부장	68
27	강서	김지영	부장	85
28	강남	최수정	부장	84
29	강남	박보현	과장	68
30	강남	강수빈	사원	88
31	강북	강주경	부장	48
32				

문제 ❷ 계산작업 (40점)

1 3위평가점수 표시 [D3]

[D3] 셀 선택 → 수식 입력줄에 다음과 같이 함수식을 입력한 후 Enter 를 누른다.

[D3] 셀에 =LARGE(C3:C12,3)&"점" 입력

$$=LARGE(C3:C12,3)\&``점"$$
❶ ❷

❶ LARGE(C3:C12,3): [C3:C12] 영역(평가점수)에서 세 번째로 큰 값을 반환한다.
❷ ❶&"점": 문자열 결합연산자(&)에 의해 ❶(세 번째로 높은 평가점수)과 '점'을 연결하여 표시한다.

$$=RANDBETWEEN(C16,D16)\&``층"$$
❶ ❷

❶ RANDBETWEEN(C16,D16): [C16] 셀 값(최저층)과 [D16] 셀 값(최고층) 사이의 임의의 수(난수)를 반환한다.
(반환되는 값은 고정값이 아니라 임의의 새로운 숫자로 반환됨)
❷ ❶&"층": 문자열 결합연산자(&)에 의해 ❶(최저층과 최고층 사이의 임의의 수)과 '층'을 연결하여 표시한다.

---

2 회사출근일 표시 [J3:J12]

[J3] 셀 선택 → 수식 입력줄에 다음과 같이 함수식을 입력한 후 Enter 를 누름 → [J3] 셀의 자동 채우기 핸들을 [J12] 셀까지 드래그하여 함수식을 복사한다.

[J3] 셀에 =WORKDAY(H3,I3) 입력

---

4 결과 표시 [K17:K26]

[K17] 셀 선택 → 수식 입력줄에 다음과 같이 함수식을 입력한 후 Enter 를 누름 → [K17] 셀의 자동 채우기 핸들을 [K26] 셀까지 드래그하여 함수식을 복사한다.

[K17] 셀에
=IF(STDEV.S(H17:J17)>STDEV.S($H$17:$J$26),"미세먼지농도높음","")
입력

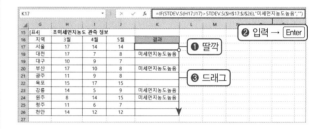

$$=WORKDAY(H3,I3)$$

[H3] 셀의 날짜(휴가출발일)에서 토요일, 일요일을 제외하고 [I3] 셀의 값(휴가일수)만큼 경과한 날짜(회사출근일)를 반환한다.

---

3 당첨층 계산 [E16:E24]

[E16] 셀 선택 → 수식 입력줄에 다음과 같이 함수식을 입력한 후 Enter 를 누름 → [E16] 셀의 자동 채우기 핸들을 [E24] 셀까지 드래그하여 함수식을 복사한다.

[E16] 셀에 =RANDBETWEEN(C16,D16)&"층" 입력

$$=IF(STDEV.S(H17:J17)>STDEV.S(\$H\$17:\$J\$26),``미세먼지농도높음",``")$$
❶ ❷ ❸

❶ STDEV.S(H17:J17): [H17:J17] 영역(지역별 초미세먼지농도)의 표준 편차를 반환한다.
❷ STDEV.S($H$17:$J$26): [H17:J26] 영역(전체 초미세먼지농도)의 표준 편차를 반환한다.
([H17:J26] 영역은 절대 참조로, 복사해도 수식의 주소가 변경되지 않음)
❸ IF(❶>❷,"미세먼지농도높음",""): ❶(지역별 초미세먼지농도의 표준 편차)이 ❷(전체 초미세먼지농도의 표준 편차)보다 크면 '미세먼지농도높음', 그렇지 않으면 공백으로 반환한다.

---

5 실기 평균점수 표시 [G31]

[G31] 셀 선택 → 수식 입력줄에 다음과 같이 함수식을 입력한 후 Enter를 누른다.

> **[G31] 셀에** =ROUND(AVERAGEIF(B31:B40,"여",D31:D40),0)&"점"
> **입력**

입력 함수 해설

=ROUND(AVERAGEIF(B31:B40,"여",D31:D40),0)&"점"

❶ AVERAGEIF(B31:B40,"여",D31:D40): [B31:B40] 영역(성별)에서 '여'에 해당하는 [D31:D40] 영역(실기)의 평균을 반환한다.

❷ ROUND(❶,0): ❶('성별'이 '여'인 학생 실기 점수의 평균)을 소수점 이하 첫째 자리에서 반올림하여 정수로 반환한다.

❸ ❷&"점": 문자열 결합연산자(&)에 의해 ❷(여학생 실기 점수의 평균)와 '점'을 연결하여 표시한다.

---

1 부분합('분석작업-1' 시트)

① 부분합을 계산하기 전 '학과'를 기준으로 오름차순 정렬하기 위해 학과[B3:B14] 영역에서 임의의 셀 선택 → [데이터] 탭 – [정렬 및 필터] 그룹 – [텍스트 오름차순 정렬]을 클릭한다.

② 학과별 '중간', '기말', '과제', '출석'의 '평균'을 계산하기 위해 데이터[A3:H14] 영역에서 임의의 셀 선택 → [데이터] 탭 – [개요] 그룹 – [부분합]을 클릭한다.

③ [부분합] 대화상자가 나타나면 '그룹화할 항목'은 '학과', '사용할 함수'는 '평균' 선택 → '부분합 계산 항목'은 '중간', '기말', '과제', '출석'을 체크하고 '총점' 체크 해제 → [확인] 단추를 클릭한다.

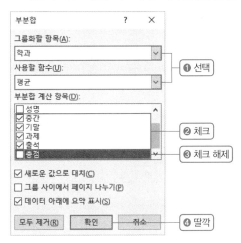

④ '총점'의 최대를 계산하는 부분합을 추가하기 위해 임의의 셀을 선택한 상태에서 [데이터] 탭 – [개요] 그룹 – [부분합]을 클릭한다.

⑤ [부분합] 대화상자가 나타나면 '그룹화할 항목'은 '학과'로 지정되었는지 확인하고 '사용할 함수'는 '최대'를 선택 → '부분합 계산 항목'은 '중간', '기말', '과제', '출석'을 체크 해제하고 '총점'에 체크 → '새로운 값으로 대치' 체크 해제 → [확인] 단추를 클릭한다.

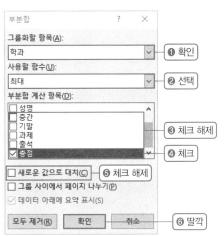

⑥ 부분합에 표 서식을 적용하기 위해 [홈] 탭 – [스타일] 그룹 – [표 서식]을 클릭한 후 '밝게'의 '표 스타일 밝게 2'를 선택한다.

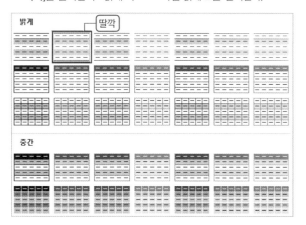

⑦ [표 서식] 대화상자가 나타나면 표에 사용할 데이터를 [A3:H34] 영역으로 지정 → [확인] 단추를 클릭한다.

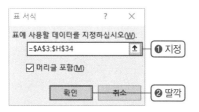

2 피벗 테이블('분석작업–2' 시트)

① [A3:G19] 영역에서 임의의 셀 선택 → [삽입] 탭 – [표] 그룹 – [피벗 테이블]을 클릭한다.

② [피벗 테이블 만들기] 대화상자가 나타나면 '표 또는 범위 선택'의 '표/범위'가 데이터가 입력된 모든 셀인 '$A$3:$G$19'인지 확인 → 피벗 테이블 보고서를 넣을 위치를 '기존 워크시트'로 선택하고 '위치'를 [A23] 셀 지정 → [확인] 단추를 클릭한다.

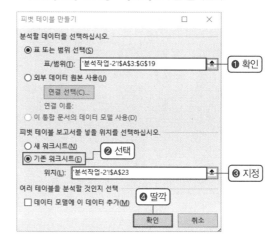

③ [피벗 테이블 필드] 창이 나타나면 '지점'은 '행' 영역으로, '직급'은 '열' 영역으로, '10월', '11월', '12월'은 '값' 영역으로 드래그 → '열 레이블'에 있는 'Σ 값'을 '행' 영역으로 드래그한다.

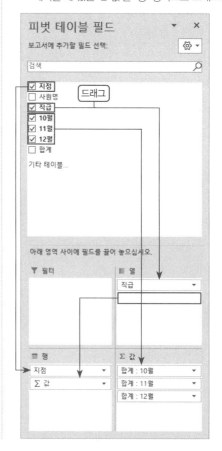

④ '값' 영역에서 '합계 : 10월'을 클릭한 후 [값 필드 설정]을 선택한다.

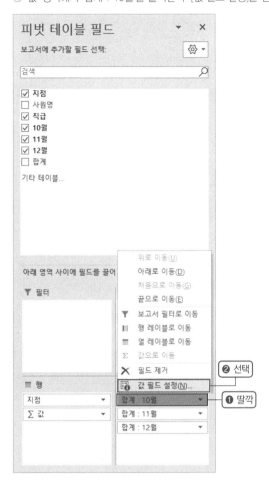

⑤ [값 필드 설정] 대화상자가 나타나면 [값 요약 기준] 탭의 '선택한 필드의 데이터'에서 '평균' 선택 → [확인] 단추를 클릭 → 이와 같은 방법으로 '합계 : 11월'과 '합계 : 12월'도 '평균'으로 지정한다.

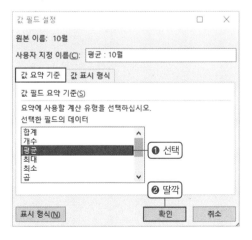

	A	B	C	D	E	F
23		열 레이블 ▼				
24	행 레이블 ▼	부장	과장	대리	사원	총합계
25	서초					
26	평균 : 10월	629	405	819	962	703.75
27	평균 : 11월	755	316	387	795	563.25
28	평균 : 12월	737	694	616	883	732.5
29	송파					
30	평균 : 10월	646	529	704	966	711.25
31	평균 : 11월	691	843	732	455	680.25
32	평균 : 12월	462	900	314	570	561.5
33	신림					
34	평균 : 10월	442	432	588	897	589.75
35	평균 : 11월	437	572	609	930	637
36	평균 : 12월	338	997	635	484	613.5
37	종로					
38	평균 : 10월	602	968	483	338	597.75
39	평균 : 11월	586	579	331	486	495.5
40	평균 : 12월	730	495	544	596	591.25
41	전체 평균 : 10월	579.75	583.5	648.5	790.75	650.625
42	전체 평균 : 11월	617.25	577.5	514.75	666.5	594
43	전체 평균 : 12월	566.75	771.5	527.25	633.25	624.6875
44						

문제 ④ 기타작업 (20점)

1 매크로 작성('매크로작업' 시트)

1. 병합 매크로 작성

① [개발 도구] 탭 – [코드] 그룹 – [매크로 기록] 클릭 → [매크로 기록] 대화상자가 나타나면 '매크로 이름'에 병합 입력 → [확인] 단추를 클릭한다.

② [A3:A4] 영역을 드래그하여 선택 → Ctrl을 누른 상태에서 [B3:B4], [C3:D3], [E3:F3], [G3:H3], [A11:B11] 영역을 차례대로 드래그하여 선택 → [홈] 탭－[맞춤] 그룹－[병합하고 가운데 맞춤]을 클릭한다.

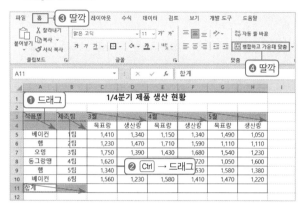

③ 매크로 기록을 중지하기 위해 임의의 셀 선택 → [개발 도구] 탭－[코드] 그룹－[기록 중지]를 클릭한다.

④ [개발 도구] 탭－[컨트롤] 그룹－[삽입]을 클릭한 후 '양식 컨트롤'의 '단추(□)' 선택 → Alt 를 누른 상태에서 [B13:C14] 영역을 드래그하여 단추를 그린다.

⑤ [매크로 지정] 대화상자가 나타나면 '매크로 이름'은 '병합' 선택 → [확인] 단추를 클릭한다.

⑥ 단추를 선택한 상태에서 단추에 입력된 기본 텍스트를 삭제한 후 병합 입력 → 임의의 셀을 선택하여 텍스트 편집을 완료한다.

⑦ 매크로가 정상적으로 실행되는지 확인하기 위해 [A3:H4] 영역을 드래그하여 선택 → Ctrl를 누른 상태에서 [A11] 셀 선택 → [홈] 탭－[맞춤] 그룹－[병합하고 가운데 맞춤] 클릭 → '병합' 단추를 클릭하여 확인한다.

2. 합계 매크로 작성

① [개발 도구] 탭－[코드] 그룹－[매크로 기록]을 클릭한다.

② [매크로 기록] 대화상자가 나타나면 '매크로 이름'에 합계 입력 → [확인] 단추를 클릭한다.

③ [C11:H11] 영역에 합계를 계산하기 위해 [C5:H10] 영역을 드래그하여 선택 → [수식] 탭－[함수 라이브러리] 그룹－[자동 합계]를 클릭한다.

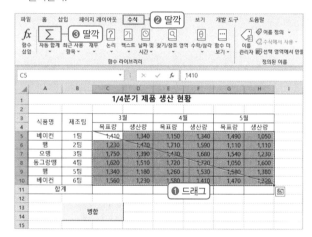

④ 매크로 기록을 중지하기 위해 임의의 셀 선택 → [개발 도구] 탭 – [코드] 그룹 – [기록 중지]를 클릭한다.

⑤ [삽입] 탭 – [일러스트레이션] 그룹 – [도형]을 클릭한 후 '사각형'의 '사각형: 둥근 모서리(⬜)'를 선택한다.

⑥ Alt 를 누른 상태에서 [E13:F14] 영역을 드래그하여 '모서리가 둥근 직사각형' 도형 그리기 → 도형에 합계 입력 → 도형을 선택한 상태에서 마우스 오른쪽 단추를 클릭하고 바로 가기 메뉴에서 [매크로 지정]을 선택한다.

⑦ [매크로 지정] 대화상자가 나타나면 '매크로 이름'에 '합계' 선택 → [확인] 단추를 클릭한다.

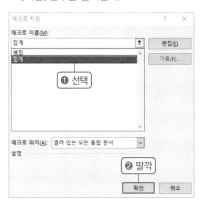

⑧ 매크로가 정상적으로 실행되는지 확인하기 위해 [C11:H11] 영역을 드래그하여 선택한 후 Delete 를 눌러 합계값 삭제 → '합계' 도형을 클릭하여 확인한다.

2 차트 작성('차트작업' 시트)

① 차트에 '자료구조' 계열을 추가하기 위해 [D3:D9] 영역을 드래그하여 선택한 후 Ctrl + C 를 눌러 복사 → 차트 영역을 선택하고 Ctrl + V 를 눌러 붙여넣는다.

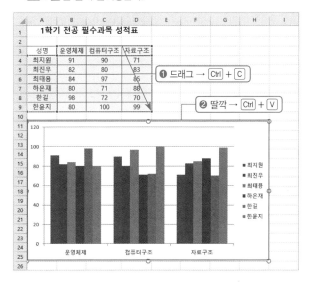

② 차트 데이터의 '행/열 전환'을 수행하기 위해 차트 영역에서 마우스 오른쪽 단추를 클릭하고 바로 가기 메뉴에서 [데이터 선택]을 선택한다.

③ [데이터 원본 선택] 대화상자가 나타나면 [행/열 전환] 단추 클릭 → [확인] 단추를 클릭한다.

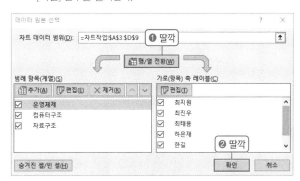

④ 차트를 선택한 상태에서 [차트 디자인] 탭 – [차트 레이아웃] 그룹 – [차트 요소 추가] – [차트 제목] – [차트 위]를 선택하여 차트 제목을 추가한다.

⑤ 차트 제목을 선택한 상태에서 수식 입력줄에 1학기-전공 필수과목을 입력한 후 Enter를 누른다.

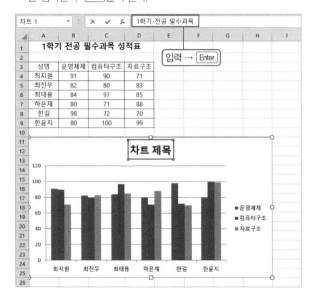

⑥ 차트를 선택한 상태에서 [차트 디자인] 탭 – [차트 레이아웃] 그룹 – [차트 요소 추가] – [축 제목] – [기본 가로] 선택 → 이와 같은 방법으로 [축 제목] – [기본 세로]를 선택하여 축 제목을 추가한다.

⑦ '가로 (항목) 축 제목'에 성명을, '세로 (값) 축 제목'에 점수를 입력한다.

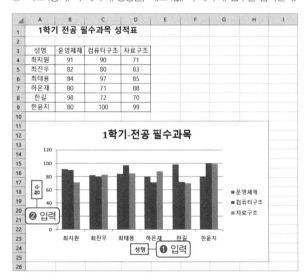

⑧ '세로 (값) 축 제목'을 가로 방향으로 설정하기 위해 '세로 (값) 축 제목'에서 마우스 오른쪽 단추를 클릭하고 바로 가기 메뉴에서 [축 제목 서식]을 선택한다.

⑨ [축 제목 서식] 창이 나타나면 '텍스트 옵션'의 '텍스트 상자(🗛)'에서 '텍스트 상자'의 '텍스트 방향'을 '가로'로 선택 → [닫기] 단추(✖)를 클릭한다.

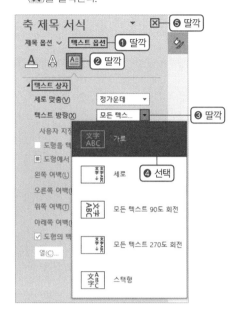

⑩ 차트를 선택한 상태에서 [차트 디자인] 탭 – [차트 레이아웃] 그룹 – [차트 요소 추가] – [데이터 레이블] – [바깥쪽 끝에]를 선택하여 모든 계열에 데이터 레이블을 추가한다.

⑪ 차트를 선택한 상태에서 [차트 디자인] 탭 – [차트 레이아웃] 그룹 – [차트 요소 추가] – [범례] – [아래쪽]을 선택하여 범례를 수정한다.

⑫ 범례 선택 → [서식] 탭 – [도형 스타일] 그룹 – [자세히] 단추(▼)를 클릭한 후 '테마 스타일'의 '색 윤곽선 – 주황, 강조6'을 선택한다.

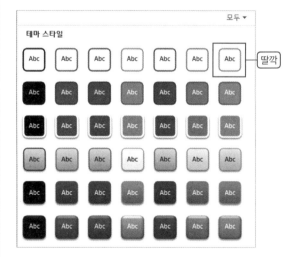

⑬ 차트 영역 선택 → 마우스 오른쪽 단추를 클릭하고 바로 가기 메뉴에서 [차트 영역 서식]을 선택한다.

⑭ [차트 영역 서식] 창이 나타나면 '차트 옵션'의 '채우기 및 선(◇)' 에서 '테두리'의 '둥근 모서리' 체크 → [닫기] 단추(✖)를 클릭한다.

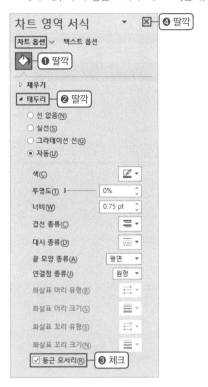

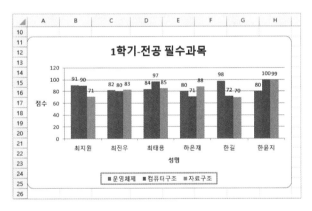

제10회 기출변형문제

프로그램명	제한시간	합격선	외부 데이터 위치
EXCEL 2021	40분	70점	C:\에듀윌\2025컴활2급실기기출예제\기출변형문제\실습\제10회기출변형문제.xlsx

문제 ❶ 기본작업 (20점)   주어진 시트에서 다음 과정을 수행하고 저장하시오.

1 '기본작업-1' 시트에 다음의 자료를 주어진 대로 입력하시오. (5점)

	A	B	C	D	E	F	G
1	2024년 여름 휴가 예약 현황						
2							
3	지점명	고객명	예약일자	사용일수(박)	예약번호	인원수	구분
4	제주	박지현	2024-07-25	2	K-20241111	2	회원
5	제주	박혜원	2024-07-25	3	Y-20240001	4	일반
6	부산	김건용	2024-07-26	4	K-20241234	4	회원
7	삼척	석근호	2024-07-27	2	U-20243856	5	회원
8	양양	이동혁	2024-07-28	4	P-20244563	4	회원
9	삼척	성채은	2024-07-28	3	S-20248569	2	회원
10	양양	고경민	2024-07-28	2	L-20241287	4	회원
11	제주	권현민	2024-07-31	3	R-20244563	6	일반
12	부산	김다운	2024-08-01	2	J-20247586	2	일반

2 '기본작업-2' 시트에 대하여 다음의 지시사항을 처리하시오. (각 2점)

① [A1:H1] 영역은 '병합하고 가운데 맞춤', 글꼴 '굴림체', 크기 '20'pt, 밑줄 '이중 밑줄'로 지정하시오.

② 제목 '상공 펜션 예약 현황'의 앞, 뒤에 특수문자 '♥'를 삽입하시오.

③ [A4:A13] 영역에 '객실번호'로 이름을 정의하시오.

④ [3~13] 행의 높이를 '20'으로 설정하시오.

⑤ [A3:H13] 영역에 '모든 테두리(⊞)'를 적용한 후 '굵은 바깥쪽 테두리(⊡)'를 적용하여 표시하시오.

3 '기본작업-3' 시트에서 다음의 지시사항을 처리하시오. (5점)

[A4:F13] 영역에 대해 결과가 '합격'이면서 평균이 '90' 이상인 행 전체에 글꼴 색을 '표준 색 – 빨강', 글꼴 스타일을 '굵게'로 지정하는 조건부 서식을 작성하시오

▸ AND 함수 사용

▸ 단, 규칙 유형은 '수식을 사용하여 서식을 지정할 셀 결정'을 이용하시오.

1 [표1]에서 대출일자[B3:B11]와 대출기간[C3:C11]을 이용하여 반납일자[D3:D11]를 계산하시오. (8점)

▶ 반납일자=대출일자+대출기간, 단 주말(토, 일요일)은 제외
[표시 예: 대출일자가 '2024-05-06', 대출기간이 4인 경우 '5/10'로 표시]

▶ MONTH, DAY, WORKDAY 함수와 & 연산자 사용

2 [표2]에서 학과[F3:F10]가 '상공고'인 학생들의 국어[H3:H10]점수의 평균에서 전체 국어 점수의 평균을 뺀 값을 [J11] 셀에 계산하시오. (8점)

▶ DAVERAGE, AVERAGE 함수 사용

3 [표3]에서 직업코드[C15:C20]와 조건표[F15:G20]를 이용하여 직업[D15:D20]을 표시하시오. (8점)

▶ 조건표의 의미: 직업코드 왼쪽의 자리가 '1'이면 '학생', '2'이면 '공무원', '3'이면 '교사', '4'이면 '교수', '5'이면 '회사원'임

▶ VLOOKUP과 LEFT, VALUE 함수 사용

4 [표4]에서 학번[A24:A32]별로 1~5차[B24:F32]에서 중간값보다 큰 값만의 평균을 평균[G24:G32]에 계산하시오. (8점)

▶ AVERAGEIF, MEDIAN 함수와 & 연산자 사용

5 [표5]에서 평균[F36:F43]의 점수가 가장 높은 학생의 이름을 [F45] 셀에 표시하시오. (8점)

▶ INDEX, MATCH, MAX 함수 사용

1 '분석작업-1' 시트에 대하여 다음의 지시사항을 처리하시오. (10점)

[부분합] 기능을 이용하여 '컴퓨터 활용 능력 평가 결과표' 표에 학과별로 '엑셀', '워드'의 합계와 '평균'의 최소값을 계산하시오.

▸ 정렬은 '학과'를 기준으로 오름차순으로 처리하시오.

▸ 합계와 최소값은 위에 명시된 순서대로 처리하시오.

	A	B	C	D	E	F
1	컴퓨터 활용 능력 평가 결과표					
2						
3	학과	성명	엑셀	워드	총점	평균
4	국어국문학과	이소민	615	340	955	478
5	국어국문학과	정지수	636	545	1,181	591
6	국어국문학과	유강호	327	531	858	429
7	국어국문학과 최소					429
8	국어국문학과 요약		1,578	1,416	2,994	
9	영어영문학과	서동관	360	433	793	397
10	영어영문학과	이예원	616	582	1,198	599
11	영어영문학과 최소					397
12	영어영문학과 요약		976	1,015	1,991	
13	중어중문학과	안유현	767	449	1,216	608
14	중어중문학과	박누연	349	448	797	399
15	중어중문학과 최소					399
16	중어중문학과 요약		1,116	897	2,013	
17	지리학과	나은지	537	852	1,389	695
18	지리학과	윤수연	602	333	935	468
19	지리학과 최소					468
20	지리학과 요약		1,139	1,185	2,324	
21	철학과	이주영	550	827	1,377	689
22	철학과	정수현	545	462	1,007	504
23	철학과	백순영	310	327	637	319
24	철학과 최소					319
25	철학과 요약		1,405	1,616	3,021	
26	전체 최소값					319
27	총합계		6,214	6,129	12,343	

2 '분석작업-2' 시트에 대하여 다음의 지시사항을 처리하시오. (10점)

[목표값 찾기] 기능을 이용하여 '입학 성적'표에서 '박시은'의 평균[G9]이 80점이 되려면 외국어 성적[F9]이 얼마나 되어야 하는지 계산하시오.

1 '매크로작업' 시트의 [표]에서 다음과 같은 기능을 수행하는 매크로를 현재 통합 문서에 작성하고 실행하시오. (각 5점)

① [F7:F13] 영역에 평균을 계산하는 매크로를 생성하여 실행하시오.
  ▶ 매크로 이름: 평균
  ▶ 평균은 항목별 적용율을 곱하고 더한 값이다.
    [표시 예: 평균=서류×50%+면접×40%+자격증×10%]
    ▶ [도형]의 '기본 도형'에서 '사각형: 둥근 모서리(▢)'를 동일 시트의 [H7:I8] 영역에 생성하고, 텍스트를 '평균'으로 입력한 후 단추를 클릭할 때 '평균' 매크로가 실행되도록 설정하시오.
② [B7:B9] 영역은 채우기 색 '표준색 – 노랑', [B10:B13] 영역은 채우기 색 '표준색 – 주황'을 적용하는 매크로를 생성하고 실행하시오.
  ▶ 매크로 이름: 서식
  ▶ [개발 도구] 그룹 – [삽입] 탭 – [양식 컨트롤]의 '단추(▢)'를 동일 시트의 [H10:I11] 영역에 생성하고, 텍스트를 '서식'으로 입력한 후 도형을 클릭할 때 '서식' 매크로가 실행되도록 설정하시오.

※ 셀 포인터의 위치에 상관없이 현재 통합문서에서 매크로가 실행되어야 정답으로 인정됨

2 '차트작업' 시트의 차트를 지시사항에 따라 아래 그림과 같이 수정하시오. (각 2점)

※ 차트는 반드시 문제에서 제공한 차트를 사용하여야 하며, 신규로 작성 시 0점 처리됨

① 품목별 '전월판매량'과 '당월판매량'만 표시되도록 데이터 영역을 수정하시오.
② 세로(값) 축 제목은 '기본 세로'로 추가하여 〈그림〉과 같이 입력하시오.
③ 각 계열의 '갈치' 요소에만 데이터 레이블 '값'을 표시하고, 레이블의 위치를 '바깥쪽 끝'에 지정하시오.
④ 차트 스타일의 '색 변경'을 '다양한 색상표 4'으로 지정하시오.
⑤ '당월판매량' 계열에 '지수' 추세선을 설정하시오.

〈그림〉

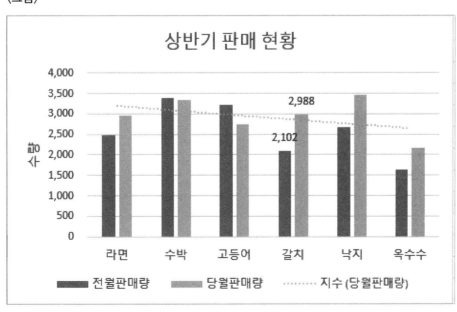

해설 확인하기

☞ 정답 확인하기: EXIT 사이트 → 자료실 → 컴퓨터활용능력 2급
→ 실기 기본서 → 2025 2급 실기 정답

문제 ❶ 기본작업 (20점)

1 데이터 입력('기본작업-1' 시트)

[A3:G12] 영역에 문제에서 주어진 내용을 아래와 같이 입력한다.

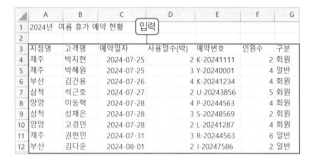

2 데이터 편집('기본작업-2' 시트)

① [A1:H1] 영역을 드래그하여 선택 → [홈] 탭 – [맞춤] 그룹 – [병합하고 가운데 맞춤]을 클릭 → [홈] 탭 – [글꼴] 그룹에서 '글꼴'은 '굴림체', '글꼴 크기'는 '20'pt로 지정하고, '밑줄'의 '이중 밑줄'을 선택한다.

② [A1] 셀을 더블클릭(또는 [A1] 셀을 선택하고 F2 를 누름) → 셀 편집 상태에서 '상공 펜션 예약 현황' 문자열의 맨 앞에 커서 올려놓기 → [삽입] 탭 – [기호] 그룹 – [기호]를 선택 → [기호] 대화상자가 나타나면 하위 집합에서 '기타 기호'를 선택하고 '♥'를 선택 → [삽입] 단추를 클릭한다.

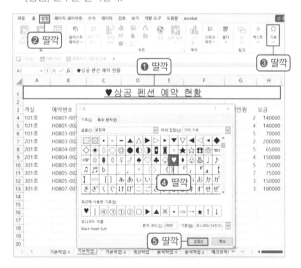

③ '상공 펜션 예약 현황' 문자열 맨 앞에 삽입한 특수문자를 드래그하여 선택한 후 Ctrl + C 를 눌러 복사 → 문자열의 맨 뒤에서 Ctrl + V 를 눌러 붙여넣는다.

④ [A4:A13] 영역을 드래그하여 선택 → [이름 상자]에 객실번호를 입력한 후 Enter 를 누른다.

⑤ 3행 머리글에서 13행 머리글까지 범위를 지정한 후 마우스 오른쪽 단추를 클릭 → 바로 가기 메뉴에서 [행 높이]를 선택 → [행 높이] 대화상자가 나타나면 '행 높이'에 20 입력 → [확인] 단추를 클릭한다.

⑥ [A3:H13] 영역을 드래그하여 선택 → [홈] 탭 – [글꼴] 그룹 – [테두리]의 자세히 단추(▼)를 클릭한 후 '모든 테두리'와 '굵은 바깥쪽 테두리'를 선택한다.

	A	B	C	D	E	F	G	H
1			♥상공 펜션 예약 현황♥					
2								
3	객실	예약번호	성명	예약일	입실일	퇴실일	숙박인원	요금
4	101호	H0801-001	김시현	08월 01일	08월 20일	08월 22일	2	140000
5	101호	H0801-002	박서진	08월 01일	08월 15일	08월 17일	4	140000
6	101호	H0803-001	설윤아	08월 03일	08월 22일	08월 23일	5	70000
7	201호	H0803-002	박주호	08월 03일	08월 11일	08월 14일	2	200000
8	201호	H0804-001	이지웅	08월 04일	08월 25일	08월 26일	5	65000
9	201호	H0804-002	황민재	08월 04일	08월 27일	08월 29일	4	150000
10	301호	H0805-001	전해온	08월 05일	08월 13일	08월 14일	5	75000
11	301호	H0805-002	황아연	08월 05일	08월 30일	10월 01일	7	75000
12	301호	H0805-003	김주안	08월 05일	08월 23일	08월 25일	3	150000
13	301호	H0807-001	신승리	08월 07일	08월 28일	08월 30일	3	180000

3 조건부 서식 ('기본작업-3' 시트)

① [A4:F13] 영역을 드래그하여 선택 → [홈] 탭 - [스타일] 그룹 - [조건부 서식] - [새 규칙]을 선택한다.

② [새 서식 규칙] 대화상자가 나타나면 '규칙 유형 선택'에서 '수식을 사용하여 서식을 지정할 셀 결정'을 선택 → '다음 수식이 참인 값의 서식 지정'에 =AND($F4="합격",$E4>=90) 입력 → [서식] 단추를 클릭한다.

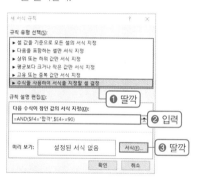

③ [셀 서식] 대화상자가 나타나면 [글꼴] 탭에서 '글꼴 스타일'을 '굵게', '색'을 '표준 색'의 '빨강'으로 선택 → [확인] 단추를 클릭한다.

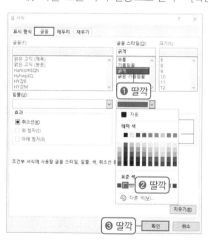

④ [새 서식 규칙] 대화상자로 되돌아오면 '미리 보기'에서 지정한 서식 확인 → [확인] 단추를 클릭한다.

	A	B	C	D	E	F
1			컴퓨터활용능력 시험 현황			
2						
3	이름	성별	엑셀	파워포인트	평균	결과
4	양수빈	여	86	97	91.5	합격
5	이소민	여	82	93	87.5	합격
6	서동관	남	83	92	87.5	합격
7	안유현	여	89	78	83.5	합격
8	이주영	여	71	87	79	불합격
9	정수현	여	80	78	79	불합격
10	나은지	여	85	95	90	합격
11	백순영	여	85	91	88	합격
12	윤수연	여	80	84	82	합격
13	유강호	남	86	100	93	합격

문제 ② 계산작업 (40점)

1 반납일자 표시 [D3:D11]

[D3] 셀 선택 → 수식 입력줄에 다음과 같이 함수식을 입력한 후 Enter를 누름 → [D3] 셀의 자동 채우기 핸들을 [D11] 셀까지 드래그하여 함수식을 복사한다.

[D3] 셀에
=MONTH(WORKDAY(B3,C3))&"/"&DAY(WORKDAY(B3,C3))
입력

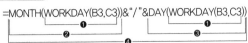

$$=MONTH(WORKDAY(B3,C3))\&"/"\&DAY(WORKDAY(B3,C3))$$

❶ WORKDAY(B3,C3): 시작일([B3])+작업일수([C3]) 결과값을 반환한다. (WORKDAY 함수는 주말이나 공휴일을 제외한 업무일만 고려하여 날짜를 계산함)

❷ MONTH(❶): ❶의 날짜에서 월을 반환한다.

❸ DAY(❶): ❶의 날짜에서 일을 반환한다.

❹ ❷&"/"&❸: 문자열 결합연산자(&)에 의해 ❷(월), "/", ❸(일)을 연결하여 표시한다.

2 결과 표시 [J11]

[J11] 셀 선택 → 수식 입력줄에 다음과 같이 함수식을 입력한 후 Enter 를 누른다.

[J11] 셀에 =DAVERAGE(F2:J10,3,F2:F3)—AVERAGE(H3:H10) 입력

J11	✓ : × ✓ fx	=DAVERAGE(F2:J10,3,F2:F3)-AVERAGE(H3:H10)		❷ 입력 → Enter	K
▲	F	G	H	I	
1	[표2]	상공학원 시험 결과			
2	학교	성명	국어	영어	수학
3	상공고	정지수	78	87	88
4	하나고	유강호	92	95	81
5	상공고	이예원	81	82	76
6	미사고	박누연	89	76	75
7	상공고	정준영	90	92	81
8	숭례고	이건형	94	89	94
9	양천고	최현규	88	80	82
10	위례고	최서림	84	93	84
11	상공고 국어 평균 - 전체 국어 평균			-4	❶ 딸깍

$$=DAVERAGE(F2:J10,3,F2:F3)—AVERAGE(H3:H10)$$

❶ DAVERAGE(F2:J10,3,F2:F3): [F2:J10] 영역에서 조건이 [F2:F3] 영역(학교가 '상공고')인 [H2] 셀(국어)의 평균을 반환한다.

❷ AVERAGE(H3:H10): [H3:H10] 전체 국어 평균을 반환한다.

❸ ❶-❷: ❶의 결과값(학교가 상공고인 국어 평균) - ❷의 결과값(전체 국어 평균) 차이를 반환한다.

3 직업 표시 [D15:D20]

[D15] 셀 선택 → 수식 입력줄에 다음과 같이 함수식을 입력한 후 Enter 를 누름 → [D15] 셀의 자동 채우기 핸들을 [D20] 셀까지 드래그하여 함수식을 복사한다.

[D15] 셀에 =VLOOKUP(VALUE(LEFT(C15,1)),$F$16:$G$20,2,0) 입력

D15	✓ : × ✓ fx	=VLOOKUP(VALUE(LEFT(C15,1)),$F$16:$G$20,2,0)				G
▲	A	B	C	D		
13	[표3]	회원현황			❷ 입력 → Enter	
14	순번	이름	직업코드	직업		<조건표>
15	1	김은호	5-40	회사원	❶ 딸깍	코드 / 직업
16	2	허성수	1-80	학생		1 / 학생
17	3	이서진	3-90	교사		2 / 공무원
18	4	박미송	2-70	공무원	❸ 드래그	3 / 교사
19	5	김민경	4-50	교수		4 / 교수
20	6	박주원	5-60	회사원		5 / 회사원

$$=VLOOKUP(VALUE(LEFT(C15,1)),$F$16:$G$20,2,0)$$

❶ LEFT(C15,1): [C15] 셀 문자열(직업코드)의 왼쪽에서 한 글자를 추출하여 반환한다.

❷ VALUE(❶): ❶의 텍스트를 숫자로 반환한다.

❸ VLOOKUP(❷,$F$16:$G$20,2,0): [F16:F20] 영역(조건표)의 첫 번째 열(코드)에서 ❷(직업코드 왼쪽에서 한 글자)와 정확히 일치(FALSE 또는 0)하는 값을 찾아 해당 값이 있는 행에서 두 번째 열(직업)에 대응하는 값을 반환한다.

([F16:F20] 영역은 절대 참조로, 복사해도 수식의 주소가 변경되지 않음)

4 평균 계산 [G24:G32]

[G24] 셀 선택 → 수식 입력줄에 다음과 같이 함수식을 입력한 후 Enter 를 누름 → [G24] 셀의 자동 채우기 핸들을 [G32] 셀까지 드래그하여 함수식을 복사한다.

[G24] 셀에 =AVERAGEIF(B24:F24,">"&MEDIAN(B24:F24),B24:F24) 입력

G24	✓ : × ✓ fx	=AVERAGEIF(B24:F24,">"&MEDIAN(B24:F24),B24:F24)				
▲	A	B	C	D	F	G
22	[표4]	심사 결과표		❷ 입력 → Enter		❶ 딸깍
23	학번	1차	2차	3차	4차	5차 / 평균
24	S32001	93	89	94	96	86 / 95
25	S32002	86	86	98	91	95 / 96.5
26	S32003	97	93	92	84	90 / 95
27	S32004	87	88	88	96	88 / 96
28	S32005	93	86	88	86	91 /
29	S32006	93	89	95	84	9 ❸ 드래그
30	S32007	89	87	97	94	85 / 95.5
31	S32008	91	90	95	96	95 / 96
32	S32009	86	96	90	87	93 / 94.5

=AVERAGEIF(B24:F24,">"&MEDIAN(B24:F24),B24:F24)
　　　　　　　　　　　❶
　　　　　　　　　　❷

❶ MEDIAN(B24:F24): [B24:F24] 영역(1차~5차)의 중간값을 반환한다.
❷ AVERAGEIF(B24:F24,">"&❶,B24:F24): [B24:F24] 영역(1차~5차)에서 ❶(1차~5차 중간값)을 초과하는 점수의 평균을 반환한다.

---

⑤ 학생의 이름 표시 [F45]

[F45] 셀 선택 → 수식 입력줄에 다음과 같이 함수식을 입력한 후 Enter 를 누른다.

[F45] 셀에 =INDEX(A36:F43,MATCH(MAX(F36:F43),F36:F43,0),1) 입력

=INDEX(A36:F43,MATCH(MAX(F36:F43),F36:F43,0),1)
　　　　　　　　　　❶
　　　　　　　❷
　　　❸

❶ MAX(F36:F43): [F36:F43] 영역(평균)의 최대값(88.5)을 반환한다.
❷ MATCH(❶,F36:F43,0): [F36:F43] 영역(평균)에서 ❶과 일치하는 값의 위치(7)를 반환한다.
❸ INDEX(A36:F43,❷,1): [A36:F43] 영역에서 ❷와 1열(이름)의 교차값(이채희)을 반환한다.

---

① 부분합('분석작업-1' 시트)

① 부분합을 계산하기 전 '학과'를 기준으로 오름차순 정렬하기 위해 학과[A3:A15] 영역의 임의의 셀을 선택 → [데이터] 탭-[정렬 및 필터] 그룹-[텍스트 오름차순 정렬]을 클릭한다.

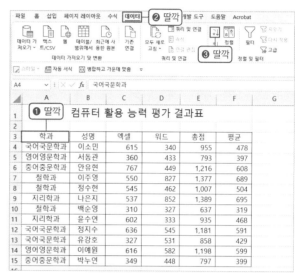

② 학과별 '엑셀', '워드', '총점'의 합계를 계산하기 위해 [A3:F15] 영역에서 임의의 셀을 선택 → [데이터] 탭-[개요] 그룹-[부분합]을 클릭한다.

③ [부분합] 대화상자가 나타나면 '그룹화할 항목'은 '학과'로 선택되었는지 확인하고 '사용할 함수'는 '합계'를 선택 → '부분합 계산 항목'은 '엑셀', '워드', '총점'을 체크 → '평균' 체크 해제 → [확인] 단추를 클릭한다.

④ '학과별'의 '평균'의 최소값을 계산하는 부분합을 추가하기 위해 임의의 셀을 선택한 상태에서 [데이터] 탭 – [개요] 그룹 – [부분합]을 클릭한다.

⑤ [부분합] 대화상자가 나타나면 '그룹화할 항목'은 '학과'로 선택되었는지 확인하고 '사용할 함수'는 '최소'를 선택 → '부분합 계산 항목'은 '엑셀', '워드', '총점'을 체크 해제하고, '평균' 체크 → '새로운 값으로 대치'는 체크 해제 → [확인] 단추를 클릭한다.

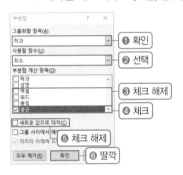

1 2 3 4	A	B	C	D	E	F
1	컴퓨터 활용 능력 평가 결과표					
2						
3	학과	성명	엑셀	워드	총점	평균
4	국어국문학과	이소민	615	340	955	478
5	국어국문학과	정지수	636	545	1,181	591
6	국어국문학과	유강호	327	531	858	429
7	국어국문학과 최소					429
8	국어국문학과 요약		1,578	1,416	2,994	
9	영어영문학과	서동관	360	433	793	397
10	영어영문학과	이예원	616	582	1,198	599
11	영어영문학과 최소					397
12	영어영문학과 요약		976	1,015	1,991	
13	중어중문학과	안유현	767	449	1,216	608
14	중어중문학과	박누연	349	448	797	399
15	중어중문학과 최소					399
16	중어중문학과 요약		1,116	897	2,013	
17	지리학과	나은지	537	852	1,389	695
18	지리학과	윤수연	602	333	935	468
19	지리학과 최소					468
20	지리학과 요약		1,139	1,185	2,324	
21	철학과	이주영	550	827	1,377	689
22	철학과	정수현	545	462	1,007	504
23	철학과	백순영	310	327	637	319
24	철학과 최소					319
25	철학과 요약		1,405	1,616	3,021	
26	전체 최소값					319
27	총합계		6,214	6,129	12,343	

2 목표값 찾기('분석작업-2' 시트)

① [G9] 셀을 선택 → [데이터] 탭 – [예측] 그룹 – [가상 분석] – [목표값 찾기]를 선택한다.

② [목표값 찾기] 대화상자가 나타나면 '찾는 값'에는 80을 입력 → '값을 바꿀 셀'에는 박시은의 외국어 성적이 있는 [F9] 셀 지정 → [확인] 단추를 클릭한다.

③ [목표값 찾기 상태] 대화상자가 나타나면 [확인] 단추 클릭 → 결과를 확인한다.

문제 ④ 기타작업 (20점)

1 매크로 작성('매크로작업' 시트)

1. 평균 매크로 작성

① [개발 도구] 탭 – [코드] 그룹 – [매크로 기록] 클릭 → [매크로 기록] 대화상자가 나타나면 '매크로 이름'에 평균 입력 → [확인] 단추를 클릭한다.

② [F7:F13] 영역에 평균을 계산하기 위해 [F7] 셀 선택 → 수식 입력 줄에 평균을 구하는 수식 =C7*$C$4+D7*$D$4+E7*$E$4을 입력한 후 Enter 를 누름 → [F13] 셀까지 채우기 핸들을 드래그한다.

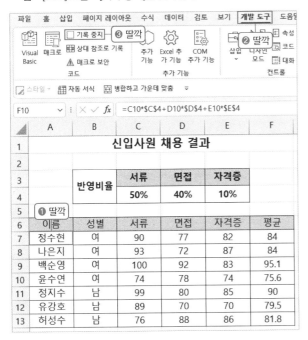

③ 매크로 기록을 중지하기 위해 임의의 셀 선택 → [개발 도구] 탭 - [코드] 그룹 - [기록 중지]를 클릭한다.

④ [삽입] 탭 - [일러스트레이션] 그룹 - [도형]을 클릭한 후 '사각형'의 '사각형: 둥근 모서리'을 선택한다.

⑤ Alt 를 누른 상태에서 [H7:I8] 영역을 드래그하여 '사각형: 둥근 모서리' 도형 그리기 → 도형에 평균 입력 → 도형을 선택한 상태에서 마우스 오른쪽 단추를 클릭하고 바로 가기 메뉴에서 [매크로 지정]을 선택한다.

⑥ [매크로 지정] 대화상자가 나타나면 '매크로 이름'은 '평균' 선택 → [확인] 단추를 클릭한다.

⑦ 매크로가 정상적으로 실행되는지 확인하기 위해 [F7:F13] 영역을 드래그하여 선택 → Delete 를 눌러 평균값 삭제 → '평균' 도형을 클릭하여 확인한다.

2. 서식 매크로 작성

① [개발도구] 탭 - [코드] 그룹 - [매크로 기록]을 클릭 → [매크로 기록] 대화상자가 나타나면 '매크로 이름'에 서식 입력 → [확인] 단추를 클릭한다.

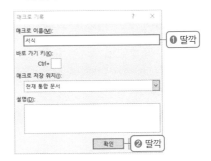

② [B7:B9] 영역을 드래그하여 선택 → [홈] 탭 - [글꼴] 그룹에서 '채우기 색'은 '표준 색'의 '노랑'을 선택한다.

④ [B10:B13] 영역을 드래그하여 선택 → [홈] 탭 - [글꼴] 그룹에서 '채우기 색'은 '표준 색'의 '주황'을 선택한다.

⑤ 매크로 기록 중지하기 위해 임의의 셀 선택 → [개발 도구] 탭 - [코드] 그룹 - [기록 중지]를 클릭한다.

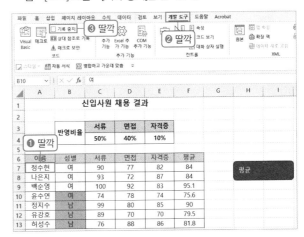

⑥ [개발 도구] 탭 - [컨트롤] 그룹 - [삽입]을 클릭한 후 '양식 컨트롤'의 '단추(□)' 선택 → Alt 를 누른 상태에서 [H10:I11] 영역을 드래그하여 단추를 그린다.

⑦ [매크로 지정] 대화상자가 나타나면 '매크로 이름'은 '서식' 선택 → [확인] 단추를 클릭한다.

⑧ 단추를 선택한 상태에서 단추에 입력된 기본 텍스트를 삭제한 후 서식 입력 → 임의의 셀을 선택하여 텍스트 편집을 완료한다.

⑨ 매크로가 정상적으로 실행되는지 확인하기 위해 [B7:B13] 영역을 드래그하여 선택 → [홈] 탭 - [글꼴] 그룹에서 '채우기 색'은 '채우기 없음' 선택 → '서식' 단추를 클릭하여 확인한다.

A	B	C	D	E	F	G	H	I
		신입사원 채용 결과						

	반영비율	서류	면접	자격증	
		50%	40%	10%	

이름	성별	서류	면접	자격증	평균
정수현	여	90	77	82	84
나은지	여	93	72	87	84
백순영	여	100	92	83	95.1
윤수연	여	74	78	74	75.6
정지수	남	99	80	85	90
유강호	남	89	70	70	79.5
허성수	남	76	88	86	81.8

평균

서식

2 차트 작성('차트작업' 시트)

① 차트 영역에서 '단가' 계열을 선택한 후 Delete 를 눌러 삭제한다.

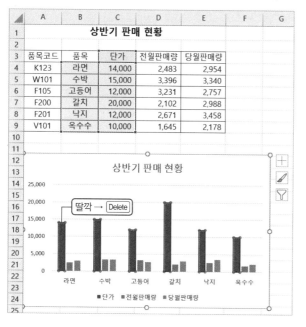

② 차트를 선택한 상태에서 [차트 디자인] 탭–[차트 레이아웃] 그룹
–[차트 요소 추가]–[축 제목]–[기본 세로]를 선택한다.

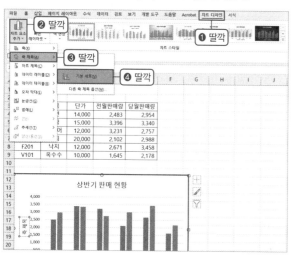

③ '세로 (값) 축 제목'에 수량을 입력한다.

④ 차트를 선택한 상태에서 [차트 디자인] 탭 – [차트 레이아웃] 그룹
– [차트 요소 추가] – [데이터 레이블] – [바깥쪽 끝에]를 선택하여
모든 계열에 데이터 레이블을 추가한다.

⑤ '전월판매량' 계열의 '갈치' 요소만 천천히 두 번 클릭하여 선택 →
[차트 디자인] 탭–[차트 레이아웃] 그룹–[차트 요소 추가]–[데이
터 레이블]–[바깥쪽 끝에]를 선택하여 데이터 레이블을 추가한다.

⑤ 차트 영역 선택 → 차트 스타일(✎)'를 선택한 후 '색'에서 '색상
형'의 '다양한 색상표 4'로 선택한다.

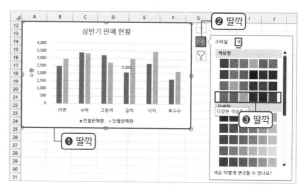

⑥ '당월판매량' 계열을 선택 → [차트 디자인] 탭–[차트 레이아웃]
그룹–[차트 요소 추가]–[추세선]–[지수]를 선택하여 추세선을
추가한다.

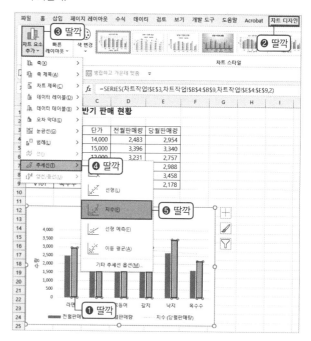

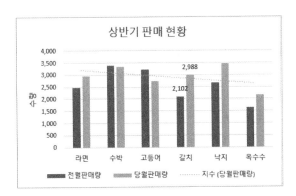

eduwill

끝을 맺기를 처음과 같이하면 실패가 없다.
마지막에 이르기까지
처음과 마찬가지로 주의를 기울이면
어떤 일도 해낼 수 있을 것이다.

– 노자

여러분의 작은 소리
에듀윌은 크게 듣겠습니다.

본 교재에 대한 여러분의 목소리를 들려주세요.
공부하시면서 어려웠던 점, 궁금한 점,
칭찬하고 싶은 점, 개선할 점, 어떤 것이라도 좋습니다.

에듀윌은 여러분께서 나누어 주신 의견을
통해 끊임없이 발전하고 있습니다.

EXIT 합격 서비스 exit.eduwill.net
• 부가학습자료 및 정오표: EXIT 합격 서비스 → 자료실/정오표 게시판
• 교재 문의: EXIT 합격 서비스 → 실시간 질문답변 게시판(내용)/
Q&A 게시판(내용 외)

에듀윌 EXIT 컴퓨터활용능력 2급 실기 기본서

발 행 일	2024년 8월 12일 초판
편 저 자	이상미 · 양숙희
펴 낸 이	양형남
펴 낸 곳	(주)에듀윌
등록번호	제25100-2002-000052호
주 소	08378 서울특별시 구로구 디지털로34길 55
	코오롱싸이언스밸리 2차 3층

www.eduwill.net
대표전화 1600-6700